Das Strafurteil

von

Theo Ziegler

Vorsitzender Richter am Landgericht Landshut
Nebenamtlicher Arbeitsgemeinschaftsleiter beim Landgericht Regensburg

4., neu bearbeitete Auflage

Verlag Franz Vahlen München 2012

www.vahlen.de

ISBN 978 3 8006 4275 5

© 2012 Verlag Franz Vahlen GmbH
Wilhelmstraße 9, 80801 München

Druck: Druckhaus Nomos
In den Lissen 12, 76547 Sinzheim

Satz: Druckerei C. H. Beck, Nördlingen (Adresse wie Verlag)
Umschlagkonzeption: Martina Busch, Grafikdesign, Fürstenfeldbruck

Gedruckt auf säurefreiem, alterungsbeständigem Papier
(hergestellt aus chlorfrei gebleichtem Zellstoff)

Vorwort

Das Strafurteil ist neben der staatsanwaltschaftlichen Abschlussverfügung und der revisionsrechtlichen Arbeit eines der klassischen Hauptgebiete im strafrechtlichen Teil der Zweiten Juristischen Staatsprüfung. So wendet sich das vorliegende Skript auch in erster Linie an Rechtsreferendare. Dabei steht die Vermittlung von Art und Form der Darstellung im Mittelpunkt, wozu eine Vielzahl von Mustertexten eingearbeitet wurde. Denn die bestmögliche Lösung aller Rechtsfragen verliert ihren Wert, wenn es nicht gelingt, sie entsprechend der Aufgabenstellung im Rahmen eines ordnungsgemäßen Strafurteils darzustellen.

Daneben werden aber auch Teile des materiellen Rechts erörtert, die nicht zum Kernbereich des Prüfungsstoffs des Ersten Staatsexamens gehören, jedoch nunmehr für die Abfassung des Strafurteils, aber auch für den Schlussvortrag des Staatsanwalts oder Verteidigers sowie die Arbeit aus dem Revisionsrecht Bedeutung erlangen. Hierzu zählen insbesondere die Grundlagen der Rechtsfolgenbestimmung, vornehmlich die der Strafzumessung.

Das Skript will aber auch eine Hilfe für die Praxis sein. Dabei ist nicht nur an die erstmals mit Strafsachen befassten Richterinnen und Richter gedacht. Denn aus meiner Erfahrung als Straf- und Jugendrichter sowie Beisitzer und Vorsitzender einer Großen Strafkammer und einer Jugendkammer weiß ich, dass die Beachtung der notwendigen Formalien bei der Abfassung des Strafurteils durch eine Sammlung von Mustertexten wesentlich erleichtert wird, auch wenn diese die im Einzelfall erforderliche Erfassung und schriftliche Ausarbeitung der wesentlichen Urteilsgründe nicht ersetzen kann.

Im Ersten Teil des Skripts werden die notwendigen Vorfragen – wie Gegenstand und Aufbau des Urteils – behandelt. Der Zweite Teil bildet das Hauptstück des Skripts und beschäftigt sich mit den einzelnen Bestandteilen des schriftlichen Strafurteils, die je nach Bedarf und entsprechend dem beschriebenen Urteilsaufbau heranzuziehen sind. Im Dritten Teil schließlich werden besondere Urteilsformen behandelt, die für das Examen zwar nicht so bedeutsam sind, aber in der Praxis eine große Rolle spielen und die Gesamtdarstellung abrunden sollen.

Ich würde mir wünschen, dass das Skript für viele Juristen in Ausbildung und Praxis eine wertvolle Hilfe sein kann. Für Anregungen und Kritik aus dem Leserkreis bin ich stets dankbar.

Die 4. Auflage bringt das Skript auf den Stand vom 1. 9. 2011. Neu eingefügt wurde ein Kapitel zum Adhäsionsverfahren sowie eine Darstellung der »Vollstreckungslösung« bei rechtsstaatswidriger Verfahrensverzögerung. Daneben habe ich das Skript an zahlreichen Stellen überarbeitet. Für die hierzu sehr hilfreichen Anregungen und Korrekturhinweise aus der Leserschaft möchte ich mich herzlich bedanken. Es wäre schön, wenn die gleiche Aufmerksamkeit auch der Neuauflage zuteil werden würde.

Landshut, im September 2011 *Theo Ziegler*

Inhaltsverzeichnis

Vorwort	V
Abkürzungs- und Literaturverzeichnis	XIII
1. Teil. Grundlagen	1
1. Kapitel. Einleitung	1
2. Kapitel. Gegenstand der Urteilsfindung – Verfahrensrecht	2
A. Gegenstand der Urteilsfindung – prozessualer Tatbegriff	2
B. Umgestaltung der Strafklage	3
C. Nachtragsanklage	4
D. Fallbeispiel zu A.–C.	4
I. Sachverhalt und rechtliche Würdigung	4
II. Abschlussverfügung der Staatsanwaltschaft und Eröffnungsbeschluss	4
III. Gerichtliche Sachbehandlung im Hauptverfahren	4
E. Verurteilung – Freispruch – Einstellung – gemischte Entscheidung	5
3. Kapitel. Urteilsaufbau	6
A. Allgemeines	6
B. Aufbauschema	8
I. Vollumfängliche Verurteilung	8
II. Freispruch/Einstellung	8
III. Teilfreispruch/Teileinstellung	9
IV. Mehrere Taten/mehrere Angeklagte	9
2. Teil. Die einzelnen Bestandteile des schriftlichen Strafurteils	11
4. Kapitel. Rubrum	11
5. Kapitel. Urteilsformel	12
A. Bedeutung	12
B. Inhalt	12
I. Verurteilung	12
1. Schuldspruch	13
a) Bezeichnung der Straftat	13
b) Ausdruck des Konkurrenzverhältnisses bei mehreren Taten	16
c) Verurteilung mehrerer Angeklagter	17
2. Rechtsfolgenausspruch	17
a) Strafe	17
b) Nebenstrafen und Nebenfolgen	19
c) Maßregeln der Besserung und Sicherung, §§ 61 ff. StGB	20
d) Kosten	21
II. Freispruch	23
1. Hauptsache	23
2. Kosten	23
3. Entschädigungsentscheidung	23
III. Einstellung	23
1. Hauptsache	23
2. Kosten	24
3. Entschädigungsentscheidung	24
IV. Gemischte Entscheidung	24
1. Hauptsache	24
2. Kosten	24
3. Entschädigungsentscheidung	25

6. Kapitel. Liste der angewendeten Vorschriften ... 25
A. Allgemeines ... 25
B. Inhalt ... 25

7. Kapitel. Persönliche Verhältnisse ... 26
A. Bedeutung und Umfang ... 26
B. Aufbau und Inhalt ... 27
I. Grunddaten und Familienverhältnisse ... 27
II. Schulische/Berufliche Entwicklung und wirtschaftliche Verhältnisse ... 27
III. Sonstige besondere Umstände ... 28
IV. Vorstrafen und Vorahndungen ... 28
1. Angeklagter ist nicht vorbestraft ... 28
2. Angeklagter ist weder vorbestraft noch vorgeahndet ... 28
3. Angeklagter ist vorbestraft/vorgeahndet ... 29
   a) Mitteilung der Vorstrafen/Vorahndungen ... 29
   b) Umfang der Darstellung bei nachträglicher Gesamtstrafenbildung ... 30
   c) Umfang der Darstellung bedeutsamer Vorstrafen ... 30
   d) Einarbeitung der Vorstrafen in den Lebenslauf ... 30
V. Anhang: Verfahrensvorgänge ... 31
1. Vorläufige Festnahme – Untersuchungshaft – Auslieferungshaft ... 31
2. Sicherstellung des Führerscheins – vorläufige Fahrerlaubnisentziehung ... 31
3. Vorläufiges Berufsverbot ... 32
4. Beschlagnahme und dinglicher Arrest ... 32
5. Verfahrensdauer ... 32
6. Vorgänge in der Hauptverhandlung ... 32

8. Kapitel. Sachverhaltsschilderung ... 33
A. Allgemeines ... 33
I. Bedeutung, Inhalt und Aufbau ... 33
II. Stil und Darstellungsweise ... 33
B. Formulierungsbeispiele ... 35
I. Verurteilung ... 35
1. Beleidigung, § 185 StGB ... 35
2. Vorsätzliche Körperverletzung, § 223 StGB; Schuldunfähigkeit des Täters, § 20 StGB; Antrag im Sicherungsverfahren, §§ 413 ff. StPO ... 36
3. Räuberischer Diebstahl mit Körperverletzung, §§ 223 I, 242 I, 249 I, 252, 52 StGB; erheblich verminderte Steuerungsfähigkeit, § 21 StGB ... 37
4. Diebstahl, §§ 242 I, 243 I 2 Nr. 1, 25 II StGB (»Autoaufbruch«) ... 38
5. Schwere räuberische Erpressung, §§ 249 I, 250 I Nr. 1 b, 253 I, II, 255, 25 II StGB (»Bankraub«), erheblich verminderte Steuerungsfähigkeit, § 21 StGB; Sicherungsverwahrung, § 66 StGB ... 38
6. »Zechbetrug«, § 263 I StGB ... 40
7. »Bestellbetrug«, § 263 I StGB ... 40
8. »Tankstellenbetrug«, § 263 I StGB ... 41
9. Erschleichen von Leistungen, §§ 265 a I, III, 248 a StGB (»Schwarzfahren«) ... 41
10. Fahrlässige Trunkenheit im Verkehr, § 316 I, II StGB ... 41
11. Mord durch Unterlassen in Tateinheit mit Körperverletzung mit Todesfolge, §§ 211, 227 I, 13 I, 25 II StGB ... 42
II. Freispruch ... 43
1. Freispruch aus tatsächlichen Gründen – Zweifel an der Täterschaft ... 43
2. Freispruch aus tatsächlichen Gründen – Zweifel an der Tat ... 44
3. Freispruch aus rechtlichen Gründen ... 44
III. Einstellung ... 44

9. Kapitel. Beweiswürdigung ... 45
A. Allgemeines ... 45
B. Beweiswürdigung bei Verurteilung ... 46
    I. Beweiswürdigung zu den persönlichen Verhältnissen ... 46
    II. Beweiswürdigung zum Tatgeschehen ... 47
        1. Geständiger Angeklagter bei einfacher Beweislage ... 47
        2. Teilgeständiger Angeklagter ... 47
        3. Schweigender Angeklagter ... 48
        4. Schweigender Angeklagter – Einlassung bei früherer Vernehmung ... 48
        5. Bestreitender Angeklagter – Glaubwürdigkeit eines Zeugen, insbesondere eines Kindes14 ... 48
        6. Bestreitender Angeklagter – Zeuge vom »Hörensagen« ... 51
    III. Beweiswürdigung zu sonstigen Umständen ... 53
        1. Verneinung einer alkoholbedingt erheblich verminderten Schuldfähigkeit, § 21 StGB – eigene Sachkunde des Gerichts ... 53
        2. Erheblich verminderte Schuldfähigkeit, § 21 StGB – Sachverständigengutachten ... 53
        3. Verneinung der Erheblichkeit der verminderten Schuldfähigkeit, § 21 StGB ... 54
        4. Voraussetzungen der Unterbringung gemäß § 63 StGB iVm § 21 StGB – Sachverständigengutachten ... 55
        5. Voraussetzungen der Unterbringung gemäß § 64 StGB – Sachverständigengutachten ... 55
        6. Voraussetzungen der Sicherungsverwahrung gemäß § 66 StGB – Sachverständigengutachten ... 56
C. Beweiswürdigung bei Freispruch ... 56
D. Beweiswürdigung bei Einstellung ... 57
E. Ablehnung von Hilfsbeweisanträgen ... 58
    I. Allgemeines ... 58
    II. Ablehnungsgründe gemäß § 244 III–V StPO ... 59
        1. Unzulässige Beweiserhebung, § 244 III 1 StPO ... 59
        2. Offenkundigkeit, § 244 III 2 StPO ... 59
        3. Bedeutungslosigkeit, § 244 III 2 StPO ... 60
        4. Erwiesensein, § 244 III 2 StPO ... 60
        5. Völlige Ungeeignetheit, § 244 III 2 StPO ... 60
        6. Unerreichbarkeit, § 244 III 2 StPO ... 61
        7. Verschleppungsabsicht, § 244 III 2 StPO ... 61
        8. Wahrunterstellung, § 244 III 2 StPO ... 62
        9. Eigene Sachkunde, § 244 IV 1 StPO ... 62
        10. Erwiesensein, § 244 IV 2 StPO ... 63
        11. Zur Wahrheitsfindung nicht erforderlich – Augenschein, § 244 V 1 StPO ... 63
        12. Zur Wahrheitsfindung nicht erforderlich – Auslandszeuge, § 244 V 2 StPO ... 63

10. Kapitel. Rechtliche Würdigung und angewendete Strafvorschriften ... 64
A. Allgemeines ... 64
B. Formulierungsbeispiele ... 65
    I. Verurteilung ... 65
        1. »Ladendiebstahl« ... 65
        2. Versuchter Diebstahl mit Verwirklichung eines Regelbeispielfalls in Tateinheit mit Sachbeschädigung ... 65
        3. Räuberischer Diebstahl ... 66
        4. Gemeinschaftliche schwere räuberische Erpressung ... 66
        5. Mord durch Unterlassen in Tateinheit mit Körperverletzung mit Todesfolge ... 68

II. Freispruch	69
1. Freispruch aus tatsächlichen Gründen	69
2. Freispruch aus rechtlichen Gründen	69
III. Einstellung	69

11. Kapitel. Strafzumessung — 70

A. Allgemeines — 70
- I. Bedeutung — 70
- II. Revisibilität — 70
- III. Inhaltliche Grundsätze — 71
- IV. Freiheitsstrafe — 71
- V. Geldstrafe — 72

B. Vorgang der Strafzumessung – Aufbau der Gründe — 73
- I. Bestimmung des gesetzlichen Strafrahmens — 74
  1. Normalstrafrahmen — 74
  2. Ausnahmestrafrahmen für minder schwere und besonders schwere Fälle — 74
     - a) Minder schwerer Fall — 74
     - b) Besonders schwerer Fall — 77
     - c) Aufeinandertreffen von minder schwerem und besonders schwerem Fall — 78
  3. Ausnahmestrafrahmen durch Milderung nach § 49 StGB — 78
     - a) Zwingende vertypte Milderungsgründe — 78
     - b) Fakultative vertypte Milderungsgründe — 79
- II. Einordnung der Tat in den Strafrahmen – Findung der schuldangemessenen Strafe – gerechter Schuldausgleich — 86
  1. Strafzumessungsschuld, § 46 I 1 StGB — 88
     - a) Umstände, die der Tat innewohnen – »eigentliche« Tatbestandsverwirklichung — 89
     - b) Umstände, die der Tat vorausgehen – Vorleben, Vorgeschichte — 90
     - c) Umstände, die der Tat nachfolgen – Nachtatverhalten, Tatauswirkungen — 90
  2. Folgen der Tat für den Angeklagten – gerechter Schuldausgleich, § 46 I 2 StGB — 92
  3. Häufige Fehlerquellen — 92
     - a) Verstoß gegen das Verbot der Doppelverwertung, § 46 III StGB — 92
     - b) Verstoß gegen das Verbot der Berücksichtigung fehlender Umstände — 94
     - c) Vermengung mit der Entscheidung über die Strafaussetzung — 95
     - d) Fehlerhafte Berücksichtigung des Verteidigungsverhaltens — 96
     - e) Fehlerhafte Berücksichtigung der »Lebensführungsschuld« — 97
  4. Textbeispiel zur Strafzumessung im engeren Sinne — 97
- III. Präventive Überlegungen — 97
  1. Generalprävention — 98
  2. Spezialprävention — 98
- IV. Bestimmung der Strafart — 98
- V. Gesamtstrafenbildung — 100
  1. Allgemeines — 100
  2. Absehen von der Gesamtstrafenbildung — 101
  3. Nachträgliche Gesamtstrafenbildung, § 55 StGB — 101
     - a) Voraussetzungen — 101
     - b) Aufrechterhaltung von Nebenstrafen, Nebenfolgen und Maßnahmen — 103
     - c) Härteausgleich — 104
- VI. Entscheidung über die Strafaussetzung zur Bewährung — 104
  1. Günstige Sozialprognose, § 56 I StGB — 105

2. Sondervorschrift des § 183 III, IV StGB	107
3. Besondere Umstände, § 56 II StGB	107
4. Verteidigung der Rechtsordnung, § 56 III StGB	109
VI. Anhang: Kompensation für überlange Verfahrensdauer	110
12. Kapitel. Nebenstrafen und Nebenfolgen	**112**
A. Fahrverbot, § 44 StGB	**112**
I. Inhalt und Zweck	112
II. Voraussetzungen	112
B. Aberkennung des aktiven und passiven Wahlrechts und der Amtsfähigkeit, § 45 II, V StGB	**113**
C. Verfall, §§ 73 ff. StGB	**113**
D. Einziehung, §§ 74 ff. StGB	**115**
13. Kapitel. Maßregeln der Besserung und Sicherung	**116**
A. Unterbringung in einem psychiatrischen Krankenhaus und in einer Entziehungsanstalt, §§ 63, 64 StGB	**116**
I. Unterbringung in einem psychiatrischen Krankenhaus, § 63 StGB	116
1. Rechtswidrige Tat	116
2. Zustand der Schuldunfähigkeit oder der erheblich verminderten Schuldfähigkeit	117
3. Symptomatischer Zusammenhang und Gefährlichkeitsprognose	118
4. Allgemeingefährlichkeit	118
5. Textbeispiel	118
II. Unterbringung in einer Entziehungsanstalt, § 64 StGB	119
1. Rechtswidrige Tat	119
2. Hang zu übermäßigem Alkohol- oder Drogenkonsum	119
3. Symptomatischer Zusammenhang	119
4. Gefährlichkeitsprognose	119
5. Hinreichend konkrete Aussicht auf Behandlungserfolg	120
6. Textbeispiel	120
III. Anordnung des Vorwegvollzugs der Strafe, § 67 II StGB	120
IV. Aussetzung der Vollstreckung der Maßregel zur Bewährung, § 67 b I StGB	122
B. Sicherungsverwahrung, § 66 StGB	**123**
C. Entziehung der Fahrerlaubnis, Sperre für die Neuerteilung und Einziehung des Führerscheins, §§ 69, 69 a StGB	**124**
I. Entziehung der Fahrerlaubnis	124
II. Sperre für die (Neu-) Erteilung einer Fahrerlaubnis, § 69 a StGB	126
III. Einziehung des Führerscheins, § 69 III 2 StGB	127
D. Berufsverbot, § 70 StGB	**127**
14. Kapitel. Adhäsionsverfahren	**128**
15. Kapitel. Kosten und notwendige Auslagen	**130**
16. Kapitel. Entschädigung für Strafverfolgungsmaßnahmen	**131**
17. Kapitel. Unterschriften	**132**
3. Teil. Besondere Urteilsformen	**133**
18. Kapitel. Urteile nach Jugendstrafrecht	**133**
A. Rubrum	133
B. Urteilsformel	133
C. Persönliche Verhältnisse	134
D. Sachverhaltsschilderung	134
E. Rechtliche Würdigung	135
F. Strafzumessung	135
I. Verhängung von Jugendstrafe	136
II. Verhängung von Zuchtmitteln	138

III. Anwendung von Jugendstrafrecht auf Heranwachsende	138
1. Beispiel für Anwendung von Jugendstrafrecht	138
2. Beispiel für die Anwendung von allgemeinem Strafrecht	139
G. Kosten und notwendige Auslagen	139
19. Kapitel. Urteile im Strafbefehlsverfahren	139
A. Urteil gegen den ausgebliebenen Angeklagten	139
B. Urteil nach Teilrechtskraft	140
20. Kapitel. Urteile im Berufungsverfahren	142
A. Urteilsformel	142
I. Erfolglose Berufung des Angeklagten	142
II. Erfolglose Berufungen des Angeklagten und der Staatsanwaltschaft	142
III. Erfolgreiche vollumfängliche Berufung des Angeklagten	142
IV. Erfolgreiche beschränkte Berufung des Angeklagten	143
V. Erfolglose vollumfängliche Berufung des Angeklagten und teilweise erfolgreiche Strafmaßberufung der Staatsanwaltschaft	143
VI. In geringem Umfang erfolgreiche Berufung des Angeklagten	143
VII. Unentschuldigtes Ausbleiben des berufungsführenden Angeklagten	143
B. Urteilsgründe	143
21. Kapitel. Abgekürzte Urteile	144
Sachverzeichnis	147

Abkürzungs- und Literaturverzeichnis

aA	anderer Ansicht
aF	alte Fassung
AG	Amtsgericht
AMG	Gesetz über den Verkehr mit Arzneimitteln
AO	Abgabenordnung
Arntzen	F. Arntzen, (E. Michaelis-Arntzen), Psychologie der Zeugenaussage, 5. Aufl. 2011
Art.	Artikel
Az.	Aktenzeichen
BAK	Blutalkoholkonzentration
BayObLG	Bayerisches Oberstes Landesgericht
BetrVG	Betriebsverfassungsgesetz
BGB	Bürgerliches Gesetzbuch
BGH	Bundesgerichtshof
BGHR	Bundesgerichtshof-Rechtsprechung in Strafsachen (Entscheidungssammlung)
BGHSt	Entscheidungen des Bundesgerichtshofs in Strafsachen
BGBl.	Bundesgesetzblatt
Brößler/Mutzbauer	L. Brößler, N. Mutzbauer, Strafprozessuale Revision, 7. Aufl. 2009
Brunner	R. Brunner, Abschlussverfügung der Staatsanwaltschaft, 11. Aufl. 2009
Brunner/von Heintschel-Heinegg	R. Brunner, B. von Heintschel-Heinegg, Staatsanwaltlicher Sitzungsdienst, 13. Aufl. 2011
BtMG	Betäubungsmittelgesetz
BVerfG	Bundesverfassungsgericht
BVerfGE	Entscheidungen des Bundesverfassungsgerichts
BZRG	Gesetz über das Zentralregister und das Erziehungsregister (Bundeszentralregistergesetz)
bzw.	beziehungsweise
Eisenberg	U. Eisenberg, Kommentar zum Jugendgerichtsgesetz, 14. Aufl. 2011
f.	folgende
FeV	Verordnung über die Zulassung von Personen zum Straßenverkehr (Fahrerlaubnis-Verordnung)
ff.	fortfolgende
Fischer	T. Fischer, Kommentar zum Strafgesetzbuch, 58. Aufl. 2011
Fn.	Fußnote
GG	Grundgesetz
GVG	Gerichtsverfassungsgesetz
Hentschel/König/Dauer	P. Hentschel, P. König, P. Dauer, Straßenverkehrsrecht, Kommentar, 41. Aufl. 2011
hM	herrschende Meinung
Hs.	Halbsatz
Huber	M. Huber, Das Strafurteil, 2. Aufl. 2004

iSd	im Sinne des
iVm	in Verbindung mit
JA	Juristische Arbeitsblätter
JGG	Jugendgerichtsgesetz
JMBl.	Justizministerialblatt
JVA	Justizvollzugsanstalt
KHK	Kriminalhauptkommissar
KK/*Bearbeiter*	Karlsruher Kommentar zur Strafprozessordnung, 6. Aufl. 2008
Körner	H. Körner, Betäubungsmittelgesetz, 6. Aufl. 2007
LG	Landgericht
Meyer-Goßner	L. Meyer-Goßner, Kommentar zur Strafprozessordnung, 54. Aufl. 2011
Meyer-Goßner/ Appl	L. Meyer-Goßner, E. Appl, Die Urteile in Strafsachen, 28. Aufl. 2008
MRK	Konvention zum Schutze der Menschenrechte und Grundfreiheiten
mwN	mit weiteren Nachweisen
NJW	Neue Juristische Wochenschrift
Nr.	Nummer
NStZ	Neue Zeitschrift für Strafrecht
NStZ-RR	Neue Zeitschrift für Strafrecht – Rechtsprechungsreport
OLG	Oberlandesgericht
OWiG	Gesetz über Ordnungswidrigkeiten
POK	Polizeioberkommissar
RiStBV	Richtlinien für das Straf- und Bußgeldverfahren
Rn.	Randnummer
S.	Satz, Seite
Schäfer/Sander/van Gremmeren	G. Schäfer, G. M. Sander, G. van Gremmeren, Praxis der Strafzumessung, 4. Aufl. 2008
StÄG	Strafrechtsänderungsgesetz (eigentliche Abkz.: StrÄndG)
StGB	Strafgesetzbuch
StPO	Strafprozessordnung
StrEG	Gesetz über die Entschädigung für Strafverfolgungsmaßnahmen
st. Rspr.	ständige Rechtsprechung
StV	Strafverteidiger
StVG	Straßenverkehrsgesetz
StVO	Straßenverkehrs-Ordnung
Urt.	Urteil
v.	vom/von
vgl.	vergleiche
VM	Verkehrsrechtliche Mitteilungen
VRS	Verkehrsrechtssammlung

WaffG .... Waffengesetz
wistra .... Zeitschrift für Wirtschaft, Steuer und Strafrecht

ZPO .... Zivilprozessordnung
ZRP .... Zeitschrift für Rechtspolitik

1. Teil. Grundlagen

1. Kapitel. Einleitung

Das Strafurteil steht am Ende der Hauptverhandlung (§ 260 I StPO) und bildet damit den **Schlusspunkt des Erkenntnisverfahrens**. Seine Verkündung ist noch Teil der Hauptverhandlung und erfolgt gemäß § 268 II 1 StPO durch Verlesen der Urteilsformel und Eröffnung der Urteilsgründe. Letzteres geschieht gemäß § 268 II 2 StPO durch mündliche Mitteilung der wesentlichen Gründe; daneben spielt die Möglichkeit der Verlesung der Gründe in der Praxis kaum eine Rolle, da das Urteil – anders als im Zivilverfahren – zum Zeitpunkt der Verkündung in aller Regel noch nicht abgesetzt ist. Die Verkündung soll gemäß § 268 III StPO – nach vorheriger Beratung (§ 260 I StPO) – möglichst im Anschluss an die mündliche Verhandlung erfolgen, spätestens jedoch am elften Tag danach. Das schriftliche Urteil muss gemäß § 275 I StPO unverzüglich, spätestens fünf Wochen nach seiner Verkündung, zu den Akten gebracht werden, wobei sich die Frist ab dem vierten Hauptverhandlungstag stufenweise verlängert. Ein Verstoß hiergegen stellt einen absoluten Revisionsgrund gemäß § 338 Nr. 7 StPO dar.

Den schriftlichen Urteilsgründen kommt in Strafsachen besondere Bedeutung zu. Denn bei der gemäß §§ 333, 335 StPO gegen alle Strafurteile zulässigen Revision[1] ist **allein die Urteilsurkunde Grundlage der sachlich-rechtlichen Nachprüfung**. Alle anderen Erkenntnisquellen – insbesondere der Inhalt der Akten – sind dem Revisionsgericht bei der Sachrüge verschlossen.[2] Die Rüge der Aktenwidrigkeit ist unbeachtlich, auch das Sitzungsprotokoll kann zur Begründung der Sachrüge nicht herangezogen werden.[3] Dagegen bleibt für die Revisionsinstanz im Zivilverfahren durch Bezugnahmen gemäß § 313 II 2 ZPO regelmäßig nahezu der gesamte Akteninhalt bis zum Berufungsurteil[4] Prozessstoff. Im Strafurteil sind Bezugnahmen auf Schriftstücke,[5] die nicht in der Urteilsurkunde selbst enthalten sind, dagegen unzulässig.[6] Davon gibt es nur Ausnahmen für bereits zum Zeitpunkt der Abfassung rechtskräftige Urteile im Umfang des § 267 IV 1 StPO und für Berufungsurteile, in denen auf die Feststellungen im Ersturteil unter strengen Voraussetzungen verwiesen werden darf.[7] Grundsätzlich muss das Strafurteil aber aus sich selbst heraus verständlich sein.[8]

Aus dieser herausragenden Stellung der schriftlichen Urteilsgründe folgt zugleich die Verpflichtung, auf deren Abfassung besondere Sorgfalt zu verwenden. Denn sind die Gründe in sich widersprüchlich oder lückenhaft, führt dieser Erörterungsmangel bereits zur Aufhebung des Urteils auf die allgemeine Sachrüge hin, selbst wenn es – was das Revisionsgericht infolge des Mangels nicht wissen kann – im Ergebnis sachgerecht und in verfahrensrechtlich ordnungsgemäßer Weise zu Stande gekommen ist. Auch darin besteht ein Unterschied zum Zivilurteil, das regelmäßig Bestand haben wird, wenn es nur im Ergebnis richtig ist, da dies anhand der Akten nachprüfbar bleibt. Hinzu kommt, dass dem Strafrichter im Bereich der Strafzumessung ein weitreichendes Ermessen eingeräumt wird, dessen fehlerfreie Ausübung sich ebenfalls aus den Urteilsgründen ergeben muss.

---

1 Dies gilt nach wohl überwiegender Meinung in der Rechtsprechung auch, falls nur eine Annahmeberufung gemäß § 313 StPO zulässig wäre (so BayObLG StV 1993, 572 und zustimmend BGHSt 40, 395 [397]; OLG Zweibrücken 1994, 119; OLG Karlsruhe StV 1994, 292) aA *Meyer-Goßner* § 335 Rn. 21, vgl. dort auch zum Meinungsstand mwN.
2 BGHSt 35, 238 (241); *Meyer-Goßner* § 337 Rn. 22 f; amüsant in diesem Zusammenhang der »Zwischenruf« von *Vultejus* ZRP 2008, 130 (131), der auch im Übrigen lesenswert ist.
3 Vgl. *Brößler/Mutzbauer* Rn. 304.
4 Vgl. § 559 I ZPO.
5 Auf Abbildungen, die sich bei den Akten befinden, kann gemäß § 267 I 3 StPO verwiesen werden.
6 *Meyer-Goßner* § 267 Rn. 2.
7 BGHSt 33, 59; *Meyer-Goßner* § 267 Rn. 2 a; siehe auch → Rn. 552; ausnahmsweise kann auch nach Zurückverweisung auf die aufgehobenen Feststellungen verwiesen werden, wenn sich diese (erneut) bestätigt haben, BGH NStZ-RR 2009, 148.
8 BGHSt 30, 225 (227); 33, 59.

4 Daher bildet die Abfassung der schriftlichen Urteilsgründe eine der Hauptaufgaben des Strafrichters, die einen erheblichen Teil seiner Arbeitszeit in Anspruch nimmt. Sie erfordert die handwerkliche Fähigkeit, die vorangegangenen rechtlichen Überlegungen zum bereits verkündeten Urteilstenor in verständlicher und nachprüfbarer Weise zu dokumentieren. Diese Fähigkeit ist für den Bestand des Urteils genauso wichtig wie die vorherige Erfassung der materiellen und prozessualen Rechtslage. Der angehende Jurist sollte daher frühzeitig auch seinen sprachlichen Ausdruck schulen.[9]

5 **Merke:** Im **Examen** muss ebenso wie in der Praxis die rechtliche Durchdringung des Sachverhalts abgeschlossen sein, bevor mit dem Entwurf der schriftlichen Urteilsgründe begonnen wird. Hierzu empfiehlt es sich – auch bei der Urteilsklausur – zunächst ein Gutachten zur materiellen und prozessualen Rechtslage auf einem Beiblatt zu skizzieren.

Der BGH[10] hat die Anforderungen an die schriftlichen Urteilsgründe aus gegebenem Anlass so beschrieben: »Die schriftlichen Urteilsgründe dienen, ..., weder der Darstellung eines bis in verästelte Einzelheiten aufzuarbeitenden ›Gesamtgeschehens‹ noch der Nacherzählung des Ablaufs der Ermittlungen oder des Gangs der Hauptverhandlung. Es ist Aufgabe des Richters, Wesentliches von Unwesentlichem zu unterscheiden und die Begründung seiner Entscheidungen so zu fassen, dass der Leser die wesentlichen, die Entscheidung tragenden tatsächlichen Feststellungen und rechtlichen Erwägungen ohne aufwändige eigene Bemühungen erkennen kann. Urteilsgründe sollen weder allgemeine ›Stimmungsbilder‹ zeichnen noch das Revisionsgericht im Detail darüber unterrichten, welche Ergebnisse sämtliche im Hauptverhandlungsprotokoll verzeichneten Beweisergebnisse gehabt haben.[11]

2. Kapitel. Gegenstand der Urteilsfindung – Verfahrensrecht

A. Gegenstand der Urteilsfindung – prozessualer Tatbegriff

6 Dem Strafrichter ist es nicht freigestellt über welchen Sachverhalt er zu urteilen hat. Gemäß § 264 I StPO ist Gegenstand der Urteilsfindung die in der Anklage bezeichnete Tat. Die Vorschrift wird durch §§ 151, 155 I StPO ergänzt, wonach eine gerichtliche Untersuchung und Entscheidung nur auf eine Anklage hin und nur auf die darin bezeichnete Tat und Person erstreckt werden darf. Damit erlangt der Begriff der Tat im Sinne dieser Vorschriften eine zentrale Bedeutung. Man spricht vom sogenannten **prozessualen Tatbegriff**. Er ist nicht identisch mit dem des materiellen Rechts. Vielmehr ist unter Tat im prozessualen Sinn der geschichtliche Vorgang in seiner Gesamtheit zu verstehen, auf welchen die Anklageschrift hinweist und innerhalb dessen der Angeklagte sich als Täter oder Teilnehmer strafbar gemacht haben soll.[12] Die prozessuale Tat umfasst daher sämtliche Straftaten, die bei natürlicher Betrachtungsweise zu demselben **einheitlichen Lebensvorgang** gehören und zwar auch solche, die in der Anklage nicht genannt sind.[13] Daher ist das Gericht innerhalb der angeklagten prozessualen Tat gemäß § 155 II StPO zur erschöpfenden Aufklärung und Aburteilung berechtigt und verpflichtet. Dabei ist es an die rechtliche Würdigung in Anklage und Eröffnungsbeschluss nicht gebunden, § 264 II StPO. Die sogenannte Umgestaltung der Strafklage innerhalb derselben prozessualen Tat infolge abweichender rechtlicher und/oder tatsächlicher Sachlage ist demnach zulässig und geboten, löst aber Hinweispflichten gemäß § 265 I, II StPO aus. Dagegen ist es dem Gericht untersagt über eine Tat zu urteilen, die nicht Teil des angeklagten Lebenssachverhalts – sprich der prozessualen Tat – ist.[14] Hierzu bedarf es vielmehr einer Nachtragsanklage gemäß § 266 StPO. Die Tatidenti-

---

9 Sehr hilfreich hierfür sind die Bücher von *Tonio Walter*, »Kleine Stilkunde für Juristen«, und *Ludwig Reiners*, »Stilkunst«.
10 NStZ 2007, 720.
11 Vgl. auch den sehr lesenswerten Aufsatz von *Winkler* JMBl. Schleswig-Holstein 2006, 245.
12 BGHSt 13, 320; 29, 289; 29, 341; *Brunner* Rn. 24.
13 BGHSt 29, 341; BGH NStZ-RR 2009, 146.
14 BGH NStZ-RR 2009, 146.

tät ist aber gewahrt, wenn das bezeichnete Geschehen einmalig und unverwechselbar ist, selbst wenn die Beweisaufnahme eine andere Tatzeit ergibt.[15]

Die Unterscheidung, ob ein vom Angeklagten verwirklichter Straftatbestand noch Teil des angeklagten Lebenssachverhalts ist, so dass er nach entsprechendem Hinweis mit abgeurteilt werden kann, oder ob er bereits ein neues geschichtliches Vorkommnis darstellt, kann im Einzelfall sehr schwierig sein.[16] Dabei stellt sich das Problem nicht nur im laufenden gerichtlichen Hauptverfahren, sondern auch, wenn nach Verurteilung des Angeklagten noch weitere Straftaten bekannt werden, die möglicherweise Teil des bereits abgeurteilten Lebenssachverhalts sind. Denn der prozessuale Tatbegriff des § 264 StPO ist identisch mit dem des Art. 103 III GG, der das Verbot der Doppelbestrafung »wegen derselben Tat« normiert.[17] Daher tritt **Strafklageverbrauch** hinsichtlich aller Delikte ein, die mit den abgeurteilten einen einheitlichen Lebenssachverhalt bilden. 7

Der prozessuale Tatbegriff ist grundsätzlich ein anderer als der des materiellen Rechts.[18] So können zwei in Tatmehrheit gemäß § 53 StGB stehende Delikte – wenn auch eher selten – Teil derselben prozessualen Tat sein. Doch gibt es auch Gemeinsamkeiten. So stehen Delikte verschiedener prozessualer Taten grundsätzlich in Tatmehrheit zueinander.[19] Umgekehrt gilt nach der Identitätsthese, dass zwei Delikte, die in Tateinheit gemäß § 52 StGB begangen wurden, auch derselben prozessualen Tat angehören.[20] Hiervon hat der BGH jedoch eine Ausnahme für Dauerstraftaten, insbesondere für Organisationsstraftaten gemäß §§ 129 f. StGB zugelassen.[21] Denn die strikte Befolgung der **Identitätsthese** würde in diesen Fällen oftmals zu einem Strafklageverbrauch führen, der sich mit dem Gerechtigkeitsempfinden nicht mehr vereinbaren ließe. Im Übrigen ist bei Dauerstraftaten zunächst zu prüfen, ob und inwieweit sie überhaupt eine Klammerwirkung ausüben können, die zu einem tateinheitlichen Verhältnis mehrerer an sich selbständiger Taten führt.[22] Auch das Zusammentreffen zweier Dauerdelikte führt nur zur Annahme von Tateinheit, wenn zwischen ihnen eine innere Verknüpfung besteht, die über die bloße Gleichzeitigkeit hinausgeht.[23] Dasselbe gilt für das Zusammentreffen eines Dauerdelikts mit einer sonstigen Straftat.[24] 8

Für die Beurteilung, ob ein Sachverhalt Teil einer prozessualen Tat ist, kommt es – ebenso wie für das materiellrechtliche Konkurrenzverhältnis – nicht auf die rechtliche Würdigung in Anklage und Eröffnungsbeschluss an, sondern einzig auf die nach durchgeführter Hauptverhandlung im Urteil vertretene Auffassung. 9

B. Umgestaltung der Strafklage

Will das Gericht innerhalb der angeklagten prozessualen Tat von der rechtlichen und/oder tatsächlichen Beurteilung in Anklage und Eröffnungsbeschluss abweichen oder weitere Taten aburteilen, muss es hierauf gemäß § 265 I, II StPO hinweisen. Da die prozessuale Tat das gesamte geschichtliche Vorkommnis umfasst, fallen darunter auch die Tatteile und Gesetzesverletzungen, die nach § 154 a I, II StPO bereits ausgeschieden wurden. Bei ihrer Einbeziehung oder Wiedereinbeziehung bedarf es deshalb gemäß § 154 a III StPO keiner Nachtragsanklage.[25] 10

---

15 BGH NStZ-RR 2006, 316; NStZ 2010, 346.
16 Vgl. dazu die Rechtsprechungsbeispiele bei *Meyer-Goßner* § 264 Rn. 2 a ff.
17 BGHSt 32, 146 (150); BVerfGE 45, 434 = NJW 78, 414; *Meyer-Goßner* § 264 Rn. 1.
18 BGHSt 29, 288 (292); *Meyer-Goßner* § 264 Rn. 6.
19 *Meyer-Goßner* § 264 Rn. 6; *Brunner* Rn. 32.
20 BGHSt 13, 21 (23); 41, 385 (389); *Meyer-Goßner* § 264 Rn. 6; *Brunner* Rn. 28.
21 BGHSt 29, 288 (293); ebenso bereits BVerfG NJW 1978, 414; vgl. auch OLG Hamm NStZ-RR 2009, 274; *Brunner* Rn. 30 f.
22 Vgl. dazu *Fischer* Vor § 52 StGB Rn. 30 ff.
23 BGH NStZ 2009, 705; KG NStZ-RR 2008, 48 im Falle des zeitgleichen Besitzes von Betäubungsmitteln (§ 29 I Nr. 3 BtMG) und explosionsgefährlichen Stoffen (§ 27 I SprengstoffG): Tatmehrheit, da gemeinsamer Besitz hier nur zufälliger äußerer Umstand.
24 OLG Celle NStZ-RR 2010, 248 im Falle eines Diebstahls während eines unerlaubten Aufenthalts; dort auch Übersicht zur uneinheitlichen Rechtsprechung betreffend das Vorliegen einer inneren Verknüpfung.
25 BGHSt 29, 341.

1. Teil. Grundlagen

C. Nachtragsanklage

11 An der Aburteilung eines Delikts, das nicht vom angeklagten Lebenssachverhalt umfasst wird, ist das Gericht gemäß § 264 I StPO gehindert. Insoweit besteht das Prozesshindernis der fehlenden Anklage und des fehlenden Eröffnungsbeschlusses. In diesen Fällen kann nur durch Nachtragsanklage gemäß § 266 StPO erreicht werden, dass das außerhalb der angeklagten Tat stehende strafbare Verhalten des Angeklagten im aktuellen Verfahren mit behandelt wird. Dies setzt aber die Zuständigkeit des Gerichts für die neu einzubeziehende Straftat und das Einverständnis des Angeklagten voraus. Liegen diese Voraussetzungen nicht vor oder will das Gericht die in seinem Ermessen stehende Einbeziehung der nachträglichen Anklage nicht vornehmen, wird die Staatsanwaltschaft Anklage in einem neuen Verfahren erheben, falls nicht eine Sachbehandlung gemäß § 154 I StPO in Betracht kommt. Dabei könnte sich das Problem stellen, dass ein möglicherweise anders besetztes Gericht in dem neuen Strafverfahren zu der Auffassung gelangt, dass die Tat hätte mit abgeurteilt werden können und deshalb Strafklageverbrauch eingetreten sei.

D. Fallbeispiel zu A.–C.

I. Sachverhalt und rechtliche Würdigung

12 Der Angeklagte zechte in einem Gasthaus, geriet in Streit mit dem Wirt und schlug ihm mit der Faust ins Gesicht. Nach Verlassen des Gasthauses fuhr er mit seinem Auto in alkoholbedingt fahruntüchtigem Zustand, was er bei Beachtung der erforderlichen Sorgfalt auch hätte erkennen können. Während der Fahrt übersah er infolge des genossenen Alkohols ein parkendes Fahrzeug. Infolge des Zusammenstoßes entstand Sachschaden in Höhe von 5.000 EUR. Der Angeklagte hielt an, stieg aus seinem Fahrzeug aus und besah sich den Schaden. Schließlich fuhr er aber weiter ohne sich um den von ihm verursachten Schaden zu kümmern und obwohl ihm nun seine Fahruntüchtigkeit bewusst war.

13 Hier hat sich der Angeklagte der vorsätzlichen Körperverletzung (§ 223 I StGB) in Tatmehrheit mit fahrlässiger Gefährdung des Straßenverkehrs (§ 315 c I Nr. 1 a, III Nr. 2 StGB) in Tatmehrheit mit unerlaubtem Entfernen vom Unfallort (§ 142 I Nr. 2 StGB), dies in Tateinheit mit vorsätzlicher Trunkenheit im Verkehr (§ 316 I StGB) strafbar gemacht.

II. Abschlussverfügung der Staatsanwaltschaft und Eröffnungsbeschluss

14 Der Staatsanwaltschaft ist die vorsätzliche Körperverletzung des Wirtes nicht bekannt. Die fahrlässige Gefährdung des Straßenverkehrs hat sie gemäß § 154 a I StPO durch Beschränkung der Verfolgung auf die übrigen Tatteile ausgeschieden und darauf in der Anklageschrift hingewiesen. Anklage und Eröffnungsbeschluss lauten auf unerlaubtes Entfernen vom Unfallort in Tateinheit mit fahrlässiger Trunkenheit im Verkehr gemäß §§ 142 I Nr. 2, 316 I, II, 52 StGB. Dass bei der Weiterfahrt davon auszugehen ist, dass der Angeklagte seine Fahruntüchtigkeit (nunmehr) kannte und deshalb eine vorsätzliche Trunkenheit im Verkehr gemäß § 316 I StGB vorliegt, wurde übersehen.

III. Gerichtliche Sachbehandlung im Hauptverfahren

15 Das Gericht kann die ausgeschiedene fahrlässige Straßenverkehrsgefährdung gemäß § 154 a III 1 StPO wieder einbeziehen, da sie Teil des angeklagten Lebenssachverhalts ist.[26] Doch muss der Angeklagte auf die Wiedereinbeziehung und die Möglichkeit der Verurteilung wegen fahrlässiger Gefährdung des Straßenverkehrs nach § 315 c I Nr. 1 a, III Nr. 2 StGB in

---

[26] Hätte die Staatsanwaltschaft die fahrlässige Straßenverkehrsgefährdung bei der Abschlussverfügung übersehen und auch der Eröffnungsbeschluss keine Ergänzung vorgenommen, könnte und müsste das Gericht nach Hinweis gemäß § 265 I StPO den Angeklagten ebenso wegen dieses Delikts verurteilen. Voraussetzung hierfür ist in solchen Fällen aber stets, dass das förmlich nicht angeklagte Delikt Teil derselben prozessualen Tat ist und der diesem zugrunde liegende Lebenssachverhalt in der Anklage mitgeteilt wurde (BGH NStZ 1981, 299 = StV 1981, 397; NStZ 1985, 515; *Meyer-Goßner* § 154 a Rn. 24).

Tatmehrheit zu den angeklagten Delikten gemäß § 265 I StPO besonders hingewiesen werden.

In jedem Fall wird das Gericht abweichend von Anklage und Eröffnungsbeschluss – nach entsprechendem Hinweis gemäß § 265 I StPO – den Angeklagten wegen vorsätzlicher Trunkenheit im Verkehr gemäß § 316 I StGB verurteilen, weil er seine Fahruntüchtigkeit bei der Weiterfahrt aufgrund eines neuen Tatentschlusses kannte.

Eine Verurteilung wegen der vorsätzlichen Körperverletzung zum Nachteil des Wirtes kann dagegen in diesem Verfahren grundsätzlich nicht erfolgen, da es sich um eine andere prozessuale Tat handelt als die in Anklage und Eröffnungsbeschluss geschilderte. Möglich wäre eine Einbeziehung nur, wenn die Staatsanwaltschaft wegen dieses Sachverhalts Nachtragsanklage gemäß § 266 StPO erheben würde und sowohl das Gericht als auch der Angeklagte mit einer Aburteilung im aktuellen Verfahren einverstanden wären.

E. Verurteilung – Freispruch – Einstellung – gemischte Entscheidung

Für die Entscheidung, ob Verurteilung, Freispruch, Einstellung oder eine gemischte Entscheidung im Urteil zu treffen ist, kommt dem prozessualen Tatbegriff nur mittelbar Bedeutung zu. Entscheidend ist vielmehr in welchem materiellrechtlichen Konkurrenzverhältnis die in Betracht kommenden Tatbestände stehen.[27] Liegt Tateinheit gemäß § 52 StGB vor, darf bei Wegfall eines Delikts weder (Teil-)Freispruch noch (Teil-)Einstellung erfolgen.[28] Anders ist es dagegen bei tatmehrheitlichem Zusammentreffen der in Frage kommenden Delikte und zwar unabhängig davon, ob sie Teil derselben prozessualen Tat sind oder nicht.[29] Darin besteht ein wesentlicher Unterschied zur Handhabung der Teileinstellung bei der Abschlussverfügung der Staatsanwaltschaft, die nur erfolgen darf, wenn eine gesamte prozessuale Tat in Wegfall gerät.[30]

16

> **Beispiel:** Dem Angeklagten liegen ein Diebstahl und in Tatmehrheit hierzu eine Sachbeschädigung zur Last, weil er nach Wegnahme des Bargeldes beim Verlassen der Wohnung des Opfers noch mutwillig das Glas der Eingangstüre zerschlug.

17

Hier liegen **eine** prozessuale Tat aber **zwei tatmehrheitlich** zusammentreffende Delikte vor. Ist der Diebstahl nicht nachzuweisen, muss daher Teilfreispruch erfolgen.

Für die **Beurteilung des materiellrechtlichen Konkurrenzverhältnisses** kommt es nicht auf die Anklage oder den Eröffnungsbeschluss an, sondern auf den zum Urteilszeitpunkt festgestellten Sachverhalt. Dennoch muss – um Anklage und Eröffnungsbeschluss zu erschöpfen – Teilfreispruch erfolgen, wenn sich die in Tatmehrheit angeklagten Delikte nach durchgeführter Hauptverhandlung als rechtlich zusammentreffend im Sinne des § 52 StGB oder als natürliche Handlungseinheit darstellen und eines der Delikte oder Teilakte nicht nachzuweisen ist.[31] Auch im umgekehrten Fall muss Teilfreispruch erfolgen, wenn nämlich die in der Anklage als tateinheitlich bezeichneten Delikte tatsächlich im Verhältnis der Tatmehrheit stehen und ein Delikt sich nicht nachweisen lässt. Kein Teilfreispruch darf aber erfolgen, wenn das Gericht (nur) das Konkurrenzverhältnis anders als Anklage und Eröffnungsbeschluss beurteilt und Tateinheit annimmt, die Delikte aber allesamt für erwiesen erachtet.[32]

18

> **Beispiel:** Anklage und Eröffnungsbeschluss sind davon ausgegangen, dass der Angeklagte zwei tatmehrheitlich zusammentreffende vorsätzliche Körperverletzungen begangen hat, indem er seinem Opfer eine Ohrfeige und kurze Zeit später einen Faustschlag versetzte. Die Hauptverhandlung hat ergeben, dass er in einem einheitlichen zusammengehörigen

19

---

27 Hinsichtlich des Verhältnisses zwischen Freispruch und Einstellung vgl. *Meyer-Goßner* § 260 Rn. 44 ff.
28 *Meyer-Goßner* § 260 Rn. 12, 43.
29 *Meyer-Goßner* § 260 Rn. 13.
30 Vgl. *Brunner* Rn. 246.
31 BGHSt 44, 192 (202) = NJW 1999, 69 (72); BGH Urt. v. 3. 6. 2008 – 3 StR 163/08 = NStZ 2008, 316.
32 BGHSt 44, 192 (202) = NJW 1999, 69 (72); BGH NStZ 2003, 546 (548); 2009, 347.

… Geschehen aufgrund eines zuvor gefassten Tatentschlusses gegen sein Opfer – mittels zweier Teilakte – körperliche Gewalt verübt hat, so dass von natürlicher Handlungseinheit auszugehen war.

Hier ist der Angeklagte **einer** vorsätzlichen Körperverletzung schuldig zu sprechen, ohne dass Teilfreispruch ergehen durfte. Denn die tatmehrheitlich angeklagten Taten können nicht Gegenstand selbständiger Schuld- und Strafaussprüche sein.[33]

20 Stellt sich nach durchgeführter Hauptverhandlung heraus, dass sich der Angeklagte durch sein Verhalten zwar keiner Straftat, wohl aber einer Ordnungswidrigkeit schuldig gemacht hat, ist er wegen dieser zu verurteilen, ohne dass ein Teilfreispruch zu erfolgen hat.[34]

21 **Beispiel:** Dem Angeklagten lag eine fahrlässige Trunkenheit im Verkehr gemäß § 316 I, II StGB zur Last, weil er nach vorangegangenem Alkoholgenuss mit einer Blutalkoholkonzentration von 0,7 Promille mit seinem PKW von der Fahrbahn abgekommen war. In der Hauptverhandlung lässt sich seine Fahruntüchtigkeit jedoch nicht nachweisen, weil der Unfall unwiderlegbar darauf beruhte, dass ein Reh die Fahrbahn kreuzte, dem der Angeklagte auszuweichen versuchte.

Nach entsprechendem Hinweis gemäß § 265 I StPO ist er – ohne Freispruch im Übrigen – wegen einer Ordnungswidrigkeit des fahrlässigen Führens eines Kraftfahrzeugs nach Alkoholgenuss gemäß § 24 a I, III StVG zu verurteilen.

3. Kapitel. Urteilsaufbau

A. Allgemeines

22 Der **Aufbau des schriftlichen Urteils** ist weitgehend festgelegt. Zwar ergibt sich aus dem Gesetz nicht in welcher Reihenfolge die einzelnen, insbesondere in § 267 StPO genannten, Bestandteile der Urteilsgründe abzuhandeln sind, doch folgt dies aus den allgemeinen Denkgesetzen und dem Gebot einer geordneten, verständlichen und widerspruchsfreien Darstellung. Dass am Anfang das Rubrum und der Urteilstenor stehen, versteht sich von selbst. Anschließend folgt die Liste der angewendeten Vorschriften, was § 260 V StPO ausdrücklich bestimmt. Der Aufbau der nunmehr folgenden **Gründe** des Strafurteils erschließt sich über folgende Fragen, die sich ein verständiger Leser stellen wird und die zwangsläufig zu dem üblichen Urteilsaufbau bei einer verurteilenden Entscheidung führen:[35]

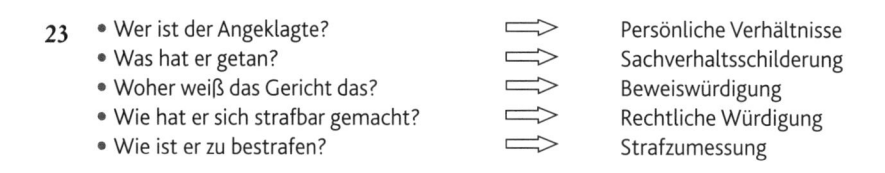

23
- Wer ist der Angeklagte? ⇒ Persönliche Verhältnisse
- Was hat er getan? ⇒ Sachverhaltsschilderung
- Woher weiß das Gericht das? ⇒ Beweiswürdigung
- Wie hat er sich strafbar gemacht? ⇒ Rechtliche Würdigung
- Wie ist er zu bestrafen? ⇒ Strafzumessung

24 Dieser logische Urteilsaufbau bedarf noch der Ergänzung hinsichtlich der notwendigen Nebenentscheidungen, insbesondere zu den sonstigen Rechtsfolgen und den Kosten. Wichtig ist die Grundstruktur des Urteilsaufbaus zu verstehen. Die Urteilsgründe lassen sich in drei große Teile gliedern: **Feststellungen, Beweiswürdigung und Rechtsfolgenbegründung.** Am

---

33 BGHSt 44, 192 (202) = NJW 1999, 69 (72); BGH Urt. v. 3. 6. 2008 – 3 StR 163/08 = NStZ 2008, 316.
34 Die zunächst gemäß § 21 I OWiG (vermeintlich) verdrängte Ordnungswidrigkeit lebt in diesem Fall wieder auf. Die absolute Verjährung der Ordnungswidrigkeit richtet sich gemäß § 33 III 3, 2 OWiG nach der, die für die gerichtlich anhängige, aber nicht nachzuweisende Straftat gilt. Hinsichtlich der einfachen Verfolgungsverjährung gilt § 33 IV OWiG, wonach bestimmte Verjährungsunterbrechungen bei der Verfolgung der Straftat auch für die Ordnungswidrigkeit wirken.
35 Vgl. *Huber* Rn. 64.

Anfang stehen die Feststellungen, in denen das Gericht alle Tatsachen anführt, von denen es überzeugt ist und die für die Entscheidung von Bedeutung sind. Dem schließt sich die Beweiswürdigung an, mit der das Gericht erklären muss, worauf seine Überzeugung beruht. Schließlich sind die daraus sich ergebenden Rechtsfolgen zu begründen.

Feststellungen
- zu den persönlichen Verhältnissen
- zum eigentlichen Tatgeschehen und den relevanten Ereignissen vor und nach der Tat (auch Sachverhalt genannt)

Beweiswürdigung

Rechtsfolgenbegründung
- zum Schuldspruch (sogenannte rechtliche Würdigung)
- zum Strafausspruch (Strafzumessung)
- zu Nebenstrafen und Nebenfolgen
- zu Maßregeln der Besserung und Sicherung
- zu Kosten

Der Aufbau der Gründe bei Freispruch oder Verfahrenseinstellung folgt der gleichen Logik, bedarf aber einiger in der Natur der Sache begründeter inhaltlicher Abänderungen: 25

Feststellungen
- zum Anklagevorwurf
- zum Sachverhalt

Beweiswürdigung

Rechtsfolgenbegründung
- zum Freispruch/zur Verfahrenseinstellung
- zu Kosten
- zur Entschädigung

Am Schluss des Strafurteils stehen die Unterschriften der Berufsrichter, die an der Entscheidung mitgewirkt haben, § 275 II StPO. 26

1. Teil. Grundlagen

B. Aufbauschema

27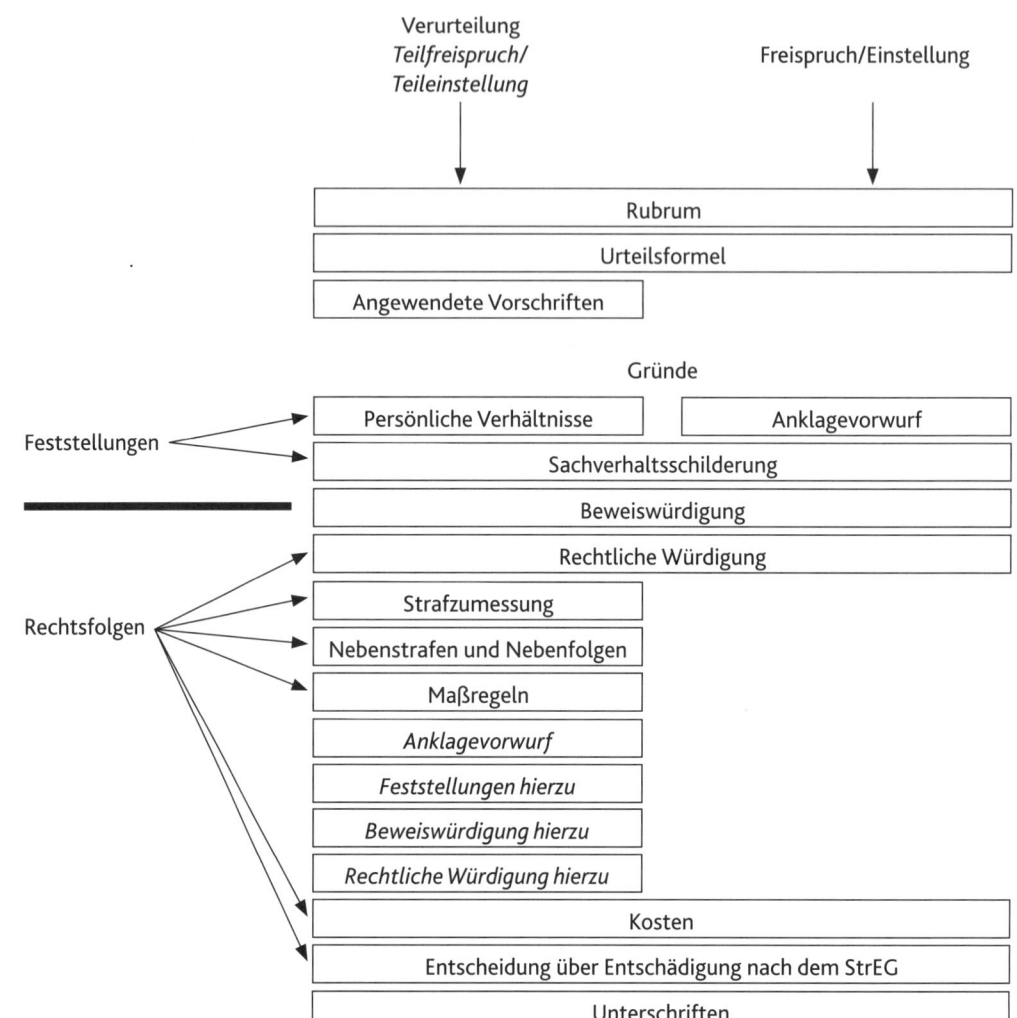

I. Vollumfängliche Verurteilung

28
1. Persönliche Verhältnisse
2. Sachverhalt
3. Beweiswürdigung
4. Rechtliche Würdigung
5. Strafzumessung
6. Nebenstrafen und Nebenfolgen (falls angeordnet)
7. Maßregeln (falls angeordnet)
8. Adhäsionsentscheidung (falls beantragt)
9. Kosten

II. Freispruch/Einstellung

29
1. Sachverhalt der zugelassenen Anklage
2. Festgestellter Sachverhalt
3. Beweiswürdigung

3. Kapitel. Urteilsaufbau

4. Rechtliche Würdigung (falls noch erforderlich)
5. Kosten
6. Entschädigungsentscheidung (falls erforderlich)

III. Teilfreispruch/Teileinstellung

1. Persönliche Verhältnisse
2. Sachverhalt
3. Beweiswürdigung
4. Rechtliche Würdigung
5. Strafzumessung
6. Nebenstrafe und Nebenfolgen (falls angeordnet)
7. Maßregeln (falls angeordnet)
8. Adhäsionsentscheidung (falls beantragt)
9. Sachverhalt der zugelassenen Anklage, soweit Freispruch/Einstellung erfolgte
10. Festgestellter Sachverhalt zu 9.
11. Beweiswürdigung zu 10.
12. Rechtliche Würdigung zu 10. (falls noch erforderlich)
13. Kosten
14. Entschädigungsentscheidung (falls erforderlich)

30

IV. Mehrere Taten/mehrere Angeklagte

Auch bei mehreren Taten und/oder mehreren Angeklagten ist das vorgestellte Aufbauschema regelmäßig beizubehalten. Nur innerhalb der einzelnen Urteilsbestandteile ist der Tat- und/oder Personenmehrheit Rechnung zu tragen. Haben zwei Angeklagte zwei Taten begangen und wurden wegen einer weiteren Tat freigesprochen, empfiehlt sich daher folgender Aufbau:[36]

31

1. Persönliche Verhältnisse
   a) Angeklagter A
   b) Angeklagter B
2. Sachverhalt
   a) Tat 1
   b) Tat 2
3. Beweiswürdigung
   a) Zu Tat 1
   b) Zu Tat 2
4. Rechtliche Würdigung
   a) Zu Tat 1
   b) Zu Tat 2
5. Strafzumessung
   a) Angeklagter A
      aa) Zu Tat 1
      bb) Zu Tat 2
      cc) Gesamtstrafe
   b) Angeklagter B
      aa) Zu Tat 1
      bb) Zu Tat 2
      cc) Gesamtstrafe

---

[36] Demgegenüber hält es *Huber* Rn. 65 bei mehreren Taten meist für zweckmäßiger Feststellungen, Beweiswürdigung und rechtliche Würdigung für eine Tat jeweils zusammenzufassen. Im Hinblick auf die unterschiedliche Funktion der Urteilsteile und die spätere Verlesbarkeit erscheint dies aber nicht vorzugswürdig, zumal der Vorteil – der in der Ersparnis von Verweisungen liegt – nicht so erheblich ins Gewicht fällt.

1. Teil. Grundlagen

6. Sachverhalt der zugelassenen Anklage, soweit Freispruch erfolgte
7. Festgestellter Sachverhalt zu 6.
8. Beweiswürdigung zu 7.
9. Kosten

2. Teil. Die einzelnen Bestandteile des schriftlichen Strafurteils

4. Kapitel. Rubrum

Das Rubrum, auch Urteilskopf oder Eingang genannt, steht am Anfang eines jeden Strafurteils und muss der Urteilsformel vorausgehen. Nach der Überschrift »Im Namen des Volkes« und »Urteil« folgen die Personalien des Angeklagten, die so genau wie in der Anklageschrift anzugeben sind, vgl. Nr. 141 I 1 RiStBV iVm Nr. 110 II a RiStBV. Anschließend ist die Straftat anzuführen, wegen derer sich der Angeklagte zu verantworten hatte; bei mehreren die schwerste. Wurde der Angeklagte freigesprochen, ist zu formulieren »wegen des Verdachts des ...«.[1] Schließlich folgt gemäß § 275 III StPO die Angabe der Beteiligten nebst der Bezeichnung des Gerichts und des Spruchkörpers. 32

Die **Personalien** des Angeklagten stehen nicht immer zweifelsfrei fest. Ist der Angeklagte unter mehreren Personalien in Erscheinung getreten, ohne dass sich feststellen lässt, welche der Wahrheit entsprechen, werden alle in das Rubrum aufgenommen und mit dem Wort »alias« verbunden. 33

Stellt sich nach Urteilsverkündung heraus, dass der Angeklagte unter **falschen Personalien** verurteilt wurde, kann das Rubrum berichtigt werden, weil der sachliche Gehalt des Urteils dadurch nicht berührt wird.[2] Denn betroffen von einem strafrechtlichen Erkenntnis ist nur diejenige Person, gegen die Anklage erhoben war und die tatsächlich vor Gericht stand, auch wenn die von ihr angegebenen Personalien unrichtig waren.[3] Daher wird durch die Berichtigung nur die Identität derjenigen Person, gegen die sich das Verfahren richtet, klargestellt und wirksam dokumentiert.[4] 34

> Landgericht Regensburg 35
> Az.: 1 KLs 45 Js 34523/06
>
> Im Namen des Volkes!
>
> Urteil
>
> In der Strafsache gegen
>
> Huber, Martin, geboren am 12. 4. 1963 in Kelheim, deutscher Staatsangehöriger, verheirateter Bauhelfer, wohnhaft in 93047 Regensburg, Amselweg 3, derzeit JVA Regensburg, 93047 Regensburg, Augustenstraße 4,
>
> wegen schwerer räuberischer Erpressung
>
> hat die 1. Strafkammer des Landgerichts Regensburg in der Hauptverhandlung am 2., 3. und 5. April 2007, an der teilgenommen haben,
>
> Vorsitzender Richter am Landgericht Schlau
> als Vorsitzender,
>
> Richter am Landgericht Klug
> als Beisitzer,
>
> Andreas Obermüller, Elektrikermeister aus Regensburg und
> Hildegard Schwarz, Optikerin aus Neutraubling
> als Schöffen,
>
> Staatsanwalt Streng
> als Vertreter der Staatsanwaltschaft,

---

1 *Meyer-Goßner/Appl* Rn. 15.
2 BGHR StPO § 267 Berichtigung 3.
3 BGH NStZ 1990, 290 (291).
4 BGHR StPO § 267 Berichtigung 3.

Rechtsanwalt Forsch
als Verteidiger,

Rechtsanwalt Emsig
als Nebenklägervertreter,

Justizsekretärin Fleißig
als Urkundsbeamtin der Geschäftstelle,

für Recht erkannt:

5. Kapitel. Urteilsformel

A. Bedeutung

36 Die Urteilsformel – auch Tenor genannt – ist der entscheidende und wichtigste Teil des Strafurteils. Sie gibt Auskunft über Schuld oder Unschuld des Angeklagten und die verhängten Rechtsfolgen. Nur die Urteilsformel ist – nach Erteilung der Vollsteckbarkeitsbescheinigung gemäß § 451 I StPO – Grundlage der Strafvollstreckung und legt den Umfang der Rechtskraft fest. Wegen dieser besonderen Bedeutung bestimmt § 268 II StPO, dass sie bei der Urteilsverkündung zu verlesen ist, was ihre vorherige schriftliche Niederlegung voraussetzt.[5] Ohne die Verlesung der Urteilsformel liegt ein Urteil im Rechtssinn nicht vor.[6] Daher ist die Urteilsformel gemäß § 273 I StPO auch immer in das Sitzungsprotokoll aufzunehmen.

B. Inhalt

37 Wegen der zentralen Bedeutung der Urteilsformel ist nicht nur streng darauf zu achten, dass sie inhaltlich richtig ist, sie muss auch klar und zweifelsfrei formuliert sein. Dazu gehört insbesondere, dass sie keinen überflüssigen sprachlichen Ballast enthält, wogegen in der Praxis nicht selten verstoßen wird. Der notwendige Inhalt der Urteilsformel ergibt sich aus der Bedeutung, die ihr im Strafverfahren zukommt; eine lückenlose gesetzliche Regelung gibt es nicht. Für den Fall der Verurteilung benennt § 260 IV StPO die wesentlichen Inhalte; daneben lässt sich auch noch § 260 II, III StPO entnehmen, was im Einzelfall in den Tenor des Urteils gehört.

38 Man unterscheidet zwischen **Sach- und Prozessurteil**.[7] Bei letzterem wird das Verfahren wegen Fehlens einer Prozessvoraussetzung oder Vorliegens eines Prozesshindernisses gemäß § 260 III StPO eingestellt. Mit dem Sachurteil wird der Angeklagte verurteilt oder freigesprochen; daneben kann gegen den Beschuldigten im Sicherungsverfahren gemäß §§ 413 ff. StPO eine Maßregel der Besserung und Sicherung gemäß §§ 61 ff. StGB selbständig angeordnet werden.

I. Verurteilung

39 Der Tenor bei der Verurteilung besteht aus zwei Elementen: dem **Schuldspruch** und dem **Rechtsfolgenausspruch**.[8] Diese inhaltliche Gliederung sollte grundsätzlich äußerlich in Erscheinung treten, da so die Urteilsformel übersichtlicher wird und auch einer möglichen

---

[5] Vgl. BGHSt 8, 41. Dagegen ist es entgegen einer weit verbreiteten Übung nicht erforderlich, dass die Urteilsformel unterschrieben wird, wenngleich dies zur Abgrenzung eines bloßen Entwurfs sinnvoll sein mag; die Unterschriften der Schöffen sind aber in jedem Fall entbehrlich, vgl. auch *Meyer-Goßner* § 268 Rn. 4.

[6] BGHSt 15, 263 (264); *Meyer-Goßner* § 268 Rn. 5; vgl. auch BGHSt 8, 41: wirksames Urteil, wenn Vorsitzender nach Verlesung der Urteilsformel, aber noch vor Beendigung der mündlichen Urteilsbegründung stirbt; vgl. *Meyer-Goßner* § 268 Rn. 6.

[7] Vgl. *Meyer-Goßner* § 260 Rn. 7.

[8] Häufig wird auch der Begriff Strafausspruch verwendet, der aber nur einen Teil der möglichen Rechtsfolgen umfasst.

horizontalen Rechtskraft[9] besser Ausdruck verleiht. Nur in ganz einfach gelagerten Fällen sollte man daher tenorieren:

> Der Angeklagte wird wegen Diebstahls zu einer Geldstrafe von 30 Tagessätzen zu je 10 EUR verurteilt.

Grundsätzlich zu empfehlen ist hingegen die Formulierung: 40

> 1. Der Angeklagte ist schuldig des Diebstahls.
> 2. Er wird deswegen zu einer Geldstrafe von 30 Tagessätzen zu je 10 EUR verurteilt.

1. Schuldspruch

a) Bezeichnung der Straftat

Der Schuldspruch enthält gemäß § 260 IV 1 StPO die rechtliche Bezeichnung der Tat. Nach 41 § 260 IV 2 StPO soll hierfür die gesetzliche Überschrift des Straftatbestandes verwendet werden, falls eine solche vorhanden ist. Bei allen Tatbeständen des Strafgesetzbuches ist dies der Fall. Im Einzelnen ist zu beachten:

aa) Gesetzliche Überschrift

Die gesetzliche Überschrift ist wörtlich wiederzugeben; Abänderungen haben grundsätzlich 42 zu unterbleiben. Ausnahmen gelten beim Schuldspruch gemäß § 132a I Nr. 4 StGB:[10]

> Der Angeklagte ist schuldig des Missbrauchs von Uniformen.

und bei einem Angeklagten, der den Tatbestand des § 176 I StGB nur gegenüber einem Kind verwirklicht hat:[11]

> Der Angeklagte ist schuldig des sexuellen Missbrauchs eines Kindes.
> Entsprechend gilt dies auch für vergleichbare Tatbestände, wie die der §§ 174, 182 StGB.

Die gesetzliche Überschrift ist dem Paragrafen des verwirklichten Grund- oder Qualifikati- 43 onstatbestandes zu entnehmen, nicht aber den Normen, die nur Strafzumessungsregeln aufstellen, Regelbeispiele benennen oder Prozessvoraussetzungen enthalten.[12]

Daher lautet der Schuldspruch unabhängig davon, ob der Angeklagte den Tatbestand des Diebstahls gemäß § 242 I StGB, des Diebstahls in einem besonders schweren Fall gemäß §§ 242 I, 243 I oder des Diebstahls geringwertiger Sachen gemäß §§ 242 I, 248a StGB erfüllt hat, immer nur:

> Der Angeklagte ist schuldig des Diebstahls.

Anders ist es aber bei Qualifikationstatbeständen:[13] 44

So lautet der Schuldspruch bei Verwirklichung des § 250 I StGB:

> Der Angeklagte ist schuldig des schweren Raubes.
> Bei einer Verurteilung nach § 250 II StGB muss es in Abweichung zur gesetzlichen Überschrift sogar heißen:
> Der Angeklagte ist schuldig des besonders schweren Raubes.[14]

Sonderregeln gelten auch für die Tenorierung des Schuldspruchs im Falle einer Verurteilung 44a nach § 177 StGB:

§ 177 I StGB: sexuelle Nötigung

---

9 Diese entsteht etwa bei der praktisch bedeutsamen Beschränkung der Berufung oder Revision auf den Rechtsfolgenausspruch.
10 *Meyer-Goßner* § 260 Rn. 23 und *Meyer-Goßner/Appl* Rn. 42.
11 BGH StV 1998, 63; gleiches gilt im Falle des § 1.
12 BGHSt 23, 254 (256); 27, 287 (289); *Meyer-Goßner* § 260 Rn. 25; beachte aber → Rn. 44.
13 *Meyer-Goßner* § 260 Rn. 25.
14 BGH NStZ 2010, 101.

§ 177 II Nr. 1 StGB: Vergewaltigung[15]

§ 177 II Nr. 2 StGB: sexuelle Nötigung[16]

§ 177 III StGB: schwere sexuelle Nötigung; bei Verwirklichung des Regelbeispiels gemäß § 177 II Nr. 2 StGB: schwere Vergewaltigung[17]

§ 177 IV StGB: besonders schwere sexuelle Nötigung; bei Verwirklichung des Regelbeispiels gemäß § 177 II Nr. 2 StGB: besonders schwere Vergewaltigung.[18]

45 Beziehen sich Teile der gesetzlichen Überschrift auf unterschiedliche Tatbestandsvarianten – wie es etwa bei § 244 StGB oder § 260 StGB der Fall ist -, so wird im Schuldspruch nur der entsprechende Teil genannt:

Der Angeklagte ist schuldig des Wohnungseinbruchsdiebstahls.

Der Angeklagte ist schuldig der gewerbsmäßigen Hehlerei.[19]

bb) Fehlen einer gesetzlichen Überschrift

46 Ist keine gesetzliche Überschrift vorhanden – wie häufig im Nebenstrafrecht – sind anschauliche und charakterisierende Beschreibungen zu verwenden.[20] Das ist nicht immer leicht. Die Bezeichnung muss einerseits erkennen lassen, welche Vorschrift der Angeklagte verletzt hat, soll andererseits aber auch griffig formuliert sein. Die Angabe von Paragrafen im Tenor ist immer zu vermeiden. Mögliche Formulierungen könnten sein:

Bei einem Verstoß gegen § 29 I Nr. 1 BtMG:

Der Angeklagte ist schuldig des unerlaubten Handeltreibens mit Betäubungsmitteln.

Bei einem Verstoß gegen §§ 95 I Nr. 8, 56 a I Nr. 1 AMG:

Der Angeklagte ist schuldig der vorsätzlichen unerlaubten Abgabe verschreibungspflichtiger Arzneimittel an Tierhalter.

Bei einem Verstoß gegen §§ 52 III Nr. 1, 2 III WaffG:

Der Angeklagte ist schuldig des vorsätzlichen unerlaubten Besitzes einer verbotenen Waffe.

Bei einem Verstoß gegen § 119 I Nr. 3 BetrVG:

Der Angeklagte ist schuldig der Benachteiligung von Mitgliedern von Arbeitnehmervertretungen.

Bei einer Ordnungswidrigkeit durch Verstoß gegen § 1 II StVO:

Der Angeklagte ist schuldig der fahrlässigen Schädigung anderer.

Bei einer Ordnungswidrigkeit durch Verstoß gegen § 3 III StVO:

Der Angeklagte ist schuldig der vorsätzlichen Überschreitung der zulässigen Höchstgeschwindigkeit innerhalb geschlossener Ortschaften.

Bei einer Ordnungswidrigkeit durch Verstoß gegen § 8 StVO:

Der Angeklagte ist schuldig der fahrlässigen Missachtung der Vorfahrt.

Bei einer Ordnungswidrigkeit durch Verstoß gegen § 24 a I, III StVG:

Der Angeklagte ist schuldig des fahrlässigen Führens eines Kraftfahrzeugs unter Alkoholeinfluss.

---

15 BGH NStZ-RR 2003, 358 Nr. 26; NStZ-RR 2004, 356 Nr. 20; NStZ 2007, 478.
16 BGH NStZ 2009, 43; NStZ-RR 2009, 278.
17 BGH NStZ-RR 2003, 358 Nr. 29; NStZ-RR 2004, 357 Nr. 26.
18 BGH NStZ-RR 2003, 358 Nr. 30; 31; NStZ-RR 2004, 357 Nr. 26; NStZ-RR 2007, 173
19 BGH NStZ 1982, 29; NStZ-RR 2007, 111.
20 *Meyer-Goßner/Appl* Rn. 42; *Meyer-Goßner* § 260 Rn. 23.

Bei einer Ordnungswidrigkeit durch Verstoß gegen § 24 a II, III StVG:

> Der Angeklagte ist schuldig des fahrlässigen Führens eines Kraftfahrzeugs unter Drogeneinfluss.

cc) Vergehen – Verbrechen

Die Worte »Vergehen« oder »Verbrechen« werden der rechtlichen Bezeichnung – entgegen einer immer noch anzutreffenden Übung – **nicht** vorangestellt. Der BGH[21] hat hierzu treffend ausgeführt: »Eine Klassifizierung der Tat im Urteilstenor als Vergehen oder Verbrechen ist überflüssig. Sie ist rechtlich nicht geboten (§ 260 IV 1 und 2 StPO), belastet unnötigerweise den Urteilsspruch und ist nur geeignet, eine zusätzliche Fehlerquelle zu eröffnen. Im Übrigen kann eine Tat nicht zugleich ein Verbrechen und ein Vergehen sein.«

47

dd) Beteiligungsform

Hat der Angeklagte – gleich in welcher Form – als Täter gehandelt, bedarf es keines Zusatzes, also insbesondere nicht des Wortes »gemeinschaftlich«.[22] Es ist nicht anzugeben, ob der Angeklagte in Mittäterschaft oder in mittelbarer Täterschaft gehandelt hat. Dagegen müssen die anderen Teilnahmeformen positiv zum Ausdruck kommen:

48

> Der Angeklagte ist schuldig der Anstiftung zum Diebstahl.
> Der Angeklagte ist schuldig der Beihilfe zum Raub.

Bei § 30 StGB muss das Verbrechen benannt werden:[23]

49

> Der Angeklagte ist schuldig der versuchten Anstiftung zum Raub.
> Der Angeklagte ist schuldig der versuchten Verabredung zum Raub.

ee) Versuch

Anzugeben ist stets, wenn die Tat nur versucht wurde:

50

> Der Angeklagte ist schuldig der versuchten Erpressung.

ff) Wahlfeststellung

Ist Wahlfeststellung erfolgt, muss dies auch im Schuldspruch zum Ausdruck kommen:[24]

51

> Der Angeklagte ist schuldig des Diebstahls oder der Hehlerei.

gg) Schuldform

Die Angabe der Schuldform ist dann notwendig, wenn die Tat unter derselben rechtlichen Bezeichnung sowohl vorsätzlich als auch fahrlässig begangen werden kann.[25] Dies trifft auf folgende Tatbestände des StGB zu: §§ 306, 306 a, 306 d, 315, 315 a, 315 b, 315 c, 316, 317, 323, 323 a, 324, 325, 326, 327, 328, 329, 330, 330 a. Daher muss es heißen:

52

> Der Angeklagte ist schuldig des vorsätzlichen Vollrausches.[26]
> Der Angeklagte ist schuldig der fahrlässigen Trunkenheit im Verkehr.
> Der Angeklagte ist schuldig der vorsätzlichen Brandstiftung.

Bei Tatbeständen, die eine Vorsatz-Fahrlässigkeits-Kombination enthalten, ist § 11 II StGB zu beachten, wonach bereits die vorsätzliche Handlung genügt, um von einer Vorsatztat zu sprechen, wie es bei § 315 c I, III Nr. 1 StGB der Fall ist:

53

> Der Angeklagte ist schuldig der vorsätzlichen Gefährdung des Straßenverkehrs.

---

21 BGH NJW 1986, 1116; vgl. auch *Meyer-Goßner* § 260 Rn. 22.
22 BGHSt 27, 287 (289); BGHR StPO § 260 IV 1 Tatbezeichnung 8; *Meyer-Goßner* § 260 Rn. 24.
23 BGH MDR 1969, 722; MDR 1986, 271; *Meyer-Goßner* § 260 Rn. 24.
24 *Meyer-Goßner* § 260 Rn. 27.
25 *Meyer-Goßner* § 260 Rn. 24.
26 Eine Benennung der zugrunde liegenden Rauschtat unterbleibt, vgl. *Meyer-Goßner* § 260 Rn. 24.

53a Daneben gibt es mit § 223 StGB noch einen Tatbestand, dessen gesetzlicher Überschrift sich im Hinblick auf den bestehenden Fahrlässigkeitstatbestand des § 229 StGB nicht eindeutig entnehmen lässt, ob der Angeklagte vorsätzlich oder fahrlässig gehandelt hat. Auch hier ist die Angabe der Schuldform üblich, wenngleich nicht zwingend:[27]

> Der Angeklagte ist schuldig der vorsätzlichen Körperverletzung.

54 Dagegen besteht bei den Qualifikationstatbeständen der Körperverletzung keine Unklarheit, weshalb sich der Zusatz »vorsätzlich« verbietet:

> Der Angeklagte ist schuldig der gefährlichen Körperverletzung.

> Der Angeklagte ist schuldig der schweren Körperverletzung.

55 Im Nebenstrafrecht gibt es eine Vielzahl von Vorschriften gegen die – bei gleichem objektivem Tatbestand – sowohl vorsätzlich als auch fahrlässig verstoßen werden kann. Dabei ist die Angabe der Schuldform auch veranlasst, wenn die vorsätzliche Verwirklichung der Tat strafbar, ihre fahrlässige Begehung dagegen nur den Tatbestand einer Ordnungswidrigkeit erfüllt.

> Der Angeklagte ist schuldig des vorsätzlichen unerlaubten Inverkehrbringens von Arzneimitteln mit irreführender Bezeichnung.[28]

56 Im Bereich des Betäubungsmittelstrafrechts ist gemäß § 29 IV BtMG auch die fahrlässige Verwirklichung bestimmter Begehungsformen des § 29 I BtMG strafbar, weshalb auch hier grundsätzlich die Angabe der Schuldform erforderlich wäre. Allerdings hat der BGH[29] angemahnt, die Unübersichtlichkeit des Tenors durch Aufnahme nicht notwendigen Inhalts zu vermeiden, weshalb es gerade bei Betäubungsmittelstraftaten zu empfehlen sei, entsprechend dem Grundsatz des § 15 StGB nur die fahrlässige Tatbegehung besonders zu kennzeichnen.

Bei einer Vorsatztat nach § 29 I Nr. 1 BtMG lautet der Schuldspruch demnach:

> Der Angeklagte ist schuldig des unerlaubten Handeltreibens mit Betäubungsmitteln.

Hingegen ist bei einer fahrlässigen Verwirklichung dieser Norm zu tenorieren:

> Der Angeklagte ist schuldig des fahrlässigen unerlaubten Handeltreibens mit Betäubungsmitteln.

b) Ausdruck des Konkurrenzverhältnisses bei mehreren Taten

57 Hat der Angeklagte zwei oder mehr Straftaten begangen, muss das Konkurrenzverhältnis aus dem Schuldspruch hervorgehen. Hierzu hat der BGH[30] grundlegend ausgeführt: »Die Verwendung der Worte ›rechtlich‹ bzw. ›sachlich zusammentreffend‹ im Urteilsspruch macht diesen ebenfalls unnötig umständlich. Es genügt, die tateinheitlich begangenen Gesetzesverletzungen mit den Worten ›in Tateinheit mit ... und mit ...‹ anzuschließen und bei Tatmehrheit lediglich das Wort ›und‹ oder das Wort ›sowie‹ zu verwenden.«[31]

Dieser Empfehlung sollte Folge geleistet werden, da sie – konsequent angewandt – die notwendige Klarheit und Übersichtlichkeit des Schuldspruchs erhöht. Je nach Konkurrenzverhältnis ist beispielsweise zu formulieren:

58 **aa)** Tatmehrheit: 2 Diebstähle, 1 Betrug:

> Der Angeklagte ist schuldig des Diebstahls in zwei Fällen und des Betrugs.

---

27 Nach BGH NStZ 1992, 546 wohl überflüssig, da nach dem Rechtsgedanken des § 15 StGB nur die fahrlässige Tatbegehung benannt werden muss.
28 Bei einer Straftat gemäß §§ 96 Nr. 3, 8 I Nr. 2 AMG im Hinblick auf eine mögliche Ordnungswidrigkeit gemäß §§ 97 I, 8 I Nr. 2 AMG.
29 NStZ 1992, 546.
30 BGH NJW 1986, 1116.
31 Vgl. dazu auch *Meyer-Goßner* § 260 Rn. 26.

bb) Tateinheit: vorsätzliche Körperverletzung, Widerstand gegen Vollstreckungsbeamte, Beleidigung; Tatmehrheit: Computerbetrug:

> Der Angeklagte ist schuldig der vorsätzlichen Körperverletzung in Tateinheit mit Widerstand gegen Vollstreckungsbeamte und mit Beleidigung und des Computerbetrugs.

cc) Tatmehrheit: 3 gefährliche Körperverletzungen, 1 Nötigung; Tateinheit: 2 Beleidigungen, diese auch in Tateinheit mit einer der begangenen Körperverletzungen:

> Der Angeklagte ist schuldig der gefährlichen Körperverletzung in drei Fällen, davon in einem Fall in Tateinheit mit zwei tateinheitlichen Fällen der Beleidigung, sowie der Nötigung.

dd) Beispielhafte Formulierung bei Betäubungsmittelstraftaten gemäß §§ 29 I Nr. 1, 29a I Nr. 1, Nr. 2, 30 I Nr. 4 BtMG, §§ 52, 53 StGB:

> Der Angeklagte ist schuldig des unerlaubten Handeltreibens mit Betäubungsmitteln in zehn Fällen und des unerlaubten Handeltreibens mit Betäubungsmitteln in nicht geringer Menge in sechs Fällen, davon in zwei Fällen in Tateinheit mit unerlaubter Einfuhr von Betäubungsmitteln in nicht geringer Menge und in einem Fall in Tateinheit mit unerlaubter Abgabe von Betäubungsmitteln an Minderjährige.

c) Verurteilung mehrerer Angeklagter

Sind mehrere Angeklagte zu verurteilen, ist darauf zu achten, dass der Schuldvorwurf für jeden einzelnen deutlich zum Ausdruck kommt:

aa) Haben sich die Angeklagten wegen derselben Tat strafbar gemacht, kann zusammengefasst werden:

> Die Angeklagten Huber und Meier sind jeweils schuldig der gefährlichen Körperverletzung.

bb) Haben die Angeklagten unterschiedliche Tatbestände erfüllt, muss getrennt werden:

> Der Angeklagte Huber ist schuldig des Diebstahls. Der Angeklagte Meier ist schuldig der Beihilfe zum Diebstahl.

cc) Werden mehr als zwei Angeklagte verurteilt, kann es sich auch empfehlen zu tenorieren:

> Es sind schuldig:
> a) Der Angeklagte Huber der gefährlichen Körperverletzung,
> b) der Angeklagte Meier der gefährlichen Körperverletzung,
> c) der Angeklagte Schulze der fahrlässigen Körperverletzung und
> d) der Angeklagte Hinz der unterlassenen Hilfeleistung.

2. Rechtsfolgenausspruch

a) Strafe

aa) Geldstrafe, § 40 StGB

> Er wird deswegen zu einer Geldstrafe von 60 Tagessätzen zu je 30 EUR verurteilt.

Falls Ratenzahlung gemäß § 42 StGB gewährt wird, zusätzlich:

> Ihm wird gestattet diesen Betrag in monatlichen Raten zu je 100 EUR zu bezahlen, fällig jeweils am 5. Werktag eines Monats, beginnend mit dem Monat, der auf die Rechtskraft des Urteils folgt.

bb) Verwarnung mit Strafvorbehalt, § 59 StGB

> Er wird deswegen verwarnt. Die Verurteilung zu einer Geldstrafe von 30 Tagessätzen zu je 40 EUR bleibt vorbehalten.[32]

---

[32] Der Schuldspruch bleibt unverändert.

cc) Absehen von Strafe, § 60 StGB

68 Von der Verhängung einer Strafe wird abgesehen.[33]

dd) Straffreierklärung, § 199 StGB

69 Er wird für straffrei erklärt.[34]

ee) Freiheitsstrafe, §§ 38, 39 StGB – Strafaussetzung zur Bewährung, § 56 StGB

70 Er wird deswegen zur Freiheitsstrafe von 1 Jahr 6 Monaten verurteilt.
Die Vollstreckung der Freiheitsstrafe wird zur Bewährung ausgesetzt.[35]

ff) Anrechnung von Freiheitsstrafe, § 51 StGB

71 Gemäß § 51 I 1 StGB wird die aus Anlass der verfahrensgegenständlichen Tat erlittene Freiheitsentziehung, das ist insbesondere die Untersuchungshaft, automatisch angerechnet, so dass es keines Ausspruchs deswegen bedarf.[36] Nur im Ausnahmefall des § 51 I 2 StGB ist zu tenorieren:

Die Anrechnung der Untersuchungshaft unterbleibt.

Oder bei teilweiser Nichtanrechnung:

Auf die Freiheitsstrafe werden nur 6 Monate der Untersuchungshaft angerechnet.

72 Ist eine im Ausland erlittene Freiheitsentziehung anzurechnen, was wegen § 51 III 2, I 1 StGB keines Ausspruchs im Tenor bedarf, muss gemäß § 51 IV 2 StGB immer – auch bei einer Umrechnung 1:1[37] – der Anrechnungsmaßstab mitgeteilt werden:[38]

Die in den Niederlanden erlittene Freiheitsentziehung wird im Verhältnis 1:1 auf die verhängte Strafe angerechnet.

Die in Brasilien erlittene Freiheitsentziehung wird dergestalt auf die verhängte Strafe angerechnet, dass 1 Tag erlittener Freiheitsentziehung in Brasilien 2 Tagen Strafhaft entspricht.

Sprachlich vielleicht schöner und klarer kann aber auch sogleich das Ergebnis der Umrechnung mitgeteilt werden:

Die in Griechenland erlittene Freiheitsentziehung wird mit 6 Monaten auf die verhängte Strafe angerechnet.

Selbstverständlich ist dann in den Gründen die genaue Dauer der Auslandshaft mitzuteilen, damit der angewendete Umrechnungsmaßstab nachgeprüft werden kann.

gg) Entschädigung für rechtsstaatswidrige Verfahrensverzögerung

72a Nach der Entscheidung des BGH v. 17. 1. 2008[39] gilt bei überlanger Verfahrensdauer aufgrund rechtsstaatswidriger Verzögerung die sog. »Vollstreckungslösung«. Falls erforderlich,[40] ist auszusprechen:

9 Monate der verhängten Gesamtfreiheitsstrafe gelten als Entschädigung für die überlange Verfahrensdauer als vollstreckt.

---

33 Der Schuldspruch bleibt unverändert.
34 Der Schuldspruch wegen Beleidigung bleibt unverändert.
35 Wird die Freiheitsstrafe nicht zur Bewährung ausgesetzt, wird dies im Tenor nicht ausdrücklich ausgesprochen.
36 BGHSt 27, 287 (288); *Fischer* § 51 Rn. 22.
37 Vgl. BGH Urt. v. 10. 10. 1993 – 2 StR 538/93.
38 Zu den Anrechnungsmaßstäben bei den einzelnen Ländern vgl. die Rechtsprechungsübersicht bei *Fischer* § 51 Rn. 19.
39 BGHSt 52, 124 = NJW 2008, 860.
40 Dazu → Rn. 417a.

hh) Mehrere Angeklagte

Es werden daher verurteilt: 73

a) Der Angeklagte Meier zur Gesamtfreiheitsstrafe von 1 Jahr 3 Monaten,
b) der Angeklagte Huber zur Freiheitsstrafe von 3 Monaten 2 Wochen, deren Vollstreckung zur Bewährung ausgesetzt wird.

ii) Nachträgliche Gesamtstrafenbildung, § 55 StGB

Er wird deswegen unter Einbeziehung der mit Urteil des Amtsgerichts Regensburg vom 74
12. 12. 2006 (Az. 1 Ds 12 Js 456/05) verhängten Geldstrafe zur Gesamtfreiheitsstrafe von 2 Jahren verurteilt.

Er wird deswegen unter Einbeziehung der mit Urteil des Amtsgerichts Regensburg vom 10. 4. 2006 (Az. 1 Ds 12 Js 256/05) verhängten Einzelstrafen nach Auflösung der dort gebildeten Gesamtstrafe zur Gesamtfreiheitsstrafe von 2 Jahren verurteilt.

Sind wegen der Zäsurwirkung einer Vorverurteilung zwei Strafen zu bilden, muss erkennbar sein, welche Strafe(n) für welche(n) Taten verhängt wurden:

Wegen den Diebstählen vom 15. 9. 2006 und vom 24. 10. 2006 wird er unter Einbeziehung der mit Urteil des Amtsgerichts Regensburg vom 6. 3. 2007 (Az. 3 Ds 23 Js 2307/07) verhängten Einzelstrafen – nach Auflösung der dort gebildeten Gesamtstrafe – zur Gesamtfreiheitsstrafe von 1 Jahr 6 Monaten verurteilt.
Wegen der Diebstähle vom 24. 4. 2007 und vom 2. 9. 2007 wird er zur Gesamtfreiheitsstrafe von 9 Monaten verurteilt.

Wird eine Nebenstrafe, Nebenfolge oder Maßregel aufrechterhalten,[41] ist ferner zu tenorieren:

Die mit Urteil des Amtsgerichts Regensburg vom 10. 4. 2006 (Az. 1 Ds 12 Js 256/08) angeordnete Unterbringung des Angeklagten in einer Entziehungsanstalt wird aufrechterhalten.

b) Nebenstrafen und Nebenfolgen

Nebenstrafen sind das Fahrverbot sowie die Einziehung; letztere jedoch nur, wenn sie sich 75 gegen den Angeklagten richtet. Der Verfall ist eine Maßnahme eigener Art. Nebenfolgen sind die in § 45 StGB genannten Rechtsfolgen, die jedoch nur im Falle des § 45 II, V StGB im Tenor auszusprechen sind.

aa) Fahrverbot, § 44 StGB

Dem Angeklagten wird für die Dauer von 3 Monaten verboten, im Straßenverkehr Kraftfahrzeuge jeder Art zu führen.

bb) Verfall, § 73 ff. StGB

Bei der Verfallsanordnung ist zu unterscheiden, ob sie auf § 73 StGB oder § 73 a StGB beruht. 77
Konnte beispielsweise der Verkaufserlös unmittelbar nach Abwicklung eines Rauschgiftgeschäftes sichergestellt werden, kommt § 73 StGB zum Zuge:

Der Verfall der sichergestellten 2500 EUR Bargeld wird angeordnet.

Konnte das übergebene Bargeld nicht mehr sichergestellt werden, findet § 73 a StGB Anwen- 78
dung. Da eine Individualisierung des Geldes wegen §§ 947, 948 BGB unmöglich geworden ist, liegen die Voraussetzungen für den Verfall des Wertersatzes vor.

Gegen den Angeklagten wird der Verfall eines Geldbetrages in Höhe von 2.500 EUR angeordnet.

Unterbleibt entgegen dem Antrag der Staatsanwaltschaft eine Verfallsanordnung, kommt dies 79
im Tenor nicht zum Ausdruck, sondern ist nur in den Gründen abzuhandeln.

---

41 Dazu → Rn. 390.

cc) Einziehung, §§ 74 ff. StGB

80 Die gemäß § 74 StGB oder § 74 a StGB eingezogenen Gegenstände sind genau zu bezeichnen:

> Die sichergestellte Gaspistole, Marke Walther, PT-Nr. 425, wird eingezogen.

81 Keinesfalls genügt es zu formulieren, dass »die vom Angeklagten verwendete Gaspistole« eingezogen wird. Vielmehr sind alle eingezogenen Gegenstände genau zu bezeichnen, damit die Rechtmäßigkeit der Anordnung nachprüfbar und die Vollstreckung – der nur der Urteilstenor zugrunde liegt – möglich ist.[42] Nur für den Fall, dass das sichergestellte und einzuziehende Material besonders umfangreich ist und seine genaue Erfassung im Urteilsspruch und in den Gründen erhebliche Schwierigkeiten bereitet, hat der BGH Sammelbezeichnungen zugelassen:[43] »Sind etwa in einem Lagerraum oder Büro einer verbotenen Vereinigung nicht in Heftern gesammelte lose Schriftstücke gefunden und sichergestellt worden, so reicht es aus, wenn diese Sachen im Urteilsspruch oder in einer besonderen Anlage dazu mit einer Sammelbezeichnung erfasst sind und wenn die Gründe erkennen lassen, dass es sich nach der Einlassung des Angeklagten oder dem Ergebnis einer sorgfältigen Sichtung durch das Gericht ausschließlich um solches Material handelt. Bei einzuziehenden Flugblättern, Broschüren und dergleichen ist eine Angabe der genauen Stückzahl regelmäßig entbehrlich. Entscheidend bleibt, dass das Revisionsgericht zureichende Unterlagen für die rechtliche Nachprüfung der Entscheidung erhalten muss, und dass die Vollstreckung der Einziehungsanordnung nicht durch eine ungenaue Bezeichnung der eingezogenen Gegenstände erschwert wird.«

82 Unterbleibt die Einziehung entgegen dem Antrag der Staatsanwaltschaft, kommt dies im Tenor nicht zum Ausdruck, sondern ist nur in den Gründen abzuhandeln.

c) Maßregeln der Besserung und Sicherung, §§ 61 ff. StGB

aa) Unterbringung, §§ 63, 64 StGB – Aussetzung zur Bewährung, § 67 b StGB – Vorwegvollzug, § 67 II StGB

83
> Die Unterbringung des Angeklagten in einem psychiatrischen Krankenhaus wird angeordnet.

> Die Unterbringung des Angeklagten in einer Entziehungsanstalt wird angeordnet.

Gegebenenfalls:

> Die Vollstreckung der Unterbringung wird zur Bewährung ausgesetzt.

84 Wird die Unterbringung nicht zur Bewährung ausgesetzt, kommt die Anordnung des Vorwegvollzugs gemäß § 67 II StGB in Betracht:

> Die Strafe ist vor der Maßregel zu vollziehen.

Bei nur teilweisem Vorwegvollzug lautet der Tenor:

> 2 Jahre der verhängten Strafe sind vor der Maßregel zu vollziehen.

bb) Sicherungsverwahrung, § 66 StGB

85
> Die Unterbringung des Angeklagten in der Sicherungsverwahrung wird angeordnet.

cc) Führungsaufsicht, § 68 StGB

86
> Es wird Führungsaufsicht angeordnet.

dd) Entziehung der Fahrerlaubnis, Sperrfrist und Führerscheineinziehung, §§ 69 ff. StGB

87
> Dem Angeklagten wird die Fahrerlaubnis entzogen. Sein Führerschein wird eingezogen. Die Verwaltungsbehörde darf ihm vor Ablauf von 10 Monaten keine neue Fahrerlaubnis erteilen.

---

42 *Meyer-Goßner* § 260 Rn. 39.
43 BGHSt 9, 88 (90).

Hat der Angeklagte keine Fahrerlaubnis wird gemäß § 69a I 3 StGB lediglich eine isolierte Sperre angeordnet: **88**

> Die Verwaltungsbehörde darf dem Angeklagten vor Ablauf von 10 Monaten keine Fahrerlaubnis erteilen.

Auch wenn der Angeklagte nur im Besitz einer ausländischen Fahrerlaubnis ist, wird diese entzogen und eine Sperrfrist festgesetzt. Die Wirkung der Entziehung tritt gemäß § 69b I StGB kraft Gesetzes ein und ist nicht auszusprechen. Dagegen darf die Einziehung eines ausländischen Führerscheins nur im Falle des § 69b II StGB angeordnet werden; im Übrigen kommt ein solcher Eingriff in Hoheitsrechte eines ausländischen Staates nicht in Betracht. **89**

Gemäß § 69a II StGB können bestimmte Arten von Fahrzeugen von der Sperre (nicht vom Fahrerlaubnisentzug!) ausgenommen werden.[44] **90**

> Ausgenommen von dieser Erteilungssperre sind Kleinkrafträder der Fahrerlaubnisklasse M.

ee) Berufsverbot, § 70 StGB

Bei der Anordnung eines Berufsverbots gemäß § 70 StGB ist der Beruf oder das Gewerbe, dessen Ausübung verboten wird, genau zu bezeichnen.[45] Dies wird durch § 260 II StPO ausdrücklich vorgeschrieben und ist auch im Hinblick auf die Strafandrohung des § 145c StGB notwendig. **91**

> Dem Angeklagten wird für die Dauer von 2 Jahren verboten, den Beruf des Rechtsanwalts auszuüben.

> Dem Angeklagten wird für die Dauer von 3 Jahren untersagt, Kinder und Jugendliche männlichen Geschlechts unter 16 Jahren zu unterrichten oder zu betreuen.[46]

ff) Ablehnung von Maßregeln

Ordnet das Gericht entgegen dem Antrag der Staatsanwaltschaft oder des Angeklagten keine Maßregel der Besserung und Sicherung an, wird dies im Tenor nicht ausgesprochen. Die Ablehnung der Maßregel ist aber in den Gründen zu erörtern.[47] **92**

d) Kosten

Gemäß § 464 I StPO muss im Urteil bestimmt werden, wer die Kosten des Verfahrens zu tragen hat. Wird der Angeklagte wegen der verfahrensgegenständlichen Tat vollumfänglich verurteilt, ist gemäß § 465 I StPO auszusprechen: **93**

> Der Angeklagte trägt die Kosten des Verfahrens.

Ein Ausspruch hinsichtlich der notwendigen Auslagen des Angeklagten ist in diesem Fall nicht nur überflüssig, sondern sogar unrichtig. Denn der verurteilte Angeklagte muss seine (notwendigen und nicht notwendigen) Auslagen ohne Rücksicht darauf tragen, ob sie ihm im Urteil auferlegt werden oder nicht.[48] § 464 II StPO bestimmt lediglich, dass über die notwendigen Auslagen ebenfalls – sofern veranlasst – im Urteil und nicht etwa in einem gesonderten Beschluss zu entscheiden ist.

Sollen dem Angeklagten dagegen die notwendigen Auslagen des Nebenklägers gemäß § 472 I 1 StPO auferlegt werden, muss dies zwingend im Tenor ausgesprochen werden: **94**

> Der Angeklagte trägt die Kosten des Verfahrens und die notwendigen Auslagen des Nebenklägers Hans Meier.

---

44 Vgl. → Rn. 477.
45 *Fischer* § 70 Rn. 10.
46 So BGH Urt. v. 17. 5. 1995 – 2 StR 193/95 im Falle einer Verurteilung eines Lehrers wegen Sexualdelikten zulasten männlicher Kinder; ebenso BGHR StGB § 70 – Umfang, zulässiger 2.
47 Vgl. *Meyer-Goßner* § 260 Rn. 38.
48 BGHSt 36, 27 (28 f.); *Meyer-Goßner* § 464 Rn. 10.

2. Teil. Die einzelnen Bestandteile des schriftlichen Strafurteils

Im Fall des § 472 I 1, III 1 StPO muss es heißen:

> Der Angeklagte trägt die Kosten des Verfahrens und die notwendigen Auslagen des zum Anschluss als Nebenkläger berechtigten Hans Meier.

95 Werden zwei oder mehr Angeklagte verurteilt, heißt es wegen § 466 S. 1 StPO einfach nur:

> Die Angeklagten tragen die Kosten des Verfahrens.

96 Wird der Angeklagte Meier verurteilt, der Angeklagte Huber freigesprochen, muss unterschieden werden:

> Der Angeklagte Meier trägt die Kosten des Verfahrens. Die notwendigen Auslagen des Angeklagten Huber trägt die Staatskasse.

Dass die Staatskasse gemäß § 466 S. 2 StPO auch die Verfahrenskosten zu tragen hat, soweit sie (ausscheidbar) ausschließlich den Angeklagten Huber betreffen, muss nicht eigens tenoriert werden, da dies im Kostenfestsetzungsverfahren berücksichtigt wird.[49] Doch kann man zur Klarstellung auch formulieren:

> Die Staatskasse trägt die Kosten des Verfahrens, soweit sie ausschließlich den Angeklagten Huber betreffen, sowie dessen notwendige Auslagen. Im Übrigen trägt der Angeklagte Meier die Kosten des Verfahrens.

96a Im Adhäsionsverfahren gemäß §§ 403 ff. StPO ist zu tenorieren:[50]

> 1. ... (Schuldspruch)
> 2. ... (Strafausspruch)
> 3. Der Angeklagte wird verurteilt, an die Nebenklägerin[51] 10.000 EUR Schmerzensgeld nebst Zinsen in Höhe von 5 Prozentpunkten über dem Basiszinssatz hieraus per anno seit dem 8. 4. 2011[52] zu bezahlen.
> 4. Es wird festgestellt, dass die Schmerzensgeldforderung unter Ziffer 3 auf einer vorsätzlich begangenen unerlaubten Handlung beruht.[53]
> 5. Es wird festgestellt, dass der Angeklagte verpflichtet ist, der Nebenklägerin sämtliche weiteren immateriellen Schäden, die nach dem 22. 04. 2011[54] entstehen, und sämtliche materiellen Schäden zu erstatten, die durch die unter Ziffer 1 abgeurteilten Taten verursacht wurden, soweit die Ansprüche nicht auf einen Sozialversicherungsträger oder andere Dritte übergegangen sind oder übergehen.
> 6. Im Übrigen wird von einer Entscheidung über den Adhäsionsantrag abgesehen.[55]
> 7. Der Angeklagte trägt die Kosten des Verfahrens,[56] die notwendigen Auslagen der Nebenklägerin[57] sowie die Kosten des Adhäsionsverfahrens und die der Nebenklägerin dabei entstandenen notwendigen Auslagen.[58]
> 8. Das Urteil ist in Ziffer 3 gegen Sicherheitsleistung in Höhe von 110 % des jeweils zu vollstreckenden Betrages vorläufig vollstreckbar.[59]

---

49 *Meyer-Goßner* § 466 Rn. 3.
50 Zum Adhäsionsverfahren und den Urteilsgründen vgl. → Rn. 491 a ff.
51 Zur Gewährleistung der Vollstreckbarkeit muss die Nebenklägerin entsprechend § 313 I Nr. 1 ZPO im Rubrum mit Vor- und Zunamen, Beruf und Wohnanschrift bezeichnet werden.
52 Gemäß § 404 II StPO iVm §§ 291, 288 I 2 BGB können Prozesszinsen in dieser Höhe ab Antragstellung verlangt werden. Weitergehende Verzugszinsen können gemäß §§ 286 I, 288 BGB verlangt werden.
53 Im Hinblick auf § 850 f II ZPO.
54 Tag der Urteilsverkündung.
55 Gemäß § 406 I 3 StPO; eine Klageabweisung gibt es im Adhäsionsverfahren nicht; zur Klarstellung sollte aber das – auch teilweise – Absehen von einer Entscheidung ausdrücklich tenoriert werden, vgl. BGH NStZ-RR 2010, 23.
56 Gemäß § 465 I StPO.
57 Gemäß § 472 I StPO.
58 Gemäß § 472 a I, II StPO.
59 Gemäß § 406 III 2 StPO iVm § 709 I 2 ZPO.

II. Freispruch

1. Hauptsache

Im Falle eines Freispruchs heißt es ohne weitere Zusätze schlicht: 97

> Der Angeklagte wird freigesprochen.

2. Kosten

Die Kostenentscheidung beruht auf § 467 I StPO: 98

> Die Staatskasse trägt die Kosten des Verfahrens und die notwendigen Auslagen des Angeklagten.

Der Ausspruch: »Der Angeklagte ist auf Kosten der Staatskasse freizusprechen.« ist fehlerhaft, weil unklar bleibt, ob auch die notwendigen Auslagen des Angeklagten erfasst sind.[60]

Hat der Angeklagte Säumniskosten verursacht, ist gemäß § 467 II StPO zu tenorieren: 99

> Die Staatskasse trägt die Kosten des Verfahrens und die notwendigen Auslagen des Angeklagten mit Ausnahme derjenigen Verfahrenskosten und notwendigen Auslagen, die durch die Säumnis des Angeklagten im Hauptverhandlungstermin vom 14. 3. 2006 verursacht wurden. Diese hat der Angeklagte zu tragen.

3. Entschädigungsentscheidung

Gemäß § 8 I StrEG ist von Amts wegen eine Entscheidung über die Versagung oder Gewährung einer Entschädigung für Strafverfolgungsmaßnahmen im Urteil dem Grunde nach zu treffen, wenn ein solcher Anspruch in Betracht kommt. Dies ist gemäß § 2 I StrEG insbesondere der Fall, wenn der Angeklagte freigesprochen wird; aber auch bei einer Verurteilung ist eine Billigkeitsentschädigung gemäß § 4 StrEG möglich. 100

> Der Angeklagte ist für die vorläufige Entziehung der Fahrerlaubnis vom 23. 3. 2006 bis 6. 7. 2006 zu entschädigen.

> Der Angeklagte ist für die vorläufige Festnahme am 4. 4. 2006 und die vom 5. 4. 2006 bis 12. 6. 2006 erlittene Untersuchungshaft zu entschädigen.

Wird im Falle des Freispruchs eine Entschädigung gemäß §§ 5, 6 StrEG versagt, sollte dies ausgesprochen werden, da andernfalls eine (grundsätzlich mögliche) Nachholung der Entscheidung verlangt werden könnte: 100a

> Die Staatskasse ist nicht verpflichtet, den Angeklagten für die Durchsuchung seiner Wohnung in 93047 Regensburg, Fliederstraße 109, am 4. 4. 2006 zu entschädigen.

Bei Teilzuspruch einer Entschädigung kann auch tenoriert werden: 100b

> Im Übrigen ist die Staatskasse nicht verpflichtet, den Angeklagten zu entschädigen.

III. Einstellung

1. Hauptsache

Die Einstellung des Verfahrens wegen eines Verfahrenshindernisses ist gemäß § 260 III StPO im Urteil auszusprechen: 101

> Das Verfahren wird eingestellt.

Lediglich im Falle der sachlichen Zuständigkeit eines höheren Gerichts ergeht ein Verweisungsbeschluss gemäß § 270 StPO. Die in der Praxis weitaus häufigere Verfahrenseinstellung aus Opportunitätsgründen gemäß §§ 153 ff. StPO erfolgt durch Beschluss.

---

60 Vgl. KK/*Gieg* § 464 Rn. 6; *Meyer-Goßner* § 464 Rn. 12.

2. Kosten

102 Die Kostenentscheidung beruht auf § 467 I StPO:

> Die Staatskasse trägt die Kosten des Verfahrens und die notwendigen Auslagen des Angeklagten.

103 Hat der Angeklagte Säumniskosten verursacht, ist gemäß § 467 II StPO in gleicher Weise wie beim Freispruch zu tenorieren.[61]

3. Entschädigungsentscheidung

104 Gemäß § 8 I StrEG ist von Amts wegen eine Entscheidung über die Versagung oder Gewährung einer Entschädigung für Strafverfolgungsmaßnahmen im Urteil dem Grunde nach zu treffen, wenn ein solcher Anspruch in Betracht kommt. Dies ist gemäß § 2 I StrEG bei einer Verfahrenseinstellung durch Urteil grundsätzlich der Fall. Dabei ist jedoch die Möglichkeit der Versagung der Entschädigung gemäß § 6 I Nr. 2 StrEG zu prüfen. Der Tenor der Entscheidung ist wie beim Freispruch abzufassen.[62]

IV. Gemischte Entscheidung

1. Hauptsache

105 Wird der Angeklagte teilweise freigesprochen oder das Verfahren gegen ihn teilweise eingestellt, wird nach dem Schuld- und Rechtsfolgenausspruch zur Verurteilung tenoriert:

> Im Übrigen wird der Angeklagte freigesprochen.

> Im Übrigen wird das Verfahren eingestellt.

106 Wird der Angeklagte teilweise verurteilt, teilweise freigesprochen und teilweise das Verfahren gegen ihn eingestellt, lautet der Tenor:

> 1. Der Angeklagte ist schuldig des Diebstahls.
> 2. Er wird deswegen zu einer Geldstrafe von 60 Tagessätzen zu je 30 EUR verurteilt.
> 3. Wegen des ihm zur Last gelegten Diebstahls vom 20. 1. 2005 wird er freigesprochen.
> 4. Im Übrigen wird das Verfahren eingestellt.
> 5. (Kosten)

2. Kosten

107 Wird der Angeklagte teilweise freigesprochen, ist gemäß §§ 464 I, II, 465 I, 467 I zu tenorieren:

> Der Angeklagte trägt die Kosten des Verfahrens, soweit er verurteilt wurde. Soweit der Angeklagte freigesprochen wurde, fallen die Verfahrenskosten und seine notwendigen Auslagen der Staatskasse zur Last.

108 Wird das Verfahren gegen den Angeklagten teilweise eingestellt, ist gemäß §§ 464 I, II, 465 I, 467 I regelmäßig zu tenorieren:

> Der Angeklagte trägt die Kosten des Verfahrens, soweit er verurteilt wurde. Soweit das Verfahren eingestellt wurde, fallen die Verfahrenskosten und die notwendigen Auslagen des Angeklagten der Staatskasse zur Last.

Im Falle des § 467 III, IV StPO sollte zur Klarstellung tenoriert werden:

> Der Angeklagte trägt die Kosten des Verfahrens, soweit er verurteilt wurde. Soweit das Verfahren eingestellt wurde, fallen die Verfahrenskosten der Staatskasse zur Last; es wird jedoch davon

---

61 Vgl. → Rn. 99.
62 Vgl. → Rn. 100.

abgesehen der Staatskasse auch die notwendigen Auslagen des Angeklagten insoweit aufzuerlegen.

Von der Möglichkeit der Quotelung der Verfahrenskosten gemäß § 464 d StPO – wie etwa im Zivilurteil – wird in der Praxis kaum Gebrauch gemacht. 109

3. Entschädigungsentscheidung

Hier gilt dasselbe wie bei der einheitlichen Entscheidung auf Freispruch oder Verfahrenseinstellung.[63] 110

6. Kapitel. Liste der angewendeten Vorschriften

A. Allgemeines

Gemäß § 260 V 1 StPO sind im Anschluss an den Urteilstenor die angewendeten Vorschriften genau nach Paragraf, Absatz, Nummer und gegebenenfalls auch Buchstabe zu bezeichnen. Der Grund dafür ist ein pragmatischer: Die gemäß § 5 I Nr. 6 BZRG notwendige Mitteilung der rechtlichen Bezeichnung der Tat unter Angabe der angewendeten Vorschriften an das Bundeszentralregister soll zuverlässig und problemlos möglich sein, ohne dass der Tenor selbst mit der Angabe der Paragrafen belastet wird.[64] 111

Die Liste der angewendeten Vorschriften gehört nicht zur Urteilsformel und muss daher bei der Urteilsverkündung weder verlesen noch sonst in der Hauptverhandlung mitgeteilt werden.[65] Es ist daher auch nicht erforderlich die Liste vor der Urteilsverkündung schriftlich niederzulegen, doch mag dies sinnvoll sein.[66] 112

B. Inhalt

Bei einer Verurteilung sind zunächst alle zur Begründung des Schuldspruchs notwendigen Vorschriften genau anzugeben, wobei mit der den Grundtatbestand bezeichnenden Vorschrift zu beginnen ist, gefolgt von den Qualifizierungs- und Regelbeispielsnormen, den Bestimmungen zur Beteiligungs- und Begehungsform und schließlich den Konkurrenzvorschriften. Anschließend sind die angewendeten Rechtsfolgenbestimmungen aufzunehmen, jedoch nicht die Grundnormen der §§ 38 ff. StGB, wohl aber die Sondervorschriften der §§ 41, 42, 43 a, 59, 60 StGB.[67] Strafschärfungs- und Milderungsvorschriften sind ebenso anzugeben wie Bestimmungen über verhängte Nebenstrafen, Nebenfolgen und Maßregeln der Besserung und Sicherung; ferner auch § 56 StGB bei bewilligter Strafaussetzung. 113

Angewendete Vorschriften: §§ 242 I, II, 243 I 1, 2 Nr. 1, 22, 23 I, II, 53, 49 I, 56 I StGB

Bei mehreren Angeklagten ist für jeden gesondert eine vollständige Liste der auf ihn angewendeten Vorschriften zu erstellen. 114

Angewendete Vorschriften,
beim Angeklagten Huber: §§ 185, 194 I, 223 I, 224 I Nr. 4, 303 I, 303 c, 25 II, 52, 20, 21, 49 I, 64, 69 I, 69 a I StGB,
beim Angeklagten Meier: §§ 223 I, 224 I Nr. 4, 25 II StGB

---

63 → Rn. 100, 104.
64 *Meyer-Goßner* § 260 Rn. 50.
65 BGH NStZ-RR 1997, 166.
66 *Meyer-Goßner* § 260 Rn. 51 f.
67 *Meyer-Goßner* § 260 Rn. 58.

115 Betraf der überwiegende Teil der Verurteilung Straftaten, die aufgrund einer Betäubungsmittelabhängigkeit begangen wurden, bestimmt § 260 V 2 StPO ausdrücklich, dass § 17 II BZRG in die Liste der angewendeten Vorschriften aufzunehmen ist, falls eine Freiheitsstrafe verhängt wurde und diese 2 Jahre nicht übersteigt.

> Angewendete Vorschriften: §§ 29 I Nr. 1, 1 I, 3 I BtMG, Anlage I zu § 1 I BtMG, §§ 21, 49 I, 56 I, II, 64, 67 b I, II StGB, § 17 II BZRG

116 Im Falle eines Freispruchs werden die Strafvorschriften gerade nicht angewendet, weshalb grundsätzlich keine Liste zu erstellen ist. Etwas anderes gilt nur bei Freispruch wegen Schuldunfähigkeit im Hinblick auf § 11 I Nr. 1 BZRG: hier ist § 20 StGB anzuführen.[68] Auch wenn trotz Freispruchs Maßregeln der Besserung und Sicherung gemäß §§ 61 ff. StGB verhängt wurden, sind die entsprechenden Vorschriften aufzulisten.

117 Bei der Einstellung des Verfahrens durch Urteil bedarf es einer Liste der angewendeten Vorschriften nur, falls der Strafantrag zurückgenommen wurde (§ 77 I StGB) oder die Einstellung wegen Verjährung erfolgte; im letzteren Fall ist die Verjährungsvorschrift genau zu bezeichnen. Daneben müssen die Vorschriften angegeben werden, die den trotz Einstellung verhängten Rechtsfolgen zugrunde liegen, wie etwa §§ 74 I Nr. 1, 76 a III StGB.[69]

7. Kapitel. Persönliche Verhältnisse

A. Bedeutung und Umfang

118 Üblicherweise beginnt das Strafurteil mit der Schilderung der persönlichen Verhältnisse des Angeklagten.[70] Die Feststellungen hierzu, die ebenso wie die Feststellungen zur Tat aus dem Inbegriff der Hauptverhandlung[71] – und nicht etwa nachträglich aus den Akten – geschöpft werden müssen, dienen keinem Selbstzweck, sondern sind als **Anknüpfungstatsachen** für die Bestimmung der Rechtsfolgen erforderlich. Insbesondere verlangt eine rechtsfehlerfreie Strafzumessung gemäß § 46 StGB, dass nicht nur die Tat, sondern auch die Täterpersönlichkeit gewürdigt wird, die namentlich durch das Vorleben des Angeklagten und seine persönlichen und wirtschaftlichen Verhältnisse geprägt ist. Folgerichtig ist die Darstellung der persönlichen Verhältnisse des Angeklagten im Falle eines Freispruchs in der Regel überflüssig. Etwas anderes gilt aber, wenn sie für die Beurteilung des Tatvorwurfs von Bedeutung sein können.[72]

119 **Wie ausführlich** die persönlichen Verhältnisse darzustellen sind, richtet sich in erster Linie nach der Schwere der Rechtsfolgen, aber auch nach der Eigenart des Delikts. So erfordert die Verhängung einer mehrjährigen Freiheitsstrafe eine weitaus stärkere Auseinandersetzung mit der Persönlichkeit des Angeklagten als die Verurteilung zu einer Geldstrafe wegen eines »Massendelikts«, wie es etwa der Ladendiebstahl ist. Auch wird bei einer Betäubungsmittelstraftat die Darstellung der »Drogenkarriere« des Verurteilten, insbesondere im Hinblick auf das Vorliegen der Voraussetzungen der §§ 20, 21 und 64 StGB, unerlässlich sein. Aber auch andere erhebliche Straftaten, etwa aus dem Bereich der Sexualdelikte, sind fast immer Anlass zu einer intensiven Beschäftigung mit der Persönlichkeit des Angeklagten.

120 > **Merke:** Im **Examen** dürfte es nicht schwer fallen den Umfang der Darstellung der persönlichen Verhältnisse richtig zu bemessen, da dieser von vornherein auf die Angaben in der Klausur beschränkt ist. Diese – meist knappen – Informationen über die persönliche Situation des Angeklagten werden in der Regel vollständig mitzuteilen sein.

---

68 *Meyer-Goßner* § 260 Rn. 60.
69 *Meyer-Goßner* § 260 Rn. 60.
70 *Meyer-Goßner* § 267 Rn. 4.
71 Vgl. § 261 StPO.
72 BGH NJW 2008, 2792: Freispruch der an einer seelischen Störung leidenden Kindesmutter vom Vorwurf des Mordes und der gefährlichen Körperverletzung; BGH NStZ-RR 2009, 116 (117); NStZ 2010, 529 f.

7. Kapitel. Persönliche Verhältnisse

B. Aufbau und Inhalt

Die Darstellung der persönlichen Verhältnisse erfordert keinen bestimmten Aufbau. Entscheidend ist allein, dass ihr Zweck, den Angeklagten vorzustellen und seine Persönlichkeit und Lebenssituation zu beschreiben, so gut wie möglich erfüllt wird. Der hier vorgeschlagene Aufbau mit seiner Unterteilung in einzelne **Themenbereiche** ist daher nicht zwingend, wird sich aber in vielen Fällen anbieten und hilft vor allem, keine erheblichen Umstände zu übersehen. Eine Gliederung erleichtert die Lesbarkeit; die Überschriften sollten im Urteilstext aber nur ausnahmsweise verwendet werden. 121

> 1. Grunddaten und Familienverhältnisse
> 2. Schulische/berufliche Entwicklung und wirtschaftliche Verhältnisse
> 3. Sonstige besondere Umstände (körperliche oder geistige Erkrankungen, Drogenabhängigkeit, etc.)
> 4. Vorstrafen und Vorahndungen
> 5. Vorgänge im Ermittlungsverfahren

122

I. Grunddaten und Familienverhältnisse

Die Grunddaten lassen sich zwar auch den Personalien des Angeklagten im Rubrum entnehmen, doch erleichtert deren Wiederholung die Lesbarkeit und Verständlichkeit der Darstellung. Darüber hinaus ist es stets angebracht die Familienverhältnisse des Angeklagten zu erörtern, einmal um seine persönliche Lebenssituation darzustellen, aber auch im Hinblick auf seine finanziellen Verhältnisse. 123

> 1. Der 36-jährige Angeklagte ist deutscher Staatsangehöriger und wohnt in Regensburg zusammen mit seiner Ehefrau und den zwei gemeinsamen Kindern im Alter von 8 und 10 Jahren.

124

> 1. Der 22-jährige ledige Angeklagte ist türkischer Staatsangehöriger. Er ist in Regensburg geboren und aufgewachsen. Zusammen mit seiner jüngeren Schwester wohnt er noch bei seinen Eltern in Neutraubling.

125

II. Schulische/Berufliche Entwicklung und wirtschaftliche Verhältnisse

Die Darstellung der beruflichen Entwicklung kann sich in der Regel auf den derzeit ausgeübten Beruf beschränken. Anders ist es aber bei jungen Angeklagten. Hier ist es oft angezeigt, auch die schulische und berufliche Entwicklung mitzuteilen.[73] Die Darstellung der wirtschaftlichen Verhältnisse ist selbst in einfach gelagerten Fällen mit geringfügigen Rechtsfolgen unerlässlich, da sich nur aufgrund dieser der Tagessatz einer Geldstrafe gemäß § 40 II StGB bestimmen lässt. Bei der Verhängung von Freiheitsstrafen ist die wirtschaftliche Situation des Angeklagten als ein prägendes Element seiner Lebenssituation ohnehin niemals unerheblich, auch wenn die Verurteilung keine Eigentums- oder Vermögensdelikte betrifft. 126

> 2. Der gelernte Schreiner arbeitet als Monteur im Automobilwerk der Firma BMW AG in Regensburg. Dabei erzielt er ein monatliches Nettoeinkommen von 1500 EUR. Seine Ehefrau verdient als Raumpflegerin etwa 400 EUR netto im Monat. Der Angeklagte hat Schulden in Höhe von 10.000 EUR bei der Sparkasse Regensburg, die aus allgemeinen Lebensführungskosten herrühren. Diese bedient er monatlich mit 100 EUR.

127

> 2. Nach dem Besuch der Grund- und Hauptschule begann der Angeklagte eine Lehre als Einzelhandelskaufmann, die er 2003 abschloss. Seither ist er arbeitslos. Derzeit erhält er monatlich Arbeitslosengeld II in Höhe von 347 EUR sowie Ersatz seiner Miet- und Heizkosten von 489 EUR. Der Angeklagte hat weder Schulden noch Vermögen; er ist niemandem unterhaltspflichtig.

128

---

73 Bei der Verurteilung eines Jugendlichen oder Heranwachsenden ist dies grundsätzlich erforderlich.

III. Sonstige besondere Umstände

129 Liegen beim Angeklagten sonstige Umstände vor, die seine Entwicklung und Lebenssituation geprägt haben, sind auch diese anzuführen, soweit sie im Hinblick auf Art und Schwere der Tat und der Rechtsfolgen von Bedeutung sind. Hierzu zählen insbesondere körperliche oder geistige Erkrankungen, Persönlichkeitsstörungen, Drogenabhängigkeit und »Drogenkarriere«. Soweit diese Umstände aber in unmittelbarem Zusammenhang mit der Straftat oder den verhängten Rechtsfolgen stehen, empfiehlt sich eine Schilderung im Rahmen der Feststellungen zur Tat.[74]

130 3. Der Angeklagte begann mit 13 Jahren zusammen mit Gleichaltrigen in unregelmäßigen Abständen Alkohol zu trinken und Zigaretten zu rauchen. Mit 14 Jahren hatte er seinen ersten Vollrausch. In der Folgezeit konsumierte er vermehrt Alkohol; zunächst Bier, später auch hochprozentigere alkoholische Getränke. Zwischen seinem 16. und 17. Lebensjahr hatte er fast jedes Wochenende einen Vollrausch, während er unter der Woche nahezu abstinent lebte. Mit 17 Jahren hatte er erstmals Kontakt mit illegalen Drogen: Zunächst probierte er Ecstasy-Tabletten, später auch Amphetamin. Im Jahre 2004 – der Angeklagte war 20 Jahre alt – konsumierte er zum ersten Mal Kokain. Während er anfänglich nur am Wochenende etwa Ø Gramm zu sich nahm, begann er schon bald auch unter der Woche immer wieder Kokain nasal aufzunehmen. Ab seinem 21. Lebensjahr konsumierte er dann bis zu seiner Festnahme täglich Ø bis × Gramm Kokain.

IV. Vorstrafen und Vorahndungen

131 Von besonderer Bedeutung ist die Mitteilung der Vorstrafen und Vorahndungen des Angeklagten bzw. der Feststellung, dass solche nicht vorhanden sind. Als Vorahndungen bezeichnet man üblicherweise die Verhängung von Geldbußen wegen Ordnungswidrigkeiten. Der Begriff der Vorstrafe bzw. Vorahndung wird nicht einheitlich gebraucht: Stellt man auf den Urteilszeitpunkt ab, können alle Verurteilungen des Angeklagten in der Vergangenheit als Vorstrafen bezeichnet werden; stellt man auf den Tatzeitpunkt ab, sind dies nur solche, die bereits zum Zeitpunkt der verfahrensgegenständlichen Tat verhängt worden waren. Grundsätzlich können nur solche »echte« Vorstrafen strafschärfend wirken.

1. Angeklagter ist nicht vorbestraft

132 Ist der Angeklagte – auch im Hinblick auf den Urteilszeitpunkt – nicht vorbestraft, wird oft formuliert, der Angeklagte sei strafrechtlich noch nicht in Erscheinung getreten. Diese Behauptung ist insofern etwas zu weitreichend als zumeist nur die Auskunft aus dem Bundeszentralregister vorliegt, die nichts darüber besagt, ob gegen den Angeklagten bereits Strafverfahren nach §§ 153 ff. StPO eingestellt wurden. Andererseits ist es aber nicht erforderlich die Feststellung rein vorsorglich darauf zu beschränken, dass sich im Bundeszentralregister (BZR) kein Eintrag finde, da für getilgte Verurteilungen gemäß § 51 BZRG ein Verwertungsverbot besteht und eine aufgrund zeitlicher Nähe noch nicht eingetragene Verurteilung kaum verborgen bliebe. Es ist daher schlicht festzustellen:

133 4. Der Angeklagte ist nicht vorbestraft.

2. Angeklagter ist weder vorbestraft noch vorgeahndet

134 Da die Bezeichnung »**Vorstrafe**« im juristischen Sinne keine Geldbußen wegen Ordnungswidrigkeiten umfasst, ist es notwendig, in den Fällen, in denen eine zur verfahrensgegenständlichen Tat einschlägige Ordnungswidrigkeit in Betracht kommt, darauf hinzuweisen, dass eine solche gerade nicht vorliegt. Das ist insbesondere bei Verkehrsstraftaten von praktischer Bedeutung und lässt sich anhand des Verkehrszentralregisters (VZR) leicht feststellen, das in Flensburg geführt wird und alle Verkehrsstraftaten und die meisten Verkehrsordnungswidrigkeiten erfasst.[75] Hier empfiehlt sich die Formulierung:

135 4. Der Angeklagte ist nicht vorbestraft. Das Verkehrzentralregister enthält für ihn keinen Eintrag.

---

74 Vgl. → Rn. 162, 173.
75 Zum Inhalt des Verkehrszentralregister vgl. §§ 28, 28 a StVG.

3. Angeklagter ist vorbestraft/vorgeahndet

a) Mitteilung der Vorstrafen/Vorahndungen

Vorstrafen und Vorahndungen sind genau mitzuteilen, insbesondere muss auch die Tatzeit angegeben werden. **136**

> 4. Der Angeklagte wurde mit Urteil des Amtsgerichts Regensburg vom 24. 5. 2004 (Az. 2 Ds 12 Js 23789/03), rechtskräftig seit 31. 5. 2004, wegen Betrugs gemäß § 263 StGB, begangen am 5. 12. 2003, zu einer Geldstrafe von 30 Tagessätzen zu je 15 EUR verurteilt. **137**

> 4. Mit Bußgeldbescheid der Zentralen Bußgeldstelle im Bayerischen Polizeiverwaltungsamt in Viechtach vom 12. 3. 2005 (Az. 6456–9543–05/1), rechtskräftig seit 26. 3. 2005, wurde gegen den Angeklagten wegen fahrlässiger Überschreitung der zulässigen Höchstgeschwindigkeit innerhalb geschlossener Ortschaften gemäß § 3 III Nr. 1 StVO, begangen am 2. 1. 2005, ein Bußgeld von 100 EUR sowie 1 Monat Fahrverbot verhängt. **138**

In der Praxis wird häufig die Auskunft aus dem Bundeszentralregister in Fotokopie in den Urteilstext eingefügt, was in Literatur und Rechtsprechung auf Kritik stößt. Denn da die Angabe der einschlägigen und für die Verurteilung interessierenden Vorstrafen genüge, solle der Angeklagte durch die schematische Wiedergabe sämtlicher Vorstrafen nicht unnötig bloßgestellt werden.[76] Der BGH[77] hat in einer Revisionsentscheidung das Urteil einer Strafkammer hinsichtlich der Sachverhaltsdarstellung gerügt und zusätzlich bemerkt: »Die Tatsache, dass die schriftliche Urteilsbegründung neben den erwähnten ›Tabellen‹ zu einem nicht unwesentlichen Teil aus ungekürzten Kopien der Computerausdrucke aus dem Bundeszentralregister besteht, gibt Veranlassung zu dem Hinweis, dass eine derartige Praxis im Einzelfall den Strafausspruch gefährden kann. Diese zunehmend zu beobachtende Form der ›Arbeitserleichterung‹ lässt nicht nur die dem Tatrichter obliegende Auswahl der zumessungsrelevanten Vorstrafen vermissen, sie birgt auch die Gefahr, dass nach § 51 I BZRG zur Zeit der Hauptverhandlung unverwertbar gewordene Vorstrafen Eingang in die Urteilsgründe finden.« **139**

Daraus lässt sich aber nicht der Grundsatz herleiten, dass das **Einkopieren der Registerauskunft** generell unzulässig sei. Vielmehr stellt dies für die Praxis, insbesondere bei den nicht seltenen umfangreichen Vorstrafenlisten, tatsächlich eine erhebliche Arbeitserleichterung dar, die obendrein das strafrechtliche Vorleben des Angeklagten übersichtlicher wiedergibt als ein ausformulierter Text. Allerdings ist darauf zu achten, dass die einkopierte Registerauskunft weder tilgungsreife Verurteilungen[78] noch sonstige unerhebliche Vermerke enthält.[79] Welche Vorstrafen strafschärfend herangezogen werden, ist dagegen erst im Rahmen der Strafzumessung abzuhandeln. Die Auflistung aller Vorstrafen erscheint dennoch regelmäßig sinnvoll, da die Täterpersönlichkeit nicht nur von den einschlägigen Vorverurteilungen geprägt wird. In Anbetracht der begrenzten Bekanntgabe der schriftlichen Urteilsgründe an andere Personen als die unmittelbar Beteiligten und diejenigen die berechtigte Interessen wahrnehmen, erscheint dies auch vertretbar. Die Vorstrafen können daher auch folgendermaßen mitgeteilt werden: **140**

> 4. Gegen den Angeklagten liegen bereits folgende Straferkenntnisse[80] vor: **141**
> ... (bereinigte Kopie der BZR-Auskunft)

Merke: Im **Examen** stellt sich das Problem der Zulässigkeit des Einkopierens von BZR-Auskünften naturgemäß nicht. Die angegebenen Vorstrafen und Vorahndungen sind – nach Prüfung ihrer (regelmäßig gegebenen) Verwertbarkeit im Hinblick auf § 51 I BZRG – vom Bearbeiter stets in der unter → Rn. 137 f. beschriebenen Form anzugeben. **142**

---

76 So *Meyer-Goßner/Appl* Rn. 268.
77 BGHR StPO § 267 I 1, Sachdarstellung 1; vgl. auch BGHR StPO § 267 Darstellung 1 – frühere Urteile.
78 Vgl. §§ 45 ff. BZRG.
79 Zum Inhalt des BZR vgl. §§ 3–17, 27 BZRG.
80 Mit diesem Begriff werden Urteile, Strafbefehle und Gesamtstrafenbeschlüsse erfasst.

b) Umfang der Darstellung bei nachträglicher Gesamtstrafenbildung

143 Wurde gemäß § 55 StGB nachträglich eine Gesamtstrafe gebildet,[81] ist es unerlässlich neben dem Eintrag im Bundeszentralregister auch die **Feststellungen zur Tat und die Strafzumessungserwägungen des Vor-Urteils** mitzuteilen, dessen Strafe einbezogen worden ist, da beides bei der Gesamtstrafenbildung berücksichtigt werden muss. Dabei sollte der Text aber soweit wie möglich gestrafft werden und nur die wesentlichen früheren Feststellungen kurz dargelegt oder die Vortaten nach Art und Ausmaß gekennzeichnet werden.[82] Andererseits sollte man nicht krampfhaft versuchen den früheren Urteilstext umzuformulieren, weshalb nichts dagegen spricht, diesen wörtlich wiederzugeben, wenn er eine gute und straffe Darstellung des Sachverhalts und der Strafzumessung enthält. Zur Vermeidung von Unklarheiten hinsichtlich des rechtskräftig feststehenden Schuldspruchs kann es sich empfehlen, auch den Tenor und die rechtliche Würdigung des Vor-Urteils wiederzugeben, wenn dies im Bundeszentralregistereintrag nicht deutlich genug zum Ausdruck kommt.

144 4. Gegen den Angeklagten liegen bereits folgende Straferkenntnisse vor:
… (Mitteilung der Vorstrafen wie in Rn 137, wahlweise auch bereinigte Kopie der BZR-Auskunft)
Das Urteil des Amtsgerichts Regensburg vom 24. 5. 2004 (Az. 2 Ds 12 Js 23789/ 03) lautet im Tenor:
»…« (wörtliche Wiedergabe des Tenors)
Diesem Urteil liegt folgender Sachverhalt, rechtliche Würdigung und Strafzumessung zu Grunde:
»…« (wörtliche Wiedergabe der entsprechenden Urteilsteile, soweit angebracht)

c) Umfang der Darstellung bedeutsamer Vorstrafen

145 Auch bei einer nicht einbezogenen Vorstrafe, die für die Strafzumessung von besonderer Bedeutung ist, müssen zumindest der ihr zu Grunde liegende Sachverhalt, unter Umständen auch die damaligen Strafzumessungserwägungen, mitgeteilt werden, insbesondere wenn sich die Bedeutung nicht allein aus dem Eintrag im Bundeszentralregister erschließt.[83]

Der BGH[84] hat einen Verstoß hiergegen wie folgt kritisiert: »Das Landgericht teilt nicht mit, welcher Sachverhalt der damaligen Verurteilung zugrunde lag und welche Umstände die oben genannte besonders negative Bewertung zu Lasten des Angeklagten rechtfertigen. Das wäre im vorliegenden Falle, in dem die Höhe der damals verhängten Strafe keine Schlüsse auf eine besonders schwerwiegende Tat zulässt, jedoch erforderlich gewesen. Das Landgericht hat nicht – in einer für das Revisionsgericht überprüfbaren Weise – dargelegt, dass es gerechtfertigt ist, dem Angeklagten die bereits geraume Zeit zurückliegende Verurteilung in besonderem Maße straferschwerend anzulasten.«

146 Dabei ist es jedoch verfehlt, den gesamten Wortlaut der tatsächlichen Feststellungen längerer Vor-Urteile in den Urteilstext einzufügen oder den vollständig abgelichteten Urteilstext als Anhang dem neuen Urteil beizufügen. Eine solche Vorgehensweise kann die Besorgnis begründen, der Tatrichter habe sich mit dem früheren Urteil inhaltlich nicht auseinandergesetzt und überlasse es dem Revisionsgericht, die bedeutsamen Umstände auszusondern und zu würdigen.[85] Daher sind nur die **wesentlichen früheren Feststellungen** kurz darzulegen oder die Vortaten nach Art und Ausmaß zu kennzeichnen.[86]

d) Einarbeitung der Vorstrafen in den Lebenslauf

147 Zwar ist die geschlossene Darstellung der Vorstrafen in mehr oder weniger **tabellarischer Form** in der Praxis die am meisten verbreitete Form, die insbesondere bei komplizierten

---

81 Dasselbe gilt, falls eine Einheitsjugendstrafe gemäß § 31 II JGG gebildet wurde.
82 BGHR StPO § 267 Darstellung 1 – frühere Urteile.
83 Dagegen ist es verfehlt, stets die Sachverhalte aller zum Nachteil des Angeklagten gewerteten Vorverurteilungen mitzuteilen, da sich die Urteilsgründe auf das Wesentliche zu beschränken haben, OLG Frankfurt NStZ-RR 2009, 23 unter Hinweis auf BGHR StPO § 267 III 1 Strafzumessung 13 und 16; entgegen OLG Frankfurt Urt. v. 19. 9. 2006 – 1 Ss 167/06; OLG Frankfurt StV 1989, 155; OLG Köln NStZ 2003, 421; StV 1996, 321.
84 BGHR StGB § 46 II, Vorleben 5, Darstellung.
85 BGHR StPO § 267 Darstellung 1 – frühere Urteile; BGH NStZ-RR 2009, 23.
86 BGHR StPO § 267 Darstellung 1 – frühere Urteile.

Gesamtstrafenbildungen auch den besten Überblick verschafft, doch ist es unbestritten am aussagekräftigsten, wenn die Vorstrafen in den Lebenslauf eingearbeitet werden.[87] Dies erfordert allerdings nicht nur größere Mühe bei der schriftlichen Abfassung der Urteilsgründe, sondern auch bei der Erörterung der Vorstrafen in der Hauptverhandlung, da ansonsten deren Auswirkungen auf den Lebensweg des Angeklagten nicht richtig erkannt werden können.

V. Anhang: Verfahrensvorgänge

Verfahrensvorgänge sind im Urteil grundsätzlich nicht zu erörtern. Dazu gehören etwa **Vorgänge im Ermittlungsverfahren**, die Erhebung der Anklage, die Eröffnung des Hauptverfahrens und die Anordnung der Haftfortdauer. Insbesondere sind Ausführungen zur **Verwertbarkeit von Beweismitteln** von Rechts wegen nicht geboten und sollten zur Vermeidung der Überfrachtung der schriftlichen Urteilsgründe sogar regelmäßig unterbleiben.[88] Etwas anderes gilt für die nachgenannten Vorgänge, die einen Bezug zu den persönlichen Verhältnissen haben, für die Bemessung der Strafe bzw. Maßregel Bedeutung erlangen oder sonst ausnahmsweise geboten sind, insbesondere zur Feststellung einer rechtsstaatswidrigen Verfahrensverzögerung. 148

> **Merke:** Im **Examen** sind aber die aufgeworfenen Rechtsprobleme zu Fragen der Verwertbarkeit von Beweismitteln in der Regel in einem Hilfsgutachten abzuhandeln.

1. Vorläufige Festnahme – Untersuchungshaft – Auslieferungshaft

> 5. Der Angeklagte wurde am 23. 4. 2006 vorläufig festgenommen und befindet sich aufgrund Haftbefehls des Amtsgerichts Regensburg vom 24. 4. 2006 (Gz. III Gs 28/06)[89] in dieser Sache seither in Untersuchungshaft in der Justizvollzugsanstalt Regensburg.[90]

149

> 5. Der Angeklagte wurde am 23. 5. 2006 aufgrund Haftbefehls des Amtsgerichts Regensburg vom 12. 1. 2006 (Gz. III Gs 8/06) festgenommen und befindet sich seither in dieser Sache in Untersuchungshaft in der Justizvollzugsanstalt Regensburg.[91]

150

> 5. Der Angeklagte wurde am 19. 3. 2006 vorläufig festgenommen und befand sich aufgrund Haftbefehls des Amtsgerichts Regensburg vom 3. 8. 2004 (Gz. III Gs 84/04) in dieser Sache vom 20. 3. 2006 bis zum 25. 4. 2006 in Untersuchungshaft in der Justizvollzugsanstalt Regensburg. Dort wurde er am 25. 4. 2006 nach Leistung einer Sicherheit von 5000 EUR[92] entlassen, nachdem das Amtsgericht Regensburg mit Beschluss vom 21. 4. 2006 (Gz. III Gs 24/06), den Haftbefehl unter dieser Auflage außer Vollzug gesetzt hatte.

151

> 5. Gegen den Angeklagten erließ das Amtsgericht Regensburg in dieser Sache am 6. 12. 2005 Haftbefehl (Gz. III Gs 376/05). Aufgrund dessen wurde er am 10. 5. 2006 in Punta Cana/Dominikanische Republik vorläufig festgenommen. Vom 10. 5. 2006 bis zum 20. 9. 2006 befand er sich dort in Auslieferungshaft in einem dominikanischen Gefängnis. Nach erfolgter Auslieferung befindet sich der Angeklagte seit 21. 9. 2006 in dieser Sache in Untersuchungshaft in Deutschland, zuletzt in der Justizvollzugsanstalt Regensburg.

152

2. Sicherstellung des Führerscheins – vorläufige Fahrerlaubnisentziehung

> 5. Der Führerschein des Angeklagten ist seit 28. 6. 2006 sichergestellt.[93]

153

---

87 So *Meyer-Goßner/Appl* Rn. 268.
88 BGH NJW 2009, 2612, 2613; NStZ-RR 2007, 244.
89 Das »Gs-Geschäftszeichen« des Ermittlungsrichters, bleibt neben dem »Js-Aktenzeichen« des Ermittlungs- und späteren Strafverfahrens bestehen und ist deshalb mitzuteilen.
90 Fall der §§ 127, 128 StPO; beachte: die Untersuchungshaft beginnt erst mit Erlass des Haftbefehls.
91 Fall des § 115 StPO; beachte; die Untersuchungshaft beginnt bereits mit der Festnahme, die keine vorläufige im Sinne des § 127 StPO ist.
92 Vgl. § 116 I Nr. 4 StPO, sogenannte »Kaution«.
93 Eines richterlichen Beschlusses bedarf es nicht bei Sicherstellung aufgrund freiwilliger Herausgabe des Führerscheins gemäß § 94 StPO oder bei Beschlagnahme durch einen Polizeibeamten ohne Widerspruch des anwesenden Angeklagten.

2. Teil. Die einzelnen Bestandteile des schriftlichen Strafurteils

154 5. Dem Angeklagten wurde mit Beschluss des Amtsgerichts Regensburg vom 13. 9. 2006 (Gz. II Gs 108/06) die Fahrerlaubnis gemäß § 111 a StPO vorläufig entzogen; seit 16. 9. 2006 ist sein Führerschein sichergestellt.[94]

3. Vorläufiges Berufsverbot

155 5. Mit Beschluss des Amtsgerichts Regensburg vom 30. 8. 2006 (Gz. II Gs 78/06) wurde dem Angeklagten gemäß § 132 a StPO verboten, Substitutionstherapien gemäß § 5 BtMVV durchzuführen und betäubungsmittelabhängige Patienten wegen ihrer Sucht zu behandeln.

4. Beschlagnahme und dinglicher Arrest

156 5. Mit Beschluss des Amtsgerichts Regensburg vom 30. 9. 2006 (Gz. II Gs 89/06) wurde der dingliche Arrest in das Vermögen des Angeklagten wegen der Forderung der Staatskasse gegen ihn aus der zu erwartenden Anordnung des Verfalls eines Wertersatzes in Höhe von 132.000 EUR gemäß §§ 73, 73 a StGB, §§ 111 b II, 111 d I, II StPO angeordnet.

5. Verfahrensdauer

157 Wenn eine Strafmilderung und/oder eine Kompensation wegen überlanger Verfahrensdauer aufgrund rechtsstaatswidriger Verzögerung zu prüfen ist, sind Art und Ausmaß der Verzögerung sowie deren Ursachen zu ermitteln[95] und im Urteil konkret festzustellen.[96]

Die Staatsanwaltschaft hat wegen der Tat vom 12. 12. 2006 mit Anklageschrift vom 4. 7. 2007 Anklage zum Landgericht Regensburg erhoben, die dort am 7. 7. 2007 einging. Am 22. 4. 2009 hat das Landgericht Regensburg die Anklage unverändert zur Hauptverhandlung zugelassen und das Hauptverfahren eröffnet. Außer der zweimaligen Gewährung von Akteneinsicht für den Verteidiger, der Erholung einer Auskunft aus dem Bundeszentralregister und der Beiziehung zweier Vorstrafenakten fanden im Zwischenverfahren keine verfahrensfördernden Handlungen durch das Landgericht Regensburg statt. Mit der Eröffnung des Hauptverfahrens wurde Termin zur Hauptverhandlung auf den 14., 15. und 17. 6. 2009 bestimmt. Am 17. 6. 2009 wurde das Strafverfahren mit vorliegendem Urteil abgeschlossen.[97]

6. Vorgänge in der Hauptverhandlung

158 Die Urteilsgründe dienen nicht der Dokumentation all dessen, was in der Hauptverhandlung gesagt und verlesen wurde.[98] Auch für **Teileinstellungen gemäß § 154 II StPO** sieht § 267 StPO keine gesonderte Dokumentationspflicht vor. Sie sind nur dann mitzuteilen, wenn der ausgeschiedene Sachverhalt zum Verständnis der Beweiswürdigung notwendig ist, weil diese andernfalls lückenhaft wäre,[99] oder bei der Strafzumessung zulasten des Angeklagten berücksichtigt werden soll. Im letzteren Fall müssen die ausgeschiedenen Taten im Strengbeweis festgestellt werden, weshalb sie – unter Hinweis auf die Verfahrenseinstellung – in die Sachverhaltsschilderung mit aufgenommen werden sollten.[100] Im Übrigen kann es genügen den ausgeschiedenen Sachverhalt im Rahmen der Beweiswürdigung abzuhandeln.

Für Verfahrenseinstellungen im Ermittlungsverfahren gemäß **§ 154 I StPO** gilt nichts anderes.

---

94 Der vorläufige Entzug der Fahrerlaubnis durch richterlichen Beschluss wirkt gemäß § 111 a III 1 StPO zugleich als Anordnung der Beschlagnahme des Führerscheins.
95 Die Ermittlungen können im Freibeweis erfolgen, soweit ihr Ergebnis nur für die Entscheidung über eine Kompensation aufgrund rechtsstaatswidriger Verfahrensverzögerung herangezogen wird.
96 BGHSt 52, 126 (146) Rn. 55 = NJW 2008, 860 (866) Rn. 55; auch → Rn. 417 a ff.
97 Der Vollzug der Untersuchungshaft, eine erfolgte Haftverschonung, die Aufhebung des Haftbefehls oder sonstige besondere Auswirkungen des Verfahrens auf den Angeklagten können an dieser Stelle oder bereits zuvor gesondert festgestellt werden.
98 BGH NStZ 2009, 228.
99 BGH NStZ 2009, 228: Beurteilung der Aussagekonstanz bei Seriensexualstraftaten und »Aussage-gegen-Aussage-Konstellation«; vgl. auch BGH NStZ-RR 2009, 377 f.
100 Vgl. → Rn. 161.

Gemäß § 267 III 5 StPO muss eine **erfolgte Verständigung** gemäß § 257 c StPO in den Urteilsgründe immer mitgeteilt werden; nicht aber erfolglose Verständigungsgespräche. Die Angabe des Inhalts der Verständigung und Ausführungen zu deren Zustandekommen sind in keinem Fall geboten.[101] 158a

> Dem Urteil ist eine Verständigung gemäß § 257 c StPO vorausgegangen.

8. Kapitel. Sachverhaltsschilderung

A. Allgemeines

I. Bedeutung, Inhalt und Aufbau

Die Sachverhaltsschilderung – auch kurz »Sachverhalt« oder »Feststellungen« genannt – bildet das **Kernstück des Strafurteils**. Sie ist der Ort, an dem gemäß § 267 I 1 StPO die für erwiesen erachteten Tatsachen anzugeben sind, in denen die gesetzlichen Merkmale der Straftat gefunden werden. Hierzu gehört insbesondere die Angabe von Zeit und Ort der Tat, die so genau wie möglich erfolgen muss, um die Tat hinreichend zu identifizieren und von möglichen ähnlichen Taten abzugrenzen.[102] 159

Über den Wortlaut des § 267 I StPO hinaus sollten in der Sachverhaltsschilderung aber grundsätzlich auch **alle Tatsachen** festgestellt werden, auf die bei der Rechtsfolgenbestimmung zurückgegriffen werden muss. Hierzu gehören insbesondere die Umstände, die eine erhebliche Verminderung der Schuldfähigkeit begründen oder auf denen die Anordnung von Maßregeln oder auch von Nebenfolgen beruht. Zwar ist dieser Aufbau der Urteilsgründe nicht zwingend, doch nachdrücklich zu empfehlen, weil so sichergestellt wird, dass auch diese Feststellungen der anschließenden Beweiswürdigung unterzogen werden. 160

Im Gegensatz zur Anklage darf und soll der Sachverhalt im Urteil daher breiter dargestellt werden, wenn auch nicht weitschweifig. Dabei empfiehlt es sich **chronologisch** vorzugehen. Zunächst ist – falls erforderlich – über das Geschehen vor der Tat zu berichten, dann über das eigentliche Tatgeschehen und schließlich sind die sich nach der Tat ergebenden erheblichen Umstände zu schildern. Falls notwendig[103] sind auch die gemäß § 154 I oder II StPO ausgeschiedenen Taten mitzuteilen. Dann sollte aber unbedingt auf die insoweit erfolgte Teileinstellung hingewiesen werden. Falls Feststellungen zur Schuldfähigkeit oder zu Nebenfolgen und Maßregeln notwendig sind, können diese zwar auch in das Tatgeschehen eingearbeitet werden, regelmäßig empfiehlt es sich aber sie in einem eigenen Abschnitt anzuschließen, was auch die Darstellung der Beweiswürdigung erleichtert. 161

Daher empfiehlt sich folgender Aufbau: 162

> 1. Geschehen vor der Tat (Vorgeschichte)
> 2. Tatgeschehen im engeren Sinn
> 3. Vorgänge nach der Tat (Nachtatgeschehen)
> 4. Feststellungen zu sonstigen Umständen (insbesondere zur Schuldfähigkeit und zu Umständen, auf denen die Anordnung von Maßregeln beruht)

II. Stil und Darstellungsweise

Die Feststellungen sind in einem sachlichen Erzählstil abzufassen. Bei allem Bemühen um Genauigkeit sollten sie nicht farblos sein und den gesetzlichen Tatbestand mit »Leben« 163

---
101 BGH NStZ 2011, 170 f.; NStZ 2010, 348.
102 Vgl. *Meyer-Goßner* § 267 Rn. 5; nach BGHSt 22, 90 (92) ist die Angabe einer falschen Tatzeit aber unschädlich, wenn die Identität der Tat feststeht.
103 Vgl. → Rn. 159 a.

erfüllen, statt ihn mehr oder weniger nur wiederzugeben.[104] Dabei ist ein Abgleiten in die Umgangssprache oder einen feuilletonistischen Stil aber unbedingt zu vermeiden.[105] Das schließt andererseits nicht aus, dass lokale Bezeichnungen verwandt werden, wenn das Geschehen dadurch anschaulicher beschrieben werden kann und für jedermann verständlich bleibt.

164 Die Tat des Angeklagten ist in der Wirklichkeitsform der 1. Vergangenheit (Indikativ Imperfekt) aus der Sicht eines Augenzeugen zu schildern.[106] In dem Text muss sich jedes einzelne objektive und subjektive Tatbestandsmerkmal des Delikts, dessen der Angeklagte schuldig gesprochen wurde, wieder finden, ohne dass die gesetzliche Bezeichnung oder andere Rechtsbegriffe verwendet werden. Lediglich allgemein bekannte und verständliche juristische Begriffe, deren Umschreibung unnatürlich und verständniserschwerend wäre, können und sollen herangezogen werden.[107]

165 Das strafbare Verhalten des Angeklagten ist **so konkret wie möglich** zu bezeichnen, zumindest muss aber erkennbar sein, welche bestimmten Taten von der Verurteilung erfasst werden.[108] Dies ist insbesondere bei Serienstraftaten von Bedeutung. Der BGH[109] hat dazu ausgeführt: »Die Taten müssen sich von anderen gleichartigen, die der Angeklagte begangen haben kann, genügend unterscheiden lassen. Sind die dafür erforderlichen tatsächlichen Anhaltspunkte nicht zu ermitteln, dann darf eine Verurteilung insoweit nicht erfolgen. Anderenfalls bliebe der Umfang der Rechtskraft des Urteils zweifelhaft. Die Verurteilung wegen einer oder gar mehrerer Taten, die insgesamt nur vage umschrieben sind, ist insbesondere mit rechtsstaatlichen Grundsätzen nicht zu vereinbaren. Der Angeklagte würde bei einem so unbestimmten Vorwurf in seiner Verteidigungsmöglichkeit unangemessen beschränkt. Bei unbestimmten Feststellungen zum Tatvorwurf besteht zudem die Gefahr, dass der Richter für die Bestimmung des Schuldumfangs keine objektive Grundlage gewinnen konnte und sich von einer in ihren Grenzen unklaren Gesamtvorstellung leiten ließ. Je weniger konkrete Tatsachen über den Schuldvorwurf bekannt sind, desto fraglicher wird es, ob der Richter von der Tat im Sinne des § 261 StPO überhaupt überzeugt sein kann.«

166 Sieht der Tatrichter bei einer **Vielzahl von Straftaten**, die denselben Tatbestand erfüllen, davon ab, die konkreten Sachverhalte der Einzeltaten mitzuteilen, ist dies jedenfalls dann ein Sachmangel, wenn die Einzelfälle nicht in allen wesentlichen tatsächlichen Umständen gleichgelagert sind.[110] Aber auch dann müssen die Urteilsgründe so abgefasst werden, dass sie erkennen lassen, welche der festgestellten Tatsachen den einzelnen objektiven und subjektiven Tatbestandsmerkmalen zuzuordnen sind und sie ausfüllen können.[111] Wird diese Anforderung erfüllt, können – vor allem bei Eigentums- und Vermögensdelikten – die Einzeltaten auch in einer Liste zusammengefasst werden, in der sie nach Tatzeit, Tatort, Geschädigtem und Schaden individualisiert werden.[112] Immer müssen bei **Serienstraftaten** deren Mindestanzahl und ihr Tatzeitraum angegeben werden. Auch wenn zur Vermeidung unvertretbarer Strafbarkeitslücken bei Feststellungsschwierigkeiten infolge gleichförmig verlaufender Taten zum Nachteil von Kindern über einen langen Zeitraum keine überzogenen Anforderungen an die Individualisierbarkeit der einzelnen Taten gestellt werden dürfen, muss der konkrete Lebenssachverhalt der einzelnen Taten mit Details vor allem zu Tatort und Tatausführung unter Anwendung des Zweifelssatzes so gut wie irgend möglich festgestellt werden.[113]

167 Die Feststellungen müssen den Sachverhalt, der das Tatgeschehen bildet, geschlossen wiedergeben.[114] »Es ist in der Regel ein sachlichrechtlicher Fehler des Urteils, wenn die Dar-

---

104 BGHR StPO § 267 I 1 Mindestfeststellungen 3.
105 Vgl. BGH Urt. v. 3. 12. 2008 – 2 StR 435/08.
106 Vgl. *Meyer-Goßner/Appl* Rn. 274.
107 Vgl. *Meyer-Goßner/Appl* Rn. 286.
108 Vgl. BGH NStZ 1986, 275; vgl. auch *Meyer-Goßner* § 267 Rn. 5.
109 BGHR StPO § 267 I 1 Mindestfeststellungen 1; ebenso bereits BGHSt 10, 137.
110 BGHR StPO § 267 I 1 Sachdarstellung 5.
111 BGH NStZ 2008, 352; NStZ-RR 2010, 54; 2011, 213.
112 BGH NStZ-RR 2010, 54; 2011, 213.
113 BGH NStZ-RR 2010, 205.
114 BGHR StPO § 267 I 1 Sachdarstellung 3.

stellung der Gründe unklar und unübersichtlich ist und insbesondere nicht deutlich zwischen der Feststellung der für erwiesen erachteten Tatsachen, der Beweiswürdigung und der rechtlichen Würdigung unterschieden wird. Aus der Sachverhaltsschilderung muss sich klar ergeben, durch welche bestimmten Tatsachen die einzelnen gesetzlichen Merkmale des äußeren und inneren Tatbestandes erfüllt werden. Dies erfordert eine in sich geschlossene Darstellung der Tat, die nicht durch in den Urteilsgründen verstreute tatsächliche Feststellungen ersetzt werden kann.«[115]

Die Darstellung des Sachverhalts muss aus sich selbst heraus verständlich sein.[116] **Bezugnahmen** auf Schriftstücke außerhalb der Urteilsgründe sind grundsätzlich unzulässig. **168**

B. Formulierungsbeispiele

I. Verurteilung

1. Beleidigung, § 185 StGB

Der Angeklagte fuhr am 21. 4. 2006 gegen 15.30 Uhr mit seinem Fahrrad auf der Friedensstraße in 93047 Regensburg in Richtung Stadtosten als er im Bereich der Bushaltestelle »Evangelischer Zentralfriedhof«[117] die 81-jährige Rentnerin Elfriede Püschl, deren hohes Alter er erkannte,[118] auf dem von ihm benutzten Radweg stehen sah. Zu diesem Zeitpunkt war Elfriede Püschl noch etwa 50 Meter entfernt und wartete auf den Bus. Ihr war nicht bewusst, dass sie auf dem Radweg stand, der an dieser Stelle vom Gehweg nur durch eine weiße Bodenmarkierung und keinen Höhenunterschied abgegrenzt war. Der Angeklagte klingelte mehrmals, um die Rentnerin zu veranlassen den Radweg zu verlassen. Infolge ihrer Schwerhörigkeit nahm Elfriede Püschl dies nicht wahr; auch sah sie den Angeklagten nicht. Da sie immer noch auf dem Radweg stand, musste der Angeklagte abbremsen und auf den Gehweg ausweichen.[119] Zwar wurde der Angeklagte dadurch in keiner Weise gefährdet, doch ärgerte er sich darüber gleichwohl derart, dass er Elfriede Püschl im Vorbeifahren zurief: »Hau ab, du alte Schachtel, dich sollte man im Altersheim einsperren bis du verreckst!«[120] Dadurch wollte der Angeklagte ihr gegenüber seine Missachtung zum Ausdruck bringen,[121] was ihm auch gelang.[122] Wie von ihm beabsichtigt fühlte sich Elfriede Püschl durch die Äußerungen auch in ihrer Ehre herabgesetzt.[123] **169**

Die Geschädigte Püschl stellte noch am 21. 4. 2006 gegen den Angeklagten bei der Polizeiinspektion Regensburg 1 schriftlich Strafantrag.[124]

Der Sachverhalt wäre in einer Anklageschrift durch einen einzigen Satz darzustellen gewesen: **170**

»Der Angeklagte rief am 21. 4. 2004 der Rentnerin Elfriede Püschl an der Bushaltestelle ›Evangelischer Zentralfriedhof‹ in 93047 Regensburg, Friedensstraße, zu: ›Hau ab, du alte Schachtel, dich sollte man im Altersheim einsperren bis du verreckst!‹, um sie in ihrer Ehre herabzuwürdigen, was ihm auch gelang.«

---

115 BGHR StPO § 267 I 1 Sachdarstellung 2.
116 BGHR StPO § 267 I 1 Sachdarstellung 4; BGH NStZ 2007, 478 (479).
117 Die möglichst genaue Angabe von Zeit und Ort der Tat ist ebenso wie bei der Abfassung der Anklageschrift (vgl. *Brunner* Rn. 126 f.) oberstes Gebot.
118 Dies erscheint im Hinblick auf die von der Rechtsprechung (vgl. BGH VRS 17, 204; siehe auch *Hentschel/König/Dauer* § 25 StVO Rn. 23 mwN) im Rahmen des § 25 StVO bejahte Pflicht zur besonderen Rücksichtnahme auf offensichtlich betagte und daher unsichere Fußgänger erwähnenswert.
119 Die Darstellung der Situation aus der Sicht der Beteiligten ist für die Strafzumessung von Bedeutung.
120 Die beleidigenden Äußerungen sind stets wörtlich wiederzugeben, da durch diese ja die Tat verübt wird.
121 Die Darstellung der inneren Tatseite ist erforderlich, vgl. hierzu *Fischer* § 185 Rn. 17.
122 Die Äußerung muss aus Sicht eines verständigen Dritten als Missachtung aufzufassen sein, vgl. BGHSt 19, 235 (237); siehe auch *Fischer* § 185 Rn. 8 mwN.
123 Die Äußerung muss vom Empfänger als Beleidigung aufgefasst worden sein, vgl. BGHSt 9, 17 (19); Absicht des Täters ist zwar nicht erforderlich, doch bei Vorliegen ebenfalls festzustellen.
124 Zu den Feststellungen gehören auch die Umstände, aus denen sich die form- und fristgerechte Strafantragsstellung ergeben, die hier gemäß § 194 StGB Prozessvoraussetzung ist. Mit der Feststellung »Strafantrag wurde form- und fristgerecht gestellt« sollte man sich nicht begnügen, da sie keine Nachprüfung der tatsächlichen Voraussetzungen erlaubt.

171 Im Urteil sind dagegen umfangreichere Feststellungen notwendig, da auch die Anknüpfungstatsachen für die Strafzumessung mitzuteilen sind. Dann wird es auch bei einem solch vergleichsweise einfachen Sachverhalt nicht schwer fallen, eine Reihe für und gegen den Angeklagten sprechende Umstände zu finden. Andererseits dürfen die Urteilsfeststellungen auch keinen unnötigen Ballast enthalten. So wäre es verfehlt gewesen, die Farbe des Fahrrads anzugeben oder mitzuteilen, dass die Geschädigte zuvor auf dem Friedhof das Grab ihres verstorbenen Mannes besucht hat oder dass es ihr nur mit Hilfe einer Augenzeugin gelang, die Identität des Angeklagten herauszufinden.

172 Dieser einfache Fall zeigt aber auch, dass der Abfassung des Sachverhalts stets eine sorgfältige und vollständige Durchdringung der rechtlichen und tatsächlichen Voraussetzungen einer Strafbarkeit und ihrer Folgen vorausgehen muss. Denn nur dann ist gewährleistet, dass auch tatsächlich alle für die Urteilsfindung erforderlichen inneren und äußeren Tatsachen in den Feststellungen enthalten sind.

2. Vorsätzliche Körperverletzung, § 223 StGB; Schuldunfähigkeit des Täters, § 20 StGB; Antrag im Sicherungsverfahren, §§ 413 ff. StPO

173   1. Am 22. 5. 2006 gegen 16.00 Uhr begab sich der Beschuldigte[125] in den Dörnbergpark in 93047 Regensburg im Bereich der Augustenstraße in Höhe des Anwesens Nr. 4, wo er sich im Gras auf einer Decke ausbreitete und ein Buch las. Auf der Wiese im Park befanden sich auch der Student Robert Rot und sein Freund Gustav Grün, zu denen sich später noch die Krankenschwester Waltraud Weiß gesellte. Die Gruppe lag etwa 50 Meter vom Beschuldigten entfernt, den sie nicht kannte. Etwa gegen 17.00 Uhr begannen die beiden Männer Volleyball zu spielen, wobei Robert Rot dem Beschuldigten, bedingt durch das Spiel, teilweise bis zu einer Entfernung von 2 Metern nahe kam. Ohne zuvor in irgendeiner Weise durch Worte oder Gesten mit den beiden Männern Kontakt aufgenommen zu haben, stand der Beschuldigte plötzlich auf und schlug Robert Rot ohne Vorwarnung entweder mit der Faust oder dem Unterarm[126] ins Gesicht, wodurch dieser zu Boden ging. Anschließend schritt der Beschuldigte wortlos davon und legte sich in etwas weiterer Entfernung wieder auf seine Decke ins Gras.

Robert Rot erlitt durch den Schlag eine schmerzhafte Rötung und eine Schwellung auf der getroffenen linken Gesichtshälfte, die erst nach 3 Tagen abklang. Er hat gegen den Beschuldigten am 22. 5. 2006 schriftlich Strafantrag bei der Polizeiinspektion Regensburg 3 gestellt. Im Übrigen hat die Staatsanwaltschaft das besondere öffentliche Interesse an der Strafverfolgung bejaht.

2.[127] Der Beschuldigte leidet an einer katatonen Schizophrenie, die durch ausgeprägte Denk- und Affektstörungen mit Wahnideen und Situationsverkennungen gekennzeichnet ist. Dabei handelt es sich um eine krankhafte seelische Störung, auf Grund derer die Unrechtseinsichtsfähigkeit des Beschuldigten generell erheblich vermindert war. Dies hatte zur Folge, dass dem Beschuldigten bei der Tat mit Sicherheit[128] die Einsicht fehlte, Unrecht zu tun;[129] im Übrigen kann nicht ausgeschlossen werden, dass seine Unrechtseinsichtsfähigkeit auch generell völlig aufgehoben war.

Zu der verfahrensgegenständlichen Tat kam es aufgrund der krankheitsbedingten Situationsverkennung durch den Beschuldigten. Obwohl er sich seit 30. 5. 2006 aufgrund zivilrechtlicher Unterbringung in stationärer nervenärztlicher Behandlung im Bezirksklinikum Regensburg befindet und grundsätzlich auch Heilungschancen bestehen, ist bei ihm auch derzeit noch ein

---

125 Die Bezeichnung als Angeklagter oder Angeschuldigter wäre im Sicherungsverfahren gemäß §§ 413 StPO verfehlt; teilweise wird der Täter statt als »Beschuldigter« auch als »Betroffener« bezeichnet.

126 Diese wahlweise Tatsachenfeststellung ist völlig unproblematisch, zumal sie den Schuldspruch nicht berührt und beide Alternativen sich auch im Unrechtsgehalt nicht unterscheiden.

127 Es folgt die Schilderung der Umstände, auf denen die Anwendung der §§ 20, 63 StGB beruhen.

128 Für die Unterbringung gemäß § 63 StGB genügt es nicht, dass dies nicht auszuschließen ist, vgl. *Fischer* § 63 Rn. 11.

129 Es genügt weder für die Anwendung des § 21 StGB noch des § 63 StGB, dass die Unrechtseinsichtsfähigkeit erheblich vermindert war, vielmehr muss infolgedessen dem Täter die Einsicht tatsächlich gefehlt haben, vgl. BGHSt 21, 27 (28); 34, 22 (25 ff.). Ein Täter, dessen Unrechtseinsichtsfähigkeit zwar generell erheblich vermindert ist, der aber bei der verfahrensgegenständlichen Tat das Unrecht seines Tuns eingesehen hat, kann nicht gemäß § 21 StGB milder bestraft, aber auch nicht gemäß § 63 StGB untergebracht werden. Bei der erheblich verminderten Steuerungsfähigkeit stellt sich dieses Problem dagegen nicht.

erhebliches Verkennungs- und Aggressionspotential vorhanden. Es ist daher wahrscheinlich, dass es zumindest ohne weitere langjährige stationäre Behandlung erneut zu ähnlichen Vorfällen wie der verfahrensgegenständlichen Tat kommt.

3. Räuberischer Diebstahl mit Körperverletzung, §§ 223 I, 242 I, 249 I, 252, 52 StGB; erheblich verminderte Steuerungsfähigkeit, § 21 StGB[130]

1. Die Angeklagte hatte um die Mittagszeit des 27. 6. 2006 bereits den Rest einer halbvollen 0,7-Liter Flasche Wodka der Marke »Morotow« mit einem Alkoholgehalt von 40% zu sich genommen als sie gegen 16.15 Uhr die Selbstbedienungsabteilung der Fa. Wohlkauf GmbH in 93047 Regensburg, Schillerplatz 1, betrat, um sich erneut Alkohol zu beschaffen. Da die Angeklagte kein Geld bei sich hatte und auch ansonsten völlig mittellos war, beschloss sie, eine Flasche Schnaps[131] ohne Bezahlung zu entwenden. Vor dem Regal mit den Spirituosen ließ sie eine 0,2-Liter-Flasche Weinbrand der Marke »Lantrou« zum Preis von 3,99 EUR in ihre Manteltasche gleiten. Anschließend drängte sie sich an einer Reihe von Menschen vorbei, die vor der Kasse anstanden, und verließ den Marktbereich ohne zu bezahlen. Noch bevor sie den Ausgang zur Rosengasse erreicht hatte, wurde sie von der Marktleiterin Fleißig,[132] die den Diebstahl[133] beobachtet hatte, aufgefordert, stehen zu bleiben und ins Büro mitzugehen. Dabei stellte sich Eva Fleißig,[134] vor die Angeklagte und schnitt ihr so den direkten Weg zum Ausgang ab. Da die Angeklagte den erbeuteten Schnaps unbedingt behalten und sogleich konsumieren wollte,[135] schlug sie der Marktleiterin mit der Faust in den Bauch, so dass diese vor Schmerz etwas zusammensackte und der Angeklagten die Flucht gelang. Erst eine halbe Stunde später konnte die Angeklagte vor dem Brunnen auf dem Schillerplatz von den Polizeibeamten Hurtig und Schnell vorläufig festgenommen werden.[136] Den entwendeten Schnaps hatte sie zwischenzeitlich bereits getrunken.[137] Die ihr um 17.30 Uhr entnommene Blutprobe ergab eine BAK von 1,75 Promille im Mittelwert.[138] Eva Fleißig verspürte infolge des Schlages noch bis zum nächsten Tag leichte Schmerzen in der Magengegend.

2. Die Fähigkeit der Angeklagten das Unrecht ihres Tuns einzusehen war weder beschränkt noch aufgehoben. Es kann jedoch nicht ausgeschlossen werden, dass ihre Fähigkeit entsprechend dieser Einsicht zu handeln, im gesamten Tatzeitraum infolge des vorangegangenen Alkoholgenusses und der darauf beruhenden Intoxikationspsychose, bei der es sich um eine krankhafte seelische Störung handelt, erheblich vermindert war. Aufgehoben war die Steuerungsfähigkeit der Angeklagten dagegen nicht.[139]

---

130 Zur rechtlichen Würdigung siehe → Rn. 251.
131 Dabei handelt es sich zwar um ein Wort aus der Umgangssprache, alle anderen hochsprachlichen Synonyme sind aber ungenau oder wirken im Ausdruck gestelzt.
132 Personen werden üblicherweise unter Voranstellung ihres Berufes bezeichnet, was insbesondere zu empfehlen ist, wenn damit zugleich ihre Rolle in dem Sachverhalt zum Ausdruck kommt. Die Bezeichnung als Geschädigter ist jedenfalls solange verfehlt, als im Sachverhalt die verletzende Handlung noch nicht geschildert wurde. Keinesfalls sollte die Person mit dem Zusatz »Zeuge« bezeichnet werden. Denn dies kennzeichnet lediglich ihre spätere prozessuale Stellung, die zum Zeitpunkt der Tat noch nicht gegeben war.
133 Zwar ist es grundsätzlich fehlerhaft, wenn die tatsächlichen Feststellungen Rechtsbegriffe enthalten, doch würde es in diesem Zusammenhang gekünstelt erscheinen, das Wort »Diebstahl« zu umschreiben, zumal es sich dabei um einen Begriff handelt, der auch im allgemeinen Sprachgebrauch geläufig ist.
134 Zwar ist die Voranstellung der Berufsbezeichnung grundsätzlich empfehlenswert, ihre dauernde Wiederholung wirkt aber schwerfällig und langweilig. Stattdessen ist es eine einfache und stilistisch gute Möglichkeit, die Person mit Vor- und Zunamen zu bezeichnen. Dagegen wirkt es grob, nur den Nachnamen anzuführen; die Voranstellung der Anrede »Herr« bzw. »Frau« gilt zu Recht als »Todsünde«.
135 Schilderung der inneren Tatseite im Hinblick auf § 252 StGB.
136 Häufig ist es angezeigt, dem Sachverhalt einen förmlichen Schluss zu geben, auch wenn dieser nicht mehr zum Tatgeschehen gehört.
137 Der Verbleib der Beute ist in jedem Fall ein erwähnenswertes Detail.
138 Unabhängig davon, ob die Voraussetzungen des § 21 StGB vorliegen oder nicht, ist die festgestellte BAK ein erheblicher Umstand.
139 Zu schildern sind die Umstände, die für die Begründung des Vorliegens der Voraussetzungen der §§ 20, 21 StGB notwendig sind.

4. Diebstahl, §§ 242 I, 243 I 2 Nr. 1, 25 II StGB (»Autoaufbruch«)

175 Die Angeklagten sind seit mehr als 2 Jahren befreundet. Am 4. 6. 2006 trafen sie sich gegen 20.30 Uhr in der Spielhalle »Wild Thing« in 93047 Regensburg, Försterstraße 3. Im Laufe des Abends fassten sie den Entschluss ein Auto aufzubrechen und Stehlenswertes zu entwenden.[140] Deshalb begaben sie sich gegen 23.30 Uhr zum öffentlichen Parkplatz am Donaumarkt in Regensburg, wo der Angeklagte Meier den dort versperrt abgestellten PKW, Marke VW Golf IV, amtliches Kennzeichen R-PH 100, der Kauffrau Ines Schnell als Tatobjekt aussuchte. Während der Angeklagte Meier Aufpasserdienste leistete, schlug der Angeklagte Huber mit einem Schraubenzieher das Seitenfenster der Beifahrertür ein, öffnete von innen die Tür und baute das Radio, Marke Pioneer XT 300, im Wert von 700 EUR aus. Anschließend entfernten sich die Angeklagten mit dem Autoradio, um es zu verkaufen und sich den Erlös zu teilen.[141]

5. Schwere räuberische Erpressung, §§ 249 I, 250 I Nr. 1 b, 253 I, II, 255, 25 II StGB (»Bankraub«), erheblich verminderte Steuerungsfähigkeit, § 21 StGB; Sicherungsverwahrung, § 66 StGB[142]

176 1.[143]Der Angeklagte Grob lernte den Angeklagten Fein im Jahre 2004 kennen. Zu einem nicht mehr genau feststellbaren Zeitpunkt vor dem 20. 4. 2006, vermutlich aber Anfang des Jahres 2006, beschlossen die beiden, eine Bank zu überfallen. Der Angeklagte Fein wählte die Raiffeisenbank in 93047 Regensburg, Schützenstraße 25, bei der er selbst Kunde war, als geeignetes Tatobjekt aus. Zur Ausführung der Tat mietete er einen schwarzen PKW, Marke »Ford Focus«, amtliches Kennzeichen LA-XY 47, den er am 19. 4. 2006 gegen 15.00 Uhr bei der Autovermietung Stern in 84030 Landshut, Amselstraße 10, übernahm. Ferner besorgte der Angeklagte Fein für den geplanten Überfall eine vollautomatische Pistole der Marke »Walther«.

2.[144]Ausgerüstet mit dieser Pistole fuhren die beiden Angeklagten am Morgen des 20. 4. 2006 mit dem angemieteten Fahrzeug zur Raiffeisenbank in 93047 Regensburg, Schützenstraße 25. Der Angeklagte Fein parkte den PKW in einer Entfernung von etwa 60 Metern vor der Bank auf einem öffentlichen Parkplatz in Höhe des Anwesens Schützenstraße 38. Wie zuvor vereinbart[145] blieb der Angeklagte Fein am Steuer sitzen, um eine möglichst schnelle Flucht nach dem Überfall zu gewährleisten, während der Angeklagte Grob zu Fuß zur Bank ging. Spätestens zu diesem Zeitpunkt war der Angeklagte Grob als Frau verkleidet und geschminkt, um nicht erkannt zu werden. Er trug eine Windjacke, einen Minirock und eine Strumpfhose; diese Kleidungsstücke hatte er sich zuvor bei seiner damaligen Freundin Elvira Sorglos ausgeliehen. Gegen 8.15 Uhr betrat er mit der Pistole in der Hand die Schalterhalle der Bank, wo sich zu diesem Zeitpunkt nur die Bankangestellten Karin Müller und Hans Meier aufhielten. Die Pistole war ungeladen; Munition war nicht griffbereit.[146] Sofort sprang der Angeklagte Grob über den Bankschalter und gelangte so in den nicht für Kunden zugänglichen Geschäftsbereich der Bank. Dort packte er die Angestellte Karin Müller mit der linken Hand am Hals. Mit der rechten Hand hielt er die Pistole und zielte damit auf den Bankangestellten Hans Meier. Gleichzeitig schrie er »Banküberfall, Geld her« und forderte Hans Meier auf, sich auf den Boden zu legen, was dieser auch tat. Anschließend drückte er Karin Müller den Pistolenlauf in den Rücken, packte mit der linken

---

140 Der für die Mittäterschaft erforderliche gemeinsame Tatentschluss (vgl. *Fischer* § 25 Rn. 12 ff.) ist mitzuteilen.
141 Zur Begründung der Mittäterschaft des Angeklagten Meier ist es von Bedeutung, dass die Beute geteilt werden sollte.
142 Zur rechtlichen Würdigung → Rn. 252.
143 Zunächst werden die Vorgeschichte der Tat und die Vorbereitungshandlungen geschildert. Letztere sind im Hinblick auf die angenommene Täterschaft und den Tatbeitrag des Angeklagten Fein, der den Überfall selbst nicht verüben wird, von besonderer Bedeutung.
144 Es folgt die Schilderung des Tathergangs.
145 Der Hinweis auf den zuvor verabredeten gemeinsamen Tatplan sollte bei längeren Sachverhalten, insbesondere bei unterschiedlichen Tatbeiträgen der Angeklagten, an geeigneten Stellen wiederholt werden.
146 Dieser Umstand ist im Hinblick auf das Tatbestandsmerkmal »Waffe oder ein anderes gefährliches Werkzeug« des § 250 I Nr. 1 a) und II Nr. 1 StGB von Bedeutung, vgl. *Fischer* § 250 Rn. 7 f. und § 244 Rn. 12. Ob die Pistole geladen war, lässt sich häufig nicht mehr feststellen. Zugunsten des Angeklagten muss dann bereits bei der Sachverhaltsschilderung von der für ihn günstigeren Alternative ausgegangen werden.

Hand ihren rechten Arm und drehte ihn nach hinten um. Dabei forderte er sie auf, den Tresorschlüssel zu holen und schob sie zum Schreibtisch des Hans Meier. Dort entnahm die Angestellte Müller den Schlüssel, woraufhin sie der Angeklagte zu dem großen Aufbewahrungstresor dirigierte. Indem er Karin Müller weiterhin den Lauf der Pistole an den Rücken drückte, erreichte er, dass sie um ihr Leben und ihre körperliche Unversehrtheit fürchtete, weil sie – wie von beiden Angeklagten beabsichtigt[147] – die Pistole für geladen hielt.[148] Infolgedessen kam sie auch – wie von beiden Angeklagten geplant – den weiteren Forderungen des Angeklagten Grob nach: Sie öffnete den Tresor, entnahm daraus das gesamte Bargeld einschließlich des Münzgeldes in Höhe von insgesamt 43.935 EUR und steckte es in die Umhängetasche, die der Angeklagte Grob bei sich trug. Der Angestellte Meier ließ dies zu und blieb währenddessen weiterhin am Boden liegen, weil er ebenfalls – wie von beiden Angeklagten beabsichtigt[149] – damit rechnete, dass die Pistole geladen war und der Angeklagte Grob ihn oder die Angestellte Müller damit töten oder erheblich verletzen würde, falls sie seinen Anordnungen nicht Folge leisteten.[150]

Anschließend verließ der Angeklagte Grob die Raiffeisenbank mit dem erbeuteten Geld und flüchtete zusammen mit dem Angeklagten Fein in dem von diesem gesteuerten Mietwagen. Dabei fuhr der Angeklagte Fein in der Schützenstraße über eine Wegstrecke von mindestens 100 Metern deutlich über der dort zulässigen Höchstgeschwindigkeit von 30 km/h.[151] Wie von Anfang an geplant teilten die Angeklagten die Beute anschließend untereinander zu gleichen Teilen auf, um das Geld für sich zu verwenden. Der Angeklagte Fein gab den PKW am 20. 4. 2006 gegen 16.00 Uhr bei der Autovermietung in Landshut zurück. Insgesamt wurden mit dem Fahrzeug 205 Kilometer zurückgelegt. Die Entfernung zwischen dem Gelände der Autovermietung und der Raiffeisenbank beträgt je nach Fahrtroute zwischen 75 und 88 Straßenkilometer einfach.[152]

3.[153]Der Bankangestellte Meier erlitt infolge des Vorfalls einen Schock und war erst am übernächsten Tag wieder arbeitsfähig. Die Angestellte Karin Müller erlitt ebenfalls einen Schock sowie durch die Handgreiflichkeiten des Angeklagten schmerzhafte Blutergüsse am Hals und am rechten Unterarm, die erst nach 2 Wochen verheilt waren. Sie war eine Woche arbeitsunfähig. Psychisch leidet sie heute noch unter dem Vorfall. So hat sie ein beklemmendes Gefühl, wenn sie jemand unvermittelt am rechten Unterarm berührt. Auch kehrt der Überfall schlaglichtartig in unregelmäßigen Abständen in ihre Erinnerung zurück, was sie jedes Mal erneut seelisch belastet.

4.[154]Der Angeklagte Grob leidet an einer endogenen Psychose aus dem schizophrenen Formenkreis, die als krankhafte seelische Störung zu qualifizieren ist. Seine Steuerungsfähigkeit ist infolgedessen – bei uneingeschränkt vorhandener Einsichtsfähigkeit – generell erheblich vermindert und war es mithin auch zum Tatzeitpunkt. Aufgehoben war und ist seine Steuerungsfähigkeit nicht. Die psychische Erkrankung war jedoch nicht ursächlich für das strafbare Verhalten des Angeklagten.[155]

5.[156]Bei dem Angeklagten Fein besteht der Hang, auch künftig erhebliche rechtswidrige Taten zu begehen, die für die Allgemeinheit gefährlich sind. Er zeigt charakterliche Mängel und dissoziales

---

147 Vgl. Fn. 39.
148 Dass das Opfer die Scheinwaffe – hier: unwiderlegbar nicht geladene Pistole – für geladen hält und die Drohung ernst nimmt, ist zwar nicht Tatbestandsmerkmal der §§ 250, 253, 255 StGB, vgl. BGH NJW 1990, 2570; *Fischer* § 244 Rn. 11; ist dies aber der Fall – wie meist -, muss dies selbstverständlich in den Feststellungen zum Ausdruck kommen, da es die Tat maßgeblich prägt und für die Rechtsfolgen erheblich ist.
149 Vgl. Fn. 39.
150 Der Darstellung müssen alle objektiven und subjektiven Tatbestandsmerkmale der schweren räuberischen Erpressung zu entnehmen sein. Insbesondere muss das Gepräge der Tat als Erpressung (und nicht als Raub, siehe hierzu *Fischer* § 253 Rn. 9 f. und § 255 Rn. 3 sowie die Bedrohung mit Leibes- und Lebensgefahr unter Einsatz einer Scheinwaffe gemäß §§ 255, 250 I Nr. 1 b StGB zum Ausdruck kommen.
151 Diese Feststellung ist für die Entziehung der Fahrerlaubnis des Angeklagten Fein von Bedeutung, vgl. → Rn. 474 ff.
152 Auf diese Umstände wird bei der Beweiswürdigung zurückgegriffen werden, weshalb es sinnvoll erscheint sie bereits in die Sachverhaltsfeststellungen aufzunehmen, zumal sie die Schilderung der Tat abrunden.
153 Die Verletzungen der Opfer sind wesentliche Umstände; bei langen Sachverhalten empfiehlt es sich diese Tatfolgen in einem eigenen Abschnitt darzustellen.
154 Es werden die Umstände geschildert, die der Annahme der erheblich verminderten Schuldfähigkeit gemäß § 21 StGB zu Grunde liegen.
155 Die Voraussetzungen einer Anordnung gemäß § 63 StGB liegen damit nicht vor.
156 Es werden die Umstände geschildert, denen die Anordnung der Sicherungsverwahrung gegen den Angeklagten Fein gemäß § 66 I Nr. 3 StGB zu Grunde liegen.

Verhalten; konsequent missachtet er soziale Normen. Scham, Ehrgefühl und Reue sind nur geringfügig ausgeprägt. Seine erheblichen Sozialisationsdefizite sowie seine antisoziale Persönlichkeit, die durch Ich-Bezogenheit, Vorteilssucht und Rücksichtslosigkeit gekennzeichnet ist, lässt auch künftig erhebliche Straftaten erwarten. Seine Einsichts- und Steuerungsfähigkeit ist generell uneingeschränkt gegeben und war es auch zum Tatzeitpunkt. Er leidet an keinen Krankheiten.[157]

6. »Zechbetrug«, § 263 I StGB

177 Der Angeklagte begab sich am 12. 7. 2006 gegen 12.30 Uhr in das Gasthaus »Zum Goldenen Krug« in 93047 Regensburg, Fischgasse 2, um Mittag zu essen. Da er nur wenig Geld bei sich hatte und sich zudem in sehr angespannten finanziellen Verhältnissen befand, hatte er bereits bei Betreten des Lokals vor, die Speisen und Getränke nicht zu bezahlen.[158] Bei der Kellnerin Rosi Niederwimmer bestellte er ein Wiener Schnitzel mit Beilagen sowie insgesamt zwei halbe Liter Bier zum Gesamtpreis von 13,80 EUR. Dabei gab er sich den Anschein eines zahlungsfähigen und -willigen Kunden. Im Vertrauen darauf brachte ihm die Kellnerin das Bestellte. Nachdem der Angeklagte alles verzehrt hatte verließ er gegen 13.40 Uhr in einem unbeobachteten Moment das Gasthaus ohne zu bezahlen, worauf es ihm von Anfang an angekommen war.[159] Wie der Angeklagte wusste entstand dem Inhaber des Gasthauses Helmut Wein dadurch ein Schaden in Höhe von 13,80 EUR.

Die Staatsanwaltschaft hat das besondere öffentliche Interesse an der Strafverfolgung bejaht.

7. »Bestellbetrug«, § 263 I StGB

178 Der Angeklagte ging bisher noch keiner regelmäßigen Erwerbstätigkeit nach. Seit dem Ende seiner Schulzeit und der Entlassung aus dem Wichert-Heim im August 2005 lebt er von monatlich 347 EUR Arbeitslosengeld II; Miete und Nebenkosten seiner Ein-Zimmer-Wohnung werden ebenfalls bezahlt. Vermögen besitzt der Angeklagte nicht. Er hat jedoch Schulden in Höhe von 1.276 EUR bei der Sparkasse Regensburg durch Überziehung seines Girokontos, in Höhe von 865 EUR bei der Deutschen Telekom AG aus der Inanspruchnahme von Dienstleistungen und in Höhe von 988 EUR bei dem Versandhaus Römer aus dem Kauf einer Digitalkamera und einer Stereoanlage, die beide nicht mehr gebrauchsfähig sind.[160] In Kenntnis seiner schlechten finanziellen Situation bestellte er beim Heinz-Versand in Hamburg am 14. 6. 2006 eine Videokamera, Marke Tony S 35, zum Preis von 396 EUR, wobei er sich den Anschein eines uneingeschränkt zahlungsfähigen Kunden gab.[161] Entsprechend seiner Vorstellung lieferte das Versandhaus die Kamera am 23. 6. 2006 im Vertrauen auf die Zahlungsfähigkeit und -willigkeit des Angeklagten in dessen Wohnung in 93047 Regensburg, Rosenstraße 6. Wie der Angeklagte von Anfang an billigend in Kauf genommen hatte, war er in der Folgezeit nicht in der Lage den Kaufpreis zu bezahlen, wodurch der Fa. Heinz AG ein Schaden in Höhe von 396 EUR entstand.[162] Die Heinz AG hätte die Waren nicht an den Angeklagten ausgeliefert, wenn sie dessen wahre finanzielle Verhältnisse gekannt hätte, was auch dem Angeklagten bewusst war.[163] In Kenntnis aller vor-

---

157 Im Hinblick auf das zuvor geschilderte Persönlichkeitsbild des Angeklagten Fein erscheint dieser Hinweis sinnvoll. Grundsätzlich muss eine solche »Negativtatsache« nur geschildert werden, falls die Tat oder die Täterpersönlichkeit hierzu Anlass gibt.
158 Es muss zum Ausdruck kommen, dass der Angeklagte bereits bei der Bestellung vorhatte nicht zu bezahlen, da andernfalls keine für die Irrtumserregung und Vermögensverfügung kausale Täuschungshandlung vorliegt, vgl. *Fischer* § 263 Rn. 36 f.
159 Die Bereicherungsabsicht ist notwendige Voraussetzung des § 263 I StGB. Es schadet nicht in dem Zusammenhang nochmals darauf hinzuweisen, dass der Angeklagte von Anfang an vorhatte, nicht zu bezahlen.
160 Die mit Tatsachen belegte Darstellung der schlechten finanziellen Situation des Angeklagten ist bei einem Betrug durch Vortäuschen der Zahlungsfähigkeit stets erforderlich.
161 Dieser Umstand reicht als Täuschungshandlung aus, da der Vertragschließende zur Offenbarung der für seine Kreditfähigkeit maßgeblichen Umstände verpflichtet ist, vgl. BGHSt 6, 198 (199); *Fischer* § 263 Rn. 19, 26.
162 Mit diesem Satz wird der notwendige Schädigungsvorsatz mitgeteilt. Die Bereicherungsabsicht muss sich hierauf nicht beziehen, daher reicht bedingter Vorsatz aus, vgl. *Fischer* § 263 Rn. 40.
163 Das Vorliegen der notwendigen Kausalität zwischen Irrtum und Vermögensverfügung scheint hier erwähnenswert, vgl. *Fischer* § 263 Rn. 52.

genannten Umstände war es dem Angeklagten aber darauf angekommen, die bestellte Ware zu bekommen und für sich zu verwenden.[164]

8. »Tankstellenbetrug«, § 263 I StGB[165]

Der Angeklagte betankte am 30. 4. 2006 gegen 18.15 Uhr seinen PKW, Marke BMW 323 i, amtliches Kennzeichen R-BM 45 an der ARAL-Tankstelle in 93047 Regensburg, Schillerstraße 4, mit 20 Litern Super-Benzin zum Preis von 29,50 EUR, wobei er sich den Anschein eines zahlungsfähigen und -willigen Kunden gab. Im Vertrauen darauf ließ die Kassiererin Elke Wagon den Angeklagten gewähren.[166] Entsprechend seiner vorgefassten Absicht fuhr er nach Beendigung des Tankvorgangs ohne zu bezahlen davon, wodurch dem Tankstellenpächter Siegfried Reif ein Schaden in Höhe von 29,50 EUR entstand.
Der Tankstellenpächter hat am 3. 5. 2006 bei der Polizeiinspektion Regensburg 3 form- und fristgerecht Strafantrag gestellt. Im Übrigen hat die Staatsanwaltschaft das besondere öffentliche Interesse an der Strafverfolgung bejaht.

179

Der geschilderte Sachverhalt unterscheidet sich in keiner Weise von demjenigen, der bei einer Anklageschrift zu formulieren wäre. Die Feststellungen im Urteil dürfen zwar breiter sein als der Sachverhalt der Anklageschrift. Das heißt aber nicht, dass dies immer erforderlich oder wünschenswert ist. Bei einem einfach gelagerten Sachverhalt wie dem vorliegenden, der keine einschneidenden Rechtsfolgen nach sich zieht, ist nichts dagegen einzuwenden, den Text der Anklageschrift zu übernehmen, wenn er alle notwendigen Merkmale der Tat enthält und diese durch das Gericht festgestellt wurden.

180

9. Erschleichen von Leistungen, §§ 265 a I, III, 248 a StGB (»Schwarzfahren«)

Der Angeklagte fuhr am 24. 4. 2006 um 12.15 Uhr vom Hauptbahnhof in 93047 Regensburg mit dem Zug RE 2325 der Deutschen Bahn AG in Richtung München ab, ohne im Besitz eines gültigen Fahrausweises zu sein, um den Fahrpreis in Höhe von 15 EUR bis zu seinem Fahrziel Landshut/Niederbayern nicht entrichten zu müssen. Dies wurde erst kurz vor seinem Ausstieg in Landshut bei einer Kontrolle festgestellt, weshalb der Deutschen Bahn AG ein Schaden in Höhe von 15 EUR entstand.
Die Deutsche Bahn AG hat am 24. 4. 2006 bei der Bundespolizeistation Landshut Hauptbahnhof schriftlich Strafantrag gegen den Angeklagten gestellt. Im Übrigen hat die Staatsanwaltschaft das besondere öffentliche Interesse an der Strafverfolgung bejaht.

181

10. Fahrlässige Trunkenheit im Verkehr, § 316 I, II StGB

Am 23. 8. 2006 gegen 17.00 Uhr trat der Angeklagte von seiner Arbeitsstelle in 84030 Landshut aus mit seinem PKW, Marke Opel Vectra, amtliches Kennzeichen R-PV 34, die Heimfahrt nach 93047 Regensburg an. Dabei kam er durch die Ortschaft 84098 Weihenstephan, wo er anhielt und sich etwa gegen 17.15 Uhr in die direkt an der Durchgangsstraße liegende Gaststätte »Zum Hirschen« begab, weil er hoffte auf Bekannte zu treffen, um mit diesen ein Bier zu trinken. Tatsächlich waren der Sohn des Wirts Gerald Weissbier und dessen Freund Franz Suff anwesend, die der Angeklagte von früheren Besuchen gut kannte. Der Angeklagte verblieb in der Gaststätte etwa drei Stunden und nahm in dieser Zeit mindestens vier halbe Liter helles Bier und zwei Gläser mit insgesamt vier Zentilitern Kräuterschnaps der Marke »Forstmeister« zu sich. Gegen 20.15 Uhr verließ er die Gaststätte, setzte sich ans Steuer seines Fahrzeugs und fuhr weiter in Richtung Regensburg, obwohl er bei Beachtung der für die Teilnahme am Straßenverkehr erforderlichen Sorgfalt hätte wissen müssen, dass er infolge des aufgenommenen Alkohols nicht mehr in der Lage war, sicher Auto zu fahren. Nach etwa 15 Kilometern Fahrt auf der Staatsstraße 234 wurde er in der Ortschaft 84056 Rottenburg gegen 20.35 Uhr einer polizeilichen Verkehrskontrolle unterzogen, weil er kein Fahrtlicht eingeschaltet hatte. Dabei bemerkten die Beamten die

182

---

164 Dadurch wird die notwendige Bereicherungsabsicht zum Ausdruck gebracht.
165 Zur rechtlichen Einordnung als Betrug vgl. *Fischer* § 263 Rn. 19 mwN.
166 Wurde der Angeklagte nicht beobachtet, liegt nur versuchter Betrug vor, BGH NStZ 2009, 694.

Alkoholisierung des Angeklagten, stellten seinen Führerschein sicher und unterbanden die Weiterfahrt. Die ihm um 21.25 Uhr entnommene Blutprobe ergab eine Blutalkoholkonzentration von 1,22 Promille im Mittelwert. Der Angeklagte hätte seine alkoholbedingte Fahruntüchtigkeit bei kritischer Selbstprüfung erkennen können und von der Weiterfahrt nach dem Gaststättenbesuch Abstand nehmen müssen; dadurch wäre die abstrakte Gefährdung anderer vermieden worden.

11. Mord durch Unterlassen in Tateinheit mit Körperverletzung mit Todesfolge, §§ 211, 227 I, 13 I, 25 II StGB[167]

182a

Die Angeklagten trafen sich am 20. 11. 2006 gegen 16.00 Uhr am Hauptbahnhof in 93047 Regensburg. Dort war bereits eine Gruppe gleichaltriger Bekannter versammelt, darunter Ralf Raubold und Peter Protzke. Die jungen Leute saßen auf den Treppenstufen des Eingangs zur Bahnhofshalle, unterhielten sich und tranken verschiedene alkoholische Getränke, die sie nach und nach bei dem nahe gelegenen Verbrauchermarkt »Brutto« kauften. Die beiden Angeklagten tranken bis etwa 19.00 Uhr jeweils 3 Dosen Bier á 0,33 Liter mit 5 Vol. % Alkohol sowie 1 Liter Weinschorle mit 6,5 Vol. % Alkohol. Gegen 19.00 Uhr löste sich die Gruppe auf und die beiden Angeklagten schlenderten zum nördlich des Bahnhofs gelegenen Amalienpark, wo sie sich auf eine Bank setzten und beratschlagten, was sie weiter tun könnten. Dabei kam ihnen die Idee, jemanden »aufzumischen«. Als zufällig der ihnen bekannte Obdachlose Wolfgang Renner vorbei kam, fassten sie den Entschluss diesen zusammenzuschlagen. Sie lockten ihn unter dem Vorwand, ein Bier auszugeben, in eine abgelegene Ecke auf der Ostseite des Parks, die von dem Licht der entfernten Straßenlaternen nur schwach beleuchtet wurde. Wolfgang Renner vertraute den beiden Angeklagten und rechnete mit keinen Feindseligkeiten. Deshalb konnte er – wie von den Angeklagten beabsichtigt – keine Gegenwehr leisten als beide plötzlich mit Händen und Fäusten heftig auf ihn einschlugen, so dass er sofort zu Boden fiel und auf dem Bauch zu liegen kam. Anschließend traten ihn die beiden Angeklagten mehrmals mit ihren festen Winterstiefeln von beiden Seiten kräftig in den Brustkorb. Gegen 19.30 Uhr, als Wolfgang Renner nur noch wimmernde Laute von sich gab, ließen sie von ihm ab und entfernten sich.

Während sie gemeinsam die angrenzende Maximilianstraße in Richtung Dom gingen unterhielten sie sich über den vorangegangenen Vorfall. Dabei waren sie sich einig, dass sie ziemlich brutal gewesen seien. Schließlich sagte der Angeklagte Huber, dass Wolfgang Renner vielleicht sogar sterben könne. Der Angeklagte Meier stimmte dem zu.[168] Beide kamen aber überein, nicht mehr zu ihrem Opfer zurückzugehen und auch keinen Rettungsdienst oder sonstige fremde Hilfe herbeizurufen, weil sie fürchteten, dass sie dann der Täterschaft überführt und bestraft werden könnten.[169] Außerdem waren sich beide Angeklagte einig, dass Wolfgang Renner sowieso kein wertvolles Mitglied der Gesellschaft sei, weshalb sein Tod auch nicht schade, sondern im Gegenteil die Stadt dadurch »sauberer« werden würde.[170] Zu diesem Zeitpunkt war es spätestens 20.00 Uhr.

Wolfgang Renner hatte durch die Schläge und Tritte der Angeklagten mehrere Blutergüsse im Gesicht und im Oberkörperbereich erlitten. Ferner waren durch die Tritte mit den Stiefeln jeweils zwei Rippen auf jeder Brustseite gebrochen. Infolge dieser Verletzungen kam es zu inneren Blutungen, an denen er zu einem nicht mehr genau feststellbaren Zeitpunkt zwischen 22.00 Uhr am 20. 11. 2006 und 1.00 Uhr am 21. 11. 2006 verstarb, was keinen ungewöhnlichen Geschehensablauf darstellte. Auch die Angeklagten hätten dies bereits zu dem Zeitpunkt voraussehen können als sie Wolfgang Renner schlugen und traten. Sein Tod wäre mit an Sicherheit grenzender Wahrscheinlichkeit verhindert worden, wenn er bis spätestens 21.00 Uhr einer ärztlichen Behandlung zugeführt worden wäre. Dies hätten beide Angeklagte auch erreichen können, wenn sie persönlich oder telefonisch Polizei oder Rettungsdienst verständigt hätten. Dies war ihnen auch möglich, da sie sowohl die Lage der etwa 1 Kilometer vom Amalienpark entfernten Polizeiinspektion kannten als auch die Polizei- und Rettungsnotrufnummern. Beide Angeklagte führten zudem ein funktionsfähiges Mobiltelefon mit sich.

---

167 Zur rechtlichen Würdigung → Rn. 252 a.
168 Wissenselement des bedingten Tötungsvorsatzes.
169 Mordmerkmal der Verdeckungsabsicht; zudem Wollenselement des bedingten Tötungsvorsatzes.
170 Mordmerkmal der niederen Beweggründe.

Die Angeklagten waren zumindest ab 19.00 Uhr des 20. 11. 2006 alkoholbedingt enthemmt. Ihre Schuldfähigkeit war jedoch zu keinem Zeitpunkt erheblich vermindert.

II. Freispruch

Beim freisprechenden Urteil muss den Feststellungen zunächst zu entnehmen sein, was dem Angeklagten zur Last lag. Hierfür genügt es nicht, den Tatvorwurf pauschal zu bezeichnen. Vielmehr ist eine genaue Beschreibung der individualisierenden Merkmale der Tat, insbesondere nach Zeit, Ort und Begehungsweise erforderlich.[171] Daher ist es zu empfehlen – und keineswegs ein Ausdruck mangelnder Gewandtheit – die Anklageschrift einfach wörtlich wiederzugeben. Da das Urteil aus sich selbst heraus verständlich sein muss, darf die Anklageschrift weder als bekannt vorausgesetzt werden noch ist eine Bezugnahme zulässig.[172] 183

Anschließend sind die **für erwiesen erachteten Tatsachen** in einer geschlossenen Darstellung anzugeben;[173] mitunter ist auch deutlich zu machen, welche Umstände gerade nicht als erwiesen angesehen werden. Die Begründung hierfür erfolgt jedoch erst im Rahmen der Beweiswürdigung. Es folgt die rechtliche Würdigung, die vor allem im Falle eines Freispruchs aus Rechtsgründen Bedeutung erlangt. 184

Da es gemäß § 267 V StPO in jedem Fall erforderlich ist mitzuteilen, ob der Angeklagte für nicht überführt oder die erwiesene Tat für nicht strafbar erachtet worden ist, erscheint es zweckmäßig die schriftlichen Gründe mit dem entsprechenden Einleitungssatz zu beginnen, der das Ergebnis vorwegnimmt: 185

Der Angeklagte war aus tatsächlichen Gründen freizusprechen.

Der Angeklagte war aus rechtlichen Gründen freizusprechen.

1. Freispruch aus tatsächlichen Gründen – Zweifel an der Täterschaft

1. Dem Angeklagten wurde von der Staatsanwaltschaft mit unverändert zugelassener[174] Anklageschrift vom 18. 7. 2006 folgender Sachverhalt zur Last gelegt: 186
»Der Angeklagte hob am 22. 4. 2006 gegen 13.26 Uhr mittels der EC-Karte seiner Arbeitskollegin Gerda Lustig ohne deren Einverständnis von dem Girokonto Nr. 201 47 11 bei der Sparkasse Regensburg unter Verwendung des ihm bekannten Zahlencodes am Geldautomaten der Deutschen Bank in 93047 Regensburg, Schwanenweg 3, 1.000 EUR Bargeld ab, um es für sich zu verwenden.«[175]
Dem Angeklagten wurde deshalb vorgeworfen, sich eines Computerbetrugs gemäß § 263 a I StGB strafbar gemacht zu haben.
2. Demgegenüber hat das Gericht folgenden Sachverhalt festgestellt:
Der Angeklagte verbrachte am 22. 4. 2006 die Mittagspause mit seiner Arbeitskollegin Gerda Lustig in dem nahe gelegenen Bistro »Chez Fred« in der Hüttenstraße 20 in 93047 Regensburg. Gerda Lustig legte ihren Geldbeutel, in dem sich gewöhnlich auch ihre Bankomaten-Karte befand, auf den Tisch. Nachdem beide bestellt hatten, entfernte sich Gerda Lustig kurz, um auf die Toilette zu gehen, wobei sie den Geldbeutel liegen ließ. Anschließend unterhielt sie sich mit dem Angeklagten. Dieser entfernte sich gegen 13.00 Uhr, wobei er angab, noch etwas für seine Mutter zum Geburtstag besorgen zu müssen. Als Gerda Lustig gegen 13.30 Uhr bezahlte, stellte sie fest, dass ihre Bankomaten-Karte fehlte. Um 13.26 Uhr hob eine unbekannte Person mittels Gerda Lustigs Karte ohne deren Einverständnis von deren Girokonto Nr. 201 47 11 bei der Sparkasse Regensburg unter Verwendung des zugehörigen Zahlencodes am Geldautomaten der Deutschen Bank in 93047 Regensburg, Schwanenweg 3, 1.000 EUR Bargeld ab. Dass es sich bei dem Täter

---
171 BGHR StPO § 267 V Freispruch 3; *Meyer-Goßner* § 267 Rn. 33.
172 BGH NStZ-RR 2009, 116 f.; NJW 2008, 2792 (2793).
173 BGH NStZ-RR 2009, 116 f.; NJW 2008, 2792 (2793).
174 Andernfalls ist der durch den Eröffnungsbeschluss abgeänderte Sachverhalt mitzuteilen, da nur dieser Gegenstand der Urteilsfindung sein kann.
175 Zur materiellen Rechtslage siehe *Fischer* § 263 a Rn. 12 a.

um den Angeklagten handelte, konnte das Gericht nicht mit der erforderlichen Sicherheit feststellen.[176]

2. Freispruch aus tatsächlichen Gründen – Zweifel an der Tat

187   1. Dem Angeklagten wurde von der Staatsanwaltschaft mit unverändert zugelassener Anklageschrift vom 4. 5. 2006 eine gefährliche Körperverletzung gemäß §§ 223 I, 224 I Nr. 2 StGB unter Zugrundelegung folgenden Sachverhalts zur Last gelegt:
»Der Angeklagte schlug am Abend des 2. 1. 2006 gegen 23.30 Uhr in der Diskothek ›Krautnix‹ in 93047 Regensburg, Waldstraße 23, dem neben ihm an der Bar sitzenden Frank Fest ohne rechtfertigenden oder entschuldigenden Grund mit der Faust ins Gesicht, wodurch dieser eine Platzwunde über dem linken Auge erlitt.«
2. Demgegenüber hat das Gericht folgenden Sachverhalt festgestellt:
Der Angeklagte war in der Wohnung seiner Freundin Roswitha Rosig in 93053 Regensburg, Blumenstraße 345, bei einer privaten Sylvesterfeier am 31. 12. 2005 mit dem Lagerarbeiter Frank Fest in Streit geraten. Hintergrund dessen war, dass der Angeklagte glaubte, Grund zur Eifersucht zu haben, weil Frank Fest mit seiner Freundin flirtete. Dies führte dazu, dass Frank Fest die Feier verlassen musste.
Am 3. 1. 2006 erstattete Frank Fest bei der Polizeiinspektion Regensburg 1 Strafanzeige gegen den Angeklagten, wobei er ihn des in der Anklage beschriebenen Sachverhalts beschuldigte. Zum Zeitpunkt der Anzeigeerstattung hatte Frank Fest eine Platzwunde über dem linken Auge. Das Gericht konnte jedoch nicht mit der erforderlichen Sicherheit feststellen, wo sich der Angeklagte zur fraglichen Tatzeit am Abend des 02. 01. 2006 aufhielt, ob er dem Frank Fest die Platzwunde zufügte und ob dessen Verletzung überhaupt durch eine strafbare Handlung verursacht wurde.[177]

3. Freispruch aus rechtlichen Gründen

188   1. Dem Angeklagten wurde von der Staatsanwaltschaft mit unverändert zugelassener Anklageschrift vom 15. 3. 2006 eine Beleidigung in zwei tateinheitlichen Fällen gemäß §§ 185, 52 StGB unter Zugrundelegung folgenden Sachverhalts zur Last gelegt:
»Der Angeklagte beobachtete am Abend des 23. 2. 2006 gegen 23.30 Uhr vom Fenster seiner im dritten Stock gelegenen Wohnung in der Bachstraße 7 in 84028 Landshut heimlich mit einem Fernglas seine Nachbarin Susi Sorglos, während sich diese in ihrer gegenüberliegenden Wohnung im zweiten Stock des Anwesens Nr. 10 der Bachstraße unbekleidet im Liebesspiel mit ihrem ebenfalls unbekleideten Freund Walter Amor befand. Der Angeklagte beobachtete das Paar mindestens 10 Minuten lang, um sich sexuell zu erregen.«
2. Das Gericht hat den Sachverhalt so festgestellt, wie er in der Anklageschrift geschildert wurde; insoweit wird auf Ziffer 1 Bezug genommen. Darüber hinaus hat das Gericht folgende Feststellungen getroffen:
Susi Sorglos und Walter Amor haben wegen dieses Vorfalls gegen den Angeklagten am 24. 2. 2006 bei der Polizeiinspektion Landshut schriftlich Strafantrag wegen Beleidigung gestellt. Der Angeklagte wollte bei seinem Tun nicht entdeckt werden und nahm keinen Kontakt zu den beiden von ihm beobachteten Personen auf.[178]

III. Einstellung

189   1. Dem Angeklagten wurde von der Staatsanwaltschaft mit unverändert zugelassener Anklageschrift vom 10. 3. 2006 ein Diebstahl gemäß § 242 I StGB unter Zugrundelegung folgenden Sachverhalts zur Last gelegt:

---

176 Erst im Rahmen der Beweiswürdigung ist zu begründen, weshalb das Gericht von der Täterschaft des Angeklagten nicht überzeugt ist.
177 Zur anschließenden Beweiswürdigung → Rn. 216.
178 Es folgt die Beweiswürdigung – die kurz gehalten oder ganz weggelassen werden kann, vgl. *Meyer-Goßner* § 267 Rn. 34 – und schließlich die rechtliche Würdigung, innerhalb derer die fehlende Strafbarkeit des Verhaltens des Angeklagten abzuhandeln ist, hierzu → Rn. 255.

»Der Angeklagte entwendete am 16. 1. 2006 aus dem Zimmer seiner Schwester Gisela Schön in dem von beiden bewohnten elterlichen Anwesen in 84030 Landshut, Schützenstraße 23, deren Geldbörse mit 233,50 EUR Bargeld, um es für sich zu behalten.«

2. Das Gericht hat den Sachverhalt so festgestellt, wie er in der Anklageschrift geschildert wurde; insoweit wird auf Ziffer 1 Bezug genommen. Darüber hinaus hat das Gericht folgende Feststellungen getroffen:

Die allein geschädigte Schwester des Angeklagten ist am 20. 1. 1988 geboren und hat am 17. 1. 2006 schriftlich bei der Polizeiinspektion Landshut Strafantrag gegen den Angeklagten wegen des Diebstahls vom 16. 1. 2006 gestellt. Die Eltern der Geschädigten haben als deren gesetzliche Vertreter keinen Strafantrag gestellt. In der Hauptverhandlung vom 26. 4. 2006 hat Gisela Schön bei ihrer Zeugeneinvernahme deutlich gemacht, dass sie eine Bestrafung ihres Bruders wolle und auf Nachfrage ausdrücklich Strafantrag gegen ihn gestellt.[179]

9. Kapitel. Beweiswürdigung

A. Allgemeines

An die Sachverhaltsfeststellung im Urteil schließt sich die Beweiswürdigung an, aus der hervorgehen muss, warum das Gericht gerade von diesem Sachverhalt überzeugt ist. Hierfür bedarf es keiner absoluten, das Gegenteil oder andere Möglichkeiten denknotwendig ausschließenden »zwingende« Gewissheit. Vielmehr genügt für die Verurteilung ein nach der Lebenserfahrung **ausreichendes Maß an Sicherheit, das vernünftige Zweifel nicht aufkommen lässt**.[180] Bei der Beweiswürdigung muss der Tatrichter die in der Hauptverhandlung verwendeten Beweismittel erschöpfend würdigen, soweit sich aus ihnen Schlüsse zugunsten oder zulasten des Angeklagten herleiten lassen.[181] Jede ernsthaft in Betracht kommende Fallgestaltung ist abzuhandeln.[182] Die Beweiswürdigung ist rechtsfehlerhaft, wenn sie lückenhaft ist, namentlich wesentliche Feststellungen nicht berücksichtigt oder nahe liegende Schlussfolgerungen nicht erörtert, wenn sie widersprüchlich oder unklar ist, gegen Denkgesetze oder Erfahrungssätze verstößt oder wenn an die zur Verurteilung erforderliche Gewissheit überspannte Anforderungen gestellt werden.[183] Andererseits ist es nicht erforderlich hinsichtlich jeder Einzelheit darzulegen, wie das Gericht gerade zu dieser Feststellung gelangt ist.[184] Der berühmte Grundsatz **»in dubio pro reo«** ist keine Beweis- sondern eine Entscheidungsregel, die erst nach abgeschlossener Beweiswürdigung zum Tragen kommt. Fehlerhaft ist es, den Zweifelssatz bereits zuvor isoliert auf einzelne Indizien anzuwenden.[185]

190

Die Beweiswürdigung ist in der Praxis – vom Falle eines umfassenden Geständnisses abgesehen – der wohl am schwierigsten darzustellende Urteilsteil. Das liegt daran, dass es angesichts der Unendlichkeit möglicher Beweislagen keine festen Regeln über Aufbau und Inhalt gibt und alle erheblichen Umstände erschöpfend und lückenlos, dabei aber nachvollziehbar und widerspruchsfrei, abgehandelt werden müssen. Wahrscheinlich ist das der Grund, weshalb in der Praxis die Beweiswürdigung so häufig mit der Aufzählung aller Beweismittel beginnt und anschließend die Aussagen der Zeugen nahezu umfassend wiedergegeben werden. Beides ist nicht nur überflüssig,[186] sondern eröffnet zusätzliche Fehlerquellen und erweckt die falsche Vorstellung, damit bereits die getroffenen Feststellungen begründet zu haben. Die Beweiswürdigung verlangt aber in erster Linie die Würdigung der Beweise, also warum die eine Aussage glaubhaft ist, die andere dagegen nicht. Selbstverständlich ist es in

191

---

179 Es folgt die Beweiswürdigung – die kurz gehalten werden kann (→ Rn. 218) – und schließlich die rechtliche Würdigung (dazu → Rn. 257).
180 BGH NStZ-RR 2010, 85.
181 BGH NStZ 1985, 184.
182 BGH NStZ 1984, 212.
183 St. Rspr., vgl. BGH NJW 2008, 2792 (2793).
184 BGH NStZ-RR 2010, 247; *Meyer-Goßner* § 267 Rn. 12.
185 BGH NStZ 2006, 650.
186 BGH NStZ 1985, 184; *Meyer-Goßner* § 267 Rn. 12.

diesem Zusammenhang auch erforderlich den Inhalt einer Aussage darzustellen, aber nicht kommentarlos im Ganzen, sondern bezogen auf die wesentlichen dadurch für erwiesen erachteten Tatsachen und in Auseinandersetzung mit den diesen widersprechenden Aussagen des Angeklagten oder anderer Zeugen.

192 **Merke:** Im **Examen** wird die Beweiswürdigung bei der Urteilsklausur zwar regelmäßig keine große Rolle spielen, da es schwierig ist, in einer Klausurangabe die notwendigen Anknüpfungstatsachen zu vermitteln. Doch wird erwartet, dass eine einfach gelagerte Beweissituation dargestellt und gewürdigt werden kann. Ferner könnte im Rahmen einer Revisionsklausur die fehlerhafte Beweiswürdigung thematisiert werden.

B. Beweiswürdigung bei Verurteilung

193 Es ist empfehlenswert die Beweiswürdigung entsprechend den getroffenen Feststellungen zu gliedern.

> I. Beweiswürdigung zu den persönlichen Verhältnissen
>   1. Grunddaten und Familienverhältnisse
>   2. Schulische/berufliche Entwicklung und wirtschaftliche Verhältnisse
>   3. Sonstige Umstände (Erkrankungen, etc.)
>   4. Vorstrafen
> II. Beweiswürdigung zur Sachverhaltsschilderung
>   1. Vorgeschichte der Tat
>   2. Tatgeschehen
>   3. Vorgänge nach der Tat
>   4. Sonstige Umstände (verminderte Schuldfähigkeit, etc.)

I. Beweiswürdigung zu den persönlichen Verhältnissen

194 Hinsichtlich der persönlichen Verhältnisse genügt es oftmals auszuführen:

> 1. Die Feststellungen unter I. zu den persönlichen Verhältnissen des Angeklagten beruhen auf dessen eigener glaubhafter Einlassung, der Auskunft aus dem Bundeszentralregister, die der Angeklagte als richtig anerkannt hat, sowie dem Urteil des Amtsgerichts Regensburg vom 20. 12. 2004.

195 Es kann aber auch eine ausführlichere Darstellung angebracht sein:

> 1. Die Feststellungen unter I. 1., 2. zu den persönlichen Verhältnissen des Angeklagten beruhen auf dessen eigener Einlassung, der nur insoweit nicht gefolgt werden konnte als der Angeklagte seinen Arbeitsplatz völlig grundlos verloren haben will. Insoweit folgt das Gericht vielmehr den Angaben des Bewährungshelfers Franz Hilfreich, wonach dem Angeklagten infolge übermäßigen Alkoholkonsums und daraus resultierender mangelhafter Arbeitsleistung gekündigt wurde. Die Angaben des Zeugen Hilfreich sind glaubhaft, da er eine entsprechende Auskunft beim Arbeitgeber des Angeklagten erhalten hat und ihm der übermäßige Alkoholkonsum des Angeklagten in dieser Zeit bei mehreren dienstlichen Zusammentreffen selbst aufgefallen war.
> Die Feststellungen unter I. 3. zur psychischen Erkrankung des Angeklagten folgen aus dem nachvollziehbaren und widerspruchsfreien Gutachten des Dr. Lampe, dem sich das Gericht aus eigener Überzeugung anschließt.[187]
> Die unter I. 4. mitgeteilten Vorstrafen wurden anhand der Bundeszentralregisterauskunft festgestellt und vom Angeklagten bestätigt.

---

[187] Eine solch kurze Begründung der Feststellungen genügt freilich nur, wenn sie auf die Bestimmung der Rechtsfolgen keinen unmittelbaren Einfluss haben. Grundsätzlich sind die Ausführungen des Sachverständigen so genau mitzuteilen, dass dem Revisionsgericht die Prüfung ihrer Richtigkeit möglich ist, vgl. dazu → Rn. 210, 212.

II. Beweiswürdigung zum Tatgeschehen

Die Beweiswürdigung beginnt stets mit der **Einlassung des Angeklagten** oder der Mitteilung, dass dieser keine Angaben gemacht hat. Dem schließt sich die Erörterung der übrigen Beweismittel an, insbesondere die Würdigung der Zeugenaussagen, aber auch der Sachverständigengutachten und der verlesenen Urkunden. Der Umfang der Erörterung bestimmt sich maßgeblich nach der Einlassung des Angeklagten und der Schwierigkeit der Beweislage. Bestreitet der Angeklagte die Tat und ist deshalb eine Würdigung und Bewertung von Zeugenaussagen erforderlich, genügt es nicht pauschal darauf zu verweisen, dass der Zeuge das Geschehen – soweit es seinen Wahrnehmungen unterlegen war – entsprechend den getroffenen Feststellungen geschildert habe.[188] Nachfolgend werden verschiedene Fallkonstellationen beispielhaft dargestellt:

196

1. Geständiger Angeklagter bei einfacher Beweislage

2. Der Angeklagte hat den unter II. festgestellten Sachverhalt in vollem Umfang eingeräumt und die Tat in objektiver und subjektiver Hinsicht entsprechend den getroffenen Feststellungen geschildert. Sein Geständnis ist auch glaubhaft, da es widerspruchsfrei die Entstehung und Ausführung der Tat erklärt. Der Angeklagte hat insbesondere angegeben, dass er am Abend der Tat sehr gereizt gewesen sei, weil er sich kurz zuvor mit seiner damaligen Freundin gestritten habe. Als der Geschädigte Arm dann über seine Kleidung einen Witz gemacht hätte, habe er diesen mit der Faust ins Gesicht geschlagen.[189]

197

Art und Ausmaß der Verletzungen des Geschädigten ergeben sich aus dem ärztlichen Attest des Dr. Sonder vom 12. 5. 2006.

2. Teilgeständiger Angeklagter

2. Die Feststellungen unter II. beruhen auf der eigenen Einlassung des Angeklagten, soweit ihr gefolgt werden konnte, sowie der durchgeführten Beweisaufnahme.

198

a) Der Angeklagte hat eingeräumt, Manfred Schwarz einen Faustschlag versetzt zu haben, so dass dieser zu Boden gegangen sei. Er bestreitet aber, auf den am Boden liegenden Geschädigten eingetreten zu haben. Er habe sich vielmehr sogleich nach dem Faustschlag vom Tatort entfernt.

b) Das Gericht ist jedoch davon überzeugt, dass sich die Tat wie festgestellt ereignet hat. Die entgegenstehende eigene Einlassung des Angeklagten ist eine unwahre Schutzbehauptung. Die Überzeugung des Gerichts gründet sich insbesondere auf die Angaben des Geschädigten Manfred Schwarz, der den Vorfall wie unter II.2.[190] festgestellt geschildert hat. Demnach habe ihn der Angeklagte bereits in der Diskothek mit den Worten »Wixer« und »Arschloch« beleidigt und sei ihm auf den Parkplatz nachgefolgt. Dort habe der Angeklagte ihm unvermittelt einen Faustschlag versetzt, wodurch er zu Boden gegangen sei. Anschließend habe der Angeklagte mindestens viermal mit seinen Füßen, an denen er spitz zulaufende »Cowboystiefel« getragen habe, gegen die rechte Seite des Brustkorbs getreten.[191]

Die Angaben des Zeugen Schwarz sind glaubhaft,[192] weil er die Situation detailgenau beschrieben hat und dabei keinen Belastungseifer zeigte. So hat der Zeuge Wert auf die Feststellung gelegt, dass der Angeklagte ihn nicht gegen den Kopf getreten habe;[193] das Hämatom an der rechten Schläfe habe er sich vielmehr beim Sturz zugezogen. Zudem ist die Aussage des Zeugen Schwarz glaubhaft, weil sie durch den Zeugen Winter bestätigt wird. Dieser hat angegeben, dass er aus einer Entfernung von etwa 30 Metern gesehen habe, wie jemand auf eine am Boden liegende Person eingetreten habe. Später habe er gesehen, dass es sich bei dem Verletzten um Manfred Schwarz gehandelt habe. Den Täter könne er jedoch nicht identifizieren, da dieser sich schnell

---

188 BGH NStZ-RR 2010, 20.
189 Die Schilderung von Aussagen des Angeklagten oder der Zeugen erfolgt immer im Konjunktiv.
190 Bezieht sich auf Feststellungen zur Tat.
191 Die Aussage des Zeugen deckt das gesamte festgestellte Tatgeschehen ab. Im Folgenden geht es nur noch darum, zu begründen, weshalb die Aussage des Zeugen Schwarz glaubhaft ist.
192 Im sprachlichen Ausdruck ist zu unterscheiden: Ein Zeuge ist glaubwürdig, seine Aussage oder seine Angaben sind dagegen glaubhaft.
193 Die Aussage eines Zeugen ist im Konjunktiv wiederzugeben.

entfernt habe und der Parkplatz nur schwach beleuchtet gewesen sei. Er könne deshalb nicht mit Sicherheit sagen, ob es sich dabei um den Angeklagten gehandelt habe, wenngleich Körpergröße und Statur des Täters ähnlich gewesen seien. Auch die Aussage des Zeugen Winter ist glaubhaft, zumal der Zeuge sichtlich bemüht war seine Beobachtungen wahrheitsgemäß wiederzugeben und keine voreiligen Schlüsse zu ziehen. Auch steht er weder dem Zeugen Schwarz noch dem Angeklagten nahe.

In Anbetracht des Teilgeständnisses des Angeklagten hat das Gericht keinen Zweifel, dass er der vom Zeugen Winter beobachtete Täter war. Dass er auch mit dem Fuß getreten hat, folgt aus den Angaben der beiden Zeugen Schwarz und Winter, wodurch seine bestreitende Einlassung widerlegt ist.

3. Schweigender Angeklagter

199   2. Der Angeklagte hat sich zum Tatvorwurf nicht geäußert. Er wird jedoch insbesondere durch die glaubhaften Angaben des Geschädigten Wurm überführt. ...

4. Schweigender Angeklagter – Einlassung bei früherer Vernehmung

200   2. Der Angeklagte hat sich zum Tatvorwurf nicht geäußert. Bei seiner polizeilichen Beschuldigtenvernehmung vom 12. 4. 2006 hat er jedoch Angaben gemacht, über die der Verhörsbeamte PHM Stolz in der Hauptverhandlung glaubhaft berichtet hat. Demnach hat sich der Angeklagte dahingehend eingelassen, dass er in der Gastwirtschaft höchstens zwei halbe Liter Bier getrunken habe, anschließend heimgefahren und sofort ins Bett gegangen sei.[194] ...

5. Bestreitender Angeklagter – Glaubwürdigkeit eines Zeugen, insbesondere eines Kindes14

201 Der **Zeuge** ist das häufigste und zumeist auch wichtigste Beweismittel im Strafprozess.[195] Dabei hängt dessen Wert entscheidend von der Glaubwürdigkeit des Zeugen ab, aus der die **Glaubhaftigkeit** seiner Angaben folgt. Dies zu beurteilen ist mit die schwierigste Aufgabe des Richters, zugleich aber auch seine ureigenste. Der Erholung eines aussagepsychologischen Sachverständigengutachtens bedarf es daher nur bei Vorliegen besonderer Umstände, die insbesondere bei Kindern und bei psychisch kranken oder bewusstseinsbeeinträchtigten Personen gegeben sein können.[196]

202 Die Aussage eines Zeugen kann aus zwei Gründen falsch sein: Entweder er sagt bewusst die Unwahrheit oder er sagt zwar nach seiner Vorstellung die Wahrheit, doch ist seine Aussage objektiv falsch. Diese beiden Aspekte sollten bei der Prüfung der Glaubhaftigkeit einer Zeugenaussage stets beachtet und unterschieden werden.

203 Die Psychologie hat zur Prüfung der Erlebnisbezogenheit einer Zeugenaussage eine Reihe von **Glaubwürdigkeitsmerkmalen** (Realkennzeichen) entwickelt, die Indizien für die Richtigkeit einer Aussage sein können.[197] Die wichtigsten sind:

- Detailreichtum (quantitativ, aber auch qualitativ, zB ausgefallene, originelle Einzelheiten, Interaktionsschilderungen, assoziative, phänomengebunde Schilderung)
- Ergänzbarkeit der Aussage
- Konstanz der Aussage bei mehreren Vernehmungen
- Aussagemotivation
- Aussageentstehung (erste Erzählung von dem Geschehen, Anzeigesituation, etc.)

---

[194] Diese Angaben des Angeklagten sind keine Einlassung zur Sache, sondern lediglich vom Zeugen wiedergegebene Äußerungen außerhalb der Hauptverhandlung. Obwohl es sich daher um einen Zeugenbeweis handelt, kann es angebracht sein, diese Äußerungen des Angeklagten vorab – vergleichbar einer eigenen Einlassung in der Hauptverhandlung – darzustellen.
[195] Vgl. zum Zeugenbeweis in der BGH-Rechtsprechung Brause NStZ 2007, 505
[196] *Meyer-Goßner* § 244 Rn. 74.
[197] Vgl. *Arntzen* 27 ff.; grundlegend und sehr lehrreich, insbesondere zur Glaubwürdigkeit kindlicher Opferzeugen einer Sexualstraftat: BGHSt 45, 164 = BGH NJW 1999, 2746; BGH StV 2002, 639; vgl. auch OLG Stuttgart NJW 2006, 3506.

Insbesondere bei Sexualstraftaten ist die Beweissituation häufig so, dass für das eigentliche 204
Tatgeschehen nur ein einziger Zeuge zur Verfügung steht, durch den das Bestreiten des
Angeklagten widerlegt werden kann. Es liegt auf der Hand, dass bei solchen **Konstellationen
»Aussage gegen Aussage«** der Beurteilung der Glaubwürdigkeit des Zeugen besonderes
Gewicht zukommt und in der Beweiswürdigung breiten Raum einnehmen muss.[198] Bei
kindlichen Zeugen wird deshalb fast ausnahmslos zusätzlich ein psychologisches Sachverständigengutachten zur Frage der Glaubwürdigkeit notwendig sein. Da der den Kernbereich des
Tatgeschehens gänzlich leugnende Angeklagte kaum Möglichkeiten hat, die Aussage des
Belastungszeugen hierzu qualifiziert zu bestreiten, wird er erfahrungsgemäß versuchen, die
Glaubwürdigkeit des Zeugen im Zusammenhang mit dem Randgeschehen zur Tat, dem Vorleben des Zeugen, dessen persönlicher Situation und der Aussageentstehung zu erschüttern.
Bei diesem oftmals unschönen "madig machen" des Zeugen muss das Gericht im Rahmen
seiner vorrangigen Verpflichtung zur Wahrheitsermittlung dafür Sorge tragen, dass die
menschliche Würde des Zeugen beachtet wird.[199] In diesem Zusammenhang ist darauf hinzuweisen, dass weniger die Frage nach einer **allgemeinen Glaubwürdigkeit** des Zeugen im
Sinne einer dauerhaften personalen Eigenschaft (»Leumund«) im Vordergrund steht, sondern
es vorrangig um die Analyse des Aussageinhalts geht, d. h. um eine methodische Beurteilung,
ob auf ein bestimmtes Geschehen bezogene Angaben einem tatsächlichen Erleben des Zeugen
entsprechen.[200] Für den Aufbau der Beweiswürdigung gilt, dass der Einlassung des Angeklagten der wesentliche Inhalt der Aussage des Belastungszeugen mit anschließender Würdigung
folgen sollte und erst danach die sonstigen oft breiten Raum einnehmenden Beweiserhebungen im notwendigen Umfang zu schildern sind. Die genannte Konstellation gibt auch Anlass
sich umfassend mit der Glaubwürdigkeit des Opferzeugen auseinanderzusetzen.

> 2. Zu den Feststellungen unter II. 1. und 2. ist die Kammer aufgrund der durchgeführten Hauptverhandlung gelangt. Zwar hat der Angeklagte die Tat bestritten, doch ist er nach Überzeugung
> der Kammer aufgrund der Angaben der Zeugin Sabrina Meier überführt, die den Sachverhalt wie
> festgestellt geschildert hat. Die Angaben der Zeugin sind glaubhaft, weil sie detailreich, in einen
> Kontext eingebunden, über mehrere Vernehmungen konstant und ohne Belastungseifer erfolgten.
> Sie werden bestätigt durch die eigenen Beobachtungen ihrer Mutter Eva Meier sowie deren
> Schilderung von Sabrinas Erzählungen ihr gegenüber.[201]
> a) Der Angeklagte hat die Umstände des Kennenlernens und des Zusammenlebens mit Eva Meier
> und deren Kindern ebenso wie die Ereignisse am Nachmittag und am Abend vor der Tat so wie
> unter II.1. festgestellt geschildert. Insbesondere hat er angegeben, auf dem Reiterhof einen Liter
> Bier getrunken zu haben und abends auf der Vereinsfeier drei, vielleicht auch vier halbe Liter Bier.
> Zum zeitlichen Ablauf des 23. 5. 2006 hat er angegeben, dass man von 15.00 Uhr bis 17.30 Uhr
> auf dem Reiterhof gewesen sei und er und Sabrina von etwa 21.00 Uhr bis 24.00 Uhr auf dem
> Vereinsfest. In Abweichung von dem bis zur Rückkehr vom Vereinsfest festgestellten Sachverhalt
> hat er lediglich angegeben, dass Sabrina von Anfang an »gequengelt« habe, auf das Vereinsfest
> mitfahren zu dürfen, während ihm dies egal gewesen sei und er sie nicht dazu überredet habe.
> Die Tat selbst bestreitet der Angeklagte hingegen. Er hat sich dahin eingelassen, dass er nach der
> Rückkehr vom Vereinsfest gegen Mitternacht im Wohnzimmer noch ferngesehen habe, wozu er
> sich auf die Couch gelegt habe. Sabrina habe ihn gefragt, ob sie auch noch fernsehen dürfe. Dies
> habe er abgelehnt und Sabrina in ihr Bett geschickt. Zu sexuellen Handlungen sei es nicht
> gekommen.
> b) Demgegenüber hat die Zeugin Sabrina Meier die Tat glaubhaft so wie festgestellt geschildert.
> Zunächst hat Sabrina die Angaben des Angeklagten hinsichtlich des Zeitraums bis zur Rückkehr
> vom Vereinsfest bestätigt, wobei sie allerdings angab, dass sie zunächst nicht auf das Fest habe
> mitgehen wollen, sondern der Angeklagte ihr dies vorgeschlagen habe mit dem Hinweis, dass

---

198 Äußert sich der Angeklagte ausschließlich durch eine Erklärung seines Verteidigers, liegt keine Konstellation »Aussage gegen Aussage« vor, an die für die Beweiswürdigung erhöhte Anforderungen zu stellen wären, KG NStZ 2010, 533.
199 Vgl. BGH NStZ-RR 2009, 247.
200 BGH NJW 2005, 1519.
201 Bei einer umfangreichen Beweiswürdigung ist es sinnvoll eine kurze Zusammenfassung des Ergebnisses mit einer knappen Begründung voranzustellen.

dort auch andere Kinder seien, die sie kenne. Das habe dann auch gestimmt. Sie habe mit diesen Kindern hauptsächlich draußen gespielt.

Als sie um Mitternacht heimgekommen seien, habe sie zunächst nach ihrer Mutter geschaut, die jedoch schon geschlafen habe. Deshalb habe sie in ihr eigenes Bett gehen wollen. Der Angeklagte habe sie gefragt, ob sie noch dableibe und mit ihm fernsehe. Er habe dann den Fernseher angemacht und sich ausgezogen. Zu ihr habe er gesagt, dass sie sich auch ausziehen solle. ...
(folgt Schilderung der Tat mit den Worten der Zeugin)

c) Die Zeugin Eva Meier hat die Angaben des Angeklagten zum Kennenlernen und Zusammenleben sowie zum Ablauf des Tages bis zum Aufbruch zum Vereinsfest bestätigt, wobei sie jedoch in Einklang mit ihrer Tochter glaubhaft angegeben hat, dass Sabrina zunächst nicht mit auf das Vereinsfest habe gehen wollen und der Angeklagte sie hierzu erst mit dem Hinweis auf die Anwesenheit auch anderer Kinder überredet habe.

Im Übrigen hat Eva Meier der Einlassung des Angeklagten in den entscheidenden Teilen widersprochen und die Angaben ihrer Tochter bestätigt. Die Rückkehr der beiden habe sie nicht mitbekommen, weil sie zu diesem Zeitpunkt schon geschlafen habe. Sie sei dann jedoch wach geworden und habe Flüstern gehört. Sie sei aufgestanden, in das Wohnzimmer gegangen und habe Licht gemacht. Dort habe sie den Angeklagten und Sabrina auf der Couch liegen sehen. ...

d) Die sachbearbeitende Polizeibeamtin KHK'in Sittler hat als Zeugin glaubhaft darüber berichtet, was Sabrina ihr bei der Anhörung am 25. 5. 2006 erzählt hat. Demnach habe der Angeklagte von ihr – Sabrina – verlangt, dass sie ...

e) Die Sachverständige Dr. Rosa Freud kam in ihrem aussagepsychologischen Gutachten zur Glaubhaftigkeit der Angaben der Zeugin Sabrina Meier zu dem Ergebnis, dass die von der Zeugin geschilderten sexuellen Übergriffe des Angeklagten in der Tatnacht hinreichend erlebnisbasiert sind. Das Gutachten der öffentlich bestellten und vereidigten Sachverständigen für forensische Psychologie ist nachvollziehbar und beruht auf zutreffenden Anknüpfungstatsachen. Insbesondere geht es von der Arbeitshypothese aus, dass die Angaben der Zeugin unwahr sind[202] und zeigt auf, weshalb diese Hypothese verworfen werden muss. Die Sachverständige verfügt über eine langjährige Erfahrung auf dem Gebiet der Glaubwürdigkeitsbegutachtung; ihre fachliche Qualifikation steht außer Frage. Die Kammer schließt sich dem Gutachten aus eigener Überzeugung an.

Die Sachverständige hat insbesondere Folgendes ausgeführt:

Die Aussagebereitschaft Sabrinas sei etwas eingeschränkt, weil das Thema für Sabrina sehr schambesetzt sei. Zwar habe Sabrina das Rahmengeschehen flüssig und von sich aus erzählt, das eigentliche Tatgeschehen aber zunächst ausgelassen und erst anschließend zurückhaltend wiedergegeben. ...

Die Aussagetüchtigkeit Sabrinas könne ohne weiteres bejaht werden. Das Kind verfüge über ein sehr detailreiches autobiographisches Erinnerungsvermögen. ...

Die Aussagegenese – Anzeige der Mutter am Abend des 24. 5. 2006 nachdem der Angeklagte alles abgestritten hatte – liefere so gut wie keine Anhaltspunkte für eine Falschanschuldigung. ...

Es seien nahezu alle Realkennzeichen in der Aussage Sabrinas zu finden. So habe sie sehr detailreich berichtet und diese Details in schlüssigem und folgerichtigem Zusammenhang gebracht, ohne dass sich innerhalb der Aussage Widersprüche ergeben hätten. Dies sei vor allem deshalb ein besonders aussagekräftiges Anzeichen für einen realen Erlebnisbezug, weil Sabrina teilweise nicht in chronologischer Reihenfolge, sondern unstrukturiert und assoziativ erzählt hätte, was bei einer »erfundenen Aussage« nur schwer möglich sei. ...

Die Aussagen Sabrinas gegenüber der Polizeibeamtin, ihr – der Sachverständigen – gegenüber sowie in der Hauptverhandlung wiesen eine hohe Konstanz auf. So habe Sabrina das Kerngeschehen bei allen Vernehmungen wie auch – die Angaben Eva Meiers zu Grunde gelegt – gegenüber ihrer Mutter in gleicher Weise geschildert. ...[203]

---

[202] Sogenannte Nullhypothese, die nach BGHSt 45, 164 = BGH NJW 1999, 2746 = NStZ 2000, 100 eine unerlässliche wissenschaftliche Voraussetzung für die rechtsfehlerfreie Verwertbarkeit eines Glaubwürdigkeitsgutachtens ist; vgl. auch *Meyer-Goßner* § 244 Rn. 74 mwN.

[203] Die Verwertung der Aussagekonstanz der Zeugin setzt voraus, dass deren frühere Aussagen durch Vernehmung der Verhörspersonen bzw. Gesprächspartner als Zeugen in die Hauptverhandlung eingeführt wurden.

f) In der Zusammenschau der Einlassung des Angeklagten einerseits und der Angaben der Zeugen und der Sachverständigen andererseits hat die Kammer keinen Zweifel daran, dass der Angeklagte Sabrina wie dargestellt missbraucht hat.

Hinsichtlich der Feststellungen bis zur Heimkehr vom Vereinsfest konnte die Kammer die Einlassung des Angeklagten zu Grunde legen. Diese ist insoweit glaubhaft und wird sowohl von Eva Meier als auch von Sabrina bestätigt. Lediglich im Hinblick auf die Bereitschaft Sabrinas auf das Vereinsfest mitzugehen folgt die Kammer der Einlassung des Angeklagten nicht, sondern ist aufgrund der glaubhaften Angaben von Sabrina und Eva Meier davon überzeugt, dass Sabrina zunächst nicht mitgehen wollte, sondern dies erst tat als der Angeklagte auf die Anwesenheit anderer Kinder hinwies. Die Zeuginnen sind glaubhaft, weil sie unabhängig voneinander das Geschehen auch aus ihrer emotionalen Sicht nachvollziehbar und objektiv übereinstimmend schildern konnten. Beide haben auch nicht verschwiegen, dass Sabrina schließlich selbst unbedingt mit wollte und um Zustimmung ihrer Mutter bettelte.

Die Feststellungen zum eigentlichen Tatgeschehen beruhen auf den Angaben von Sabrina Meier. Die Kammer hält Sabrina für glaubwürdig und ist von der objektiven Richtigkeit ihrer Angaben überzeugt. Sabrina hat zunächst das Rahmengeschehen sehr detailreich geschildert. Über das eigentliche Tatgeschehen wollte sie dagegen erst nicht berichten. Nur zögerlich war sie schließlich bereit, über den für sie schambesetzten Vorfall, der den Tatvorwurf bildet, auszusagen. Sie tat dies schließlich aber deutlich und bestimmt. Dabei zeigte sie keinen Belastungseifer. So erklärte sie, dass ...

Die Aussagekonstanz Sabrinas war sehr hoch. ...

Schließlich wird ein wesentlicher Umstand des Tatgeschehens wie ihn Sabrina schildert von ihrer Mutter aus deren eigener Beobachtung heraus bestätigt. Die Zeugin Eva Meier hat glaubhaft angegeben, dass sie den Angeklagten und Sabrina gemeinsam unter einer Decke vorgefunden habe. Als Sabrina aufgesprungen und die Decke dadurch zurückgeschlagen worden sei, habe sie gesehen, dass der Angeklagte nackt gewesen sei und Sabrina keine Unterhose angehabt hätte. Diese Beobachtung lässt sich mit den Angaben des Angeklagten nicht in Einklang bringen, wohl aber mit denen Sabrinas. Die Kammer ist sich zwar dessen bewusst, dass es theoretisch möglich wäre, dass sowohl die Angaben Sabrinas als auch ihrer Mutter falsch sind, insbesondere wenn es sich dabei um ein Komplott gegen den Angeklagten handeln würde. Sie schließt diese Möglichkeit aber aus. Denn auch in der eigenen Einlassung des Angeklagten lässt sich kein Motiv für eine Instrumentalisierung Sabrinas durch Eva Meier finden. Denkbar wäre zwar, dass Eva Meier den Angeklagten – möglicherweise weil er zum Tatzeitpunkt arbeitslos und ohne Einkommen war – »los haben« wollte. Es ist jedoch nicht nachvollziehbar, dass sie sich hierzu ihrer Tochter in solch einer für das Kind belastenden Weise hätte bedienen müssen. Insbesondere ist nicht ersichtlich, was Eva Meier davon hätte abhalten sollen, die Beziehung mit dem Angeklagten einfach so zu beenden. Auch ein Rachemotiv lässt sich nicht erkennen, zumal der Angeklagte selbst angegeben hat, dass es außer den üblichen Beziehungsstreitigkeiten keine größeren Auseinandersetzungen gegeben habe. Im Übrigen schließt sich die Kammer dem Gutachten der Sachverständigen zur Glaubwürdigkeit Sabrinas in vollem Umfang an. Sowohl das Ergebnis als auch die hierfür vorgetragenen Gründe entsprechen der eigenen Überzeugung der Kammer.[204]

6. Bestreitender Angeklagter – Zeuge vom »Hörensagen«

Der sogenannte **Zeuge vom »Hörensagen«** ist entgegen eines verbreiteten Sprachgebrauchs kein mittelbares Beweismittel. Er ist vielmehr – wie jeder andere Zeuge auch – unmittelbares Beweismittel, da er über seine eigenen Wahrnehmungen berichtet, weshalb seine Vernehmung auch nicht gegen § 250 StPO verstößt.[205] Allerdings betreffen diese Wahrnehmungen nicht das fragliche (Tat-)Geschehen selbst, sondern eben nur die Schilderung einer anderen Person über dieses von ihr beobachtete Geschehen. Daher ist der Beweiswert des Zeugen vom »Hörensagen« in Bezug auf das fragliche Geschehen herabgesetzt. Dem muss der Tatrichter bei der Beweiswürdigung Rechnung tragen.[206]

206

---
204 Fortsetzung → Rn. 208.
205 BGHSt 17, 382 (383 f.); *Meyer-Goßner* § 250 Rn. 4.
206 Vgl. *Meyer-Goßner* § 250 Rn. 4.

207 2. Der unter II. 2. geschilderte Sachverhalt steht zur vollen Überzeugung des Gerichts aufgrund der durchgeführten Hauptverhandlung fest.
a) Der Angeklagte bestreitet die Taten. Er hat sich dahingehend eingelassen, dass er bei der Aral-Tankstelle in Kleindorf als Kassierer gearbeitet habe, doch habe er weder Tankkarten entwendet noch diese an den gesondert Verfolgten Kemal Ülgür verkauft. Diesen habe er zwei- oder dreimal an der Tankstelle gesehen; persönlich gekannt habe man sich nicht.
b) Das Gericht folgt der Einlassung des Angeklagten nicht. Sie ist als Schutzbehauptung zu werten und durch die Beweisaufnahme widerlegt.
Hinsichtlich beider Diebstähle wird der Angeklagte überführt durch die glaubhaften Angaben des Kemal Ülgür, die dieser bei seiner polizeilichen Beschuldigtenvernehmung vom 11. 11. 2005 in der JVA Regensburg gegenüber dem Verhörsbeamten KHK Groß gemacht hat. Dabei hat Kemal Ülgür den Erwerb der beiden Tankkarten vom Angeklagten einschließlich der vorausgegangenen Verabredung so geschildert, wie unter II. 2. festgestellt. Diese Angaben des Kemal Ülgür hat KHK Groß in der Hauptverhandlung glaubhaft wiedergegeben. Das Gericht ist auch von der Richtigkeit der Angaben des Kemal Ülgür überzeugt. Seine Schilderung war detailreich, insbesondere auch hinsichtlich der Kontaktaufnahme und dem Austausch der Telefonnummern. Dabei hat er keinerlei Belastungseifer gezeigt, wie der Zeuge Groß glaubhaft berichtet hat. Für diese Einschätzung des Zeugen Groß spricht insbesondere auch, dass Kemal Ülgür angegeben hat, dass sich der Angeklagte zunächst seinem Ansinnen aus Sorge um den Arbeitsplatz widersetzt habe. Nach den glaubhaften Angaben des KHK Groß hat Kemal Ülgür seine Angaben auch ruhig und von sich aus gemacht. Vorhalte seien nicht erforderlich gewesen, lediglich einige ergänzende Fragen.
Das Gericht hat nicht verkannt, dass Kemal Ülgür sich durch seine Aussage einen schnelleren Abschluss seines eigenen Strafverfahrens und eine baldige Abschiebung in die Türkei versprach. Doch reicht dieser Gesichtspunkt nach Überzeugung des Gerichts nicht aus, um die Glaubwürdigkeit des Zeugen zu erschüttern, zumal kein Grund ersichtlich ist, weshalb er gerade den Angeklagten zu Unrecht belasten sollte.
Ferner ist sich das Gericht bewusst, dass der Polizeibeamte Groß lediglich ein »Zeuge vom Hörensagen« ist und ein Aufklärungszuwachs durch Vernehmung des Kemal Ülgür in der Hauptverhandlung hätte erzielt werden können. Doch musste der dahingehende Beweisantrag des Angeklagten abgelehnt werden, weil der Zeuge unerreichbar ist. Nach den glaubhaften Angaben des Zeugen Groß und der verlesenen Auskunft der Staatsanwaltschaft Regensburg vom 22. 6. 2005 wurde Ülgür am 19. 5. 2005 aus der Strafhaft in die Türkei abgeschoben. Eine Adresse in der Türkei ist nicht bekannt und war es auch zum Zeitpunkt der Abschiebung nicht. Der Aufenthalt des Kemal Ülgür ist ebenfalls unbekannt. Es ist nicht einmal gesichert, ob er sich noch in der Türkei aufhält. Nach glaubhafter Mitteilung des KHK Groß ist Ülgür in Deutschland zur Festnahme ausgeschrieben, um sicher zu stellen, dass er nach seiner Abschiebung nicht wieder einreist. Bislang musste aber noch keine Festnahme erfolgen. Das Gericht ist daher davon überzeugt, dass es von vornherein aussichtslos ist, den Aufenthalt des Kemal Ülgür zu ermitteln, weil hierfür jegliche Anhaltspunkte fehlen. Der dahingehende Beweisantrag des Angeklagten war daher gemäß § 244 III 2 StPO wegen Unerreichbarkeit des Zeugen abzulehnen gewesen.[207]
Andererseits kommt den Angaben des Zeugen Groß, der als Polizeibeamter geschult ist, Zeugen zu vernehmen und deren Glaubwürdigkeit zu beurteilen und darin auch über eine langjährige Berufserfahrung verfügt, ein hoher Beweiswert zu.
Schließlich spricht für die Richtigkeit der Aussage des Kemal Ülgür noch der Umstand, dass die beiden entwendeten Tankkarten zuletzt an der Aral-Tankstelle in Kleindorf benutzt wurden, was der Zeuge Groß anhand der Abrechnungen feststellen konnte, und dies jeweils zu einer Zeit, in der der Angeklagte gerade Dienst als Kassierer tat. Letzteres hat der Pächter der Tankstelle Wurm unter Heranziehung des damals von ihm erstellten Dienstplans glaubhaft ausgesagt. Dieser Umstand ist isoliert betrachtet zwar auch ohne die Annahme der Täterschaft des Angeklagten erklärbar, doch begründet er ein weiteres Indiz für die Täterschaft des Angeklagten.

---

[207] Es ist zwar nicht erforderlich die durch Beschluss in der Hauptverhandlung erfolgte Ablehnung eines Beweisantrags im Urteil nochmals zu begründen, zumal damit etwaige Fehler grundsätzlich nicht geheilt werden können, doch spricht nichts dagegen auf die tragenden Gründe erneut hinzuweisen, zumal damit auch einer etwaigen Aufklärungsrüge entgegengetreten werden kann.

In der Zusammenschau aller vorgenannten Umstände hat das Gericht keinen Zweifel daran, dass der Angeklagte die Taten begangen hat.

III. Beweiswürdigung zu sonstigen Umständen

1. Verneinung einer alkoholbedingt erheblich verminderten Schuldfähigkeit, § 21 StGB – eigene Sachkunde des Gerichts

3.[208]Die Feststellungen unter II.4. zur Schuldfähigkeit des Angeklagten beruhen auf folgenden Überlegungen: **208**

a) Aufgrund eigener in zahlreichen Gerichtsverfahren erworbener Sachkunde[209] errechnet die Kammer die maximale Blutalkoholkonzentration (BAK) beim Angeklagten zur Tatzeit unter Anwendung der Widmark-Formel mit 1,11 Promille. Dabei hat die Kammer die insoweit glaubhafte Einlassung des Angeklagten zu Grunde gelegt, wonach er vier halbe Liter Bier auf dem Vereinsfest getrunken habe. Dies entspricht bei 5 Vol.% Alkohol einer Alkoholgesamtmenge von 80 Gramm.[210] Nach seiner eigenen glaubhaften Angabe war der Angeklagte zum Tatzeitpunkt 85 Kilogramm schwer. Der Reduktionsfaktor ist mit 0,7 in Ansatz zu bringen; das Resorptionsdefizit zugunsten des Angeklagten mit nur 10%. Demnach berechnet sich die Blutalkoholkonzentration wie folgt: (80 Gramm x 0,9): (85 Kilogramm x 0,7); dies ergib gerundet 1,21 Promille.[211] Nimmt man zugunsten des Angeklagten eine Abbauzeit von nur einer Stunde mit einem Abbauwert von 0,1 Promille an, erhält man eine maximale Tatzeit-BAK von 1,11 Promille. Nicht berücksichtigt wurde der halbe Liter Bier, den der Angeklagte auf dem Reiterhof vor 17.30 Uhr getrunken hat, da es die Kammer aus eigener Sachkunde für ausgeschlossen hält, dass dadurch die Blutalkoholkonzentration zur Tatzeit um 0.00 Uhr noch beeinflusst wurde.

b) Ausgehend von der maximalen Tatzeit-BAK von 1,11 Promille ist die Kammer unter Zugrundelegung der Einlassung des Angeklagten, wonach er nicht betrunken gewesen sei, sowie den glaubhaften Angaben der Zeuginnen Sabrina und Eva Meier davon überzeugt, dass bei vorhandener Einsichtsfähigkeit die Steuerungsfähigkeit des Angeklagten nicht erheblich vermindert war im Sinne der §§ 20, 21 StGB. Zwar war der Angeklagte nach Angaben der Zeugin Eva Meier unmittelbar nach der Tat verbal etwas aggressiv, doch erklärt sich dies zwanglos mit der Entdeckung der Tat und den Vorhaltungen der Zeugin. Der Angeklagte handelte aber – wie das Tatgeschehen zeigt – planvoll und zielgerichtet. Er löschte das Licht, dann schaltete er den Fernseher aus, erteilte Sabrina konkrete Anweisungen und reagierte auch nach der Tat täteradäquat, indem er schnell seine Unterhose wieder anzog und sich auf die Couch setzte. Darüber hinaus ist der Angeklagte auch nicht alkoholungewohnt, da er nach glaubhafter Aussage der Zeugin Eva Meier in der Zeit ihres Zusammenlebens regelmäßig Alkohol trank. Die Kammer ist daher zwar davon überzeugt, dass der Angeklagte alkoholbedingt enthemmt war, schließt jedoch eine erhebliche Beeinträchtigung der Schuldfähigkeit gemäß § 21 StGB aus.

2. Erheblich verminderte Schuldfähigkeit, § 21 StGB – Sachverständigengutachten

Wurde ein psychiatrischer Sachverständiger für die Beurteilung der Schuldfähigkeit des Angeklagten herangezogen – was regelmäßig notwendig sein wird – darf sich die Beweiswürdigung nicht darauf beschränken, dass sich das Gericht dem Gutachten anschließt. Vielmehr muss der Tatrichter die **wesentlichen tatsächlichen Grundlagen**, an welche die Schlussfolgerungen des Gutachters anknüpfen, mitteilen[212] und innerhalb der Beweiswürdigung die Gründe für diese Schlussfolgerungen so darlegen, dass eine revisionsrechtliche Überprüfung möglich ist.[213] Dabei hat der Tatrichter zu prüfen, ob Grundlagen, Methodik und Inhalt des Gutachtens den anerkannten fachwissenschaftlichen Anforderungen genügen.[214] **209**

---

208 Fortsetzung zu → Rn. 205.
209 Vgl. *Meyer-Goßner* § 244 Rn. 73.
210 4 x 500 Gramm x 0,8 (spezifisches Gewicht von Alkohol) x 5 Vol.% Alkohol = 80 Gramm Alkohol
211 Vgl. zur Alkoholberechnung *Fischer* § 20 Rn. 14.
212 Dies geschieht zumindest teilweise bereits bei der Sachverhaltsdarstellung.
213 BGHSt 12, 311 (314); 34, 29 (31); BGH NStZ-RR 2011, 241 (242).
214 BGH NStZ 2005, 205 (206); zu den empfohlenen Mindestanforderungen für ein Schuldfähigkeitsgutachten vgl. *Boetticher/Nedopil/Bosinski/Saß* NJW 2005, 57, die jedoch keine revisionsrechtlichen Mindeststandards begründen.

210   3. Die Feststellungen unter II.4. zur erheblich verminderten Schuldfähigkeit des Angeklagten beruhen auf dem widerspruchsfreien, nachvollziehbaren und auf zutreffenden Anknüpfungstatsachen gründenden mündlichen[215] Gutachten des Landgerichtsarztes Dr. Schlau, dem sich das Gericht aus eigener Überzeugung anschließt.

Der Sachverständige Dr. Schlau hat insbesondere erläutert, dass der Angeklagte infolge des aufgenommenen Alkohols eine Intoxikationspsychose erlitten habe, die in der Nomenklatur des § 20 StGB unter die krankhaften seelischen Störungen einzuordnen sei.[216] Diese habe möglicherweise zu einer erheblich verminderten Steuerungsfähigkeit des Angeklagten geführt, aufgehoben sei die Steuerungsfähigkeit aber sicher nicht gewesen. Dabei stützte der Sachverständige sich insbesondere auf die um 2.30 Uhr festgestellte Blutalkoholkonzentration von 1,24 Promille, aus der sich unter Annahme eines maximalen Abbauwertes von 0,2 Promille pro Stunde und eines einmaligen Sicherheitszuschlags von 0,2 Promille eine maximale Blutalkoholkonzentration zur Tatzeit um 0.00 Uhr von 1,94 Promille errechne.[217] Dennoch könne er aufgrund der eigenen Einlassung des Angeklagten zu seinem regelmäßigen Alkoholgenuss und den Angaben des Zeugen Huber, wonach der Angeklagte weder Gangunsicherheiten gezeigt noch gelallt habe, ausschließen, dass die Steuerungsfähigkeit des Angeklagten aufgehoben gewesen sei. Dafür spreche insbesondere auch, dass der Angeklagte sowohl bei als auch nach der Tat planvoll und folgerichtig vorgegangen sei. Gleichwohl sei angesichts der vergleichsweise hohen Blutalkoholkonzentration eine erhebliche Verminderung der Steuerungsfähigkeit nicht auszuschließen.

Dem Gutachten des forensisch erfahrenen und fachlich qualifizierten Landgerichtsarztes schließt sich das Gericht aus eigener Überzeugung an. Insbesondere teilt es dessen Einschätzung, dass die nicht ausschließbar verminderte Steuerungsfähigkeit des Angeklagten möglicherweise bereits den Grad der Erheblichkeit erreicht hat.[218] Hierfür spricht insbesondere auch der Anlass der Tat.[219]

3. Verneinung der Erheblichkeit der verminderten Schuldfähigkeit, § 21 StGB

211   3. Die Feststellungen unter II.4. zur Kokainabhängigkeit des Angeklagten beruhen auf dessen eigener insoweit glaubhafter Einlassung und dem Gutachten des Sachverständigen Dr. Notnagel. Nicht gefolgt ist die Kammer aber der Schlussfolgerung des Sachverständigen, dass deshalb die Steuerungsfähigkeit des Angeklagten nicht ausschließbar zum Tatzeitpunkt erheblich vermindert war. Denn der Angeklagte war über den gesamten Tatzeitraum in der Lage einer geregelten Arbeit nachzugehen. Dabei gelang es ihm seinen Rauschgiftkonsum zu kontrollieren. Er hat in dieser Zeit eine Freundin kennengelernt, die mäßigend auf seinen Kokainkonsum Einfluss nehmen konnte. Auch die Tat selbst steht weder in unmittelbarem Zusammenhang mit der Droge Kokain noch ist erkennbar, dass der Angeklagte maßgeblich durch seinen Kokainkonsum zu ihr bestimmt wurde. Schwere Persönlichkeitsveränderungen oder starke Entzugserscheinungen lagen nach dem Gutachten des Sachverständigen, dem sich die Kammer insoweit aus eigener Überzeugung anschließt, beim Angeklagten ebenso wenig vor wie eine bestimmende Furcht vor solchen. Die Kammer erachtet die nicht ausschließbare Beeinträchtigung der Steuerungsfähigkeit des Angeklagten bei vorhandener Einsichtsfähigkeit daher als nicht erheblich, weshalb die Voraussetzungen des § 21 StGB nicht vorliegen. Da es sich dabei um eine Rechtsfrage handelt, in die normative Überlegungen mit einfließen, war die Kammer an die Äußerungen des Sachverständigen nicht gebunden. Entscheidend für die Beurteilung der Erheblichkeit sind nämlich die Anforderungen, die die Rechtsordnung auch an einen berauschten Täter stellt. Diese Anforderungen sind umso höher, je schwerwiegender das in Rede stehende Delikt ist. Angesichts der Schwere der

---

215 Entscheidend ist immer das mündlich erstattete Gutachten des Sachverständigen; das häufig vorliegende schriftliche Gutachten hat dagegen nur vorläufigen Charakter.
216 Vgl. *Fischer* § 20 Rn. 11.
217 Zur Berechnung siehe *Fischer* § 20 Rn. 13.
218 Bei der Frage, ob eine Verminderung der Steuerungsfähigkeit »erheblich« im Sinne des § 21 StGB ist, handelt es sich um eine Rechtsfrage, die der Tatrichter unter Beachtung normativer Überlegungen – ohne Bindung an die Äußerungen des Sachverständigen in eigener Verantwortung – zu beantworten hat, vgl. BGHSt 43, 66, 77; BGH NStZ-RR 2010, 73; *Fischer* § 21 Rn. 7 und → Rn. 211.
219 Eine andere Frage ist, ob deswegen eine Strafrahmenverschiebung gemäß § 49 I StGB erfolgen kann oder muss. Gerade im Falle der alkoholbedingt verminderten Schuldfähigkeit ist dies teilweise zu verneinen, vgl. → Rn. 304 ff.

begangenen Taten einerseits und der festgestellten Beeinträchtigung der Steuerungsfähigkeit andererseits kann deren Erheblichkeit im Sinne des § 21 StGB nicht bejaht werden.[220]

4. Voraussetzungen der Unterbringung gemäß § 63 StGB iVm § 21 StGB – Sachverständigengutachten

3. Die Feststellungen unter II.4. beruhen auf dem in der Hauptverhandlung mündlich erstatteten Gutachten des Sachverständigen Dr. Großbaum. Das Gutachten gründet auf zutreffenden Anknüpfungstatsachen, ist nachvollziehbar und widerspruchsfrei, weshalb sich die Kammer diesem aus eigener Überzeugung anschließt. An der fachlichen Qualifikation des Sachverständigen besteht kein Zweifel. Dieser ist Leiter der forensisch-psychiatrischen Abteilung des Bezirkskrankenhaus Wahnsee, Facharzt für Psychiatrie, Psychotherapie und psychiatrische Medizin und als öffentlich bestellter und vereidigter Sachverständiger für Strafgerichte seit vielen Jahren tätig.

Der Sachverständige hat ausgeführt, dass der Angeklagte an einer fixierten sexuellen Präferenzstörung im Sinne einer Pädophilie[221] leide, der eine kombinierte Persönlichkeitsstörung mit überwiegend emotional instabilen und dissozialen Strukturmerkmalen zu Grunde liege. Hinweise auf eine hirnorganische Störung oder eine krankhafte Störung seiner Geistestätigkeit hätten sich dagegen nicht gefunden. Dagegen zeige seine polytrope Kriminalität mit dem Schwergewicht auf Sexualstraftaten eine sehr starke Neigung des Angeklagten zur unmittelbaren Bedürfnisbefriedigung. Es liege eine psychiatrische Erkrankung vor, die hinsichtlich ihrer Schwere den juristischen Zuordnungskriterien einer schweren anderen seelischen Abartigkeit im Sinne des § 20 StGB entspreche. Insbesondere stehe ihr Schweregrad einer krankhaften seelischen Störung gleich.[222] Diese seelische Abartigkeit sei auch ursächlich für die verfahrensgegenständlichen Straftaten gewesen. Der Angeklagte habe zwar das Unrecht seiner Taten einsehen können, doch sei seine Fähigkeit nach dieser Einsicht zu handeln, erheblich vermindert gewesen. Er habe aus einem starken inneren Zwang heraus gehandelt. Der Angeklagte tendiere zu egoistischer Selbstbetrachtung verbunden mit groben Abwehrmechanismen wie Verleugnung und Verkehrung ins Gegenteil. Es bestehe daher kein Zweifel, dass vom Angeklagten, insbesondere ohne psychiatrische Behandlung, weiterhin ähnliche einschlägige Straftaten zu erwarten seien. Die Pädophilie sei und bleibe beim Angeklagten die wichtigste Quelle sexueller Erregung. Das Rückfallrisiko müsse als sehr hoch bezeichnet werden. Zweifellos bestehe beim Angeklagten Therapiebedürftigkeit, wobei derzeit noch keine günstigen Voraussetzungen für eine erfolgreiche Therapie bestünden.[223]

5. Voraussetzungen der Unterbringung gemäß § 64 StGB – Sachverständigengutachten

3. ... (Beweiswürdigung zum Vorliegen der Voraussetzungen des § 21 StGB)[224]

4. Ebenso steht aufgrund des nachvollziehbaren und widerspruchsfreien Gutachtens des Landgerichtsarztes Dr. Schlau fest, dass beim Angeklagten der Hang vorliegt, alkoholische Getränke und andere berauschende Mittel, insbesondere Heroin, im Übermaß zu sich zu nehmen und deswegen die Gefahr besteht, dass er auch künftig erhebliche rechtswidrige Taten begehen wird. Auch diesem Teil des Gutachtens schließt sich das Gericht aus eigener Überzeugung an. Es wird insbesondere durch die eigene Einlassung des Angeklagten bestätigt. Dieser berichtete glaubhaft von seiner mehrjährigen »Drogenkarriere«, die zum Tatzeitpunkt in einem täglichen intravenösen Konsum von 1,5 bis 2 Gramm Heroin gipfelte. Die infolgedessen beim Angeklagten vorliegende

---

220 BGHSt 43, 66 (77); BGH StV 1999, 309 (310); 2001, 451; BGH NStZ-RR 2004, 39; vgl. auch BGH Urt. v. 10. 9. 2003 – 1 StR 147/03 = BGHR StGB § 21 BtM-Auswirkungen 14; *Fischer* § 21 Rn. 7.

221 Siehe hierzu *Fischer* § 20 Rn. 41 am Ende; Störungen der Sexualpräferenz begründen nur dann eine schwere andere seelische Abartigkeit im Sinne des §§ 20, 21 StGB, wenn der Täter aus einem starken mehr oder weniger unwiderstehlichen Zwang heraus handelt, vgl. BGH NStZ-RR 2007, 337; 2010, 304; 2011, 170.

222 Dies ist nach der Rechtsprechung des BGH auch erforderlich, vgl. BGHSt 37, 397 (401); *Fischer* § 20 Rn. 37 mwN. Hingegen ist die Formulierung, die seelische Abartigkeit erreiche Krankheitswert, missverständlich und sollte deshalb vermieden werden, vgl. *Fischer* § 20 Rn. 38.

223 Dies ist für eine Unterbringung gemäß § 63 StGB nicht unbedingt erforderlich, da sie auch dem Schutz der Allgemeinheit dient.

224 Die Anordnung der Unterbringung gemäß § 64 StGB setzt nicht voraus, dass sich der Angeklagte in einem Zustand gemäß §§ 20, 21 StGB befand; häufig wird dies jedoch der Fall sein.

starke Abhängigkeit von Heroin lässt – wie der Sachverständige nachvollziehbar ausgeführt hat – einen hohen Suchtdruck entstehen, der erhebliche Straftaten zur Beschaffung der für den Drogenkonsum benötigten Geldmittel nach sich zieht. Auch die Einschätzung des Sachverständigen, dass eine Entziehungskur einschließlich Suchttherapie konkrete Erfolgsaussichten habe, teilt das Gericht, zumal sich der Angeklagte bislang noch keiner stationären Drogentherapie unterzogen hat, nunmehr aber dazu bereit ist.

6. Voraussetzungen der Sicherungsverwahrung gemäß § 66 StGB – Sachverständigengutachten

214 Der unter II.4. festgestellte Sachverhalt beruht auf dem in der Hauptverhandlung erstatteten Gutachten des Sachverständigen Dr. Großbaum. Das Gutachten gründet auf zutreffenden Anknüpfungstatsachen, ist nachvollziehbar und widerspruchsfrei, weshalb sich die Kammer diesem aus eigener Überzeugung anschließt. Dr. Großbaum hat die Persönlichkeit des Angeklagten wie festgestellt beschrieben.[225] An der fachlichen Qualifikation des Sachverständigen besteht kein Zweifel. Er ist Facharzt für Neurologie, Psychiatrie und Psychotherapie und als öffentlich bestellter und vereidigter Sachverständiger seit vielen Jahren in gerichtlichen Verfahren tätig.

C. Beweiswürdigung bei Freispruch

215 Die Beweiswürdigung zum festgestellten Sachverhalt beim Freispruch[226] unterscheidet sich nicht grundsätzlich von derjenigen bei einer Verurteilung. Auch hierbei sind die Beweismittel unter angemessener Darstellung der durch sie bekundeten Umstände umfassend zu würdigen. Insbesondere darf über schwerwiegende Verdachtsmomente nicht hinweggegangen werden.[227] Die Beweiswürdigung leidet an Rechtsfehlern, wenn sie widersprüchlich, unklar oder lückenhaft ist, gegen Denkgesetze oder gesicherte Erfahrungssätze verstößt oder wenn an die **zur Verurteilung erforderliche Gewissheit** überspannte Anforderungen gestellt worden sind.[228] Einlassungen des Angeklagten, für deren Richtigkeit oder Unrichtigkeit es keine objektiven Anhaltspunkte gibt, sind nicht ohne weiteres als »unwiderlegbar« hinzunehmen und den Feststellungen zu Grunde zu legen. Der Tatrichter hat vielmehr auf der Grundlage des gesamten Beweisergebnisses darüber zu entscheiden, ob derartige Angaben geeignet sind, seine Überzeugungsbildung zu beeinflussen. Es ist weder im Hinblick auf den Zweifelssatz noch sonst geboten, zu Gunsten des Angeklagten Geschehensabläufe zu unterstellen, für deren Vorliegen – abgesehen von den nicht widerlegbaren, aber auch durch nichts gestützten Angaben des Angeklagten – keine Anhaltspunkte bestehen.[229]

216 Der Angeklagte war aus tatsächlichen Gründen freizusprechen.[230] Mit der für eine Verurteilung erforderlichen Sicherheit konnte das Gericht nach durchgeführter Beweisaufnahme nicht feststellen, dass der Angeklagte den Zeugen Fest geschlagen hat.
Der Angeklagte hat den Tatvorwurf bestritten und sich dahingehend eingelassen, dass er den ganzen Abend des 2. 1. 2006 zusammen mit seiner Freundin Rosa Rosig in deren Wohnung verbracht habe. Er habe die Wohnung erst wieder am nächsten Morgen verlassen. Frank Fest belaste ihn zu Unrecht, weil er sich rächen wolle. Denn auf einer privaten Sylvesterfeier in der Wohnung seiner Freundin habe Frank Fest sich an Rosa Rosig »herangemacht«, so dass er eingeschritten sei und ihn rausgeschmissen habe. Diese Einlassung des Angeklagten ist nicht zu widerlegen.

---

225 Wenn die Feststellungen bereits ausführlich die Umstände enthalten, die für eine Gesamtwürdigung des Angeklagten im Sinne des § 66 I Nr. 3 StGB notwendig sind, kann auch eine solche pauschale Verweisung genügen.
226 Eingehend *Brause* NStZ-RR 2010, 329; lesenswert auch *Thielmann* ZRP 2010, 89: »Gedanken zum Freispruch«.
227 Vgl. BGH NJW 2008, 2792 (2793).
228 BGH NStZ-RR 2004, 238 f.; NStZ 2010, 407 (408).
229 BGH NStZ-RR 2010, 85 (86); NStZ 2011, 302.
230 Fortsetzung zu den Feststellungen → Rn. 187.

Die Zeugin Rosig hat die Angaben des Angeklagten bestätigt. Das Gericht erachtet ihre Aussage für glaubhaft, weil sie detailreich den Verlauf des Abends des 2. 1. 2006 geschildert hat. Insbesondere gab sie an, dass man nach der anstrengenden Silvesterfeier, die bis in den Morgen des 1. 1. 2006 gedauert habe, den restlichen Tag verschlafen habe. Erst am Tag darauf, dem 2. 1. 2006, habe sie zusammen mit dem Angeklagten die Wohnung aufgeräumt. Anschließend seien sie spazieren gegangen. Am Abend habe man sich Pizza ins Haus bringen lassen und ferngesehen. Sie wisse noch, dass sie sich auf ihren Wunsch hin den Film »Der mit dem Wolf tanzt« angesehen hätten. Dann seien sie gegen Mitternacht gemeinsam zu Bett gegangen. Sie könne ausschließen, dass der Angeklagte nochmals das Haus verlassen habe. Dies hätte sie bemerkt, da sie einen leichten Schlaf habe. Außerdem entspreche dies nicht der Art des Angeklagten mit dem sie nunmehr schon fast drei Jahre befreundet sei.

Demgegenüber hat der Zeuge Fest die Tat so geschildert wie sie auch in die Anklageschrift Eingang gefunden hat. Insbesondere hat er sich hinsichtlich der Tatzeit auf den Abend des 2. 1. 2006, kurz vor Mitternacht, festgelegt. Seine Angaben sind jedoch nicht geeignet die Glaubwürdigkeit der Zeugin Rosig maßgeblich zu erschüttern.

Das Gericht verkennt dabei nicht, dass die Zeugin Rosig mit dem Angeklagten eng befreundet ist und deshalb ein Motiv haben könnte ihm wahrheitswidrig ein Alibi zu verschaffen. Doch hätte auch der Zeuge Fest ein Motiv, die Unwahrheit zu sagen und den Angeklagten dadurch zu Unrecht zu belasten. Zudem ist der Beweiswert seiner Aussage gemindert, weil seine Angaben zu den Vorkommnissen auf der Silvesterfeier nach Überzeugung des Gerichts objektiv nicht der Wahrheit entsprechen. So hat der Zeuge Fest behauptet, dass er auf der Silvesterfeier nicht mit der Zeugin Rosig geflirtet habe, es zu keinem Streit mit dem Angeklagten gekommen sei und dieser ihn auch nicht rausgeworfen habe. Das Gericht ist jedoch insoweit von der Richtigkeit der Angaben des Angeklagten überzeugt. Denn diese werden nicht nur von der Zeugin Rosig bestätigt, sondern insbesondere auch von den Zeugen Daniel Denk, Waltraud Walz und Bernhard Braun, die alle ebenfalls Gäste der Sylvesterfeier waren. Vor allem der Aussage des Bernhard Braun kommt besonderes Gewicht zu, weil er mit dem Zeugen Fest befreundet ist und diesen ohne den Angeklagten und dessen Freundin näher zu kennen zu der Feier begleitet hatte. Demnach sei Frank Fest ziemlich schnell betrunken gewesen, habe sich dann an die Zeugin Rosig rangemacht, weshalb es zum Streit mit dem Angeklagten gekommen sei, der ihn dann rausgeschmissen habe. Er – Bernhard Braun – sei bald darauf ebenfalls gegangen, weil er niemanden gekannt habe und noch eine andere Feier habe besuchen wollen.

Für die Richtigkeit der Angaben des Frank Fest zum Anklagevorwurf spricht zwar, dass er bei der Anzeigerstattung am 3. 1. 2006 nach glaubhafter Aussage des Polizeibeamten Hess die behauptete Platzwunde über dem linken Auge hatte, was sich im Übrigen auch aus dem verlesenen ärztlichen Attest des Dr. Madig vom 3. 1. 2006 ergibt, doch reicht dies aus den dargelegten Gründen nicht aus, die Zweifel an der Richtigkeit seiner Angaben zu überwinden. Denn die Verletzung allein lässt noch keinen zwingenden Schluss auf die Täterschaft des Angeklagten oder überhaupt auf eine Straftat zu. Sie stellt lediglich ein Indiz für die Richtigkeit der Aussage des Zeugen Fest dar, der im Rahmen einer Gesamtwürdigung aller Beweismittel aber kein entscheidendes Gewicht zukommt.

Da sich das Gericht nach durchgeführter Beweisaufnahme und Würdigung aller Beweismittel und Indizien von der Schuld des Angeklagten nicht überzeugen konnte, war er nach dem Grundsatz »in dubio pro reo«[231] freizusprechen.

D. Beweiswürdigung bei Einstellung

Die Beweiswürdigung bei der Verfahrenseinstellung muss sich – wegen des **Vorrangs des Freispruchs**[232] – in der Regel sowohl auf die Feststellungen zur Tat als auch auf die Umstände erstrecken, die der Einstellung zu Grunde liegen. 217

Die Feststellungen zur Tat[233] beruhen auf dem umfassenden und glaubhaften Geständnis des Angeklagten. 218

---

231 Zur Rechtsnatur des Zweifelssatzes vgl. *Meyer-Goßner* § 261 Rn. 26 ff.
232 Vgl. *Meyer-Goßner* § 260 Rn. 44 f.
233 Fortsetzung zu den Feststellungen → Rn. 189.

> Die Feststellungen zum Alter der Zeugin Schön, zu ihrem Verwandtschaftsverhältnis zum Angeklagten und zum Zeitpunkt der Strafantragstellung beruhen auf den glaubhaften Angaben der Zeugin Schön und dem verlesenen schriftlichen Strafantrag.

E. Ablehnung von Hilfsbeweisanträgen

I. Allgemeines

219 Grundsätzlich ist für die Ablehnung eines Beweisantrags gemäß § 244 VI StPO ein **Gerichtsbeschluss** erforderlich, der zwar nicht unmittelbar nach der Antragstellung verkündet werden muss, aber jedenfalls noch vor dem Schluss der Beweisaufnahme nach § 258 I StPO. In diesen Fällen müssen sich die Urteilsgründe mit dem Beweisantrag und seiner Ablehnung nur auseinandersetzen, wenn sich dies aufdrängt; im Zweifel sollte der Sachverhalt, der dem Beweisantrag zu Grunde lag, aber in der Beweiswürdigung behandelt werden. Eine ausdrückliche Mitteilung des Beweisantrags und seiner Ablehnung ist jedoch nicht erforderlich. Es ist vielmehr Sache des Revisionsführers im Rahmen der Aufklärungsrüge, den Antrag, seine Ablehnung und die den Mangel enthaltenden Tatsachen anzugeben.[234] Es ist jedoch darauf zu achten, dass sich die Urteilsgründe nicht mit den im Ablehnungsbeschluss genannten Gründen in Widerspruch setzen. Dies gilt insbesondere für die Ablehnung durch Wahrunterstellung der behaupteten Tatsachen.

220 Dagegen müssen **Hilfsbeweisanträge**, die für den Fall einer bestimmten Entscheidung hinsichtlich eines verfahrensabschließenden Hauptantrags (Freispruch, bestimmte Rechtsfolge) gestellt sind, oder sonstige im Schlussvortrag gestellte bedingte Beweisanträge[235] erst in den Urteilsgründen verbeschieden werden.[236] Dabei gilt nichts anderes als für unbedingte Beweisanträge: Der Antrag darf nur aus den in § 244 III-V StPO abschließend aufgeführten Gründen abgelehnt werden. Voraussetzung ist daher, dass der Beweisantrag der sinnvollen Anwendung dieser Ablehnungsgründe zugänglich ist,[237] wozu insbesondere gehört, dass ein bestimmtes Beweismittel für eine bestimmte Beweistatsache benannt wird. Fehlt es an einem solchen ordnungsgemäßen Beweisantrag, liegt allenfalls ein **Beweisermittlungsantrag** vor, mit dem sich das Gericht nur im Rahmen seiner nach § 244 II StPO bestehenden Aufklärungspflicht auseinanderzusetzen hat.[238] Dies gilt auch für einen Antrag, der eine Beweisbehauptung ohne jeden tatsächlichen Anhaltspunkt und ohne jede begründete Vermutung aufs Geratewohl »ins Blaue hinein« aufstellt.[239] Die neuere Rechtsprechung des BGH verlangt darüber hinaus im Einzelfall, dass der Antrag noch zusätzliche Umstände darlegen müsse, »warum« der Zeuge die in sein Wissen gestellte Beobachtung gemacht haben könnte.[240] Dieses zusätzliche Erfordernis für einen ordnungsgemäßen Beweisantrag wird unter dem Begriff der »Konnexität« diskutiert.[241]

221 So hat der BGH in folgenden Behauptungen **keine hinreichend bestimmten Beweistatsachen** gesehen: Es seien »keine Kokainlieferungen an den Angeklagten geleistet worden«,[242] es hätten »ausschließlich Beschäftigungsverhältnisse eines bestimmten Typs vorgelegen«,[243] es habe jemand »Bargeld von unter 250.000 DM zur Verfügung gehabt«,[244] es sei jemand »ganz oder teilweise zu Unrecht belastet worden«.[245] Insbesondere kann auch die Behauptung von

---

234 BGHSt 3, 213 f; *Meyer-Goßner* § 244 Rn. 85.
235 Vgl. zu den Begriffen *Meyer-Goßner* § 244 Rn. 22 ff.
236 BGHR StPO § 244 VI Hilfsbeweisantrag 6; BGH NStZ 2009, 169 (170); zum Sonderfall des Ablehnungsgrundes wegen Verschleppungsabsicht siehe → Rn. 233.
237 BGHSt 37, 162 (165); 39, 251 (254); BGH NStZ 2002, 383; *Meyer-Goßner* § 244 Rn. 18.
238 *Meyer-Goßner* § 244 Rn. 19 ff.
239 BGH NStZ 2003, 494; StV 2002, 233.
240 BGHSt 43, 321 (329 ff.), NStZ 1998, 97; 2001, 604 (605).
241 Vgl. *Meyer-Goßner* § 244 Rn. 21; eingehend auch KK/*Fischer* § 244 Rn. 82.
242 BGHR StPO § 244 III 2 Bedeutungslosigkeit 16.
243 BGHR StPO § 244 VI Beweisantrag 13.
244 BGH StV 1992, 501.
245 BGHR StPO § 244 VI Beweisantrag 4.

Werturteilen wie »unglaubwürdig«, »verhaltensgestört«, »süchtig« oder »angeheitert« die Behauptung derjenigen Tatsachen nicht ersetzen, an die sich die betreffende Wertung möglicherweise anknüpfen lässt.[246]

An der Behauptung einer hinreichend bestimmten Beweistatsache fehlt es regelmäßig, wenn 222 ein Zeuge dafür benannt wird, dass bestimmte Ereignisse nicht stattgefunden hätten. Denn ein Zeuge wird nur selten in der Lage sein unmittelbar die behauptete **Negativtatsache** bekunden zu können. Er wird vielmehr nur angeben können, bestimmte Geschehnisse wahrgenommen oder nicht wahrgenommen zu haben.[247]

> Der Verteidiger des Angeklagten hat im Schlussvortrag für den Fall, dass das Gericht den 223 Angeklagten verurteilt, folgenden Antrag gestellt:[248]
> »Zum Beweis der Tatsache, dass der Angeklagte nicht der Chef des Drogenhändlerrings war, wird beantragt, den Zeugen Markus Holzer, Stiftstraße 34, 93047 Regensburg zu vernehmen.«
> Bei dem Antrag handelt es sich um keinen zulässigen Beweisantrag im Sinne des § 244 III StPO, da er keine hinreichend bestimmte Beweisbehauptung enthält. Ob jemand als »Chef eines Drogenhändlerrings« angesehen werden kann, ist ein Werturteil, das die hier fehlende Behauptung derjenigen Tatsachen nicht ersetzen kann, an die sich die betreffende Wertung anknüpfen lässt. Hinzu kommt, dass der benannte Zeuge über einen Negativumstand Auskunft geben soll. Auch insoweit fehlt es an einer hinreichend bestimmten Beweistatsache, da nicht mitgeteilt wird, welche wahrnehmungsfähige Tatsache der Zeuge bekunden soll.
> Demnach handelt es sich nur um einen Beweisermittlungsantrag, dem nicht nachzukommen war, weil nach der oben dargestellten Beweiswürdigung die Vernehmung des Zeugen keinen Aufklärungszuwachs verspricht.

II. Ablehnungsgründe gemäß § 244 III–V StPO

1. Unzulässige Beweiserhebung, § 244 III 1 StPO[249]

> Der Verteidiger des Angeklagten hat im Schlussvortrag für den Fall, dass das Gericht den 224 Angeklagten verurteilt, folgenden Beweisantrag gestellt:[250]
> »Zum Beweis der Tatsache, dass die Zeugin Karin Eicher in der Hauptverhandlung angegeben hat, dass sie den Angeklagten bereits am Morgen des 13. 4. 2006 in der Bäckerei Semmelweis gesehen habe, wird beantragt Rechtsanwalt Schwarz, Rechtsgasse 4, 93047 Regensburg als Zeugen zu vernehmen, der die Hauptverhandlung als Zuhörer verfolgt hat.«
> Der Hilfsbeweisantrag war gemäß § 244 III 1 StPO abzulehnen, da die beantragte Beweiserhebung unzulässig ist. Was bereits zum Inbegriff der Hauptverhandlung geworden ist, unterliegt der unmittelbaren Würdigung des Gerichts und kann nicht seinerseits in derselben Hauptverhandlung zum Beweisgegenstand werden.[251]

2. Offenkundigkeit, § 244 III 2 StPO[252]

Die Ablehnung eines Beweisantrags wegen Offenkundigkeit kann erfolgen, wenn die unter 225 Beweis gestellte Tatsache (oder ihr Gegenteil) allgemeinkundig oder gerichtskundig ist.

> Der Verteidiger des Angeklagten hat im Schlussvortrag für den Fall, dass das Gericht den Angeklagten verurteilt, folgenden Beweisantrag gestellt:
> »Zum Beweis der Tatsache, dass es im Dritten Reich keine massenhafte Tötung von Angehörigen der jüdischen Religion gab, wird beantragt, den Zeugen Adam Braun, Holzweg 3, 93049 Regensburg, und den Sachverständigen Prof. Dr. Seltsam, Universität Unstadt zu vernehmen.«

---

246 BGHSt 37, 162; 39, 251 (254).
247 BGHSt 39, 251 (254).
248 Die wörtliche Mitteilung des Beweisantrags ist nicht erforderlich. Es ist vielmehr Aufgabe des Revisionsführers diesen vorzutragen. Hier wird nur aus didaktischen Gründen der Antrag wörtlich wiedergegeben.
249 Vgl. *Meyer-Goßner* § 244 Rn. 48 f.
250 Vgl. Fn. 248.
251 BGHR StPO § 244 III 1 Unzulässigkeit 7; 12.
252 Vgl. *Meyer-Goßner* § 244 Rn. 50 ff.

2. Teil. Die einzelnen Bestandteile des schriftlichen Strafurteils

> Der Hilfsbeweisantrag war gemäß § 244 III 2 StPO abzulehnen, da die beantragte Beweiserhebung überflüssig ist. Denn der Massenmord an den Juden, begangen vor allem in den Gaskammern von Konzentrationslagern während des 2. Weltkrieges, ist als geschichtliche Tatsache offenkundig.[253]

3. Bedeutungslosigkeit, § 244 III 2 StPO[254]

227 Die Ablehnung eines Beweisantrags wegen Bedeutungslosigkeit der Beweistatsache ist ein praktisch sehr wichtiger Grund. Statt seiner wird oftmals fälschlicherweise der Ablehnungsgrund der Wahrunterstellung herangezogen, der aber nur hinsichtlich erheblicher Tatsachen angewandt werden darf. Dies dürfte auch daran liegen, dass die Annahme der Bedeutungslosigkeit einer Tatsache eine Auseinandersetzung mit der Beweislage erfordert,[255] die wegen des Verbots der Beweisantizipation nur unproblematisch ist, wenn sie – wie beim Hilfsantrag – erst im Urteil erfolgen muss. Die tatsächliche Bedeutungslosigkeit einer Beweistatsache kann insbesondere darin liegen, dass sie selbst im Fall ihres Erwiesenseins die Entscheidung nicht beeinflussen könnte, weil sie einen nur möglichen Schluss zulässt, den das Gericht aber nicht ziehen will.[256]

228 > Der für den Fall der Verurteilung gestellte Beweisantrag des Verteidigers war gemäß § 244 III 2 StPO abzulehnen, da die behauptete Beweistatsache für die getroffene Entscheidung aus tatsächlichen Gründen ohne Bedeutung ist. Es kann dahinstehen, ob der Angeklagte die Nacht zum 20. 4. 2006 in München verbracht hat. Denn selbst wenn dies der Fall gewesen sein sollte, wäre ihm genügend Zeit verblieben um am 20. 4. 2006 gegen 8.30 Uhr am Tatort in Regensburg zu sein, zumal er im Besitz einer gültigen Fahrerlaubnis der Klasse C 1 war. Daher würde die aus den vorgenannten Gründen gewonnene Überzeugung der Kammer von der Täterschaft des Angeklagten auch bei Richtigkeit der Beweisbehauptung nicht erschüttert werden.

4. Erwiesensein, § 244 III 2 StPO[257]

229 > Da es das Gericht demzufolge für erwiesen hält, dass die Schuldfähigkeit des Angeklagten zum Tatzeitpunkt weder erheblich vermindert noch aufgehoben war, musste dem dahingehenden Hilfsbeweisantrag der Staatsanwaltschaft nicht mehr nachgegangen werden, § 244 III 2 StPO.

5. Völlige Ungeeignetheit, § 244 III 2 StPO[258]

230 Insbesondere beim Zeugenbeweis ist zu beachten, dass die Beweistatsachen dem Zeugenbeweis zugänglich sein müssen. »Ein Zeuge kann grundsätzlich nur über seine eigenen Wahrnehmungen vernommen werden. Gegenstand des Zeugenbeweises können daher nur solche Umstände oder Geschehnisse sein, die mit dem benannten Beweismittel unmittelbar bewiesen werden sollen. Soll aus den Wahrnehmungen des Zeugen auf ein bestimmtes weiteres Geschehen geschlossen werden, ist nicht dieses weitere Geschehen, sondern nur die Wahrnehmung des Zeugen tauglicher Gegenstand des Zeugenbeweises. Die Schlüsse aus den Wahrnehmungen des Zeugen hat das Gericht zu ziehen.«[259]

231 > Der Verteidiger des Angeklagten hat im Schlussvortrag für den Fall, dass das Gericht den Angeklagten verurteilt, folgenden Beweisantrag gestellt:[260]
> »Zum Beweis der Tatsache, dass der Angeklagte nicht die Absicht hatte, das Goldarmband zu behalten, wird beantragt Frau Aida Rymba, Schmuckstraße 89, 93049 Regensburg, als Zeugin zu vernehmen.«

---

253 BGHSt 40, 97 (99); 31, 226 (231); BGH NStZ 1981, 258; BVerfG NJW 1993, 916 (917); BGHZ 75, 160 (162).
254 Vgl. *Meyer-Goßner* § 244 Rn. 54 ff.
255 BGH NStZ 2007, 352: gleiche Begründungserfordernisse wie bei Beweiswürdigung im Urteil.
256 BGHR StPO § 244 III 2 Bedeutungslosigkeit 3.
257 Vgl. *Meyer-Goßner* § 244 Rn. 57.
258 Vgl. *Meyer-Goßner* § 244 Rn. 58 ff.
259 BGHSt 39, 251 (253); vgl. auch BGH StV 1984, 61.
260 Vgl. Fn. 248.

Der Hilfsbeweisantrag war gemäß § 244 III 2 StPO abzulehnen, da das Beweismittel völlig ungeeignet ist. Denn bei der Beweistatsache handelt es sich um einen Vorgang im Inneren eines anderen Menschen, der dem Zeugenbeweis nicht zugänglich ist, wenn der Zeuge keine äußeren, einen Schluss auf die inneren Tatsachen ermöglichenden Umstände bekunden kann.[261] So liegt es hier. Die als Zeugin benannte Aida Rymba kann keine Aussage darüber treffen, was der Angeklagte mit dem Armband vorhatte. Anhaltspunkte dafür, dass sie Wahrnehmungen gemacht hat, die einen Schluss hierauf zuließen, sind nicht ersichtlich.

6. Unerreichbarkeit, § 244 III 2 StPO[262]

Der Verteidiger des Angeklagten hat im Schlussvortrag für den Fall, dass das Gericht den Angeklagten verurteilt, folgenden Beweisantrag gestellt:[263] **232**
»Zum Beweis der Tatsache, dass nicht der Angeklagte, sondern dessen Lebensgefährtin Susi Sorglos das Heroin in Amsterdam gekauft hat, wird beantragt, Nico van Dammen, Grachtje 56, 3578 Amsterdam, als Zeugen zu vernehmen.«
Der Hilfsbeweisantrag war gemäß § 244 III 2 StPO abzulehnen, da der Zeuge unerreichbar ist. Der Zeuge van Dammen ist trotz ordnungsgemäßer Ladung nicht erschienen und hat fernmündlich sein Erscheinen vor der Kammer auch bei Zusicherung freien Geleits ausdrücklich und endgültig abgelehnt. Eine kommissarische Vernehmung des Zeugen im Rechtshilfeweg durch einen niederländischen Richter ist nicht sinnvoll,[264] da wegen der entgegenstehenden Bekundungen der Zeugen Wartenberg und Schrott die persönliche Anhörung des Zeugen van Dammen durch die Kammer und der sich daraus ergebende persönliche Eindruck von dem Zeugen unerlässlich sind, um dessen Glaubwürdigkeit beurteilen zu können. Ohne diesen persönlichen Eindruck kommt der Aussage des Zeugen aber kein Beweiswert zu, weshalb er hinsichtlich einer Vernehmung durch den Rechtshilferichter als völlig ungeeignetes Beweismittel anzusehen ist.[265] Dasselbe gilt für eine audiovisuelle Vernehmung des Zeugen, da die Kammer aus den genannten Gründen zur Bewertung der Aussage des Zeugen eines persönlichen Eindrucks bedarf, der nur durch die körperliche Anwesenheit des Zeugen bei seiner Vernehmung vermittelt werden kann.[266] Zu einer Beweisaufnahme im Ausland oder zu einer Teilnahme an ihr war die Kammer nicht verpflichtet, zumal es deswegen zwangsläufig zu unverhältnismäßigen Zeitverzögerungen gekommen wäre und die Strafprozessordnung eine solche Möglichkeit nicht kennt.[267]

7. Verschleppungsabsicht, § 244 III 2 StPO[268]

Die Ablehnung eines Beweisantrags wegen Verschleppungsabsicht darf – auch wenn es sich um einen Hilfsbeweisantrag handelt – grundsätzlich nur durch besonderen Beschluss in der Hauptverhandlung erfolgen, nicht dagegen erst in den Urteilsgründen. Denn dem Antragsteller muss Gelegenheit gegeben werden, den Vorwurf, er habe den Antrag nur in Verschleppungsabsicht gestellt, zu entkräften oder die ihm sonst infolge der Ablehnung notwendig erscheinenden Maßnahmen zu treffen.[269] Etwas anderes gilt aber dann, wenn der Vorsitzende aufgrund seiner Sachleitungsbefugnis den Verfahrensbeteiligten eine – gemäß § 273 StPO zu protokollierende – Frist zur Stellung von Beweisanträgen setzt, verbunden mit dem **233**

---

261 BGH NStZ 2008, 707, anders aber wenn der Zeuge äußere Umstände bekunden kann, die einen Schluss auf die inneren Tatsachen ermöglichen.
262 Vgl. *Meyer-Goßner* § 244 Rn. 62 ff.
263 Vgl. Fn. 248.
264 Dies ist eine im pflichtgemäßen Ermessen (vgl. BGH NStZ 1985, 375 [376]) des Gerichts stehende Möglichkeit, die bei der Behandlung von reiseunwilligen Auslandszeugen immer zu prüfen ist, vgl. BGHR StPO § 244 III 2 Unerreichbarkeit 10.
265 BGHR StPO § 244 III 2 Unerreichbarkeit 7; BGHSt 45, 188 (189 f.) = NJW 1999, 3788; BGH NJW 2010, 2365 (2367 f.) mit Hinweis auf strengen Maßstab bei hoher Beweisbedeutung.
266 BGH NStZ 2004, 347; vgl. auch ausführlich zur audiovisuellen Vernehmung BGHSt 45, 188 (190 ff.) = NJW 1999, 3788.
267 BGHR StPO § 244 III 2 Unerreichbarkeit 7; BGH NStZ 1985, 14.
268 Vgl. *Meyer-Goßner* § 244 Rn. 67 ff.
269 BGHSt 22, 124 (125); BGH StV 1985, 311; 1986, 418 (419); NStZ 1986, 372; 2009, 169 (170); BGHR StPO § 244 III 2 Prozessverschleppung 4.

Hinweis, dass eine Ablehnung der nach dieser **Frist** gestellten Beweisanträge wegen Verschleppungsabsicht – bei Vorliegen der weiteren Voraussetzungen – möglich ist. In diesem Ausnahmefall ist es möglich Hilfsbeweisanträge wegen Verschleppungsabsicht auch erst im Urteil abzulehnen.[270] Die Ablehnung wegen Verschleppungsabsicht setzt objektiv voraus, dass die Beweiserhebung nach zu begründender Überzeugung des Gerichts nichts Sachdienliches erbringen kann und zu einer erheblichen Verfahrensverzögerung führen würde,[271] und subjektiv, dass der Antragsteller in Verschleppungsabsicht handelt, was durch entsprechende Indizien nachgewiesen sein muss.[272]

8. Wahrunterstellung, § 244 III 2 StPO[273]

234   Die Wahrunterstellung der behaupteten Tatsache ist ein sehr häufig herangezogener Grund zur Ablehnung eines Beweisantrags. Das mag daran liegen, dass eine solche Begründung einfach erscheint. Doch erfordert gerade die Ablehnung durch Wahrunterstellung eine sorgfältige Prüfung ihrer Voraussetzungen und Folgen. So ist bereits dem Gesetzeswortlaut zu entnehmen, dass es sich um eine erhebliche Beweistatsache handeln muss; kommt es auf die Richtigkeit der Behauptung gar nicht an, kann nur eine Ablehnung wegen Bedeutungslosigkeit erfolgen. Andererseits geht die Sachaufklärung vor, wenn das Kerngeschehen betroffen ist oder die Wahrunterstellung auch außerhalb der Beweisbehauptung liegende noch ungeklärte Umstände umfasst. Ferner folgt aus der Formulierung in § 244 III 2 StPO »..., die zur Entlastung des Angeklagten bewiesen werden soll, ...« im Umkehrschluss, dass aus der als wahr behandelten Behauptung keine Schlüsse zu Ungunsten des Angeklagten gezogen werden dürfen. Denn dies wäre ein Verstoß gegen den Zweifelsgrundsatz, da die als wahr unterstellte Behauptung nicht bewiesen ist.[274] Schließlich darf die Wahrunterstellung nicht in der Weise erfolgen, dass die Beweisbehauptung ihrer erkennbaren Zielrichtung nach eingeengt wird.[275] Insbesondere ist es unzulässig, als wahr zu unterstellen, dass der Zeuge die Beweistatsache bekunden wird, zugleich dieser Aussage aber die Glaubwürdigkeit abzusprechen.[276] Denn damit würde die Beweistatsache entgegen dem Anliegen des Beweisantrags im Ergebnis gerade nicht als wahr behandelt werden.

235   Die als wahr unterstellte Behauptung muss in den Urteilsgründen auch tatsächlich so behandelt werden. Insbesondere dürfen sich **keine Widersprüche zu den Feststellungen** und der Beweiswürdigung ergeben. Dies kann am einfachsten dadurch sichergestellt werden, dass die Beweistatsache in die Sachverhaltsfeststellungen aufgenommen und in der Beweiswürdigung klargestellt wird, dass diese Feststellung auf Wahrunterstellung beruht. Regelmäßig ist es erforderlich, dass sich die Beweiswürdigung mit der als wahr behandelten Tatsache auseinandersetzt, da sie sonst lückenhaft wäre.[277] Das gilt selbstverständlich auch für die bereits in der Hauptverhandlung verbeschiedenen Beweisanträge.

> Der Hilfsbeweisantrag war gemäß § 244 III 2 StPO abzulehnen, da die behauptete Beweistatsache so behandelt wurde als wäre sie wahr. Auf die Feststellungen unter II. 2. und die obige Beweiswürdigung wird Bezug genommen.

9. Eigene Sachkunde, § 244 IV 1 StPO[278]

236   > Der Hilfsbeweisantrag war gemäß § 244 IV 1 StPO abzulehnen, da das Gericht zur Beurteilung der Glaubwürdigkeit der Zeugin Schremmer selbst die notwendige Sachkunde besitzt. Die Beur-

---

270   BGH NStZ 2009, 169 (170 f.) = NJW 2009, 605 (607); im gleichen Sinne bereits früher BGH NStZ 2005, 648 = StV 2006, 113; dies gilt grundsätzlich aber nicht, wenn der Beweisantrag unbedingt gestellt wurde, BGH NStZ 2011, 647.
271   Die neuere Rechtsprechung des BGH tendiert zu einer restriktiveren Handhabung oder gar Aufgabe dieses Kriteriums der erheblichen Verfahrensverzögerung, vgl. NJW 2007, 2501; StV 2008, 9.
272   Vgl. auch KK/*Fischer* § 244 Rn. 178 ff.
273   Vgl. *Meyer-Goßner* § 244 Rn. 70 f.
274   BGHR StPO § 244 III 2 Wahrunterstellung 16.
275   Vgl. BGHR StPO § 244 III 2 Wahrunterstellung 4; 6; 8; 17; 18.
276   BGH StV 1995, 172.
277   Vgl. hierzu BGHSt 28, 310 (311 f.); BGHR StPO § 244 III 2 Wahrunterstellung 5.
278   Vgl. *Meyer-Goßner* § 244 Rn. 73 ff.

teilung der Glaubwürdigkeit eines Zeugen ist die ureigenste Aufgabe des Gerichts. Umstände, die ausnahmsweise Anlass zur Erholung eines aussagepsychologischen Sachverständigengutachtens geben, lagen hier nicht vor. Die Zeugin ist 24 Jahre alt, zum Tatzeitpunkt war sie 20 Jahre alt. Sie ist körperlich und geistig gesund; auch aus ihrem Aussageverhalten im Ermittlungsverfahren und in der Hauptverhandlung lässt sich kein gegenteiliger Schluss ziehen.

10. Erwiesensein, § 244 IV 2 StPO[279]

Der Hilfsbeweisantrag war gemäß § 244 IV 2 StPO abzulehnen, da aufgrund des Gutachtens des Sachverständigen Dr. Schrott bereits feststeht, dass beim Angeklagten kein Hang zum übermäßigen Heroinkonsum vorliegt. Das Gutachten ist wie oben ausgeführt widerspruchsfrei und nachvollziehbar und beruht auf zutreffenden Anknüpfungstatsachen. Die Sachkunde des öffentlich bestellten und vereidigten Sachverständigen, der bereits seit vielen Jahren gerichtliche Gutachten auf diesem Gebiet erstattet, steht außer Frage. Der im Beweisantrag benannte Sachverständige verfügt auch nicht deshalb über überlegene Forschungsmittel, weil sich der Angeklagte von diesem untersuchen lassen würde, während er dies dem Sachverständigen Dr. Schrott nicht gestattet hat.[280] Denn die Untersuchung ist eine Begutachtungsmöglichkeit, die nicht in der Verfügung des Sachverständigen steht. Vielmehr kann sie ihm vom Angeklagten nach dessen freier Entscheidung zur Verfügung gestellt werden oder auch nicht. Daher ist die Untersuchung selbst kein Forschungsmittel im Sinne des § 244 IV 2 StPO, sondern Gegenstand der Forschung. Die Bestellung des Sachverständigen erfolgt durch das Gericht. Einen Anspruch auf einen bestimmten Sachverständigen hat der Angeklagte nicht. Eine «freie Arztwahl" steht dem Angeklagten schon deshalb nicht zu, weil es nicht um seine Behandlung, sondern um seine Begutachtung geht.[281]

237

11. Zur Wahrheitsfindung nicht erforderlich – Augenschein, § 244 V 1 StPO[282]

Das Gericht muss über den bloßen Gesetzeswortlaut des § 244 V 1 StPO hinaus darlegen, weshalb es – etwa auf Grund des bisherigen Beweisergebnisses – den Augenschein für nicht erforderlich erachtet.[283]

238

Dem Hilfsbeweisantrag musste gemäß § 244 V 1, 2 StPO nicht nachgekommen werden, da die Einnahme des Augenscheins nach pflichtgemäßen Ermessen des Gerichts zur Erforschung der Wahrheit nicht erforderlich war. Denn die Tatörtlichkeit ist durch die glaubhaften Bekundungen der Polizeibeamten Krause und Kunz hinreichend bekannt. Ein Aufklärungszuwachs ist daher nicht zu erwarten.

239

12. Zur Wahrheitsfindung nicht erforderlich – Auslandszeuge, § 244 V 2 StPO[284]

Dem besonderen Ablehnungsgrund für Auslandszeugen kommt keine große selbständige Bedeutung zu. Jedoch ist zu beachten, dass dem Gericht zur Klärung der Voraussetzungen des § 244 V 2 StPO das **Freibeweisverfahren** offen steht. Das Gericht ist deshalb auch befugt sich – wenn möglich – unmittelbar, etwa telefonisch, mit dem im Ausland befindlichen Zeugen in Verbindung zu setzen, um dabei in Erfahrung zu bringen, ob der Zeuge Sachdienliches zur Klärung der Beweisfrage beitragen kann.[285] Diese Möglichkeit besteht jedoch nur, wenn über den Beweisantrag noch in der Hauptverhandlung entschieden wurde, da es notwendig ist, dass das Gericht allen Beteiligten die im Wege des Freibeweises gewonnenen Erkenntnisse mitteilt. Bei einer Auslandstat oder einem starken Auslandsbezug der Tat ist an die Ablehnung eines Beweisantrages gemäß § 244 V 2 StPO ein strengerer Maßstab anzulegen, da dies dem Angeklagten nicht zum Nachteil gereichen darf.[286]

240

---
279 Vgl. *Meyer-Goßner* § 244 Rn. 75 ff.
280 BGHR StPO § 244 IV 2 Zweitgutachter 5.
281 BGHR StPO § 244 IV 2 Zweitgutachter 5.
282 Vgl. *Meyer-Goßner* § 244 Rn. 78 ff.
283 KG NStZ 2007, 480.
284 Vgl. *Meyer-Goßner* § 244 Rn. 43 f, 63.
285 BGH NStZ 1985, 375; StPO § 244 V 2 Auslandszeuge 5.
286 BGH NJW 2010, 2365 (2368).

> Der Verteidiger des Angeklagten hat im Schlussvortrag für den Fall, dass das Gericht den Angeklagten verurteilt, folgenden Beweisantrag gestellt:[287]
> »Zum Beweis der Tatsache, dass der Angeklagte einen ihm zum Verwechseln ähnlich sehenden Zwillingsbruder hat, wird die Vernehmung des Zeugen Wladimir Kasjow, Stravto ulica 49, Wladiwostok, beantragt.«
> Dem Hilfsbeweisantrag musste gemäß § 244 V 1, 2 StPO nicht nachgekommen werden, da die Vernehmung des im Ausland zu ladenden Zeugen nach pflichtgemäßem Ermessen des Gerichts zur Erforschung der Wahrheit nicht erforderlich ist. Denn nach den – wie oben dargestellt – glaubhaften Angaben der Zeugen Schön und Schlau hat die Kammer keinen Zweifel, dass der Angeklagte die Tat begangen hat, zumal er unmittelbar danach festgenommen werden konnte und sich nach glaubhaften Angaben des POK Keller keine Hinweise auf eine weitere unbekannte Person in der Nähe des Tatorts ergeben haben. Ein Aufklärungszuwachs im Hinblick auf das Tatgeschehen ist daher durch die Vernehmung des Auslandszeugen nicht zu erwarten.[288]

10. Kapitel. Rechtliche Würdigung und angewendete Strafvorschriften

A. Allgemeines

242 Die sogenannte rechtliche Würdigung hat zur Aufgabe unter Angabe der angewendeten Strafvorschriften den Schuldspruch, aber auch den Freispruch oder die Einstellung des Verfahrens auf der Basis des festgestellten Sachverhalts zu begründen. Dabei verlangt das Gesetz nur für den Freispruch in § 267 V 1 StPO ausdrücklich solche Rechtsausführungen; für die Verfahrenseinstellung kann aber nichts anderes gelten. Die Notwendigkeit der rechtlichen Begründung des Schuldspruchs wird aus § 267 I 1 StPO abgeleitet.[289]

243 In der Praxis hat die Darstellung der rechtlichen Würdigung eine vergleichsweise geringe Bedeutung, weil die zu Grunde liegende gedankliche Arbeit bereits in die Sachverhaltsdarstellung eingeflossen ist. Regelmäßig werden die Rechtsausführungen daher knapp ausfallen, in einfachen Fällen können sie auch ganz unterbleiben,[290] zumal das Revisionsgericht die rechtliche Würdigung anhand des festgestellten Sachverhalts selbst vornehmen kann und wird. Allerdings müssen die Urteilsgründe so gefasst sein, dass sie in einer jeden Zweifel ausschließenden Weise erkennen lassen, welche der festgestellten Tatsachen, den einzelnen objektiven und subjektiven Tatbestandsmerkmalen zuzuordnen sind.[291]

244 Immer anzugeben ist gemäß § 267 III 1 StPO das zur Anwendung gebrachte Strafgesetz. Das geschieht durch **Angabe aller Paragrafen**, die die vom Angeklagten erfüllten Straftatbestände einschließlich der Grundtatbestände enthalten sowie derjenigen, die die Tatausführung, die Beteiligungsform und das Konkurrenzverhältnis betreffen. Die Vorschriften, auf denen die Verhängung von Maßregeln oder Nebenfolgen beruhen, werden üblicherweise erst bei der Begründung der entsprechenden Rechtsfolgenentscheidung angeführt. Eine Verweisung auf die Liste der angewendeten Vorschriften[292] ist nicht zulässig.

245 **Merke:** Anders als in der Praxis kommt der Darstellung der rechtlichen Würdigung **im Examen** eine wichtige Rolle zu; häufig wird sie sogar einen zentralen Aufgabenschwerpunkt der Urteilsklausur bilden. Es versteht sich von selbst, dass im Examen nicht ohne ausdrücklichen Bearbeitervermerk auf die Darstellung der rechtlichen Würdigung verzichtet werden sollte. Inhaltlich steht die rechtliche Würdigung dem Gutachten nahe, wobei aber streng darauf zu achten ist, dass der Urteilsstil eingehalten wird.

---

287 Vgl. Fn. 248.
288 Der Beweisantrag hätte auch wegen Bedeutungslosigkeit der Beweistatsache abgelehnt werden können.
289 *Meyer-Goßner/Appl* Rn. 409.
290 *Meyer-Goßner/Appl* Rn. 409; allerdings geben die Ausführungen zur rechtlichen Würdigung Gelegenheit zu prüfen, ob der Sachverhalt wirklich alle zur Begründung des objektiven und subjektiven Tatbestandes erforderlichen Umstände enthält.
291 BGH NStZ-RR 2008, 83 (84).
292 Vgl. → Rn. 111 ff.

Die rechtliche Würdigung beginnt üblicherweise mit der Wiederholung des Schuldspruchs 246
unter Angabe der angewendeten Paragrafen. Im Falle eines Freispruchs ist anzugeben, ob
dieser aus rechtlichen oder tatsächlichen Gründen erfolgte, § 267 V 1 StPO. Im letzteren Fall
sind allerdings regelmäßig rechtliche Ausführungen nicht mehr veranlasst.

B. Formulierungsbeispiele

I. Verurteilung

1. »Ladendiebstahl«

Im Falle eines Ladendiebstahls genügt es regelmäßig auszuführen: 247

> Der Angeklagte hat sich des Diebstahls gemäß § 242 I StGB strafbar gemacht, indem er die
> Musik-CD in Zueignungsabsicht einsteckte.
> Der gemäß § 248 a StGB erforderliche Strafantrag wurde form- und fristgerecht gestellt, §§ 77 I,
> 77 b I, II StGB, § 158 II StPO; im Übrigen hat die Staatsanwaltschaft mit Anklageschrift vom
> 23. 6. 2006 das besondere öffentliche Interesse an der Strafverfolgung bejaht.

Nur wenn die Besonderheiten des Diebstahls im Selbstbedienungsladen im Strafverfahren – 248
etwa vom Verteidiger – thematisiert wurden, kann es angezeigt sein ausführlicher auf die
Rechtslage einzugehen:[293]

> Der Angeklagte hat sich des Diebstahls gemäß § 242 I StGB schuldig gemacht. Indem er die
> Musik-CD in seine Jackeninnentasche steckte, hatte er bereits neuen eigenen Gewahrsam durch
> überragende tatsächliche Sachherrschaft begründet, da das Personal der geschädigten Firma die
> CD nicht mehr ungehindert und ohne Verletzung der persönlichen Sphäre des Angeklagten
> wieder erlangen hätte können.[294] Damit war die Tat vollendet. Daran ändert auch nichts, dass der
> Kaufhausdetektiv das Einstecken beobachtete,[295] die CD elektromagnetisch gesichert war und ein
> Alarm ausgelöst wurde als der Angeklagte die Ausgangssperre passierte.[296] Der Angeklagte hatte
> auch die notwendige Zueignungsabsicht, da es ihm darauf ankam, die CD ohne Bezahlung für sich
> zu behalten.
> Der gemäß § 248 a StGB angesichts des geringen Warenwerts von 19,60 EUR erforderliche
> Strafantrag wurde innerhalb der gemäß § 77 b I, II StGB geltenden Dreimonatsfrist in der nach
> § 158 II StPO erforderlichen Schriftform durch den hierzu bevollmächtigten Filialleiter der
> Geschädigten Firma Kaufschnell GmbH (§ 77 I StGB) bei der Polizeiinspektion Regensburg
> gestellt. Im Übrigen hat die Staatsanwaltschaft mit Anklageschrift vom 23. 6. 2006 das beson-
> dere öffentliche Interesse an der Strafverfolgung bejaht.

2. Versuchter Diebstahl mit Verwirklichung eines Regelbeispielfalls in Tateinheit mit Sach-
beschädigung

Die Regelbeispielsfälle sind keine Tatbestände, sondern Strafzumessungsvorschriften.[297] Für 249
die Begründung des Schuldspruchs sind sie daher ohne Belang. Dennoch ist es üblich und
zweckmäßig bereits im Rahmen der rechtlichen Würdigung – und nicht erst bei der Strafzumessung – abzuhandeln, ob ein Regelbeispielsfall erfüllt ist. Dies legen sowohl die tat-
bestandsähnliche Ausgestaltung der Regelbeispielsfälle wie auch der Zusammenhang mit dem
erörterten »Grundtatbestand« nahe. Ob bei Verwirklichung eines Regelbeispiels tatsächlich
von einem besonders schweren Fall auszugehen ist, darf aber erst im Rahmen der Strafzumessung geprüft werden.[298]

---

293 Im Examen sollte die Rechtslage dagegen immer ausführlich erörtert werden, wobei insbesondere auf die
Probleme einzugehen ist, die in der Aufgabenstellung angesprochen sind.
294 BGHSt 16, 271 (273); *Fischer* § 242 Rn. 18.
295 BGHSt 16, 271 (273).
296 BayObLG NJW 1995, 3000; vgl. auch *von Heintschel-Heinegg* JA 1995, 833.
297 *Fischer* § 243 Rn. 2.
298 → Rn. 288 ff.

250 Der Angeklagte hat sich des versuchten Diebstahls in Tateinheit mit Sachbeschädigung gemäß §§ 242 I, 303, 303 c, 22, 23, 52 StGB strafbar gemacht.
Zu einer Vollendung des Diebstahls ist es nicht gekommen, weil sich der Angeklagte entdeckt glaubte und deswegen das Fabrikgelände fluchtartig verließ, ohne etwas mitzunehmen. Da dies somit nicht freiwillig im Sinne des § 24 I StGB erfolgte, scheidet ein Rücktritt aus.
Der Angeklagte hat das Regelbeispiel des § 243 I 2 Nr. 1 StGB erfüllt. Zwar wurde weder der beabsichtigte Diebstahl noch der Einbruch selbst vollendet. Doch hatte der Angeklagte bereits mit einem Handbohrer ein Loch in die rückwärtige Eingangstür gebohrt. Er war gerade im Begriff die Tür unter Verwendung der zu diesem Zweck mitgeführten Drahtschlinge zu öffnen als er sich entdeckt glaubte und deshalb floh. Damit hatte er bereits mit dem Einbruch begonnen. Das Regelbeispiel des »Einbrechens« setzt nicht voraus, dass der begonnene Einbruch auch gelungen ist.[299]
Darüber hinaus hat sich der Angeklagte der Sachbeschädigung gemäß § 303 StGB strafbar gemacht, indem er die Eingangstür bewusst anbohrte. Die Staatsanwaltschaft hat das öffentliche Interesse an der Strafverfolgung gemäß dem Erfordernis des § 303 c StGB bejaht.
Versuchter Diebstahl und Sachbeschädigung stehen in Tateinheit gemäß § 52 StGB, weil sie durch dieselbe Handlung begangen wurden. Die Sachbeschädigung wird auch nicht durch das verwirklichte Regelbeispiel konsumiert, weil es sich insoweit nur um eine Strafzumessungsregel und keinen eigenen Deliktstatbestand handelt.[300]

3. Räuberischer Diebstahl[301]

251 Die Angeklagte hat sich des räuberischen Diebstahls gemäß §§ 242 I, 252 StGB in Tateinheit mit vorsätzlicher Körperverletzung gemäß §§ 223 I, 52 StGB schuldig gemacht. Mit Einstecken der Flasche »Chantre« in die Manteltasche war der Diebstahl vollendet. Da die Angeklagte erst danach gegen die Marktleiterin Gewalt verübte, indem sie ihr mit der Faust in den Magen schlug, liegt kein Raub gemäß § 249 I StGB vor. Vielmehr hat die Angeklagte einen räuberischen Diebstahl gemäß § 252 StGB begangen, weil sie die Gewalt in der Absicht anwandte, im Besitz der Beute zu bleiben. Zu diesem Zeitpunkt war der Diebstahl auch noch nicht beendet, weil die Beute noch nicht endgültig gesichert war. Schließlich wurde die Angeklagte auch auf frischer Tat betroffen. Die zugleich begangene vorsätzliche Körperverletzung gemäß § 223 I StGB wird nicht verdrängt, weil sie ein eigenes Unrecht darstellt, das nicht zwangsläufig in jedem räuberischen Diebstahl enthalten ist. Zwischen den beiden Delikten besteht Tateinheit gemäß § 52 I StGB.

4. Gemeinschaftliche schwere räuberische Erpressung[302]

252 Die Angeklagten haben sich jeweils in Mittäterschaft der schweren räuberischen Erpressung gemäß §§ 249 I, 250 I Nr. 1 b, 253 I, II, 255, 25 II StGB strafbar gemacht.
Indem der Angeklagte Grob die Bankangestellten Müller und Meier unter Drohungen mit der Pistole gegen ihren Willen zur Herausgabe des Geldes bzw. zu deren Duldung zwang, hat er sich einer Erpressung gemäß § 253 I, II StGB schuldig gemacht. Diese ist als räuberische Erpressung gemäß § 255 StGB zu qualifizieren, weil der Angeklagte durch die Handhabung der Pistole stillschweigend auch mit ihrem Gebrauch drohte, was sich als Angriff auf Leib und Leben der Angestellten darstellt, wie es auch von beiden Angeklagten beabsichtigt war. Schließlich handelt es sich um eine schwere räuberische Erpressung gemäß § 250 I Nr. 1 b StGB, weil der Angeklagte die Pistole als Werkzeug für diese Bedrohung mit sich führte.[303] Ein Fall des § 250 II Nr. 1 StGB

---

299 BGHSt 33, 370; vgl. *Fischer* § 243 Rn. 28.
300 Zu dieser Auffassung neigt – systematisch wohl folgerichtig – der 1. Strafsenat des BGH, NJW 2002, 150 = NStZ 2001, 642 entgegen der bislang hM in Literatur und Rechtsprechung die von einer Konsumtion der Sachbeschädigung ausgeht, vgl. dazu *Fischer* § 243 Rn. 30 mwN.
301 Fortsetzung zu den Feststellungen → Rn. 174.
302 Fortsetzung zu den Feststellungen → Rn. 176.
303 Bei der ungeladenen Pistole könnte es sich um ein gefährliches Werkzeug iSd § 250 I Nr. 1 a StGB handeln, wenn der Angeklagte auch in Betracht gezogen hätte damit zuzuschlagen. Ein gefährliches Werkzeug gemäß § 250 II Nr. 1 StGB kann die ungeladene Pistole dagegen nicht sein. Vgl. zur unübersichtlichen Rechtslage *Fischer* § 244 Rn. 13 ff., 26; § 250 Rn 6 ff.; vgl. auch OLG Stuttgart NJW 2009, 2756.

liegt dagegen nicht vor. Zwar hat der Angeklagte Grob die Pistole nicht nur mitgeführt, sondern auch verwendet, doch war zugunsten der Angeklagten davon auszugehen, dass die Pistole nicht geladen und auch keine Munition greifbar war; eine ungeladene Pistole ist aber grundsätzlich weder eine Waffe noch ein gefährliches Werkzeug im Sinne des § 250 II Nr. 1 StGB.[304]

Ein Raub oder schwerer Raub liegt dagegen nicht vor, weil der Angeklagte Grob das Bargeld nicht selbst wegnahm, sondern die Angestellte Müller es ihm auf sein Geheiß hin in die Tasche füllte. Nach dem äußeren Erscheinungsbild liegt daher eine Vermögensverfügung der Angestellten vor, die sich im Lager der geschädigten Bank befand. Dass sie nicht freiwillig handelte und sich dem Willen des Angeklagten beugte, weil sie Widerstand für zwecklos hielt, ändert nichts an der Qualifizierung als räuberische Erpressung.[305]

Auch liegt ein erpresserischer Menschenraub oder eine Geiselnahme gemäß §§ 239 a, 239 b StGB nicht vor. Zwar hat sich der Angeklagte Grob der Bankangestellten Müller bemächtigt, indem er sie mit einer scheinbar geladenen Schusswaffe bedrohte.[306] Auch hat er sie – wie den Angestellten Meier – aus Sorge um ihr Wohl zu einer Handlung und Unterlassung genötigt und diese Sorge ausgenutzt. Doch erfordern beide Tatbestände sowohl im Zwei-Personen-Verhältnis als auch im Dreiecksverhältnis eine einschränkende Auslegung dahingehend, dass die Bemächtigungssituation eine eigenständige Bedeutung erlangt haben muss.[307] Im Falle des § 239 b StGB muss der Täter beabsichtigen, die durch die Entführung oder das Sich-Bemächtigen für das Opfer geschaffene Lage zur qualifizierten Drohung auszunutzen und durch sie zu nötigen.[308] Das ist hier nicht der Fall, da der Angeklagte Grob über die unmittelbar zur räuberischen Erpressung dienende Drohung mit der Pistole hinaus keine weitergehende Nötigung anstrebte, die sich nach seiner Vorstellung als zweiter Teilakt einer deliktischen Handlung hätte darstellen können. Vielmehr ist das Sich-Bemächtigen unmittelbares Nötigungsmittel der räuberischen Erpressung.[309] Aber auch ein Fall des § 239 a StGB liegt nicht vor, weil das Tatbestandsmerkmal des Ausnutzens eine gewisse Stabilisierung der Bemächtigungslage voraussetzt,[310] die hier nicht gegeben ist. Insbesondere hatte der Angeklagte Grob weder zeitlich noch örtlich eine stabilisierte Situation geschaffen, die er für sein Vorhaben ausnutzen wollte und konnte.

Die Angeklagten begingen die schwere räuberische Erpressung gemeinschaftlich als Mittäter gemäß § 25 II StGB. Der Angeklagte Grob hat alle Tatbestandsmerkmale selbst erfüllt, so dass an seiner Täterschaft kein Zweifel besteht. Er handelte dabei hinsichtlich jedes Umstandes der gesetzlichen Tatbestände entsprechend dem zuvor gemeinsam mit dem Angeklagten Fein verabredeten Tatplan.[311] Dabei handelten beide Angeklagte in bewusstem und gewolltem Zusammenwirken, so dass sie sich jeweils den Tatbeitrag des anderen zurechnen lassen müssen. Dies trifft insbesondere auch auf den Angeklagten Fein zu, der selbst Täter der schweren räuberischen Erpressung ist. Er hat zwar die Tatausführung in der Bank dem Angeklagten Grob überlassen, doch leistete er erhebliche objektive Tatbeiträge, die die Tat nicht nur gefördert, sondern entscheidend mit geprägt haben. So hat er die Raiffeisenbank als Tatobjekt ausgesucht, die Pistole besorgt und das Fluchtauto gefahren. Daher ist die Kammer davon überzeugt, dass er auch Tatherrschaftswillen und Täterwillen hatte.[312] Er wollte die Tat, die er gemeinsam mit dem Angeklagten Grob geplant hatte, als eigene. Für eine Täterschaft des Angeklagten Fein spricht zudem auch, dass die Beute vereinbarungsgemäß geteilt wurde. Allein die Tatsache, dass er nicht selbst die Bank betrat, spricht nicht gegen seinen Täterwillen. Vielmehr kann die abgesprochene Aufgabenverteilung zwischen den Angeklagten als durchaus übliche und nachvollziehbare Vorgehensweise bei einem Banküberfall angesehen werden. Die Angeklagten sind daher als Mittäter zu bestrafen.

---

304 *Fischer* § 244 Rn. 5; § 250 Rn. 6; vgl. auch BGH NStZ-RR 2007, 375.
305 BGHSt 7, 252 (254); BGH NStZ 1981, 301; BGHR StGB § 255 Konkurrenzen 3; *Fischer* § 255 Rn. 3.
306 *Fischer* § 232 Rn. 31.
307 BGHSt 40, 350 (359); vgl. BGH NStZ 2007, 72; *Fischer* § 239 a Rn. 7, 8 a.
308 BGHSt 40, 350 (355); vgl. *Fischer* § 239 b Rn. 6.
309 BGHSt 40, 350 (355); vgl. *Fischer* § 239 b Rn. 6.
310 BGHSt 40, 350 (359); BGH NStZ 2007, 72; NStZ-RR 2009, 16; 2010, 46 (47); *Fischer* § 239 a Rn. 7.
311 Vgl. *Fischer* § 25 Rn. 12 a.
312 Vgl. *Fischer* § 25 Rn. 12, 14.

5. Mord durch Unterlassen in Tateinheit mit Körperverletzung mit Todesfolge[313]

252a 1. Die Angeklagten haben sich zunächst jeweils in Mittäterschaft nach § 25 II StGB der Körperverletzung mit Todesfolge gemäß § 227 I StGB strafbar gemacht, indem sie Wolfgang Renner aufgrund des vorher gefassten gemeinschaftlichen Tatplanes zusammenschlugen. Wolfgang Renner starb aufgrund der Verletzungen, die ihm die Angeklagten zufügten. Der erforderliche unmittelbare Gefahrverwirklichungszusammenhang zwischen den Körperverletzungshandlungen und dem später eingetretenen Tod ist gegeben.[314] Ein solcher Zusammenhang würde nur fehlen, wenn der tatsächliche Geschehensablauf, der Körperverletzung und Todesfolge miteinander verknüpft, außerhalb jeder Lebenswahrscheinlichkeit läge, wie etwa bei einer Verkettung außergewöhnlich unglücklicher Zufälle.[315] So ist es hier aber offensichtlich nicht. Dass kräftige Tritte mit festem Schuhwerk gegen den Rumpf eines am Boden Liegenden zu dessen Tod führen, liegt nicht außerhalb jeder Lebenswahrscheinlichkeit. Die Angeklagten haben den Tod – bezogen auf den Zeitpunkt der Körperverletzungshandlungen – fahrlässig gemäß § 18 StGB verursacht. Denn sie hätten den Tod – auch nach ihren persönlichen Kenntnissen – vorhersehen können. Die Vorhersehbarkeit braucht sich nicht auf alle Einzelheiten des zum Tode führenden Geschehensablaufs zu erstrecken, insbesondere nicht auf die durch die Körperverletzungshandlung ausgelösten im Einzelnen ohnehin nicht einschätzbaren somatischen Vorgänge, die den Tod schließlich herbeigeführt haben. Vielmehr genügt die Vorhersehbarkeit des Erfolges im Allgemeinen. Die Angeklagten haben zugleich den Tatbestand der gefährlichen Körperverletzung gemäß § 224 I Nr. 2, 3, 4 und 5 StGB, verwirklicht. Die festen Stiefel haben die Angeklagten als gefährliche Werkzeuge eingesetzt. Sie haben auch einen hinterlistigen Überfall verübt, indem sie planmäßig ihre Verletzungsabsicht verbargen und so ihrem Opfer die Verteidigungsmöglichkeit erschweren. Dabei handelten sie gemeinschaftlich. Schließlich begingen sie die Körperverletzung mittels einer das Leben gefährdenden Behandlung, da sie die allgemeine Lebensgefährlichkeit ihrer Verletzungshandlungen kannten. Die gefährliche Körperverletzung gemäß § 224 I StGB wird jedoch von der Körperverletzung mit Todesfolge gemäß § 227 I StGB konsumiert.[316]

2. Ferner haben sich die Angeklagten auch jeweils des Mordes durch Unterlassen in Mittäterschaft gemäß §§ 211, 13 I, 25 II StGB strafbar gemacht, indem sie beide absprachegemäß bewusst nichts unternahmen, um den Tod des Wolfgang Renner zu verhindern, obwohl ihnen dies möglich gewesen wäre, und dabei aus niedrigen Beweggründen und zur Verdeckung einer Straftat handelten.[317] Die Angeklagten schlugen Wolfgang Renner ohne Tötungsvorsatz zusammen. Später wurden sie sich aber bewusst, dass er sterben könnte und rechneten auch mit dieser Möglichkeit. Dabei war ihnen der mögliche Tod des Wolfgang Renner nicht nur egal, sondern sogar wünschenswert. Sie unterließen es bewusst, ihm zu helfen, obwohl ihnen ihre Rechtspflicht zum Handeln bekannt war, die aufgrund ihres vorangegangenen Tuns bestand, nämlich des rechtswidrigen Angriffs auf Wolfgang Renner.[318] Den Angeklagten wäre es – wie sie wussten – auch möglich gewesen, ärztliche Hilfe zu holen. Dadurch wäre der Tod des Wolfgang Renner mit an Sicherheit grenzender Wahrscheinlichkeit verhindert worden.[319]

Die Angeklagten unterließen es Hilfe zu holen, um nicht wegen ihrer gemeinschaftlich begangenen Körperverletzung an Wolfgang Renner überführt und bestraft zu werden. Damit ist das Mordmerkmal der Verdeckungsabsicht erfüllt.

Vor allem holten die Angeklagten auch keine Hilfe, weil sie den von ihnen als möglich erkannten Tod des Wolfgang Renner für durchaus wünschenswert erachteten. Denn sie waren der Meinung, dass Wolfgang Renner kein wertvolles Mitglied der Gesellschaft sei, weshalb sein Tod auch nicht schade, sondern im Gegenteil die Stadt dadurch »sauberer« werden würde. Diese Motivation ist nach allgemeiner sittlicher Anschauung zynisch und menschenverachtend und steht deshalb auf

---

313 Fortsetzung zu den Feststellungen → Rn. 182 a.
314 BGH Urt. v. 15. 11. 2007 – 4 StR 453/07 = Strafo 2008, 125; BGH NStZ-RR 2007, 76.
315 Vgl. BGHSt 31, 96 (100); 51 (18, 21); BGH Urt. v 15. 11. 2007 – 4 StR 453/07 = Strafo 2008, 125.
316 BGH NStZ-RR 2007, 76 (77).
317 Nach BGH NStZ-RR 2009, 289 f. würde es sich insoweit selbst dann noch um dieselbe prozessuale Tat handeln, wenn der Unterlassungsentschluss erst am nächsten Tag gefasst worden wäre.
318 Vgl. BGH NStZ-RR 2000, 329.
319 Ließe sich dies – wie häufig – nicht mit dieser Sicherheit feststellen, würde die erforderliche Kausalität zwischen Unterlassen und Tod fehlen. Dann läge aber versuchter Mord vor (vgl. BGH NStZ-RR 2000, 329).

tiefster Stufe.[320] Dagegen ist das Mordmerkmal der Heimtücke nicht erfüllt. Denn die Angeklagten fassten den Tötungsvorsatz erst nach den Körperverletzungshandlungen. Zu diesem Zeitpunkt war ihr Opfer aber nicht mehr arglos.[321]

3. Die beiden Verbrechen stehen zueinander im Verhältnis der Tateinheit.[322]

II. Freispruch

1. Freispruch aus tatsächlichen Gründen

Bei einem Freispruch aus tatsächlichen Gründen ist eine rechtliche Würdigung in der Regel nicht erforderlich, weil sich diese Entscheidung bereits aus dem dargestellten Ergebnis der Beweiswürdigung ergibt. Etwas anderes gilt aber, wenn auf der Grundlage des Beweisergebnisses weitere Sachverhaltsvarianten denkbar sind, hinsichtlich derer eine Strafbarkeit des Angeklagten aus rechtlichen Gründen aber ausscheidet. **253**

2. Freispruch aus rechtlichen Gründen

Erfolgt der Freispruch aus rechtlichen Gründen, liegt der Schwerpunkt des Urteils naturgemäß in der rechtlichen Würdigung. Hier ist darzulegen, weshalb das dem Angeklagten vorgeworfene und nachgewiesene Verhalten nicht strafbar ist. **254**

Das dem Angeklagten zur Last liegende Verhalten erfüllt keinen Straftatbestand.[323] In Betracht käme allenfalls eine Beleidigung. Unabhängig von der Frage, ob das bloße Beobachten intimer Vorgänge durch einen Dritten bereits als eine Beleidigung angesehen werden kann, was regelmäßig nicht der Fall sein dürfte,[324] fehlt dem Angeklagten der für die Tatbestandsverwirklichung erforderliche Vorsatz. Denn er wollte gerade nicht nach außen in Erscheinung treten, sondern unentdeckt bleiben. **255**

Sonstige Straftatbestände, die der Angeklagte verwirklicht haben könnte, sind nicht ersichtlich, insbesondere kommen Sexualdelikte mangels eigener Handlungen des Angeklagten nicht in Betracht.

Daher war der Angeklagte aus rechtlichen Gründen freizusprechen.

III. Einstellung

Die Rechtslage, die zu einer Verfahrenseinstellung durch Urteil führt, ist im Rahmen der rechtlichen Würdigung darzustellen. **256**

Der Angeklagte[325] hat sich zwar eines Diebstahls gemäß § 242 I StGB schuldig gemacht,[326] doch kann er deswegen nicht verurteilt werden, weil wegen Fehlens eines wirksamen Strafantrags ein Prozesshindernis besteht.[327] Das Verfahren war daher einzustellen. **257**

Gemäß § 247 StGB war ein Strafantrag erforderlich, weil die (einzig) Geschädigte Gisela Schön die Schwester des Angeklagten ist und somit eine Angehörige im Sinne des § 11 I Nr. 1a StGB. Im Übrigen lebte der Angeklagte mit seiner Schwester zum Tatzeitpunkt[328] auch in häuslicher Gemeinschaft. Zwar hat Gisela Schön einen Strafantrag gestellt, doch ist dieser nicht wirksam, weil sie zum Zeitpunkt der Antragsstellung am 17. 1. 2006 noch minderjährig und somit gemäß § 77 III StGB nicht antragsberechtigt war. Die statt ihrer gemäß § 77 III StGB antragsberechtigten Eltern haben keinen Strafantrag gestellt. Zwar war die Antragsfrist für die Eltern noch nicht abgelaufen als die Geschädigte volljährig wurde, doch wird der unwirksame Strafantrag dadurch nicht wirksam.[329] Der nunmehr Antragsmündige muss vielmehr einen neuen Strafantrag stellen.

---

320 Vgl. *Fischer* § 211 Rn. 14.
321 Vgl. *Fischer* § 211 Rn. 35.
322 Vgl. BGH NStZ 2000, 29 (30).
323 Fortsetzung zu den Feststellungen → Rn. 188.
324 Vgl. OLG Nürnberg NStZ 2011, 217 (218).
325 Fortsetzung zu den Feststellungen → Rn. 189.
326 Dies zu erwähnen ist erforderlich, da ein Freispruch vorrangig wäre, vgl. *Meyer-Goßner* § 260 Rn. 44.
327 *Meyer-Goßner* Einl. Rn. 145.
328 Vgl. *Fischer* § 247 Rn. 2.
329 BGH NJW 1994, 1165; *Fischer* § 77 Rn. 18.

> Der von Gisela Schön in der Hauptverhandlung gestellte Strafantrag war zwar formwirksam, doch nicht binnen der Dreimonatsfrist des § 77 b I 1 StGB gestellt und somit verfristet. Denn mit Eintritt der Volljährigkeit am 20. 1. 2006 begann die Antragsfrist für Gisela Schön zwar von neuem zu laufen,[330] doch endete sie gemäß § 77 b I, II StGB, § 43 I StPO bereits mit Ablauf des 20. 4. 2006 und somit noch vor der Antragstellung in der Hauptverhandlung.
> Der fehlende Strafantrag kann auch nicht wie in anderen Fällen durch die Bejahung des besonderen öffentlichen Interesses an der Strafverfolgung durch die Staatsanwaltschaft ersetzt werden, weil § 247 StGB dies nicht vorsieht. Das Verfahren war daher einzustellen.

11. Kapitel. Strafzumessung

A. Allgemeines

I. Bedeutung

258 Mit der Strafzumessung beginnt der Teil der Urteilsgründe, der sich mit den verhängten Rechtsfolgen befasst. In der Praxis kommt der Bemessung der Strafe große Bedeutung zu. Es ist nicht selten der Fall, dass ein Urteil nur wegen der verhängten Strafe angefochten wird. Für den Angeklagten, insbesondere den geständigen, ist dieser Urteilsteil oftmals von weit größerem Interesse als derjenige, der sich mit der rechtlichen Würdigung seiner Tat befasst.

259 **Merke: Im Examen** liegt der Schwerpunkt der Urteilsklausur zwar selten bei der Strafzumessung, doch wird gleichwohl eine geordnete und vollständige Auseinandersetzung mit den hierzu mitgeteilten Umständen erwartet. Zudem ist die Strafzumessung sowohl für die Revisionsklausur[331] als auch für den Entwurf des Schlussvortrags des Staatsanwalts[332] oder Verteidigers von Bedeutung.

II. Revisibilität

260 § 267 III 1 StPO bestimmt, dass die Urteilsgründe die Umstände angeben müssen, die für die Zumessung der Strafe bestimmend gewesen sind.[333] Der darin zum Ausdruck kommende prozessuale Begründungszwang erfordert eine hinreichende Erörterung der Tat und der Täterpersönlichkeit.[334] Die Strafzumessung ist zwar grundsätzlich »**Sache des Tatrichters**«,[335] dessen Wertungen das Revisionsgericht bis zur Grenze des Vertretbaren hinzunehmen hat,[336] doch muss sie frei von **Rechtsfehlern** sein und in den Urteilsgründen so erörtert werden, dass dies auch nachprüfbar ist. Andernfalls ist das Urteil im Strafausspruch bereits auf die allgemeine Sachrüge hin aufzuheben, da die materiell-rechtliche Vorschrift des § 46 StGB verletzt ist. Hiernach ist es dem Tatrichter nämlich nicht freigestellt, welchen Umständen er im konkreten Fall Bedeutung für die Strafzumessung zuerkennt und welche er unberücksichtigt lässt.[337] Das Urteil kann im Strafausspruch insbesondere keinen Bestand haben, wenn der Tatrichter von einem falschen Strafrahmen ausgegangen ist, seine Strafzumessungserwägungen in sich fehlerhaft sind oder rechtlich anerkannte Strafzwecke außer Acht gelassen haben oder wenn sich die Strafe von ihrer Bestimmung, gerechter Schuldausgleich zu sein, so weit nach oben oder unten inhaltlich löst, dass ein grobes Missverhältnis von Schuld und Strafe offenkundig ist.[338]

---

330 *Fischer* § 77 Rn. 18.
331 Vgl. *Brößler/Mutzbauer* Rn. 349 ff.
332 Vgl. *Brunner/von Heintschel-Heinegg* Rn. 133 ff.
333 Das sind nicht notwendig sämtliche Umstände, *Meyer-Goßner* § 267 Rn. 18.
334 Vgl. *Meyer-Goßner* § 267 Rn. 18 ff.; *Fischer* § 46 Rn. 106.
335 BGHR StGB § 46 I 1 Beurteilungsrahmen 1, mit grundlegenden Ausführungen zur revisionsrechtlichen Nachprüfbarkeit.
336 BGH NJW 1977, 639; BGH NStZ 1982, 26; 464, 465; BGHSt 29, 319 (320); vgl. *Fischer* § 46 Rn. 146 ff.
337 BGH NStZ 1987, 405; vgl. *Fischer* § 46 Rn. 148.
338 BGHR StGB § 46 I 1 Beurteilungsrahmen 1; BGHSt 17, 35 (36 f.); 29, 319 (320); 34, 345 (349).

III. Inhaltliche Grundsätze

261 Zum Inhalt der Urteilsgründe hat der BGH[339] treffend ausgeführt: »Die Urteilsgründe müssen **Bedeutung und Gewicht** der angeführten Strafzumessungstatsachen für die Bewertung des Unrechts- und Schuldgehalts der Tat klar und nachvollziehbar erkennen lassen. Moralisierende Erwägungen, die nicht verdeutlichen, welcher belastend oder entlastend wirkende Gesichtspunkt angesprochen und in Übereinstimmung mit den anerkannten Grundsätzen der Strafzumessung bewertet wird, sind nicht nur überflüssig, sondern begründen auch die Gefahr einer gefühlsmäßigen, auf unklaren Erwägungen beruhenden Strafzumessung.«

262 Je mehr die Strafe sich dem oberen oder unteren Ende des Strafrahmens nähert, desto eingehender müssen die zugunsten oder zulasten des Angeklagten sprechenden Umstände erörtert werden. Insbesondere wenn eine besonders hohe Strafe verhängt wird, müssen die Urteilsgründe erkennen lassen, dass das Gericht auch die Milderungsgründe in Erwägung gezogen und abgewogen hat.[340]

263 In gleicher Weise wie der Schuldspruch darf auch der Strafausspruch nur auf solche Tatsachen gestützt werden, die sicher festgestellt wurden. Vermutungen oder unbestimmte Vorwürfe sind nicht zulässig. So hat der BGH folgende Formulierungen in Bezug auf den Angeklagten **beanstandet**:

- »... er dürfte auch weitere Einnahmequellen, die mehr oder minder dunkler Natur waren, zur Verfügung gehabt haben.«[341]
- »... sein in mehrerer Hinsicht elegantes und aufwendiges Auftreten ohne erkennbare legale Geldquelle«[342]
- »... Schließlich zeigt sein bisheriger Lebensweg und seine Kontakte in ganz Europa, dass es sich bei ihm um einen Mann handelt, der alle illegalen Kontakte auszunutzen bereit ist.«[343]

Solche Formulierungen mögen zwar einer lebensnahen Betrachtung entspringen und oftmals sogar die Realität wiedergeben, doch ist der Schritt zum Vorurteil und zur unwahren Unterstellung nicht weit. Vom Richter wird aber erwartet, dass er sich von solchen Dingen frei macht und seiner Entscheidung nur die im Strengbeweis festgestellten Umstände zu Grunde legt, was auch in der schriftlichen Darstellung zum Ausdruck kommen muss.

Beruhen die Feststellungen zu einem Umstand auf der Anwendung des Zweifelssatzes, darf dieser bei der Strafzumessung nicht zulasten des Angeklagten gewertet werden.[344]

264 Ebenso vage, nicht nachprüfbar und daher unzulässig ist es, die Strafzumessung auf den in der Hauptverhandlung gewonnenen **persönlichen Eindruck** zu stützen.[345] Das hat nichts damit zu tun, dass dem Tatrichter bei der Gewichtung der einzelnen Umstände und der Bestimmung der konkreten Strafe ein revisionsrechtlich nicht voll nachprüfbarer Beurteilungsspielraum zuerkannt wird, weil er im Gegensatz zum Revisionsrichter die Hauptverhandlung miterlebt und einen Eindruck von der Persönlichkeit des Angeklagten erhalten hat.[346]

IV. Freiheitsstrafe

265 Die Freiheitsstrafe muss mindestens 1 Monat betragen und darf 15 Jahre nicht überschreiten, auch nicht bei der Bildung einer Gesamtstrafe, §§ 38 II, 54 II 2 StGB. Daneben drohen bestimmte Tatbestände lebenslange Strafe an, § 38 I StGB.[347] Unter 1 Jahr wird die Freiheitsstrafe in vollen Wochen und Monaten bemessen; darüber nur in vollen Monaten und Jahren, § 39 StGB. Die gelegentlich zu beobachtende Tenorierung von Freiheitsstrafen über 1 Jahr

---

339 BGH NStZ 1987, 405; vgl. hierzu auch *Fischer* § 46 Rn. 107; *Meyer-Goßner* § 267 Rn. 18.
340 BGHR StGB § 46 I Begründung 3.
341 BGHR StGB § 46 I Begründung 5.
342 BGHR StGB § 46 I Begründung 5.
343 BGHR StGB § 46 I Begründung 6.
344 BGHR StGB § 46 I Begründung 8.
345 BGHR StGB § 46 I Begründung 17.
346 BGHR StGB § 46 I Beurteilungsrahmen 1.
347 Wichtigster Tatbestand ist Mord, § 211 StGB.

ausschließlich in Monaten (etwa: 18 Monate), findet im Gesetz keine Stütze und sollte unterbleiben.[348]

V. Geldstrafe

266 Die Geldstrafe wird durch zwei Faktoren bestimmt: **Tagessatzanzahl** und **Tagessatzhöhe**. Beide sind im Tenor anzugeben, § 40 IV StGB. Diese Aufspaltung der Geldstrafenbemessung in zwei Vorgänge erleichtert die Gleichbehandlung von Tätern, die in unterschiedlichen wirtschaftlichen Verhältnissen leben und die daher die Zahlung eines bestimmten Geldbetrages unterschiedlich hart trifft. Der Wohlhabende wie der Arme sollen unter sonst gleichen Umständen einen gleich schwer treffenden wirtschaftlichen Verlust erleiden.[349]

267 Zunächst wird die **Tagessatzanzahl** – unabhängig von den finanziellen Verhältnissen des Täters – ausschließlich nach den allgemeinen Strafzumessungsgrundsätzen bestimmt, die auch für die Bemessung der Freiheitsstrafe gelten. Hierzu kann hypothetisch überlegt werden, wie viele Tage Freiheitsstrafe die abzuurteilende Tat dieses Täters »wert« wäre.[350] Die Anzahl der Tagessätze muss mindestens 5 und darf – für eine Tat – höchstens 360 betragen, § 40 I 2 StGB. Wird eine Gesamtstrafe gebildet können bis zu 720 Tagessätze verhängt werden, § 54 II 2 StGB.

268 Erst dann wird in einem zweiten Schritt die **Höhe des einzelnen Tagessatzes** unter Berücksichtigung der persönlichen und wirtschaftlichen Verhältnisse des Täters bestimmt. Zu errechnen ist das Tageseinkommen, ausgehend von dem durchschnittlichen anzurechnenden Einkommen abzüglich berücksichtigungsfähiger Belastungen. Der Mindesttagessatz beträgt 1 EUR, der Höchstsatz 5.000 EUR, § 40 II 3 StGB. Es können nur ganze Euro-Beträge als Tagessatz bestimmt werden, ggf. ist abzurunden.

269 Auszugehen ist vom **durchschnittlichen** Tageseinkommen, das in der Regel ein Dreißigstel des Nettomonatseinkommens beträgt. Schwanken die Einkünfte stark, ist ein größerer Zeitraum heranzuziehen. Doch bleiben vorübergehende Veränderungen unberücksichtigt, falls sie nicht regelmäßig auftreten. Grundsätzlich wird das Einkommen rückblickend berechnet, doch sind auch sichere künftige Änderungen zu beachten.[351] Bei besonders einkommensschwachen Personen ist regelmäßig eine Absenkung der Tagessatzhöhe angezeigt.[352] Auch bei hoher Tagessatzanzahl (über 90) kann dies in Betracht kommen, um der progressiven Steigerung des Strafübels entgegen zu wirken.[353]

270 Nur das **anzurechnende** Einkommen ist zu berücksichtigen. Dazu zählen zunächst alle Geldzuflüsse aus den sieben steuerrechtlichen Einkunftsarten,[354] ferner Sozialleistungen einschließlich Kindergeld[355] und Sachbezüge, wie freie Kost und Unterkunft. Auch das mietfreie Wohnen im Eigenheim ist mit dem ersparten Mietzins in Ansatz zu bringen. Daneben sind nach dem ausdrücklichen Wortlaut des § 40 II 2 StGB auch die fiktiven Einkünfte des Täters heranzuziehen, falls und soweit er sie in zumutbarer Weise erzielen könnte.[356]

271 Von dem so ermittelten Einkommen sind die berücksichtigungsfähigen Belastungen abzuziehen. Das sind vor allem solche, die im Zusammenhang mit den erzielten Einkünften stehen, wie Steuern, Sozialversicherungsbeiträge, Fahrtkosten, Betriebsausgaben oder Abzahlungen auf einen Eigenheimkredit. Verbindlichkeiten werden grundsätzlich nur berücksichtigt, wenn sie bedient werden, und auch dann nur ausnahmsweise. Mietzahlungen oder Kosten eines Eigenheimkredits sind nicht abziehbar. Dagegen ist geschuldeter und tatsächlich geleisteter

---

348 Vgl. BayObLG Urt. v. 7. 1. 2004 – 4 St RR 161/03.
349 BayObLGSt 1975, 73 (76); BGHSt 27, 72.
350 BGHSt 27, 72.
351 BGHSt 26, 325 (329); *Fischer* § 40 Rn. 6.
352 OLG Oldenburg NStZ-RR 2008, 6; OLG Hamburg NStZ 2001, 655; OLG Dresden NJW 2009, 2966; *Fischer* § 40 Rn. 24.
353 *Fischer* § 40 Rn. 24.
354 Vgl. § 2 EStG; auf die steuerrechtliche Bewertung kommt es jedoch nicht an.
355 OLG Düsseldorf NJW 1977, 260; *Fischer* § 40 Rn. 7; aA Schönke/Schröder/*Stree* § 40 Rn. 9, 14.
356 BayObLG NStZ 1998, 464; *Fischer* § 40 Rn. 8 mwN.

Unterhalt stets zu berücksichtigen. Beim Barunterhalt wird der Zahlbetrag abgezogen; beim Naturalunterhalt sind angemessene Abschläge vom Einkommen zu machen. Denkbar wären 25% für den einkommenslosen Ehepartner und 15% für jedes Kind, insgesamt aber nicht mehr als 50%.[357]

Die Einkünfte können geschätzt werden, wenn der Täter keine zutreffenden Angaben macht. Für bestimmte Personen haben sich in der Praxis Schätzgrößen gebildet: lediger Angestellter 40 EUR; Asylbewerber 5 EUR;[358] Hartz-IV-Empfänger 15 EUR;[359] Hausfrau/Hausmann 20 EUR;[360] Student 15 EUR.

B. Vorgang der Strafzumessung – Aufbau der Gründe

Der Vorgang der Strafzumessung vollzieht sich in drei Schritten:[361]

1. Bestimmung des gesetzlichen Strafrahmens
2. Einordnung der Tat in den Strafrahmen (sogenannter Spielraum entsteht)
3. Präventive Überlegungen

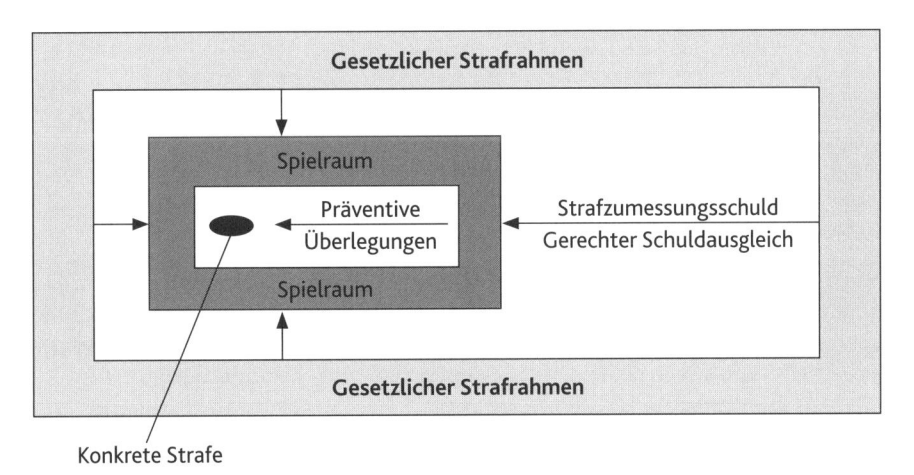

```
                    Gesetzlicher Strafrahmen
            ┌───────────────────────────────────┐
            │           Spielraum               │
            │   ┌───────────────────────┐       │
            │   │  Präventive           │◄── Strafzumessungsschuld
            │   │  Überlegungen         │       Gerechter Schuldausgleich
            │   └───────────────────────┘       │
            │           Spielraum               │
            └───────────────────────────────────┘
                    Gesetzlicher Strafrahmen
        Konkrete Strafe
```

Dem schließt sich die Bestimmung der Strafart, gegebenenfalls die Bildung einer Gesamtstrafe und die Prüfung der Strafaussetzung zur Bewährung an, so dass sich folgender Aufbau der Strafzumessungsgründe ergibt:

1. Bestimmung des gesetzlichen Strafrahmens
   a) Normalstrafrahmen
   b) Minder schwerer/besonders schwerer Fall
   c) Strafrahmenverschiebung gemäß § 49 StGB
2. Einordnung der Tat in den Strafrahmen
   a) Strafzumessungsschuld
   b) Folgen der Tat für den Angeklagten – gerechter Schuldausgleich
3. Präventive Überlegungen
   a) Generalprävention
   b) Spezialprävention
4. Bestimmung der Strafart
5. Gesamtstrafenbildung

---

357 KG NStZ-RR 2010, 306; *Fischer* § 40 Rn. 14.
358 Vgl. OLG Oldenburg NStZ-RR 2008, 6 unter Berücksichtigung von Sachbezügen.
359 Die Regelleistung beträgt zwar nur 347 EUR, doch sind die Erstattung von angemessenen Wohn- und Heizkosten zu berücksichtigen.
360 Entscheidend ist die tatsächliche Teilhabe am Familieneinkommen (Naturalunterhalt und Taschengeld), nicht ein fiktiver Trennungsunterhalt, vgl. *Fischer* § 40 Rn. 9.
361 Vgl. *Schäfer* Rn. 367 ff.

> 6. Entscheidung über die Strafaussetzung zur Bewährung
> a) Günstige Sozialprognose, § 56 I StGB
> b) Besondere Umstände, § 56 II StGB
> c) Verteidigung der Rechtsordnung, § 56 III StGB

I. Bestimmung des gesetzlichen Strafrahmens

275 Die Bestimmung des gesetzlichen Strafrahmens ist der erste und zugleich wichtigste Schritt bei der Bemessung der Strafe. Der konkrete Strafrahmen ist das Fundament jeglicher Strafzumessung im engeren Sinne;[362] Fehler bei dessen Findung bringen das Urteil im Strafausspruch zwangsläufig zu Fall. Die Frage, welcher Strafrahmen zu Grunde zu legen ist, kann ganz einfach, aber auch sehr schwierig zu beantworten sein. Auszugehen ist immer von dem im Gesetz genannten Normal- oder Regelstrafrahmen. Sodann ist zu prüfen, ob die Norm Ausnahmestrafrahmen für minder schwere oder besonders schwere Fälle vorsieht. Ist dies der Fall muss erörtert werden, ob ein solcher anzunehmen ist. Schließlich kann eine Strafrahmenverschiebung gemäß § 49 StGB in Betracht kommen.

> **Merke:** Zumindest **im Examen** sollten die verschiedenen Strafrahmen konkret bezeichnet werden, um zu dokumentieren, dass man mit der Berechnung vertraut ist. In der Praxis genügt zwar grundsätzlich die Nennung der Normen, aus denen sich die Strafrahmen ergeben, doch schadet auch hier eine konkrete Angabe nicht, zumal darüber ohnehin Klarheit herrschen muss.

1. Normalstrafrahmen

276 Zunächst ist für jede Einzelstrafe gesondert der Normalstrafrahmen zu bestimmen. Dabei ist jeweils von dem im Gesetz genannten Strafrahmen auszugehen; bei tateinheitlicher Verwirklichung zweier oder mehrerer Tatbestände ist gemäß § 52 II StGB nur der höhere Strafrahmen maßgebend, bei gleich hohen sollte der des prägenden Delikts herangezogen werden.

277 | 1. Bei der Bemessung der Strafe ist vom Strafrahmen des § 242 I StGB auszugehen, der von 1 Monat[363] bis zu 5 Jahren Freiheitsstrafe reicht oder Geldstrafe zwischen 5 und 360 Tagessätzen[364] vorsieht.[365]

278 Beim Tatbestand des Vollrausches ist § 323 a II StGB zu beachten, wonach der mildere Strafrahmen der Rauschtat vorgeht.

2. Ausnahmestrafrahmen für minder schwere und besonders schwere Fälle

279 Sieht die einschlägige Strafnorm einen Ausnahmestrafrahmen für minder schwere oder besonders schwere Fälle vor, muss sich das Urteil damit auseinandersetzen, wenn die Strafzumessung andernfalls lückenhaft wäre.[366] Das ist immer – aber nicht nur – der Fall, wenn die Voraussetzungen des § 267 II 2, 3 StPO vorliegen, also ein minder schwerer Fall bejaht oder entgegen einem in der Hauptverhandlung gestellten Antrag verneint wird oder ein besonders schwerer Fall trotz Vorliegens eines Regelbeispiels verneint oder ohne Vorliegen eines solchen bejaht wird.[367]

a) Minder schwerer Fall

280 »Die Entscheidung der Frage, ob ein minder schwerer Fall angenommen werden kann, erfordert eine Gesamtbetrachtung. Für sie sind alle Umstände heranzuziehen und zu würdi-

---
362 Vgl. auch *Fischer* § 46 Rn. 16.
363 § 38 II StGB.
364 § 40 I 2 StGB.
365 Es ist nicht zwingend den Strafrahmen genau zu bezeichnen; erforderlich ist nur, die Vorschriften zu nennen, aus denen sich der Strafrahmen ergibt.
366 Vgl. *Fischer* § 46 Rn. 86.
367 *Meyer-Goßner* § 267 Rn. 21.

gen, die für die Wertung der Tat und des Täters in Betracht kommen, gleichviel ob sie der Tat selbst innewohnen, sie begleiten, ihr vorausgehen oder nachfolgen. Dabei müssen auch die Persönlichkeit des Täters, sein Gesamtverhalten, seine Tatmotive und die seine Tat begleitenden Umstände gewürdigt werden.«[368]

Dieser treffenden Formulierung des BGH ist nichts hinzuzufügen. Daraus folgt aber, dass es erforderlich ist, bereits bei der Prüfung des Vorliegens eines minder schweren Falles alle strafzumessungsrelevanten Umstände heranzuziehen und gegeneinander abzuwägen. Besonderheiten ergeben sich aber, falls ein minder schwerer Fall bejaht wird.[369] **281**

Nur in ganz eindeutigen Fällen wird man sich daher auf die Erörterung einzelner tragender Umstände beschränken können: **282**

> Die Annahme eines minder schweren Falles gemäß § 249 II StGB kam trotz des Geständnisses bereits deshalb nicht in Betracht, weil der Angeklagte einschlägig vorbestraft ist und einen erheblichen Geldbetrag erbeutete.

Vielfach ist es hingegen geboten, bereits bei der Entscheidung über das Vorliegen eines minder schweren Falles die Strafzumessung im Einzelnen vorzunehmen: **283**

> b) Ein minder schwerer Fall des § 249 II StGB liegt nicht vor.
> Zur Prüfung der Frage, ob ein minder schwerer Fall angenommen werden kann, ist eine Gesamtbetrachtung vorzunehmen. Hierfür sind alle Umstände heranzuziehen und zu würdigen, die für die Wertung der Tat und des Täters in Betracht kommen, gleichviel ob sie der Tat selbst innewohnen, sie begleiten, ihr vorausgehen oder nachfolgen. Dabei müssen auch die Persönlichkeit des Täters, sein Gesamtverhalten, seine Tatmotive und die seine Tat begleitenden Umstände gewürdigt werden.[370]
> Zugunsten des Angeklagten und damit für die Annahme eines minder schweren Falles spricht zwar, dass er geständig war und dabei Schuldeinsicht und Reue zeigte. Auch wirkt sich strafmildernd aus, dass die vom Angeklagten gegenüber der Kassiererin Stern eingesetzte Gewalt nicht erheblich war und der Vorfall bei dieser keine bleibenden seelischen Schäden hinterließ. Schließlich ist zugunsten des Angeklagten zu berücksichtigen, dass das erbeutete Bargeld nur wenige Stunden nach der Tat sichergestellt und der geschädigten Firma zurückgegeben werden konnte sowie, dass der Angeklagte die Tat aus wirtschaftlicher Not beging.
> Demgegenüber sprechen aber entscheidende Gründe gegen die Annahme eines minder schweren Falles. Insbesondere muss sich erheblich zulasten des Angeklagten auswirken, dass er zweimal einschlägig vorbestraft ist und die Tat nur etwa 3 Wochen nach seiner Entlassung aus der in Vollstreckung des Urteils des Landgerichts Regensburg vom 23. 6. 2004 verbüßten Strafhaft und im Laufe der ihm in diesem Zusammenhang bewilligten Aussetzung des Strafrestes zur Bewährung[371] beging. Straferschwerend fällt auch die hohe Beute ins Gewicht sowie, dass der Angeklagte die Tat bereits einige Tage zuvor geplant und vorbereitet hat. So hat er die Tankstelle beobachtet, sich eine Motorradhaube gekauft und diese mit Sehschlitzen versehen.
> Bei einer Gesamtbetrachtung aller vorgenannter Umstände ist daher nach Überzeugung der Kammer die Anwendung des Ausnahmestrafrahmens des § 249 II StGB nicht geboten.

Von dem Grundsatz, dass immer alle strafzumessungsrelevanten Umstände in die Prüfung der Anwendung des Ausnahmestrafrahmens einzustellen sind, gibt es eine **wichtige Ausnahme**: Wird ein minder schwerer Fall im Ergebnis bejaht und liegen auch vertypte Milderungsgründe gemäß § 49 StGB vor, ist sorgfältig zu prüfen und darzustellen, ob diese zur Annahme eines minder schweren Falles herangezogen werden müssen. Denn das hätte gemäß **§ 50 StGB** zur Folge, dass sie für eine weitere Strafrahmenverschiebung gemäß § 49 StGB nicht mehr zur Verfügung stehen. Ein **unnötiger Verbrauch von vertypten Milderungsgründen** stellt einen **284**

---

368 BGHR StGB vor § 1/minder schwerer Fall/Gesamtwürdigung 1; BGHSt 4, 8 (9); 26, 97 (98); vgl. *Fischer* § 46 Rn. 85.
369 → Rn. 284.
370 Die Zitierung der ständigen Rechtsprechung des BGH ist durchaus angebracht, um deutlich zu machen, dass das Gericht sich der rechtlichen Voraussetzungen bewusst war und diese beachtet hat.
371 Gemäß § 57 I StGB.

Fehler bei der Strafrahmenbestimmung dar, der zur Aufhebung des Strafausspruchs führt. Daher muss zunächst unter Zugrundelegung aller straferschwerenden Umstände sowie der nicht vertypten Milderungsgründe geprüft werden, ob ein minder schwerer Fall anzunehmen ist. Erst wenn die sonstigen Milderungsgründe – wie etwa Geständnis, straffreies Vorleben, geringe Beute – hierfür nicht ausreichen, sind die vertypten Milderungsgründe heranzuziehen.[372] Dabei ist wiederum mit dem schwächsten zu beginnen und erst nach erneuter Prüfung, ob nunmehr ein minder schwerer Fall zu bejahen ist, der zweitschwächste vertypte Milderungsgrund heranzuziehen;[373] dies ist solange fortzusetzen, bis ein minder schwerer Fall bejaht werden kann oder die Milderungsgründe erschöpft sind.

285 Dass sich der Tatrichter der **Bedeutung des § 50 StGB** bewusst war, muss in der Darstellung deutlich zum Ausdruck kommen:

> b) Es liegt ein minder schwerer Fall gemäß § 249 II StGB vor.
> Zwar fällt zulasten des Angeklagten ins Gewicht, dass er die Tat geplant und bewusst die Hilfsbereitschaft der Schülerin Heike Wittig ausgenutzt hat, doch überwiegen bei der vorzunehmenden Gesamtbetrachtung aller Umstände der Tat und der Täterpersönlichkeit die mildernden Faktoren so deutlich, dass das Gericht die Anwendung des Ausnahmestrafrahmens für geboten erachtet. So ist der Angeklagte nicht vorbestraft und war bereits im Ermittlungsverfahren geständig. Die von ihm aufgewendete Gewalt war nicht besonders erheblich und führte zu keiner körperlichen Beeinträchtigung seines Opfers. Die mögliche Tatbeute von 35 EUR war nur gering, was unwiderleglich auch der Vorstellung des Angeklagten entsprach. Insbesondere aber kam es aufgrund der spontanen Gegenwehr der Schülerin zu keiner Vollendung der Tat. Ohne die Heranziehung dieses letztgenannten vertypten Milderungsgrundes gemäß §§ 23 II, 49 I StGB hätte ein minder schwerer Fall nicht bejaht werden können, da nur unter Einschluss auch dieses Umstandes die Gesamtwürdigung ergibt, dass die Tat sich so deutlich von den gewöhnlich vorkommenden Fällen abhebt, dass die Anwendung des Ausnahmestrafrahmens geboten erscheint. Denn andererseits spricht zulasten des Angeklagten, dass er die Tat sorgfältig plante.[374] Dabei ist sich das Gericht bewusst, dass der Strafmilderungsgrund der nur versuchten Tat dadurch wegen § 50 StGB nicht mehr für eine Strafrahmenverschiebung gemäß §§ 23 II, 49 I StGB zur Verfügung steht. Doch ist es geboten, den für den Angeklagten günstigeren Strafrahmen zu wählen.[375]

286 Bei einigen Tatbeständen ist die Annahme eines minder schweren Falles für den Angeklagten aber unter Umständen **ungünstiger** als eine Strafrahmenverschiebung gemäß § 49 StGB.[376] Regelmäßig wird dann dieser Lösung der Vorzug zu geben sein, falls nicht noch eine weitere Strafrahmenverschiebung in Betracht kommt, was bei der Darstellung im schriftlichen Urteil zum Ausdruck kommen muss.[377] Dasselbe gilt, wenn ohne die Annahme eines minder schweren Falles eine doppelte Strafrahmenverschiebung in Betracht kommt.[378]

287 > b) Die Voraussetzungen für die Annahme eines minder schweren Falles gemäß § 250 III StGB liegen zwar vor, doch hat die Kammer der für den Angeklagten hier günstigeren Strafrahmenverschiebung gemäß § 49 I StGB den Vorzug gegeben.
> Eine zweifache Milderung kam nicht in Betracht, da ein minder schwerer Fall ohne die Heranziehung des vertypten Milderungsgrundes der erheblich verminderten Steuerungsfähigkeit (§ 21 StGB) nicht bejaht werden kann. Zwar spricht für den Angeklagten, dass er geständig und die

---

372 BGHR StGB § 30 I 2 Strafrahmenwahl; vgl. *Fischer* § 50 Rn. 5.
373 Vgl. BGH NStZ-RR 2008, 105.
374 Dieser Umstand muss der Sachverhaltsschilderung entnommen werden können.
375 Vgl. *Fischer* § 50 Rn. 5.
376 Vgl. § 250 I StGB und § 250 III StGB: Liegt die Strafe eher im unteren Bereich kann es günstiger sein, dass der gemäß § 49 I StGB gemilderte Strafrahmen des § 250 I StGB zur Anwendung kommt, der bei nur 6 Monaten Freiheitsstrafe beginnt, während die Untergrenze bei § 250 III StGB 1 Jahr beträgt. Anders kann es aber sein, wenn die Strafe im oberen Bereich des Strafrahmens anzusiedeln ist, da sich hier 11 Jahre 3 Monate bei Anwendung der §§ 49 I, 250 I StGB und 10 Jahre Freiheitsstrafe bei Annahme eines minder schweren Falls gemäß § 250 III StGB gegenüberstehen.
377 Vgl. *Fischer* § 50 Rn. 5; BGH NStZ-RR 2009, 9 bei Auswahl Normalstrafrahmen oder minder schwerer Fall im Falle Regelbeispiel des § 177 II Nr. 1 StGB.
378 BGH NStZ-RR 2010, 305.

Tatbeute gering war. Doch wirkt sich andererseits zu seinen Lasten aus, dass er wegen Diebstahls vorbestraft ist.

c) Der Strafrahmen des § 250 I StGB war jedoch gemäß § 49 I StGB iVm § 21 StGB zu mildern, so dass er nunmehr von 6 Monaten bis 11 Jahre 3 Monate Freiheitsstrafe reicht. ...

b) Besonders schwerer Fall

Bei den besonders schweren Fällen ist zu unterscheiden, ob ein Regelbeispiel erfüllt ist oder nicht. Hat der Angeklagte einen Regelbeispielsfall verwirklicht, was bereits bei der rechtlichen Würdigung erörtert werden sollte,[379] ist zu prüfen, ob nicht ausnahmsweise dennoch der Normalstrafrahmen Anwendung findet. Denn die indizielle Bedeutung eines Regelbeispiels kann durch andere Strafzumessungsfaktoren kompensiert werden, wenn in dem Tun oder in der Person des Täters Umstände vorliegen, die das Unrecht seiner Tat oder seine Schuld deutlich vom Regelfall abheben, so dass die Anwendung des erschwerten Strafrahmens unangemessen erschiene.[380] In eindeutigen Fällen sind aber keine eingehenden Ausführungen dazu erforderlich, dass es bei dem vom Gesetz vorgesehenen erhöhten Strafrahmen verbleibt. Doch sollte immer kurz aufgezeigt werden, dass sich der Tatrichter der Möglichkeit bewusst war, trotz Vorliegens eines Regelbeispielsfalls den Normalstrafrahmen zu Grunde zu legen. **288**

Bei der Bemessung der Strafe für den Diebstahl vom 23. 5. 2006 ist vom Strafrahmen des §§ 242 I, 243 I 1 StGB auszugehen, der von 3 Monaten bis zu 10 Jahren Freiheitsstrafe reicht. Der Angeklagte hat das Regelbeispiel des § 243 I 2 Nr. 1 StGB erfüllt. Es besteht kein Anlass ausnahmsweise dennoch auf den Normalstrafrahmen zurückzugreifen, zumal der Angeklagte vorbestraft ist und ein erheblicher Sachschaden entstand. **289**

Sieht das Gesetz einen besonders schweren Fall (auch) vor, ohne dass ein Regelbeispiel verwirklicht ist, gilt das zum minder schweren Fall Gesagte entsprechend.[381] Insbesondere sollten auch hier grundsätzlich bereits bei der Frage, ob ein besonders schwerer Fall vorliegt alle strafzumessungsrelevanten Umstände herangezogen werden. Das gilt vor allem dann, wenn ein besonders schwerer Fall bejaht wird. **290**

b) Es liegt ein besonders schwerer Fall gemäß § 243 II 1 StGB vor. Zwar ist keines der Regelbeispiele des § 243 II 2 StGB erfüllt, doch liegt ein unbenannter besonders schwerer Fall vor.
Für die Annahme eines besonders schweren Falls kommt es darauf an, ob das gesamte Tatbild einschließlich aller subjektiven Momente und der Täterpersönlichkeit vom Durchschnitt der erfahrungsgemäß gewöhnlich vorkommenden Fälle in einem Maße abweicht, dass die Anwendung des Ausnahmestrafrahmens geboten ist.[382]
Zugunsten des Angeklagten spricht zwar, dass er geständig war und dabei Schuldeinsicht und Reue zeigte. Auch ist strafmildernd zu berücksichtigen, dass der 50-jährige Angeklagte nicht vorbestraft ist und sich seit über 8 Monaten in dieser Sache in Untersuchungshaft befindet, was ihn seelisch erheblich belastet hat.[383]
Doch sprechen entscheidende Gründe für die Annahme eines besonders schweren Falls. So hat der Angeklagte in planvollem und arbeitsteiligem Zusammenwirken mit seinem bereits abgeurteilten Kollegen Manfred Münzer Bargeld in Höhe von über 1.200.000 EUR erbeutet. Dabei hat er seine Stellung als Amtsträger, dem das gestohlene Bargeld in dieser Eigenschaft zugänglich war, missbraucht. Schließlich muss sich auch straferschwerend auswirken, dass das Vertrauen der Allgemeinheit in die Integrität der europäischen Zentralbank als Hüterin der Währung durch eine derartige »Selbstbedienung« ihrer Beamten nachhaltig beeinträchtig wird.[384] **291**

---

379 → Rn. 249 f.
380 BGHR vor § 1 StGB, besonders schwerer Fall 1; BGHSt 20, 121 (125); BGH StV 1981, 72; BGH NStZ 1982, 425; NStZ-RR 2007, 373; vgl. *Fischer* § 46 Rn. 91.
381 → Rn. 280 ff.
382 BGHSt 2,181 (182); 28, 318 (319); 29, 319 (322); vgl. *Fischer* § 46 Rn. 88.
383 Die bloße Tatsache, dass sich der Angeklagte in Untersuchungshaft befindet, ist grundsätzlich kein Strafmilderungsgrund, vgl. → Rn. 338.
384 So BGHSt 29, 319 (323) im entschiedenen Fall dreier Beamter der Deutschen Bundesbank, die in Ausübung ihrer beruflichen Tätigkeit Banknoten im Wert von 2.200.000 DM entwendet hatten.

c) Aufeinandertreffen von minder schwerem und besonders schwerem Fall

292 Sieht ein gesetzlicher Tatbestand sowohl einen minder schweren als auch einen besonders schweren Fall vor,[385] können Erörterungen in beide Richtungen veranlasst sein. Dabei ist zunächst zu prüfen, ob ausnahmsweise trotz Vorliegens des Regelbeispiels wegen anderer schuldmindernder Umstände vom Normalstrafrahmen auszugehen ist. Ist dies der Fall, kann in extremen Ausnahmefällen eine weitergehende Minderung des Normalstrafrahmens und die Annahme eines minder schweren Falles in Betracht zu ziehen sein.[386]

3. Ausnahmestrafrahmen durch Milderung nach § 49 StGB

293 § 49 StGB regelt die Strafrahmenverschiebung aufgrund besonderer gesetzlicher Milderungsgründe, sogenannter **vertypter Milderungsgründe**. Ob solche gegeben sind, bestimmt sich nach den Vorschriften, die auf § 49 I oder II StGB verweisen. Während die Anwendung des § 49 I StGB je nach Ausgangsstrafrahmen zu unterschiedlichen Verschiebungen führt, bewirkt § 49 II StGB immer, dass der ursprüngliche Strafrahmen – unter Beibehaltung seines Höchstmaßes – nach unten bis zur gesetzlichen Mindeststrafe geöffnet wird. Es sind auch mehrfache Milderungen möglich:[387]

Ausgangsstrafrahmen	1. Milderung gem. § 49 I StGB	2. Milderung gem. § 49 I StGB
Lebenslang	3 Jahre – 15 Jahre	6 Monate – 11 Jahre 3 Monate
10 Jahre – 15 Jahre	2 Jahre – 11 Jahre 3 Monate	6 Monate – 8 Jahre 5 Monate
5 Jahre – 15 Jahre	2 Jahre – 11 Jahre 3 Monate	6 Monate – 8 Jahre 5 Monate
3 Jahre – 15 Jahre	6 Monate – 11 Jahre 3 Monate	1 Monat – 8 Jahre 5 Monate
2 Jahre – 15 Jahre	6 Monate – 11 Jahre 3 Monate	1 Monat – 8 Jahre 5 Monate
1 Jahr – 15 Jahre	3 Monate – 11 Jahre 3 Monate	1 Monat – 8 Jahre 5 Monate
1 Jahr – 10 Jahre	3 Monate – 7 Jahre 6 Monate	1 Monat – 5 Jahre 7 Monate
1 Jahr – 5 Jahre	3 Monate – 3 Jahre 9 Monate	1 Monat – 2 Jahre 9 Monate
6 Monate – 10 Jahre	1 Monat – 7 Jahre 6 Monate	1 Monat – 5 Jahre 7 Monate
6 Monate – 5 Jahre	1 Monat – 3 Jahre 9 Monate	1 Monat – 2 Jahre 9 Monate
3 Monate – 10 Jahre	1 Monat – 7 Jahre 6 Monate	1 Monat – 5 Jahre 7 Monate
3 Monate – 5 Jahre	1 Monat – 3 Jahre 9 Monate	1 Monat – 2 Jahre 9 Monate
– 10 Jahre	– 7 Jahre 6 Monate	– 5 Jahre 7 Monate
– 5 Jahre	– 3 Jahre 9 Monate	– 2 Jahre 9 Monate
– 3 Jahre	– 2 Jahre 3 Monate	– 1 Jahr 8 Monate
– 2 Jahre	– 1 Jahr 6 Monate	– 1 Jahr 1 Monat
– 1 Jahr	– 9 Monate	– 6 Monate 3 Wochen
– 6 Monate	– 4 Monate 2 Wochen	– 3 Monate 1 Woche
5 – 360 Tagessätze	5 – 270 Tagessätze	5 – 202 Tagessätze

a) Zwingende vertypte Milderungsgründe

294 Zwingende vertypte Milderungsgründe, die zur Anwendung des § 49 I StGB führen, finden sich in folgenden Vorschriften:

- Beihilfe, § 27 II StGB
- Fehlen besonderer persönlicher Merkmale beim Teilnehmer, § 28 I StGB

---

385 Vgl. etwa § 177 II, V StGB.
386 BGH NStZ-RR 2007, 373; StV 2008, 81.
387 Tabelle nach *Schäfer/Sander/van Gemmeren* Rn. 506.

- Versuch der Beteiligung, § 30 I 2 StGB
- Vermeidbare irrige Annahme eines entschuldigenden Notstands, § 35 II 2 StGB[388]
- Erfolglose öffentliche Aufforderung zu Straftaten, § 111 II 1 StGB

Liegt ein solcher Milderungsgrund vor, was sich bereits aus dem festgestellten Sachverhalt ergeben muss, ist eine Strafrahmenverschiebung gemäß § 49 I StGB – vorbehaltlich § 50 StGB –[389] ohne nähere Begründung vorzunehmen. 295

> c) Der Normalstrafrahmen war aber gemäß § 27 II StGB nach Maßgabe des § 49 I StGB zwingend zu mildern, da der Angeklagte sich nur der Beihilfe zum Raub schuldig gemacht hat. Der so gemilderte Strafrahmen des § 249 I StGB reicht von 3 Monaten bis 11 Jahre 3 Monate Freiheitsstrafe. 296

b) Fakultative vertypte Milderungsgründe

Die wichtigsten fakultativen vertypten Milderungsgründe finden sich in folgenden Vorschriften: 297

- Unterlassen, § 13 II StGB (iVm § 49 I StGB)
- Vermeidbarer Verbotsirrtum, § 17 StGB (iVm § 49 I StGB)
- Erheblich verminderte Schuldfähigkeit, § 21 StGB (iVm § 49 I StGB)
- Versuch, § 23 II StGB (iVm § 49 I StGB)
- Entschuldigender Notstand, § 35 I 2 StGB (iVm § 49 I StGB)
- Täter-Opfer-Ausgleich, Schadenswiedergutmachung, § 46 a StGB (iVm § 49 I StGB)
- Absolut untauglicher Versuch, § 23 III StGB (iVm § 49 II StGB)
- Aufklärungs- und Präventionshilfe, § 46 b StGB und § 31 BtMG (iVm § 49 I StGB)

> **Beachte:** Ob die Eingangsvoraussetzungen für diese Normen erfüllt sind, muss sich bereits aus dem festgestellten Sachverhalt ergeben.[390] Ob es deshalb auch zu einer Strafrahmenverschiebung gemäß § 49 I StGB kommt, ist hingegen erst bei der Strafzumessung zu erörtern. Dabei muss der Tatrichter im Urteil nicht nur mitteilen, ob er von der fakultativen Milderung Gebrauch macht. Er muss – insbesondere wenn er von ihr absieht – auch die Gründe mitteilen, die ihn zu dieser Entscheidung bewogen haben.[391] 298

Die Entscheidung, ob im Einzelfall von der Möglichkeit der Strafrahmenverschiebung Gebrauch gemacht wird, trifft das Gericht nach **pflichtgemäßem Ermessen**. Dabei ist vor allem auf den Milderungsgrund selbst abzustellen; daneben bedarf es aber auch einer umfassenden Abwägung aller sonstigen wesentlichen Strafzumessungsgesichtspunkte.[392] 299

aa) Unterlassen, § 13 StGB

»Die Frage, ob eine Strafrahmenmilderung nach §§ 13 II, 49 I StGB geboten ist, muss der Tatrichter in einer wertenden Gesamtwürdigung der wesentlichen unterlassungsbezogenen Gesichtspunkte prüfen und seine Auffassung in einer für das Revisionsgericht nachvollziehbaren Weise darlegen. Dabei sind vor allem diejenigen Momente zu berücksichtigen, die etwas darüber besagen, ob das Unterlassen im Verhältnis zur entsprechenden Begehungstat weniger schwer wiegt oder nicht. Besondere Bedeutung kommt der Frage zu, ob die gebotene Handlung von dem Unterlassungstäter mehr verlangt als den normalen Einsatz rechtstreuen Willens.«[393] 300

---

388 Es handelt sich bei § 35 II StGB um einen Irrtum »eigener Art«, vgl. *Fischer* § 35 Rn. 16.
389 → Rn. 284.
390 Bei den Normen, die auf § 49 II StGB verweisen, also bei § 23 III StGB und § 31 BtMG, kann es hingegen sinnvoller sein, auch die Eingangsvoraussetzungen bei der Strafzumessung abzuhandeln.
391 Vgl. BGH Urt. v. 11. 8. 1982 – 2 StR 407/82, für den Fall der §§ 21, 49 I StGB; BGHR BtMG § 31 Ermessen 1.
392 BGHR StGB § 13 II Strafrahmenverschiebung 2; vgl. *Fischer* § 49 Rn. 3; § 13 Rn. 53 f.; § 21 Rn. 20.
393 BGHR StGB § 13 II Strafrahmenverschiebung 1; vgl. auch BGH NJW 1982, 393; *Fischer* § 13 Rn. 20.

bb) Vermeidbarer Verbotsirrtum, § 17 StGB

301 Ob ein vermeidbarer Verbotsirrtum zur Strafmilderung gemäß § 49 I StGB führt, hängt insbesondere davon ab, welcher Grad der Vermeidbarkeit vorliegt.

302 c) Eine Strafrahmenverschiebung gemäß §§ 17, 49 I StGB ist nach Überzeugung des Gerichts nicht angezeigt. Zwar war dem Angeklagten unwiderleglich nicht bewusst, dass es gegen die Rechtsordnung verstößt, eine Katze grundlos zu töten, doch hätte er diesen Irrtum leicht vermeiden können, da er zumindest bei gehöriger Gewissensanspannung[394] zu dem Schluss hätte kommen können, dass ein solches Verhalten unter Strafe gestellt ist.

cc) Erheblich verminderte Schuldfähigkeit, § 21 StGB

303 Wenn die Voraussetzungen des § 21 StGB vorliegen,[395] ist in aller Regel eine Strafrahmenverschiebung gemäß § 49 I StGB veranlasst, falls die verminderte Tatschuld nicht ausnahmsweise durch schulderhöhende Umstände aufgewogen wird.[396]

304 Eine Ausnahme besteht aber, wenn die eingeschränkte Schuldfähigkeit in **vorwerfbarer Weise** vom Angeklagten selbst herbeigeführt wurde.[397] Dies kommt vor allem bei erheblich verminderter Steuerungsfähigkeit aufgrund übermäßigen Alkoholgenusses in Betracht. Nach einer neueren Entscheidung des **3. Strafsenats des BGH**[398] kommt eine Strafrahmenverschiebung gemäß §§ 21, 49 I StGB **in der Regel** schon allein dann nicht in Betracht, wenn die erhebliche Verminderung der Schuldfähigkeit des Täters auf verschuldeter Trunkenheit beruht.

305 Damit ist der 3. Strafsenat von der bisherigen Rechtsprechung des BGH[399] abgewichen,[400] wonach eine Strafrahmenverschiebung gemäß §§ 21, 49 I StGB nur dem Täter versagt wurde, der aufgrund früherer konkreter Erfahrungen seine individuelle Neigung kennen musste nach Alkoholgenuss vergleichbare Straftaten zu begehen oder der Alkohol zu sich nahm, obwohl er dessen enthemmende Wirkung kannte und die konkrete Gefahr nachfolgender Straftaten drohte. Nach der Entscheidung des 3. Strafsenats gilt, dass es ohne Belang ist, ob der Täter schon früher unter Alkohol Straftaten begangen hat. Damit kann der alkoholisierte Täter **grundsätzlich mit keiner Strafmilderung** mehr rechnen.

306 Der **3. Strafsenat des BGH**[401] begründet diese bemerkenswerte und praktisch sehr bedeutsame Abkehr von der bisherigen Rechtsprechung vor allem mit andernfalls auftretenden Wertungswidersprüchen im Verhältnis zur Regelung des Vollrausches in § 323 a StGB und dem zu beachtenden Grundsatz schuldangemessenen Strafens:

»Die potentiell nachteiligen Folgen übermäßigen Alkoholgenusses, seine einerseits das Bewusstsein trübenden, andererseits Handlungstriebe entfesselnden und bestehende Handlungshemmungen einschränkenden Wirkungen sind allgemein bekannt. Zwar treten diese Folgen nicht bei jedem Menschen in gleicher Weise und nach jedem übermäßigen Alkoholkonsum auf. Sie führen auch nicht notwendig zu strafbaren Verhaltensweisen. Andererseits lassen sich die Wirkungen starken Alkoholgenusses jedoch niemals mit Sicherheit vorausberechnen. Gerade der Umstand, dass sich der Alkoholisierte häufig in unerwarteter, ihm sonst fremder – auch strafbarer – Weise verhält, kennzeichnet die dem übermäßigen Alkoholgenuss eigene Gefahr. Die Trunkenheit ist daher für die Allgemeinheit abstrakt gefährlich und beinhaltet demgemäß – wenn selbst verschuldet – einen Unwert, an den bei Taten unter Alkoholeinfluss

---

394 Vgl. BGHSt 2, 194 (Großer Senat); *Fischer* § 17 Rn. 8.
395 Dies beinhaltet, dass die erforderliche Erheblichkeit der verminderten Schuldfähigkeit bejaht wurde, vgl. dazu auch oben Rn. 211.
396 BGH NStZ-RR 2010, 336; *Fischer* § 21 Rn. 20.
397 *Fischer* § 21 Rn. 24 f.
398 BGH Urt. v. 27. 3. 2003 – 3 StR 435/02, NStZ 2003, 480; NStZ-RR 2009, 372 (373); vgl. dazu *Fischer* § 21 Rn. 25 ff.; zur differenzierten Auffassung des 5. Strafsenats des BGH → Rn. 307.
399 Vgl. BGH NStZ 1993, 537; 1986, 114; BGHSt 43, 66 (78); 34, 29 (33); BGH StV 1991, 254 (255); 1993, 355 ff.; BGHR StGB § 21 Strafrahmenverschiebung 3 und 14.
400 Der 3. Strafsenat konnte dies ohne Anfrage an die anderen Senate gemäß § 132 III 1 GVG tun, weil die Revision des Angeklagten bereits aus anderen Gründen zu verwerfen war.
401 BGH NStZ 2003, 480; erneut NStZ 2009, 258.

eine strafrechtliche Bewertung des Sich-Berauschens unabhängig davon anzuknüpfen vermag, ob dem konkreten Täter durch frühere Erfahrungen eine individuelle Neigung zur Begehung – vergleichbarer – Straftaten bekannt war oder zumindest sein konnte.[402] Dann ist es aber nur konsequent, in den Fällen, in denen die selbstverschuldete Trunkenheit nicht zur Aufhebung, sondern lediglich zur erheblichen Verminderung der Schuldfähigkeit führt, die Strafmilderung nach §§ 21, 49 Abs. 1 StGB in der Regel auch dann zu versagen, wenn der Täter nicht über einschlägige Vorerfahrungen hinsichtlich der gefährlichen Folgen übermäßigen Alkoholgenusses verfügt. Denn auch dann ist die abstrakte Gefahr der Trunkenheit regelmäßig erkennbar und seine Tatschuld wird gerade dadurch gekennzeichnet, dass diese abstrakte Gefahr in der Tat in die konkrete Rechtsgutsgefährdung oder -verletzung umgeschlagen ist.

Dies gilt grundsätzlich unabhängig davon, welche Straftat der Täter unter Alkoholeinfluss begangen hat und ob der für diese Tat angedrohte – gemäß §§ 21, 49 Abs. 1 StGB gemilderte – Strafrahmen hinter demjenigen des § 323 a Abs. 1 StGB zurückbleibt, der bei rauschbedingter völliger Aufhebung der Schuldfähigkeit anzuwenden wäre.[403] Das Maß der Schuldminderung durch eine alkoholbedingt erhebliche Einschränkung der Schuldfähigkeit ist unabhängig von der Schwere der unter Alkoholeinfluß begangenen Straftat. Die durch die Trunkenheit bewirkte Reduzierung der Schuld ist daher bei schwereren Straftaten, die im Höchstmaß mit Freiheitsstrafe von mehr als fünf Jahren bedroht sind, nicht gewichtiger zu bemessen als bei Taten mit geringerer Strafandrohung. Im Gegenteil: Je schwerer eine potentielle Rechtsgutsverletzung wiegt, um so höhere Anforderungen an deren Vermeidung darf die Rechtsordnung stellen und um so weniger besteht Anlass, denjenigen, der durch verschuldete Trunkenheit seine Fähigkeit zu normgemäßem Verhalten beeinträchtigt hat, durch eine Strafrahmenverschiebung zu begünstigen.«

Mit Urteil vom 17. 8. 2004 hat der **5. Strafsenat des BGH**[404] hierzu differenzierend – ohne seiner Ansicht nach tragenden Widerspruch zur bisherigen BGH-Rechtsprechung – Stellung genommen: Erforderlich sei, dass sich aufgrund der persönlichen oder situativen Verhältnisse des Einzelfalls das Risiko der Begehung von Straftaten vorhersehbar signifikant infolge Alkoholisierung erhöhe, wobei an die nur eingeschränkt revisionsgerichtlich nachprüfbare Überzeugungsbildung des Tatrichters keine übertriebenen Anforderungen zu stellen seien; einer Vorverurteilung des Angeklagten wegen einer im alkoholisierten Zustand begangenen Straftat bedürfe es hierfür nicht. Einen Automatismus der Strafrahmenverschiebung bei erheblich verminderter Schuldfähigkeit infolge Trunkenheit gebe es jedenfalls nicht; solche grundsätzlich schuldmindernden Umstände könnten insbesondere durch die Kenntnis des Täters von den ungünstigen Wirkungen erheblicher Alkoholisierung auf seine Gewaltbereitschaft wieder ausgeglichen werden.[405] Ähnlicher Auffassung ist auch der 4. Strafsenat.[406] Der 1. Strafsenat neigt dagegen eher der Ansicht des 3. Strafsenats zu, indem er festhält, dass eine zu verantwortende Trunkenheit auch ohne einschlägige Vorverurteilung in der Regel gegen eine Strafrahmenverschiebung spreche.[407]

307

Diese Grundsätze zur Versagung der Strafrahmenverschiebung gelten nach Auffassung aller Senate des BGH aber nur, wenn der Täter seine Trunkenheit in vorwerfbarer Weise selbst verschuldet hat, also weder alkoholkrank noch alkoholüberempfindlich ist.[408] Dem Angeklagten muss der Alkoholkonsum **uneingeschränkt vorwerfbar** sein.[409] Insbesondere bei manifester Alkoholabhängigkeit, die bereits den Grad einer anderen seelischen Abartigkeit erreicht

308

---

402 So bereits BGHSt 16, 124 (125) zu § 323 a StGB.
403 Vgl. BGH NStZ-RR 1997, 163 (165 f.).
404 BGH NStZ 2004, 678; ebenso NStZ 2009, 202.
405 BGH (5. Strafsenat) NStZ 2005, 385 (386); ebenso NStZ 2008, 619; NStZ-RR 2010, 234: Keine Versagung der Strafrahmenverschiebung trotz früherer Straffälligkeit unter Alkoholeinfluss bei andersartigem Antrieb und Ziel der neuen Tat.
406 BGH NStZ 2006, 274.
407 BGH NStZ 2005, 151 (152).
408 BGH NStZ 2003, 480 in Fortsetzung der ständigen Rechtsprechung des BGH, vgl. BGH NStZ 1999, 448 und *Fischer* § 21 Rn. 26 mwN; ebenso BGH NStZ 2008, 330; 2009, 258.
409 Das gilt vor allem, wenn dem Angeklagten bei Versagung der Strafrahmenverschiebung lebenslange Freiheitsstrafe droht, BGH NStZ 2009, 487 (488).

hat, ist dem Angeklagten das Sich-Berauschen nicht vorwerfbar, weshalb ihm in aller Regel eine Strafmilderung gemäß §§ 21, 49 I StGB nicht versagt werden kann. Dies gilt selbst dann, wenn der Angeklagte aufgrund früherer Straftaten unter Alkoholeinfluss wusste, dass Alkohol seine Aggression und Bereitschaft zur Begehung von Straftaten erhöht.[410] Auch einem Angeklagten, der infolge seiner Persönlichkeitsstörung regelmäßig Alkohol konsumiert, kann dies nicht uneingeschränkt zum Vorwurf gemacht werden.[411]

309 c) Eine Strafrahmenverschiebung gemäß §§ 21, 49 I StGB ist nach Überzeugung der Kammer nicht angezeigt. Zwar lag beim Angeklagten zur Tatzeit eine krankhafte seelische Störung aufgrund einer alkoholbedingten Intoxikationspsychose vor, die gemäß §§ 20, 21 StGB seine Steuerungsfähigkeit erheblich verminderte, doch hat er diesen Zustand selbst verschuldet. Denn die abstrakte Gefahr übermäßiger Alkoholaufnahme ist allgemein bekannt und hätte auch vom Angeklagten erkannt werden können. Dem steht nicht entgegen, dass der Angeklagte, obwohl er häufiger Alkohol trinkt, bisher noch keine Straftaten begangen hat. Denn es kennzeichnet die eigene Gefahr, die von einem übermäßigen Alkoholkonsum ausgeht, gerade der Umstand, dass sich der Alkoholisierte häufig in unerwarteter, ihm sonst fremder, auch strafbarer Weise verhält. Genau diese abstrakte Gefahr hat sich in der vom Angeklagten begangenen Tat verwirklicht. Der Angeklagte hat seine Trunkenheit auch in vorwerfbarer Weise selbst herbeigeführt. Anhaltspunkte dafür, dass er alkoholkrank oder alkoholüberempfindlich ist, haben sich nicht ergeben. Eine Strafrahmenverschiebung erschien der Kammer daher nicht veranlasst.

310 Die Rechtsprechung des 3. Strafsenats des BGH zur Strafrahmenverschiebung bei selbstverschuldeter Trunkenheit wird man auch auf den übermäßigen Genuss **illegaler Drogen** oder sonstiger das Bewusstsein beeinträchtigender Mittel übertragen können. Doch wird die Vorwerfbarkeit bei diesen Fallgruppen besonders sorgfältig zu prüfen sein, da öfter als bei übermäßiger Alkoholaufnahme eine manifeste Abhängigkeit des Täters vorliegen wird, die einer Versagung der Strafmilderung regelmäßig entgegensteht.[412] Vielfach wird die erheblich verminderte Steuerungsfähigkeit aber nicht auf einer akuten Intoxikation beruhen, sondern auf der Angst des betäubungsmittelabhängigen Täters vor Entzugserscheinungen, die nicht unbedingt akut sein müssen, die der Täter aber bereits als äußerst unangenehm erlebt hat und als nahe bevorstehend einschätzt.[413] In diesen Fällen stellt sich die Frage der Vorwerfbarkeit des Rausches erst gar nicht, so dass eine Strafrahmenverschiebung grundsätzlich in Betracht kommt.

311 c) Der Strafrahmen des § 249 I StGB ist aber gemäß §§ 21, 49 I StGB zu mildern, wodurch sich ein solcher von 3 Monaten bis 11 Jahre 3 Monate ergibt. Aufgrund der Angst des heroinabhängigen Angeklagten vor noch stärkeren Entzugserscheinungen ist davon auszugehen, dass seine Steuerungsfähigkeit im Sinne des § 21 StGB erheblich vermindert war.[414] Da dieser Zustand im Wesentlichen auf der bereits manifesten Betäubungsmittelabhängigkeit des Angeklagten beruhte, sah die Kammer auch unter Berücksichtigung aller sonstiger Strafzumessungsgesichtspunkte keinen Anlass dem Angeklagten die mögliche Milderung gemäß § 49 I StGB zu versagen.

dd) Versuch, § 23 II StGB

312 Ob eine Strafrahmenverschiebung wegen Versuchs in Betracht kommt, ist aufgrund einer Gesamtschau aller Tatumstände im weitesten Sinne und der Persönlichkeit des Angeklagten zu entscheiden.[415] Besonderes Gewicht kommt aber den wesentlichen versuchsbezogenen Umständen zu, nämlich Nähe der Tatvollendung, Gefährlichkeit des Versuchs und aufgewandte kriminelle Energie, weil sie die wichtigsten Kriterien für die Einstufung von Handlungs- und Erfolgsunwert einer nur versuchten Tat liefern.[416]

---

410 BGH NStZ 2008, 330.
411 BGH (3. Strafsenat) NStZ-RR 2010, 74.
412 Vgl. *Fischer* § 21 Rn. 25 c f.
413 BGHR StGB § 21 BtM-Auswirkungen 5; *Fischer* § 21 Rn. 13.
414 Dies ist bereits im Rahmen der Sachverhaltsschilderung festzustellen.
415 BGHSt 16, 351 (353); *Fischer* § 23 Rn. 4.
416 BGHR StGB § 23 II Strafrahmenverschiebung 9; BGH StV 1986, 378 (379); BGH NStZ 2009, 203; NStZ-RR 2010, 305 (306); 2011, 111 (112); *Fischer* § 23 Rn. 4.

c) Eine Strafrahmenverschiebung gemäß §§ 23 II, 49 I StGB ist nach Überzeugung der Kammer 313
nicht angezeigt. Denn es ist nur einem glücklichen Zufall zu verdanken, dass die vom Angeklagten
abgefeuerte Kugel an der Schussweste des Polizeibeamten Hartmann abprallte und ihn nicht
ernsthaft verletzte. Auch die sonstigen zugunsten des Angeklagten sprechenden Umstände,
insbesondere sein Geständnis, geben keinen hinreichenden Anlass für eine andere Bewertung.

c) Der Strafrahmen des § 146 I StGB war aber gemäß §§ 23 II, 49 I StGB zu mildern, wodurch 314
sich ein solcher von 3 Monaten bis 11 Jahre 3 Monate ergibt. Denn eine Tatvollendung war
infolge der Mitwirkung des Kriminalbeamten von vornherein ausgeschlossen, weil das Falschgeld
nicht in den Verkehr, sondern stets nur in amtlichen Gewahrsam gelangen konnte.[417]

ee) Entschuldigender Notstand, § 35 I StGB

Eine Strafrahmenverschiebung gemäß §§ 35 I 2, 49 I StGB ist insbesondere möglich, wenn 315
die Gefahr den Angehörigen des Angeklagten – und nicht (nur) ihm selbst – gedroht hat.[418]

ff) Täter-Opfer-Ausgleich, Schadenswiedergutmachung, § 46 a StGB

Eine Strafmilderung gemäß § 49 I StGB oder gar ein Absehen von Strafe gemäß § 46 a StGB 316
kommt unter zwei alternativen Eingangsvoraussetzungen in Betracht: § 46 a Nr. 1 StGB
bezieht sich vor allem auf den Ausgleich immaterieller Folgen einer Straftat, während § 46 a
Nr. 2 StGB den materiellen Schadensersatz betrifft.[419] Dabei setzt § 46 a Nr. 1 StGB neben
einem Geständnis[420] einen kommunikativen Prozess zwischen Täter und Opfer voraus, der
auf einen umfassenden Ausgleich der durch die Straftat verursachten Folgen gerichtet sein
muss und den das Opfer als friedensstiftend akzeptiert.[421] Dazu gehört auch, dass der Täter
die Verantwortung für das Geschehen in Anerkennung der Opferrolle des Geschädigten
übernimmt.[422] Das einseitige Wiedergutmachungsbestreben ohne den Versuch der Einbeziehung des Opfers genügt nicht.[423] Ein solcher kommunikativer Prozess ist für die in § 46 a
Nr. 2 StGB normierte Fallgruppe nicht erforderlich; doch muss der Angeklagte hier das Opfer
tatsächlich ganz oder zum ganz überwiegenden Teil unter erheblichen persönlichen Leistungen oder persönlichem Verzicht entschädigt haben.[424] In beiden Fällen ist bei Strafen bis zu 1
Jahr oder 360 Tagessätzen vor Erörterung einer Milderung gemäß § 49 I StGB zu prüfen, ob
von Strafe abgesehen werden kann.[425]

gg) Absolut untauglicher Versuch, § 23 III StGB

§ 23 III StGB setzt voraus, dass der Täter aus grobem Unverstand verkannt hat, dass der 317
Versuch nach der Art des Mittels, mit dem die Tat begangen werden sollte, überhaupt nicht
zur Vollendung gelangen konnte. Es darf weder eine konkrete noch eine abstrakte Gefährdung für das Opfer bestanden haben. Zusätzlich muss das subjektive Merkmal des »groben
Unverstands« erfüllt sein. Aus grobem Unverstand handelt nur, wer trotz ungeeigneten
Mittels den Taterfolg für möglich hält, weil er bei der Tatausführung von völlig abwegigen
Vorstellungen über gemeinhin bekannte Ursachenzusammenhänge ausgeht. Dabei muss der
Irrtum nicht nur für fachkundige Personen, sondern für jeden Menschen mit durchschnittlichem Erfahrungswissen offenkundig, ja geradezu handgreiflich sein.[426]

---

417 BGHR StGB § 23 II Strafrahmenverschiebung 2; BGHSt 34, 108 (109).
418 BGHR StGB § 35 I Gefahr, gegenwärtige 2; vgl. auch *Fischer* § 35 Rn. 15.
419 BGHR StGB 46 a Wiedergutmachung 1.
420 Zumindest bei Gewalt- und Sexualdelikten, vgl. BGHSt 134 (141 f.) = NStZ 2003, 365 (366).
421 BGHSt 134 (141 f.) = NStZ 2003, 365 (366) mit Anm. *Dölling/Hartmann* NStZ 2004, 283; BGH NStZ 2008, 452 f.; NStZ 2010, 82.
422 BGH NStZ 2010, 82 auch zur Frage der Anwendbarkeit des § 46 a Nr. 1 StGB bei intensivem Notwehrexzess.
423 BGHR StGB 46 a Wiedergutmachung 1; vgl. *Fischer* § 46 a Rn. 10 ff.
424 Vgl. *Fischer* § 46 a Rn. 11.
425 Vgl. *Fischer* § 46 a Rn. 6.
426 BGHR StGB § 23 III Versuch, untauglicher 1 mwN im Schrifttum; vgl. auch *Fischer* § 23 Rn. 7.

hh) Aufklärungs- und Präventionshilfe, § 46 b StGB und § 31 BtMG

318 Mit dem am 1. 9. 2009 in Kraft getretenen 43. StrÄndG hat der Gesetzgeber die nicht unumstrittene »**Kronzeugenregelung**« des § 31 BtMG in das allgemeine Strafrecht übernommen.[427] Die Vorschrift des § 46 b StGB ist dabei dem § 31 BtMG bewusst nachgebildet, weshalb auch auf die zu § 31 BtMG ergangene Rechtsprechung zurückgegriffen werden kann. Beide Vorschriften unterscheiden zwischen Aufklärungshilfe (§ 46 b I 1 Nr. 1 StGB und § 31 S. 1 Nr. 1 BtMG) und der praktisch weniger bedeutsamen Präventionshilfe (§ 46 b I 1 Nr. 2 StGB und § 31 S. 1 Nr. 2 BtMG). Die Strafmilderung richtet sich jeweils nach § 49 I StGB, insoweit wurde § 31 BtMG geändert. Neu ist auch die Kodifizierung von Entscheidungskriterien in § 46 b II StGB und vor allem die Präklusionsvorschrift des § 46 b III StGB,[428] die jeweils über den Verweis in § 31 S. 2 BtMG auch im Betäubungsmittelstrafrecht gelten. Während § 31 BtMG für alle Straftaten nach dem BtMG gilt, setzt die Anwendung des § 46 b StGB voraus, dass eine Tat aus dem Katalog des § 100 a II StPO betroffen ist. Anders als bei § 31 S. 1 Nr. 1 BtMG kann die Tat, hinsichtlich derer Aufklärungshilfe geleistet wurde, bei § 46 b I Nr. 1 StGB auch eine fremde sein, an der der Angeklagte nicht beteiligt war.[429] Dies folgt aus § 46 b I 3 StGB. Ob die Voraussetzungen des § 46 b StGB oder des § 31 BtMG vorliegen ist stets zu erörtern,[430] wenn die Umstände des Falles dies erfordern; andernfalls kann der Strafausspruch keinen Bestand haben.[431] Bei der praktisch bedeutsamen Aufklärungshilfe ist im Einzelnen zu beachten:[432]

319
- Aufdeckung
Die Tat muss im Falle der Beteiligung des Angeklagten über seinen eigenen Tatbeitrag hinaus aufgedeckt worden sein. Den hierfür erforderlichen Aufklärungsbeitrag leistet der Angeklagte nicht bereits durch die bloße Benennung von (Mit-)Tätern, Auftraggebern, Abnehmern, etc. Er muss vielmehr auch Angaben über deren Beteiligung an der Tat machen.[433] Daher genügt es nicht, wenn der Angeklagte Personen benennt oder benannt hat, die nach seiner nicht bewiesenen Darstellung als Mittäter in Frage kommen.[434] § 46 b I Nr. 1 und § 31 Nr. 1 BtMG belohnen nur die Aufdeckung selbst, nicht schon das – wenn auch ernstliche – Aufdeckungsbemühen, das lediglich gemäß § 46 StGB bei der Strafzumessung berücksichtigt werden kann.[435]

Der Beitrag des Angeklagten zur Aufdeckung muss wesentlich sein. Dies ist immer dann der Fall, wenn ohne ihn die Tat nicht oder nicht vollständig aufgedeckt worden wäre.[436] Die bloße Bestätigung bereits bekannter Umstände – etwa in der Weise, dass der Angeklagte lediglich auf Vorhalt die Richtigkeit der Erkenntnisse der Strafverfolgungsbehörden einräumt – ist grundsätzlich keine Aufdeckung im Sinne der Vorschriften. Anders verhält es sich aber, wenn der Angeklagte durch seine Aussage den Strafverfolgungsorganen erst die erforderliche Überzeugung vermittelt, dass die bisherigen Erkenntnisse auch zutreffen.[437] Daraus folgt aber nicht in allen Fällen zwingend, dass nur demjenigen von mehreren Angeklagten eine Strafrahmenverschiebung zuteil werden kann, der zuerst eine Aussage macht.[438] Die Strafmilderung für freiwillige Offenbarung kann jedenfalls nicht davon ab-

---

427 Zur Kriminalpolitischen Bedeutung und Kritik an Regelung vgl. *Fischer* § 46 b Rn. 4 ff.; *Leupold* NJW-Spezial 2009, 776.
428 Ist eine Strafrahmenverschiebung gemäß § 46 b III StGB ausgeschlossen, muss gleichwohl eine – wenn auch geringere – Strafmilderung nach den allgemeinen Grundsätzen des § 46 StGB in Betracht gezogen werden, vgl. BGH NJW 2011, 2529.
429 BGH NStZ 2010, 443 mit Anm. S. *Maier* NStZ 2011, 151. Nach einem Referentenentwurf des Bundesministeriums der Justiz soll § 46 b I 1 StGB nun dahingehend ergänzt werden, dass die Tat mit der vom Angeklagten begangenen Tat in Zusammenhang stehen muss.
430 Die Erörterung erfolgt üblicherweise im Rahmen der Strafzumessung, vgl. → Rn. 298.
431 Vgl. BGHR BtMG § 31 Prüfungspflicht 1.
432 Vgl. zu allem die umfangreiche Kommentierung zu § 31 BtMG bei *Körner* und zu § 46 b StGB bei *Fischer*.
433 BGHR BtMG § 31 Nr. 1 Aufdeckung 10.
434 BGHSt 31, 163 (166); BGHR BtMG § 31 Nr. 1 Aufdeckung 1.
435 BGHSt 31, 163 (168); BGH StV 1983, 505 (506); BGH NStZ 1989, 580; BGHR BtMG § 31 Nr. 1 Aufdeckung 14; 22; 24; Milderung 2.
436 *Körner* § 31 Rn. 55.
437 BGHR BtMG § 31 Nr. 1 Aufdeckung 18; BGH StV 1989, 394.
438 BGHR BtMG § 31 Nr. 1 Aufdeckung 18; *Körner* § 31 Rn. 45.

hängig sein, welcher der Angeklagten jeweils aufgrund der prozessualen Abläufe und der notwendigen Strukturierung der Hauptverhandlung als erster vernommen wird, insbesondere wenn alle umfassende Geständnisse angekündigt haben.[439]

- Aufklärungserfolg   320

Ein Aufklärungserfolg setzt zwar nicht die Verhaftung eines benannten Beteiligten voraus, doch muss er zumindest so genau ermittelt worden sein, dass eine Ausschreibung zur Festnahme erfolgen könnte.[440] Es genügt daher nicht, dass aufgrund der Angaben des Angeklagten die Ermittlung des Hintermannes ohne weiteres möglich ist oder die Angaben zur Identifizierung und Überführung des Hintermannes geeignet sind.[441] Dass ein notwendiger gesicherter Aufklärungserfolg noch nicht eingetreten ist, geht grundsätzlich zulasten des Angeklagten. Das Gericht ist nicht gehalten, den Angaben des Angeklagten selbst nachzugehen, um einen Aufklärungserfolg herbeizuführen. Auch braucht der Tatrichter nicht abzuwarten, bis andere Stellen entsprechende Ermittlungen durchgeführt haben.[442] Bleibt jedoch ein Ermittlungserfolg bis zur Entscheidung des Tatgerichts aus, weil die Strafverfolgungsbehörden hinreichend konkrete Angaben des Angeklagten nicht mit der gebotenen Sorgfalt und Eile überprüft haben, darf der Tatrichter daraus zumindest keine Zweifel an der Richtigkeit der Angaben und ihrer Eignung zur Überführung anderer Tatbeteiligter ableiten.[443]

- Überzeugung des Tatrichters von der Aufdeckung und vom Aufklärungserfolg   321

Der Tatrichter muss überzeugt sein, dass der Angeklagte die Beteiligung anderer an der Tat zutreffend geschildert hat und dadurch wesentlich zu einem – nach Überzeugung des Gerichts – voraussichtlich erfolgreichen Abschluss der Strafverfolgung beiträgt.[444] Der Grundsatz »in dubio pro reo« gilt insoweit nicht.[445] Der Tatrichter hat nur aufzuklären, ob ein Erfolg eingetreten ist.[446] Zu einer Beweiserhebung darüber, ob der Angeklagte Angaben zu weiteren Tatbeteiligten gemacht hat, ist er hingegen nicht verpflichtet.[447]
Können die erforderlichen Ermittlungen noch durchgeführt werden und erlangt das Gericht dadurch noch die Überzeugung, dass durch die Angaben des Angeklagten die Tat – ggf. über seinen eigenen Tatbeitrag hinaus – aufgeklärt ist, kann auch ein erst in der Hauptverhandlung abgelegtes Geständnis, das Angaben über die Tatbeteiligung Dritter umfasst, die Voraussetzungen der Vorschriften erfüllen.[448]

- Tat   322

Aus § 46 b I 3 StGB folgt, dass § 46 b I 1 Nr. 1 StGB auch zur Anwendung kommt, wenn der Angeklagte an der aufgedeckten Tat nicht beteiligt war.[449] Anders ist es bei § 31 BtMG. Nach dessen Wortlaut muss es sich im Falle des § 31 S. 1 Nr. 1 BtMG bei der vom Angeklagten begangenen und der von ihm aufgedeckten Tat um dieselbe handeln. Dieser Tatbegriff ist aber wesentlich weiter zu verstehen als der des § 264 StPO. Daher scheitert die Anwendung des § 31 S. 1 Nr. 1 BtMG nicht daran, dass die aufgedeckten Taten als rechtlich selbständig zu bewerten sind, sofern sie mit den strafbaren Handlungen des Angeklagten in Zusammenhang stehen.[450] Dieser Auslegung bedarf es insbesondere nach Aufgabe des Rechtsinstituts der fortgesetzten Handlung für Betäubungsmittelstraftaten durch den BGH.[451] Es kommt demnach auch nicht darauf an, ob derjenige, dessen Tat aufgeklärt wird, Mitangeklagter im anhängigen Verfahren oder Beteiligter an der angeklagten Tat ist.[452]

---

439 BGHR BtMG § 31 Nr. 1 Aufdeckung 23.
440 BGHR BtMG § 31 Nr. 1 Aufdeckung 14.
441 BGHR BtMG § 31 Nr. 1 Aufdeckung 22.
442 BGHR BtMG § 31 Nr. 1 Aufdeckung 24.
443 BGHR BtMG § 31 Nr. 1 Aufdeckung 2.
444 BGHSt 31, 163 (166); BGHR BtMG § 31 Nr. 1 Aufdeckung 1.
445 BGHR BtMG § 31 Nr. 1 Aufdeckung 7.
446 BGHR BtMG § 31 Nr. 1 Aufdeckung 12; 15; 18; 21; BGH StV 1983, 505.
447 BGHR BtMG § 31 Nr. 1 Aufdeckung 24.
448 BGH StV 1983, 505 f.; BGHR BtMG § 31 Nr. 1 Aufdeckung 21.
449 Nach einem Referentenentwurf des Bundesministeriums der Justiz soll § 46 b I 1 StGB nun dahingehend ergänzt werden, dass die Tat mit der vom Angeklagten begangenen Tat in Zusammenhang stehen muss.
450 BGH NStZ 1988, 505 (506); BGHR BtMG § 31 Nr. 1 Tat 2; 3.
451 BGHR BtMG § 31 Nr. 1 Tat 3.
452 BGHR BtMG § 31 Nr. 1 Tat 2.

323 • Freiwilligkeit
Freiwilligkeit ist schon dann gegeben, wenn sich der Beschuldigte frei zur Offenbarung entschließen kann. Sofern er sich frei entscheiden kann, sind seine Motive unbeachtlich.[453] Auch wenn ein Verhafteter erst aufgrund der Vorhalte der Verhörsbeamten ein Geständnis ablegt, kann er sich dennoch freiwillig entschließen die Tat auch über seinen eigenen Tatbeitrag hinaus aufzudecken.[454] Die Freiwilligkeit entfällt auch nicht etwa dadurch, dass der Angeklagte im weiteren Verfahren zur Sache keine Aussagen mehr gemacht hat.[455] Unschädlich ist auch, wenn der Angeklagte bei seiner Einlassung in der Hauptverhandlung seinen eigenen Tatbeitrag herunterspielt und hinsichtlich seiner Motivation eine von den Feststellungen des Urteils abweichende Darstellung gibt.[456] Selbst wenn der Angeklagte in der Hauptverhandlung von seinem früheren polizeilichen Geständnis abrückt und sowohl hinsichtlich des Tatorts als auch bezüglich des Umfangs seiner eigenen Tatbeteiligung eine abweichende Darstellung gibt, hindert dies die Anwendung der § 46 b I 1 Nr. 1 StGB und des § 31 S. 1 Nr. 1 BtMG nicht.[457]

323a Liegen die Voraussetzungen des § 46 b I StGB oder des § 31 S. 1 BtMG vor, muss das Gericht darüber entscheiden, ob eine Strafrahmenverschiebung erfolgt. Bei dieser Ermessensausübung ist **§ 46 b II StGB** zu beachten, der die **wichtigsten Kriterien** benennt. Demnach ist wesentlich, wann der Angeklagte den Aufklärungs- oder Präventionsbeitrag leistete, ob den Ermittlungsbehörden bereits Erkenntnisse zu der Tat vorlagen, aber auch ob der Angeklagte mit seiner Aussage im Kern nur eigene Interessen verfolgt oder nur seiner staatsbürgerlichen Pflicht nachkommt.[458] Alle Umstände des § 46 b II StGB sind einzeln darzulegen und zu bewerten.[459]

II. Einordnung der Tat in den Strafrahmen – Findung der schuldangemessenen Strafe – gerechter Schuldausgleich

324 Die Einordnung der Tat in den im ersten Schritt gefundenen Strafrahmen kann auch als Strafzumessung im engeren Sinn bezeichnet werden. Sie wird maßgeblich durch die persönliche Schuld des Angeklagten bestimmt, § 46 I 1 StGB. Daneben spielen die Folgen der Strafe für den Angeklagten eine Rolle, § 46 I 2 StGB. Aber auch die Schwere der Tat in ihrer Bedeutung für die verletzte Rechtsordnung ist zu berücksichtigen.[460] Am Ende dieser Erwägungen steht die **schuldangemessene Strafe**, die gerechter Schuldausgleich zu sein hat. Dabei handelt es sich nicht um eine »Punktstrafe«, die die einzig und allein richtige ist,[461] vielmehr stehen mehrere Strafen innerhalb einer gewissen Bandbreite zur Verfügung.

325 Der BGH hat hierzu die sogenannte »**Spielraumtheorie**« entwickelt:

»Welche Strafe schuldangemessen ist, kann nicht genau bestimmt werden. Es besteht hier ein Spielraum, der nach unten durch die schon schuldangemessene Strafe und nach oben durch die noch schuldangemessene Strafe begrenzt wird. Der Tatrichter darf die obere Grenze nicht überschreiten. Er darf also nicht eine Strafe verhängen, die nach Höhe oder Art so schwer ist, dass sie von ihm selbst nicht mehr als schuldangemessen empfunden wird. Er darf aber nach seinem Ermessen darüber entscheiden, wie hoch er innerhalb dieses Spielraumes greifen soll.«[462]

---

[453] BGHR BtMG § 31 Nr. 1 Freiwillig 2; *Körner* § 31 Rn. 18.
[454] BGHR BtMG § 31 Nr. 1 Freiwillig 1.
[455] BGHR BtMG § 31 Nr. 1 Aufdeckung 4, 6.
[456] BGHR BtMG § 31 Nr. 1 Aufdeckung 5.
[457] BGHR BtMG § 31 Nr. 1 Aufdeckung 11, 16, 20.
[458] BGH NStZ 2010, 443 (444).
[459] BGH NStZ 2010, 443 (444).
[460] BGHSt 20, 264 (266 f.).
[461] BGHSt 27, 2 (3); vgl. *Fischer* § 46 Rn. 22.
[462] BGHSt 7, 28 (32); vgl. auch BGHSt 17, 35 (36); 20, 264 (266 f.); 24, 132 (133); *Fischer* § 46 Rn. 20.

Nur innerhalb dieses Spielraums können in einem dritten Schritt präventive Strafzwecke berücksichtigt werden.[463]

Naturgemäß fällt die **Einordnung der konkreten Tat** in den – oft sehr weiten – Strafrahmen 326 nicht immer leicht. Die danach zulässigen Strafen bilden eine Stufenfolge, der die konkret zu beteilende Tat bei der Zumessung der verwirkten Strafe zugeordnet werden muss. Dabei gilt, dass ein Fall mittlerer Schwere seine Entsprechung auch etwa in der Mitte dieser Stufenfolge, also in der Mitte des Strafrahmens hat.[464] Die **Schwere eines Falles** bemisst sich jedoch sowohl an den denkbaren als auch an den praktisch am häufigsten vorkommenden Fällen. Daher wäre es falsch, eine Strafe aus der Mitte des Strafrahmens zu wählen, wenn die Schwere der Tat im mittleren Bereich der erfahrungsgemäß immer wieder vorkommenden Fälle liegt. Denn die große Mehrzahl der Straftaten erreicht schon wegen der weiten Fassung der gesetzlichen Tatbestände nur einen verhältnismäßig geringen Schweregrad.[465] Verwendet man diese zahlreichen Fälle zusammen mit den bei weitem weniger häufigen schweren und schwersten Fällen bei der Ermittlung eines Durchschnittswertes der Tatschwere, so muss dieser Wert, der den Regelfall kennzeichnet, notwendig in einem Bereich unter der Mitte der vom Gesetzgeber ins Auge gefassten Tatbestandsverwirklichungen liegen, die er sämtlich mit der durch Höchst- und Mindeststrafe begrenzten Strafandrohung treffen will.[466] Grundsätzlich rechtfertigt daher ein **Durchschnittsfall** die Verhängung einer Strafe aus dem mittleren Bereich des gesetzlich angedrohten Strafrahmens nicht, weshalb eine solche Strafe besonderer Begründung bedürfte.[467] Dies gilt aber nur für den Normalstrafrahmen. Kommt aufgrund einer Strafrahmenverschiebung wegen der Annahme eines minder schweren Falles oder nach § 49 StGB ein Ausnahmestrafrahmen zur Anwendung, vermögen die Umstände, die zur Strafrahmenverschiebung geführt haben oftmals kaum noch mildernde Wirkung zu entfalten, weshalb bei entsprechender Schwere der Tat eine Strafe im oberen Bereich des gemilderten Strafrahmens durchaus gerechtfertigt sein kann.[468]

Eine gute Möglichkeit, die Schwere eines Falles zu beurteilen und sich an die schuldangemessene Strafe heranzutasten, kann es sein, den Strafrahmen gedanklich zu dritteln und durch Heranziehung der herausragendsten Strafzumessungsgesichtspunkte die Tat einem Drittel zuzuordnen. So wird es bei einem geständigen Ersttäter häufig angezeigt sein, die Strafe dem unteren Strafdrittel zu entnehmen, während bei einem Wiederholungstäter, dem obendrein kein strafmilderndes Geständnis zu Gute gehalten werden kann, die Strafe regelmäßig im mittleren Drittel anzusiedeln sein wird. Dies können freilich nur Hilfsüberlegungen sein, die den Blick auf die Strafzumessung im Einzelfall nicht verstellen dürfen. So hat der BGH wiederholt darauf hingewiesen, dass eine Mathematisierung oder schematische Vorgehensweise dem Wesen der Strafzumessung grundsätzlich fremd ist.[469] Vielmehr hat der Tatrichter die im Einzelfall zu beurteilende Tat ohne Bindung an weitere Fixpunkte als die Ober- und Untergrenze des Strafrahmens in den gefundenen Strafrahmen einzuordnen, wobei maßgeblich das Gesamtspektrum aller strafzumessungsrelevanten Umstände ist.[470] Es ist daher dringend anzuraten, in den Urteilsgründen auf eine wie auch immer gestaltete Aufteilung des Strafrahmens zu verzichten. 327

Bei der Strafzumessung sind gemäß § 46 II 1 StGB alle für und gegen den Angeklagten 328 sprechenden Umstände gegeneinander abzuwägen. Allerdings müssen gemäß § 267 III StPO nur die Umstände angegeben werden, die für die Strafzumessung bestimmend sind; eine **erschöpfende Darstellung** ist weder vorgeschrieben noch möglich.[471]

---

463 BGHSt 20, 264 (267) und → Rn. 365.
464 BGHSt 27, 2 (4).
465 BGHSt 27, 2 (4).
466 BGHSt 27, 2 (4).
467 BGHR StGB § 46 I Durchschnittsfall 1; vgl. *Fischer* § 46 Rn. 17.
468 BGHR StGB § 46 I Durchschnittsfall 1; vgl. *Fischer* § 46 Rn. 17.
469 BGH NStZ-RR 2010, 75; 2006, 270; 1999, 101 (102); NStZ 2008, 233.
470 BGH NStZ-RR 2006, 270.
471 BGHSt 3, 179; vgl. *Meyer-Goßner* § 267 Rn. 18.

329 Zu beachten ist, dass auch die Umstände, die eine Milderung des Strafrahmens – durch Annahme eines minder schweren Falls oder durch Strafrahmenverschiebung gemäß § 49 StGB – bewirkt haben, bei der **Strafzumessung im engeren Sinne** erneut zu berücksichtigen sind. Denn bei der konkreten Bemessung der Strafe ist eben eine Gesamtbewertung aller Umstände vorzunehmen.[472] Freilich wird diesen Milderungsgründen geringeres Gewicht beizumessen sein, als wenn sie innerhalb des Regelstrafrahmens abzuwägen gewesen wären; doch dürfen sie deswegen nicht unberücksichtigt bleiben.[473] Das Verbot der Doppelverwertung von Milderungsgründen gemäß § 50 StGB gilt insoweit – wie sich bereits aus dem eindeutigen Gesetzeswortlaut ergibt – gerade nicht. Lediglich der die Milderung des Strafrahmens bewirkende gesetzlich vertypte Grund als solcher – beispielsweise Versuch oder Beihilfe – darf allein für sich genommen nicht nochmals strafmildernd berücksichtigt werden.[474] Denn gerade dieser Umstand trifft für jeden denkbaren Punkt der Skala des gemilderten Strafrahmens zu und ist deshalb nicht geeignet, als Differenzierungsmerkmal für die Bestimmung der angemessenen Strafe innerhalb dieses Rahmens zu dienen.[475]

330 Ein und derselbe Umstand kann sowohl strafschärfende als auch strafmildernde Gesichtspunkte enthalten. Denn es ist nicht denkwidrig, dass sich aus ein und demselben Umstand Strafmilderungs- und Strafschärfungsgründe ergeben.[476] Jedoch dürfen deshalb keine Widersprüche bei der Strafzumessung entstehen.[477]

331 Nicht zulässig ist es, einen Umstand, der Folge der unverschuldeten geistigen Verfassung des Angeklagten ist, straferschwerend zu berücksichtigen.[478]

332 Die **vergleichsweise Berücksichtigung** der gegenüber **Mittätern** verhängten Strafen ist grundsätzlich zulässig, da die Gleichmäßigkeit des Strafens ein Gebot der Gerechtigkeit ist. Doch darf dadurch die Strafzumessung im Einzelfall nicht ersetzt und der Spielraum der schuldangemessenen Strafe nicht verlassen werden.[479]

1. Strafzumessungsschuld, § 46 I 1 StGB

333 Gemäß § 46 I 1 StGB ist die Schuld des Angeklagten die Grundlage für die Zumessung der Strafe. Bei dieser Strafzumessung im engeren Sinne sind alle für und gegen den Angeklagten sprechenden Umstände gegeneinander abzuwägen, § 46 II 1 StGB. Die dafür insbesondere in Betracht kommenden Umstände zählt § 46 II 2 StGB beispielhaft auf.[480]

334 Allgemein lässt sich folgende Unterteilung vornehmen:[481]

- Umstände, die der Tat innewohnen
- Umstände, die der Tat vorausgehen
- Umstände, die der Tat nachfolgen

Dabei kann man jeweils unterscheiden, ob die Umstände

- das Handlungsunrecht oder
- das Erfolgsunrecht betreffen.

---

472 Ständige Rechtsprechung, vgl. BGHR StGB § 46 II Gesamtbewertung 1; BGH StV 1985, 54; NStZ 1985, 164; vgl. *Fischer* § 50 Rn. 6 mwN.
473 BGHR StGB § 46 II Gesamtbewertung 1.
474 BGHR StGB § 46 II Gesamtbewertung 5, vgl. aber auch 1; BGHSt 26, 311; BGH NStZ 1984, 548; vgl. *Fischer* § 50 Rn. 6.
475 BGHR StGB § 46 II Gesamtbewertung 5.
476 BGHR StGB § 46 I Tatumstände 15; BGH VRS 56, 189 (191).
477 BGHR StGB § 46 II Wertungsfehler 4.
478 BGHR StGB § 46 II Wertungsfehler 7; BGHSt 16, 360 (364).
479 Vgl. BGHR StGB § 46 II Wertungsfehler 23; § 46 II Zumessungsfehler 1; BGH StV 1981, 122 (123); NJW 2011, 2597: Grundsätzlich keine Pflicht des Tatrichters sich strafvergleichend mit anderen Urteilen – auch zum gleichen Komplex – zu befassen.
480 Vgl. dazu *Fischer* § 46 Rn. 23 ff.
481 Vgl. dazu auch *Schäfer* Rn. 315, aber auch *Fischer* § 46 Rn. 26, der eine etwas andere Unterteilung vornimmt.

Da die einzelnen Umstände auch verschiedene Bereiche betreffen können, ist diese Einteilung aber nicht zwingend und für die Darstellung der Strafzumessungsgründe keinesfalls erforderlich. Doch kann sie bei der gedanklichen Vorarbeit helfen, möglichst viele strafzumessungsrelevante Umstände zu finden. In diesem Sinne ist die nachfolgende Aufzählung weder vollständig noch hinsichtlich der Unterteilung zwingend. Vielmehr sollen lediglich Denkanstöße für mögliche Strafzumessungstatsachen gegeben werden.[482]

a) Umstände, die der Tat innewohnen – »eigentliche« Tatbestandsverwirklichung

aa) Erfolgsunrecht

- Erlangte Beute
- Schadenshöhe
- Begleitschaden
- Ausmaß der Verletzungen
- Mittel der Tatausführung
- Dauer der Rechtsgutsverletzung
- Eigenschaden
- Versuch
- Tateinheitliche Verwirklichung eines weiteren Straftatbestandes, wenn dieser – wie zumeist – einen selbständigen Unrechtsgehalt im Vergleich zu dem den Strafrahmen bestimmenden Delikt aufweist,[483]
- Nicht: das Alter des Opfers, da die Rechtsgüter Leib und Leben Wertabstufungen nicht zugänglich sind[484]

335

bb) Handlungsunrecht

- Erstrebte Beute
- Geplante Tat
- Situationstat/Spontantat
- Gewinnsucht
- Notlage
- Niedrige Beweggründe
- Kriminelle Energie
- Nachhaltigkeit
- Überzeugungstäter
- Missbrauch einer Vertrauensstellung[485]
- Besondere Rohheit oder Rücksichtslosigkeit
- Ausmaß der Sorgfaltswidrigkeit
- Mitverschulden
- Rückfallgeschwindigkeit
- Rückfall innerhalb der Bewährungszeit – »Bewährungsversagen«
- Einfluss Dritter
- Verleitung anderer Personen zu Straftaten
- Mitläufer
- geistiger Urheber
- Alter
- Entwicklungsstörungen
- Hang zu Straftaten
- Begehung mehrerer gleichartiger und gleichwertiger Taten kann die Einzeltatschuld erhöhen, insbesondere wenn darin eine sich steigernde rechtsfeindliche Einstellung oder erhöhte kriminelle Intensität des Angeklagten zum Ausdruck kommt;[486] andererseits ist aber zu

336

---

482 Vgl. zu allem *Fischer* § 46 Rn. 26 ff.
483 BGHR StGB § 46 II Wertungsfehler 20.
484 BGHR StGB § 46 II Tatauswirkungen 8: fehlerhaft daher: »dass das Opfer der Tat eine lebensfrohe junge Frau geworden ist, die den größten Teil ihres Lebens noch vor sich hatte«.
485 Nicht bei Untreue wegen Doppelverwertungsverbot gemäß § 46 III StGB.
486 BGHSt 24, 268 (270 f.).

berücksichtigen, dass die Hemmschwelle des Angeklagten von Tat zu Tat niedriger werden kann, was insbesondere bei Wiederholungstaten gegen dasselbe Rechtsgut in Betracht kommt.[487]

b) Umstände, die der Tat vorausgehen – Vorleben, Vorgeschichte

337
- Häufung und Art von Vorstrafen[488]
- Strafbares Verhalten vor der Tat, soweit im Strengbeweis festgestellt und auch dann – jedoch eingeschränkt -, wenn bereits verjährt[489]
- Anklage in anderer Sache, soweit auf die Warnfunktion und nicht auf die zu Grunde liegende – noch nicht rechtskräftig festgestellte – Tat abgestellt wird[490]
- Besondere soziale Leistungen
- Mitwirkung eines »Lockspitzels« (Informant, Vertrauensperson, nicht öffentlich ermittelnder Polizeibeamter oder verdeckter Ermittler)[491]
- Die berufliche Stellung eines Täters darf nur dann zu seinen Lasten berücksichtigt werden, wenn zwischen dem Beruf und der Straftat eine innere Beziehung besteht.[492]
- Vorgeschichte der Tat, insbesondere wenn sie der Tat das Gepräge gibt
- Die Ausländereigenschaft als solche darf wegen des ansonsten vorliegenden Verstoßes gegen Art. 3 III GG weder strafschärfend noch strafmildernd berücksichtigt werden. Von einem »Missbrauch des gewährten Gastrechts« zu sprechen, ist daher regelmäßig eine unzulässige Überlegung bei der Strafzumessung;[493] anders kann es sein, wenn die Tat gerade durch die Ausländereigenschaft des Täters oder seine Stellung als Asylbewerber in einer für die Schuldgewichtung erheblichen Weise geprägt wird (organisierte Kriminalität, Nationalitätenkonflikte).[494]
- Herabgesetzte Lebenserwartung aufgrund Alter und/oder Krankheit.[495] Bei hohem Lebensalter muss dem Täter grundsätzlich eine Chance – keine Gewissheit – verbleiben, wieder in Freiheit zu kommen.[496]
- Zulässige – nicht zwingende – Strafmilderung bei geringerer Hemmschwelle des aus einem fremden Kulturkreis stammenen Täters, der unter dem Erwartungsdruck seiner Familie handelt[497]

c) Umstände, die der Tat nachfolgen – Nachtatverhalten, Tatauswirkungen

338
- Außertatbestandsmäßige Folgen der Straftat (Selbstmordversuch des Opfers, Heroinod, psychische Schäden Angehöriger, etc.) sind regelmäßig strafschärfend zu berücksichtigen, wenn sie der Angeklagte verschuldet hat, sie also zumindest hätte voraussehen können.[498] Die Kausalität muss zweifelsfrei feststehen. Daran fehlt es, wenn die Folgen auf einer vorausgegangenen durch Notwehr gerechtfertigten Handlung beruhen.[499]
- Schadenswiedergutmachung
- Sicherstellung der Betäubungsmittel[500]

---

487 BGHR StGB § 46 II Tatumstände 16.
488 Zu »DDR-Vorstrafen« vgl. BGHR StGB § 46 II Vorleben 16; 21; *Fischer* § 46 Rn. 38 ff.
489 BGHR StGB § 46 II Vorleben 20; 24.
490 Vgl. → Rn. 338 am Ende.
491 Zur Begriffsbestimmung siehe Anlage D der RiStBV (abgedruckt in *Meyer-Goßner* unter Anh 12) und *Meyer-Goßner* § 110 a Rn. 1 ff.; vgl. auch *Fischer* § 46 Rn. 67 f.
492 BGHR StGB § 46 II Lebensumstände 10; BGH NStZ 1987, 405; 1988, 175; BGHR StGB § 46 II Wertungsfehler 17; BGH StV 1987, 387 (388); vgl. *Fischer* § 46 Rn. 44.
493 BGHR StGB § 46 II Lebensumstände 12; 13; Tatauswirkungen 6; vgl. *Fischer* § 46 Rn. 43.
494 BGHR StGB § 46 II Lebensumstände 13; vgl. *Fischer* § 46 Rn. 43 a.
495 BGH NStZ-RR 2008, 105.
496 BGH NStZ 2006, 500 (501); BVerfGE 72, 105 (113 ff.); 86, 288 (312); NStZ 1996, 53 (54 f.).
497 BGH NStZ-RR 2007, 137; Gegenbeispiel (unzulässige Strafmilderung): BGH NStZ 2009, 689.
498 BGHR StGB § 46 II Tatauswirkungen 2, 3, 4.
499 BGHR StGB § 46 II Tatauswirkungen 5: In der Entscheidung rügt der BGH die strafschärfende Erwägung, »dass die Kinder ihre tote Mutter im Blut liegen sehen mussten«, weil die Blutlache durch die vorangegangene Notwehrhandlung des Angeklagten verursacht wurde.
500 BGH NStZ-RR 2006, 220.

- Erlittene Untersuchungshaft wirkt grundsätzlich nicht strafmildernd, anders allenfalls, wenn keine ohnehin zu verbüßende Freiheitsstrafe verhängt wird (keine Anrechnung möglich) oder wenn besondere Umstände hinzutreten. Solche können sein: überlange Verfahrensdauer, besondere persönliche Verhältnisse (etwa Ausländer ohne familiären Bezug in Deutschland und ohne sonstige Sozialkontakte), besonders belastende Ungewissheit oder die Tatsache, dass der noch nie inhaftierte Angeklagte durch die Untersuchungshaft besonders zu beeindrucken war.[501] Wenn aber eine Freiheitsstrafe nur deshalb zur Bewährung ausgesetzt werden kann, weil der Angeklagte durch den Vollzug der Untersuchungshaft hinreichend beeindruckt ist, verbietet sich eine zusätzliche mildernde Berücksichtigung bei der Bemessung der Strafhöhe.[502]
- Geständnis
- Reue und Schuldeinsicht
- Stabilisierung der Lebensverhältnisse[503]
- Lang zurückliegender Tatzeitpunkt;[504] nur eingeschränkt strafmildernd aber bei Kindesmissbrauch, der erst im Erwachsenenalter angezeigt wird[505]
- Überlange Verfahrensdauer und die damit verbundenen Belastungen für den Angeklagten, auch wenn daneben eine Kompensation wegen rechtstaatswidriger Verfahrensverzögerung nach der »Vollstreckungslösung« erfolgt[506]
- Verdunklungshandlungen
- Zeugenbeeinflussung
- falsche Verdächtigung einer anderen Person, aber nur soweit dies zweifelsfrei festgestellt wurde und über ein zulässiges angemessenes Verteidigungsverhalten hinausgeht, was besonders sorgfältig zu prüfen ist[507]
- Herabwürdigung von Mitangeklagten, Zeugen oder Opfern
- neue Straftaten, jedoch nur, wenn sie nach ihrer Art und nach der Persönlichkeit des Angeklagten auf Rechtsfeindschaft, Gefährlichkeit und die Gefahr künftiger Rechtsbrüche schließen lassen;[508] dabei muss die neue Tat noch nicht rechtskräftig abgeurteilt sein, wenn sie im Strengbeweisverfahren festgestellt wurde[509]
- Beutesicherung, falls diese nicht bloß geschieht, um einer Entdeckung zu entgehen[510]
- nicht: einfache Beseitigung von Tatspuren,[511] selbst wenn dies »kaltblütig« geschieht.[512]

Soll das Verhalten des Angeklagten vor oder nach der Tat bei der Strafzumessung zu seinem **339** Nachteil berücksichtigt werden, muss es allerdings – wie jeder für die Strafzumessung erhebliche Umstand – im Strengbeweis festgestellt sein und zur Überzeugung des Tatrichters feststehen.[513] Handelt es sich dabei um Straftaten, von deren Verfolgung nach § 154 StPO abgesehen wurde, hängt der Umfang der erforderlichen Feststellungen davon ab, was straferschwerend gewertet werden soll. Es genügt, dass die für die Strafzumessung erheblichen Gesichtspunkte zweifelsfrei feststehen.[514] Das gilt auch für den Verdacht weiterer Straftaten.[515]

---

501 BGH NStZ 2006, 620; NStZ 2005, 212; NStZ-RR 2005, 168 (169); vgl. *Fischer* § 46 Rn. 72.
502 BGH NStZ 2006, 620.
503 BGHR StGB § 46 II Nachtatverhalten 21.
504 BGHR StGB § 46 II Vorleben 22.
505 BGH NStZ 2006, 393.
506 BGHSt 52, 126 (142) Rn. 45 = NJW 2008, 860 (865) Rn. 45; BGH NStZ-RR 2011, 171; 239; vgl. *Fischer* § 46 Rn. 61; zur »Vollstreckungslösung« → Rn. 417 a.
507 BGHR StGB § 46 II Verteidigungsverhalten 1.
508 BGHR StGB § 46 II Nachtatverhalten 25; BGH NStZ-RR 2010, 40; vgl. *Fischer* § 46 Rn. 49.
509 BayObLG Urt. v. 30. 09. 2004 – 5 St RR 114/04.
510 BGHR StGB § 46 II Nachtatverhalten 15.
511 BGHR StGB § 46 II Nachtatverhalten 13.
512 BGHR StGB § 46 II Nachtatverhalten 18; BGH NStZ 2011, 512; vgl. *Fischer* § 46 Rn. 49.
513 BGH NStZ 1981, 100; StV 1987, 243; 1985, 146; 1985, 5; 1984, 464; 1984, 69.
514 BGHR StGB § 46 II Vorleben 13; vgl. *Fischer* § 46 Rn. 41.
515 BGHR StGB § 46 II Vorleben 14.

2. Folgen der Tat für den Angeklagten – gerechter Schuldausgleich, § 46 I 2 StGB

340 Strafmildernd sind in der Regel besondere **berufliche Folgen** zu berücksichtigen, die sich aus der Verurteilung für den Angeklagten ergeben, auch wenn er die Tat unter Ausnutzung seiner beruflichen Stellung begangen hat.[516] Insbesondere kommt in Betracht: Ausschließung aus der Rechtsanwaltschaft,[517] drohende Untersagung der Berufsausübung als Steuerberater durch die Berufsgerichtsbarkeit,[518] drohender Widerruf der Approbation als Arzt oder Apotheker[519] sowie beamtenrechtliche Nebenfolgen,[520] wie der Verlust der Beamtenrechte[521] oder des Pensionsanspruchs.[522]

341 Wenn einen Angeklagten die Strafe wegen bestimmter, in seiner Person liegender Umstände wesentlich härter trifft als jemanden, bei dem sie fehlen, so muss, um eine annähernde Gleichheit der Wirkung zu gewährleisten, durch Milderung der Strafe ein Ausgleich geschaffen werden.[523] Dabei darf es regelmäßig keine Rolle spielen, ob der Angeklagte seine erhöhte Strafempfindlichkeit selbst verschuldet hat. Eine **besondere Strafempfindlichkeit** kann sich insbesondere aus der geringen Lebenserwartung infolge Krankheit[524] oder Alters,[525] ergeben; Schwangerschaft begründet sie hingegen nur bei Vorliegen besonderer Umstände.[526]

342 Drohende **ausländerrechtliche Folgen** können im Einzelfall auch strafmildernd wirken. Dagegen begründet die bloße Ausländereigenschaft ohne Hinzutreten sonstiger Umstände keine erhöhte Strafempfindlichkeit. Eine erhöhte Haftempfindlichkeit durch den Vollzug in einer deutschen Anstalt kann jedenfalls dann nicht strafmildernd berücksichtigt werden, wenn der Angeklagte von der Möglichkeit des Vollzugs der Strafe in seinem Heimatland aufgrund des Übereinkommens über die Überstellung verurteilter Personen[527] Gebrauch machen könnte.[528]

343 Auch ein langer **Zeitablauf nach der Tat** erfordert eine besondere Prüfung der Wirkungen der Strafe für den Angeklagten.[529]

344 Die **Einziehung** nicht unerheblicher Wertgegenstände ist als Nebenfolge in einer Gesamtschau mit der Hauptstrafe zu erörtern und gegebenenfalls strafmildernd zu berücksichtigen.[530]

345 Dagegen ist die mit dem **Verfall** verbundene Vermögenseinbuße in der Regel kein Strafmilderungsgrund, da dieser der Gewinnabschöpfung und damit dem Ausgleich unrechtmäßiger Vermögensverschiebungen dient; nichts anderes gilt für den Wertersatzverfall und den erweiterten Verfall.[531]

3. Häufige Fehlerquellen

a) Verstoß gegen das Verbot der Doppelverwertung, § 46 III StGB

346 Umstände, die schon Merkmale des gesetzlichen Tatbestandes sind, dürfen gemäß § 46 III StGB bei der Strafzumessung weder schärfend noch mildernd berücksichtigt werden. Denn diese Umstände sind es, »die den Gesetzgeber bei der Aufstellung des Strafrahmens geleitet

---

516 BGHR StGB § 46 I Schuldausgleich 5, 35; vgl. *Fischer* § 46 Rn. 9.
517 BGHR StGB § 46 I Schuldausgleich 5, 8.
518 BGHR StGB § 46 I Schuldausgleich 22.
519 BGHR StGB § 46 I Schuldausgleich 23.
520 BGHR StGB § 46 I Schuldausgleich 2, 18.
521 BGHR StGB § 46 I Schuldausgleich 10; BGH NStZ-RR 2010, 39.
522 BGHR StGB § 46 I Schuldausgleich 18.
523 BGHR StGB § 46 I Schuldausgleich 36; vgl. auch BGHSt 7, 28 (31).
524 BGHR StGB § 46 I Schuldausgleich 3, 7, 13, 19, 25.
525 BGHR StGB § 46 I Schuldausgleich 20.
526 BGHR StGB § 46 I Schuldausgleich 36.
527 ÜberstÜbk v. 21. 3. 1983, BGBl. 1991 II 1006 ff.; 1992 II 98 ff.
528 BGHR StGB § 46 II Ausländer 1, 2, 3.
529 BGHR StGB § 46 I Schuldausgleich 35.
530 BGHR StGB § 46 I Schuldausgleich 6, 12, 16; → Rn. 433 f.
531 BGHR StGB § 46 I Schuldausgleich 33; vgl. *Fischer* § 46 Rn. 8.

haben und daher auf der ganzen Breite dieses Rahmens bereits berücksichtigt sind und vorausgesetzt werden. Sie können daher nicht dazu helfen, die für die einzelne Tat gerechte Strafe innerhalb dieses Rahmens zu bestimmen.«[532]

Dies liegt auf der Hand, wenn es sich um **benannte Tatbestandsmerkmale** oder Umschreibungen von solchen handelt. So darf beispielsweise bei der fahrlässigen Tötung nicht strafschärfend gewertet werden, dass ein Mensch zu Tode kam[533] und beim Diebstahl nicht, dass fremdes Eigentum missachtet wurde. Denn diese Umstände sind ja bereits notwendige Voraussetzung für die Erfüllung des Tatbestands. 347

Das Verbot der Doppelverwertung betrifft aber auch die **ungeschriebenen Tatbestandsmerkmale** sowie solche Umstände, die zum **regelmäßigen Erscheinungsbild** des Tatbestands gehören, ohne dass sie notwendige Voraussetzung für dessen Verwirklichung wären,[534] oder die lediglich den Schutzzweck der Norm wiedergeben. »Das bedeutet allerdings nicht, dass es dem Richter verwehrt wäre, die besondere Art, in der solche Umstände des Tatbestands im Einzelfall gegeben oder verwirklicht sind, bei der Strafzumessung zu verwerten.«[535] Auch können bei Gesetzeskonkurrenz Merkmale oder Tatmodalitäten des verdrängten Gesetzes dann straferschwerend berücksichtigt werden, wenn diese gegenüber dem Tatbestand des angewendeten Gesetzes selbständiges Unrecht enthalten.[536] 348

> Zulasten des Angeklagten muss sich jedoch auswirken, dass er dem Rentner Hans Meier mehrmals mit der Faust kräftig ins Gesicht schlug. Sowohl die Anzahl der Schläge als auch ihre Zielrichtung kennzeichnen ein brutales Vorgehen des Angeklagten, das die Gefahr erheblicher Verletzungen barg.
> Dass Hans Meier tatsächlich nur eine Platzwunde an der Oberlippe davontrug, ist ausschließlich glücklichen Umständen zu verdanken. Gleichwohl waren die Schläge des Angeklagten für ihn sehr schmerzhaft.

349

> **Beispiele** für **fehlerhafte** Berücksichtigung bei der Strafzumessung:[537]
> - gemeinschaftliches Handeln bei der Beihilfe, da diese Teilnahmeform immer einen anderen voraussetzt, dem Hilfe geleistet wird[538]
> - Erhalt der Einsichtsfähigkeit in vollem Umfang, da dies eine der Voraussetzungen für die Bestrafung überhaupt ist[539]
> - Gewinnstreben beim Handeltreiben mit Betäubungsmitteln, sofern kein besonders verwerfliches, den Rahmen des Tatbestandsmäßigen deutlich übersteigendes Gewinnstreben vorliegt;[540] fehlerhaft daher auch: »... dass der Angeklagte nicht aus eigener Abhängigkeit heraus, sondern allein um seines finanziellen Vorteils willen den Haschischhandel betrieben hat ...«[541]
> - Hervorhebung von Umständen, die das angenommene Regelbeispiel eines besonders schweren Falles begründen[542]
> - Verursachung besonderen Leids innerhalb der Familie des Opfers wie auch in seiner eigenen beim vollendeten Tötungsdelikt, da diese Tatfolge zum regelmäßigen Erscheinungsbild dieses Delikts gehört[543]

350

---

532 BGHSt 37, 153 (154); vgl. *Fischer* § 46 Rn. 76.
533 Unzulässig ist es deshalb auch, beim Totschlag zu berücksichtigen, dass die Strafe erforderlich sei, um das Unrecht der Tat zu sühnen und den Angehörigen des Opfers Genugtuung zu verschaffen, BGH NStZ-RR 2008, 106.
534 Aber auch → Rn. 351 mit Fn. 217.
535 BGHSt 37, 153 (154).
536 BGHR StGB § 46 II Tatumstände 7 BGHSt 19, 188 (189); 1, 152 (155).
537 Vgl. auch die Rechtsprechungsbeispiele bei *Fischer* § 46 Rn. 77 ff.
538 BGHR StGB § 46 III Beihilfe 2.
539 BGHR StGB § 46 III Schuldfähigkeit 1.
540 BGHR StGB § 46 III Handeltreiben 1.
541 BGHR StGB § 46 III Handeltreiben 2.
542 BGHR StGB § 46 III Regelbeispiel 1.
543 BGHR StGB § 46 II Wertungsfehler 10.

- sinnlose Zerstörung der entwendeten Gegenstände beim Diebstahl, da die Entziehung einer Sache in Zueignungsabsicht Tatbestandsmerkmal des Diebstahls ist und es somit an einem zusätzlichen Unwert fehlt[544]
- die Sicherheit und Funktionsfähigkeit des Geldverkehrs bei der Geldfälschung gemäß § 146 StGB, da der gesetzgeberische Zweck, der einem Straftatbestand zu Grunde liegt, nicht strafschärfend berücksichtigt werden darf[545]
- bedenkenlose Beeinflussung der Funktion der Rechtspflege beim Meineid[546]
- die Zerstörung der Familie und die massive Beeinträchtigung des Vertrauensverhältnisses zur Tochter beim sexuellen Missbrauch von Schutzbefohlenen in der Alternative des § 174 I Nr. 3 StGB, da es sich dabei um regelmäßige Begleiterscheinungen dieses Delikts handelt und es bereits Zweck der Norm ist, die ungestörte sexuelle Entwicklung von Kindern dadurch zu schützen, dass die Familie, in der das Kind angesichts der Abhängigkeit von den Eltern in erhöhtem Maße gegen sexuelle Übergriffe anfällig ist, von solchen Übergriffen freigehalten wird[547]
- ichbezogene Gesinnung, welche das angetrunkene und deshalb eher hilflose Opfer als bloßes Objekt der eigenen sexuellen Begierde betrachte, bei Vergewaltigung, da der Schutz vor nötigender Durchsetzung sexueller Befriedigung durch besonders erniedrigende sexuelle Handlungen bereits Strafgrund ist[548]
- unbeeindruckt bleiben von Gegenwehr oder Flehen des Opfers.[549]

351 Gegenbeispiele für **beanstandungsfreie** Berücksichtigung bei der Strafzumessung:[550]

- die besondere Nachhaltigkeit des Würgegriffs, die sich darin zeigt, dass der Angeklagte trotz des massiven Eingreifens der Begleiterin und der wahrnehmbaren bedrohlichen Veränderungen im Befinden des Opfers von seinem Tun nicht ablässt (strafschärfend), bei der gefährlichen Körperverletzung mittels einer das Leben gefährdenden Behandlung gemäß § 224 I Nr. 5 StGB, da dadurch Modalitäten der Tatausführung gekennzeichnet werden, die nach § 46 II StGB als Zumessungsgesichtspunkte namentlich in Betracht kommen[551]
- das Fehlen persönlicher Bereicherung (strafmildernd) bei der Untreue, da dies gemessen am regelmäßigen Erscheinungsbild dieses Delikts die Ausnahme darstellt, auch wenn eine Bereicherung nicht zum Tatbestand der Untreue gehört[552]
- ungeschützter Geschlechtsverkehr mit Samenerguss in die Scheide bei der Vergewaltigung (strafschärfend), da dies keine notwendige Voraussetzung der Tatbestandverwirklichung ist.[553]

b) Verstoß gegen das Verbot der Berücksichtigung fehlender Umstände

352 Das **Fehlen eines Strafmilderungsgrundes** darf nicht strafschärfend und das Fehlen eines Strafschärfungsgrundes nicht strafmildernd berücksichtigt werden. So ist es fehlerhaft zulasten des Angeklagten zu berücksichtigen, dass er nicht geständig war, den Schaden nicht wieder-

---

544 BGHR StGB § 46 III Diebstahl 2, wobei der BGH keine abschließende Entscheidung trifft.
545 BGHR StGB § 46 III Geldfälschung 1, 2.
546 BGHR StGB § 46 III Meineid 1.
547 BGHR StGB § 46 III Sexualdelikte 3.
548 BGH NStZ 2009, 43.
549 BGH NStZ-RR 2010, 76.
550 Vgl. auch die Rechtsprechungsbeispiele bei *Fischer* § 46 Rn. 80.
551 BGHR StGB § 46 III Körperverletzung 1.
552 BGH StV 86, 430.
553 BGHSt 37, 153: In dieser Entscheidung widerspricht der 1. Strafsenat einer früheren Entscheidung des 3. Strafsenats, NStZ 1985, 215, der die Auffassung vertrat, dass dies »zum normalen Erscheinungsbild des vom Tatbestand der Vergewaltigung erfassten Unrechts«>lFanfein« gehöre, auf Anfrage an dieser Rechtsauffassung aber nicht mehr festhielt. Die Entscheidung des 1. Strafsenats ist insbesondere deshalb lesenswert, weil sie sich mit beachtlichen Gründen gegen die Übung ausspricht, mehr oder weniger häufig oder auch »regelmäßig« vorkommende, die Straftat in ihrer Ausgestaltung mitprägende Umstände den »Merkmalen des gesetzlichen Tatbestands« (§ 46 III StGB) als ungeschriebene Merkmale gleichzusetzen. Bislang lässt sich aber nicht feststellen, dass sich der 1. Strafsenat mit dieser Auffassung generell durchgesetzt hätte.

gutgemacht hat,⁵⁵⁴ in seiner Steuerungsfähigkeit nicht beeinträchtigt war oder ohne wirtschaftliche Not handelte. Jedoch gilt dieser Rechtssatz nicht ausnahmslos. So hat der Große Senat für Strafsachen beim BGH⁵⁵⁵ entschieden, dass es nur nach Lage des Einzelfalles beurteilt werden kann, ob der Umstand, dass der Angeklagte »nicht in Geldnot« war oder dass er es »bei seinen Verdienstmöglichkeiten (absolut) nicht nötig hatte zu stehlen« strafschärfend gewertet werden darf. Einen normativen Normalfall gibt es nicht; lediglich einen Durchschnitt der erfahrungsgemäß vorkommenden Fälle.⁵⁵⁶ Fest steht nur, dass sich das Gericht bei der Zumessung der Strafe auf die von ihm festgestellten Tatsachen zu beschränken hat und die Strafe nicht an einem hypothetischen Sachverhalt messen darf, der zu dem zu beurteilenden keinen Bezug hat.⁵⁵⁷ Dennoch sollten nach Möglichkeit verneinende Formulierungen bei der Strafzumessung vermieden werden; so lässt sich diese Fehlerquelle von vornherein ausschließen.

353 Dass einem Angeklagten nicht zur Last gelegt werden darf, dass er die Tat bestreitet und infolgedessen weder Schuldeinsicht noch Reue zeigt,⁵⁵⁸ folgt bereits aus der Verteidigungsfreiheit des Angeklagten, die zu den Grundsätzen eines fairen Verfahrens zählt. Dennoch erliegen Gerichte – was nicht ganz unverständlich ist – immer wieder der Versuchung, einem hartnäckig leugnenden Angeklagten sein **Verteidigungsverhalten** zum Vorwurf zu machen.⁵⁵⁹ Dies ist aber selbst dann fehlerhaft, wenn der Schuldspruch bereits in Rechtskraft erwachsen war.⁵⁶⁰ Dasselbe gilt, wenn der Angeklagte nur teilweise Angaben macht und etwa Hintermänner nicht benennt.⁵⁶¹

354 Weitere **Beispiele unzulässiger** Berücksichtigung fehlender Umstände:

- fehlende Drogenabhängigkeit beim unerlaubten Handeltreiben mit Betäubungsmitteln (strafschärfend)
- fehlendes Gewinnstreben beim unerlaubten Erwerb oder Besitz von Betäubungsmitteln, da ansonsten Handeltreiben vorliegen würde (strafmildernd)
- fehlende Betroffenheit⁵⁶²
- fehlendes Mitgefühl⁵⁶³
- unterlassener Rücktritt von der Tat⁵⁶⁴ oder von Tatmodalitäten⁵⁶⁵

c) Vermengung mit der Entscheidung über die Strafaussetzung

355 Häufig werden Gesichtspunkte der Strafzumessung im Sinne der Ermittlung einer schuldangemessenen Strafe mit solchen der Aussetzung der Strafvollstreckung zur Bewährung vermengt. Das ist fehlerhaft.⁵⁶⁶ Es muss zunächst die schuldangemessene Strafe gefunden werden und erst im Anschluss daran ist zu prüfen, ob die Strafe nach den gesetzlichen Vorschriften zur Bewährung ausgesetzt werden kann.⁵⁶⁷

356 Liegt die verhängte **Freiheitsstrafe** aber nur **knapp über 2 Jahren**, ist es erforderlich darzulegen, weshalb eine geringere Freiheitsstrafe, die noch aussetzungsfähig gewesen wäre, nicht mehr ausreichend war.

---

554 Zumindest dann, wenn er dadurch seine Verteidigungsposition aufgeben müsste, vgl. BGHR StGB § 46 II Nachtatverhalten 12; anders bei frühzeitigem Geständnis, vgl. BGHR StGB § 46 II Nachtatverhalten 22.
555 BGHSt 34, 345.
556 BGHSt 34, 345.
557 BGHSt 34, 345; BGH NStZ 1981, 60.
558 BGHR StGB § 46 II Nachtatverhalten 4, 5, 24.
559 Dazu auch → Rn. 357 ff.
560 BGHR StGB § 46 II Nachtatverhalten 4.
561 BGHR StGB § 46 II Nachtatverhalten 23.
562 BGHR StGB § 46 II Nachtatverhalten 2.
563 BGHR StGB § 46 II Nachtatverhalten 6.
564 BGHR StGB § 46 II Wertungsfehler 14.
565 BGHR StGB § 46 II Wertungsfehler 30.
566 BGHSt 29, 319 (321); BGHR StGB § 46 I Schuldausgleich 29; BGH NStZ 2008, 693.
567 BGHSt 29, 319 (321); 32, 60 (65); BGHR StGB § 46 I Generalprävention 5.

d) Fehlerhafte Berücksichtigung des Verteidigungsverhaltens

357 Immer wieder ist die fehlerhafte strafschärfende Berücksichtigung des Verteidigungsverhaltens des Angeklagten Anlass für Beanstandungen durch die Revisionsgerichte.[568] Es ist nicht generell unzulässig das Verhalten des Angeklagten im Verfahren und insbesondere in der Hauptverhandlung strafschärfend zu berücksichtigen. Die Fälle, in denen dies zulässig ist, sind jedoch selten. Denn das Recht des Angeklagten auf Verteidigung umfasst nicht nur das – bereits aus dem in §§ 136 I 2, 163 a IV 2, 243 IV 1 StPO gesetzlich verankerten nemo-tenetur-Prinzip folgende – Verbot, dem Angeklagten mangelnde Mitwirkung an der Sachaufklärung strafschärfend anzulasten, sondern auch, dass hartnäckiges Leugnen oder ständig wechselnde wahrheitswidrige Einlassungen nicht zum Nachteil des Angeklagten berücksichtigt werden dürfen.[569]

358 Die Grenzen der rechtlich geschützten Verteidigung sind aber überschritten, wenn sich das Verhalten des Angeklagten als Ausdruck einer zu **missbilligenden Einstellung** darstellt.[570] Dies ist insbesondere der Fall, wenn der Angeklagte wider besseres Wissen unwahre ehrenrührige Behauptungen über einen Zeugen aufstellt, wodurch dieser verleumdet oder herabgewürdigt wird, oder ihn einer besonders verwerflichen Handlung verdächtigt. Zwar ist die Anwendung des § 193 StGB bei Verleumdungen nicht schlechthin ausgeschlossen,[571] doch kommt eine Rechtfertigung nur in Betracht, wenn sie inhaltlich zugleich das Leugnen belastender Tatsachen bezwecken, was insbesondere bei Aussagedelikten in Betracht kommt.[572] Die falsche Verdächtigung eines anderen bewegt sich dann außerhalb des zulässigen Verteidigungsverhaltens, wenn dies eine besonders verwerfliche Handlung betrifft; dies gilt vor allem dann, wenn der Verdächtigte dadurch beruflich und charakterlich ungeeignet erscheint.[573]

359 Ein unzulässiges Verteidigungsverhalten, das strafschärfend berücksichtigt werden darf, hat der BGH[574] beispielsweise darin gesehen, dass der Angeklagte wiederholt wahrheitswidrig behauptet hat, der Zeuge, ein Pfarrer, habe ihn ermuntert, bei finanziellen Schwierigkeiten in die Kirchenkasse zu greifen bzw. sich aus ihr zu bedienen. Ebenso konnte in einem Verfahren wegen versuchter Vergewaltigung ohne Rechtsfehler zum Nachteil des Angeklagten verwertet werden, dass er die Zeugin als Hure hingestellt hat, obwohl diese ihm »weder irgendwelche Hoffnungen gemacht, noch sonst irgendetwas getan hatte.«[575] Denn dieses Vorbringen ging über die Behauptung der freiwilligen Hingabe hinaus und unterstellte dem Tatopfer ein in besonderem Maße anstößiges Verhalten.[576]

360 Zu beachten ist aber stets, dass die strafschärfende Berücksichtigung des Verhaltens des Angeklagten voraussetzt, dass die Urteilsgründe dieses Verhalten **genau schildern** und nicht nur pauschale Behauptungen aufgestellt werden.[577] Wegen des grundsätzlichen Rechts auf freie Verteidigung sind an die Darstellung der Urteilsgründe besonders hohe Anforderungen zu stellen, wenn ein bestimmtes Verhalten des Angeklagten sich nach Auffassung des Gerichts außerhalb dieses Rechts bewegen soll. Pauschale Wertungen wie, der Angeklagte habe die Zeugin »in den Dreck gezogen«,[578] oder, der Angeklagte habe »den Geschädigten bewusst schlecht gemacht und ihm allein aufgrund seiner Vergangenheit als Heimkind und mit Stricherfahrung von vornherein die Glaubwürdigkeit abgesprochen«,[579] genügen diesen An-

---

[568] Vgl. dazu *Fischer* § 46 Rn. 50 ff.; BGH NStZ 2007, 463.
[569] BGHR StGB § 46 II Verteidigungsverhalten 17; BGH StV 1982, 418; BGH NStZ 1983, 118 Nr. 3; BGH StV 1991, 255.
[570] BGHR StGB § 46 II Verteidigungsverhalten 10; 14.
[571] Vgl. BGHSt 14, 48 (51); BGH NJW 1964, 1148 (1149).
[572] BGHR StGB § 46 II Verteidigungsverhalten 10; RGSt 48, 414 (415); 58, 39.
[573] BGHR StGB § 46 II Verteidigungsverhalten 1.
[574] BGHR StGB § 46 II Verteidigungsverhalten 1.
[575] BGHR StGB § 46 II Verteidigungsverhalten 14.
[576] BGHR StGB § 46 II Verteidigungsverhalten 14.
[577] Vgl. BGHR StGB § 46 II Verteidigungsverhalten 6; 9.
[578] BGHR StGB § 46 II Verteidigungsverhalten 6.
[579] BGHR StGB § 46 II Verteidigungsverhalten 9.

forderungen nicht und können daher auch nicht ohne Rechtsfehler bei der Strafzumessung berücksichtigt werden.

Dem Angeklagten kann auch nicht vorgeworfen werden, dass aufgrund seines Bestreitens die **wiederholte Vernehmung** eines (kindlichen) Opferzeugen erforderlich wurde. Doch können psychische Nachwirkungen der Tat, die durch mehrfache Vernehmungen des Opfers gegebenenfalls noch verstärkt werden, als vom Täter verschuldete Tatfolgen bei der Strafzumessung strafschärfend berücksichtigt werden.[580] 361

e) Fehlerhafte Berücksichtigung der »Lebensführungsschuld«

Strafverschärfend darf die Art der Lebensführung des Angeklagten nur berücksichtigt werden, soweit sie mit der Tat selbst in einem Zusammenhang steht, der Rückschlüsse auf eine höhere Tatschuld zulässt.[581] Daher hat der BGH[582] folgende Ausführungen beanstandet: »Gegen ihn sprach auch, dass er sich erheblich dem Alkoholgenuss hingibt und sich seit Jahren nicht ernsthaft um Arbeit bemüht, obwohl keine organischen Leiden bei ihm feststellbar sind.« 362

4. Textbeispiel zur Strafzumessung im engeren Sinne

Dem Textbeispiel liegt eine schwere räuberische Erpressung im Zustand der erheblich verminderten Schuldfähigkeit zugrunde. 363

> 2. Innerhalb des so gefundenen Strafrahmens war zugunsten des Angeklagten insbesondere sein straffreies Vorleben und sein bereits im Ermittlungsverfahren abgelegtes umfassendes von Reue und Schuldeinsicht getragenes Geständnis zu berücksichtigen. Zulasten des Angeklagten müssen sich aber die hohe Beute und der Umstand auswirken, dass er die Kassiererin nicht nur mit dem Messer bedrohte, sondern ihr damit auch eine Verletzung am Oberarm zufügte. Die Verletzung war zwar nicht schwerwiegend, doch litt die Kassiererin etwa ein halbes Jahr an plötzlich auftretenden Angstzuständen und Schlafstörungen; noch heute verspürt sie eine seelische Beklemmung, wenn sie den Nachtdienst an der Tankstelle versieht. Diese Tatfolgen waren für den Angeklagten vorhersehbar und fallen strafschärfend ins Gewicht. Die beim Angeklagten zum Tatzeitpunkt vorliegende erhebliche Verminderung der Steuerungsfähigkeit konnte nur noch in geringem Umfang strafmildernd berücksichtigt werden, da sie bereits zur Strafrahmenverschiebung geführt hat; hinzu kommt, dass der Angeklagte noch deutlich vom Zustand der völligen Steuerungsunfähigkeit entfernt war. Unter Abwägung aller Umstände erschien der Kammer daher eine Freiheitsstrafe von 3 Jahren 9 Monaten tat- und schuldangemessen.

Sind alle bestimmenden Strafzumessungserwägungen schon bei der Prüfung des minder schweren Falles eingehend erörtert worden, so reicht die Bezugnahme hierauf in aller Regel aus:[583] 364

> 2. Unter nochmaliger Abwägung aller oben unter 1. genannten für und gegen den Angeklagten sprechenden Umstände, erachtete die Kammer eine Freiheitsstrafe von 4 Jahren 3 Monaten für tat- und schuldangemessen.

III. Präventive Überlegungen

Für präventive Überlegungen ist nur innerhalb des Spielraums Platz, in dem eine Strafe als schuldangemessen angesehen werden kann.[584] Insbesondere dürfen sie nicht dazu führen, dass die gerechte Strafe überschritten wird.[585] Gegenüber den schuldbestimmenden Umständen sind präventive Überlegungen nachrangig; weitaus seltener als gemeinhin angenommen können sie zulässigerweise auf die Strafhöhe Einfluss nehmen. 365

---

580 BGHR StGB § 46 II Verteidigungsverhalten 15.
581 BGHR StGB § 46 II Vorleben 3; BGH NStZ 1984, 118; NStZ-RR 2007, 195.
582 BGHR StGB § 46 II Vorleben 3.
583 BGHR StGB § 46 I Begründung 21.
584 → Rn. 325.
585 BGHSt 20, 264 (266 f.); vgl. *Fischer* § 46 Rn. 11.

1. Generalprävention

366 Der Schutz der Allgemeinheit durch **Abschreckung** nicht nur des Täters, sondern auch anderer künftiger Rechtsbrecher ist einer der anerkannten Zwecke staatlichen Strafens.[586] Diese sogenannte Generalprävention kann deshalb strafschärfend wirken, aber nur im Rahmen der schuldangemessenen Strafe.[587] Voraussetzung hierfür ist, dass eine gemeinschaftsgefährliche Zunahme solcher oder ähnlicher Taten, wie sie zur Aburteilung stehen, festgestellt wird.[588] Dem steht es gleich, wenn die Gefahr der Nachahmung begründet ist, der entgegengewirkt werden soll.[589] Bei Konflikttaten liegen solche Überlegungen eher fern.[590] Schließlich ist zu beachten, dass nur solche Umstände herangezogen werden dürfen, die vom Gesetzgeber nicht schon bei der Aufstellung eines bestimmten Strafrahmens im Hinblick auf eine allgemeine Abschreckung berücksichtigt wurden.[591]

367 Neben der Abschreckung als negatives Lenkungsinstrument menschlichen Verhaltens, steht die **Integrationsprävention** oder spezielle Generalprävention, die es als Aufgabe der Strafe begreift, das Recht gegenüber dem vom Täter begangenen Unrecht durchzusetzen und dadurch die Rechtstreue der Bevölkerung und ihres Vertrauens in die Unverbrüchlichkeit des Rechts zu stärken und zu erhalten, wodurch zugleich künftigen ähnlichen Rechtsverletzungen potentieller Täter vorgebeugt werden soll.[592] Dieser positive Aspekt der Generalprävention hat mit dem Begriff der »Verteidigung der Rechtsordnung« in §§ 47 I, 56 III, 59 I Nr. 3 StGB Eingang gefunden und gelangt darüber hinaus auch bei der Bestimmung der Höhe der Strafe im Rahmen der Schuld zulasten des Angeklagten zur Anwendung.[593]

2. Spezialprävention

368 Gesichtspunkte der Spezialprävention können sowohl strafmildernd als auch strafschärfend wirken. So kann es zur Vermeidung der Entsozialisierung des Angeklagten geboten sein, eine geringere Strafe zu verhängen und andererseits zur Einwirkung auf einen gefährlichen Wiederholungstäter erforderlich, eine höhere Strafe auszusprechen. Dabei darf sich die Strafe aber niemals von ihrer Bestimmung als gerechter Schuldausgleich lösen. Insbesondere berechtigt eine besondere Gefährlichkeit des Angeklagten nicht, ihn über die Zeitspanne der schuldangemessenen Dauer hinaus festzuhalten. Hierfür sind freiheitsentziehende Maßregeln, insbesondere die Sicherungsverwahrung vorgesehen.[594] Denn der Vorrang der Schuld bei der Strafzumessung muss stets gewahrt bleiben. Nur innerhalb des Spielraums, in dem eine Strafe noch schuldangemessen ist, kann der Richter dem Strafzweck der Spezialprävention Raum geben.[595]

IV. Bestimmung der Strafart

369 In einem weiteren Schritt ist die Strafart – **Geldstrafe oder Freiheitsstrafe** – zu bestimmen. Legt man der Strafzumessung zunächst die Freiheitsstrafe zugrunde,[596] gilt es zu prüfen, ob diese in eine Geldstrafe umgewandelt werden kann oder muss. Dabei entsprechen 30 Tagessätzen 1 Monat Freiheitsstrafe, § 47 II 2 StGB. Es sind drei Bereiche zu unterscheiden: Bei Freiheitsstrafen über 1 Jahr ist eine Geldstrafe wegen der Höchstgrenze des § 40 I StGB nicht mehr möglich.[597] In dem Bereich zwischen 6 Monaten und 1 Jahr Freiheitsstrafe ist die

---

586 BGHSt 6, 125 (126 f.).
587 Vgl. *Fischer* § 46 Rn. 11.
588 BGH NStZ 1982, 463; BGHSt 6, 125 (127); BGHR StGB § 46 I Generalprävention 2; 7.
589 BGHR StGB § 46 I Generalprävention 7.
590 BGHR StGB § 46 I Generalprävention 3.
591 BGHSt 17, 321 (324); BGH StV 1981, 14; BGHR StGB § 46 I Generalprävention 6.
592 BGHSt 24, 40 (44); 34, 150 (151); BGHR StGB § 46 I Generalprävention 4.
593 BGHSt 34, 150 (151); BGHR StGB § 46 I Generalprävention 4; vgl. *Fischer* § 46 Rn. 10 ff.
594 BGHSt 24, 132 (134); BGHR StGB § 46 I Schuldausgleich 21.
595 BGHSt 20, 264 (267); BGHR StGB § 46 I Spezialprävention 2.
596 Dies ist der systematisch richtige Ansatz, vgl. BGHSt 27, 72: hypothetische Überlegung wie viel Tage Freiheitsstrafe angemessen wären. In Fällen der Kleinkriminalität ist es jedoch unbedenklich bei den Überlegungen zur Strafzumessung sogleich (nur) eine Geldstrafe ins Auge zu fassen.
597 Davon unabhängig können bei der Bildung einer Gesamtgeldstrafe gemäß § 54 II 1 StGB bis zu 720 Tagessätze verhängt werden.

Umwandlung in eine Geldstrafe zwar möglich, jedoch eher selten; einer besonderen Begründung für die Verhängung einer Freiheitsstrafe bedarf es hier nicht. Dagegen dürfen Freiheitsstrafen unter 6 Monaten gemäß § 47 StGB nur verhängt werden, wenn besondere Umstände in der Tat oder der Täterpersönlichkeit dies unerlässlich machen.[598]

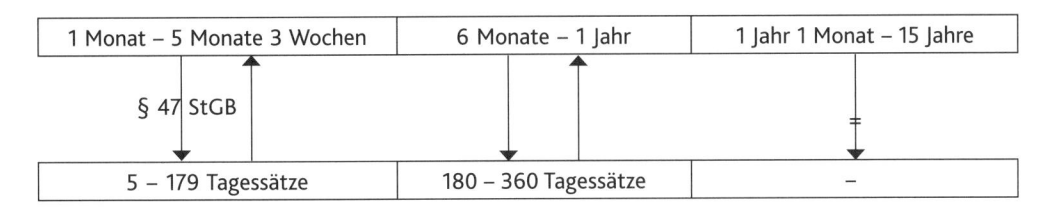

1 Monat – 5 Monate 3 Wochen	6 Monate – 1 Jahr	1 Jahr 1 Monat – 15 Jahre
§ 47 StGB		
5 – 179 Tagessätze	180 – 360 Tagessätze	–

Gemäß § 267 III 2 StPO ist die Notwendigkeit der Verhängung einer **Freiheitsstrafe unter 6 Monaten** im Hinblick auf **§ 47 StGB** stets zu begründen. Hierauf sollte viel Sorgfalt verwendet werden, da eine unzureichende oder gar fehlende Begründung den Strafausspruch in der Revisionsinstanz zu Fall bringt. § 47 StGB ist hinsichtlich jeder Einzelstrafe und unabhängig von der Höhe der verhängten Gesamtfreiheitsstrafe zu beachten.[599] In der Praxis kommen Freiheitsstrafen unter 6 Monaten vor allem bei Serienstraftaten[600] und einschlägig oder erheblich vorbestraften Angeklagten[601] in Betracht. Dabei sind alle für und gegen den Angeklagten sprechenden Umstände nochmals gegeneinander abzuwägen. 370

4. Unter Beachtung von § 47 I StGB konnte die mit 4 Monaten bemessene Freiheitsstrafe nicht in eine Geldstrafe umgewandelt werden. Der Angeklagte hat sich nur knapp 2 Jahre nach der Verurteilung wegen fahrlässiger Trunkenheit im Verkehr erneut derselben Straftat schuldig gemacht und dadurch gezeigt, dass er durch eine Geldstrafe nicht mehr ausreichend beeindruckt werden kann. Insbesondere der Umstand, dass der Angeklagte seine Fahrerlaubnis erst 6 Monate vor der Tat wieder erlangt hat, lässt diese nicht als einmaligen Rückfall erscheinen, sondern zeigt, dass der Angeklagte seinem Fehlverhalten weiterhin verhaftet ist. Auch das Geständnis ist nicht geeignet zu einer anderen Einschätzung des Angeklagten zu gelangen, zumal er bei der Tat betroffen wurde. Das Gericht erachtete die Verhängung einer Freiheitsstrafe daher für unerlässlich. Jede andere Reaktion auf das vom Angeklagten begangene Unrecht, auch die Verhängung einer deutlich erhöhten Geldstrafe, würde die erforderliche Spezialprävention nicht gewährleisten. 371

Bei **Serienstraftaten** kann die Begründung zur jeweiligen Verhängung von Freiheitsstrafen auch zusammengefasst nach Abschluss der Einzelstrafzumessung erfolgen: 372

4. Unter Beachtung von § 47 I StGB konnten die mit 2 bis 4 Monaten bemessenen Freiheitsstrafen in keinem der 34 Fälle in eine Geldstrafe umgewandelt werden. Denn in der Vielzahl der Diebstähle, bei denen teilweise erhebliche Geldbeträge erbeutet wurden, der raffinierten Vorgehensweise und der sorgfältigen Planung, zeigt sich eine erhöhte kriminelle Energie des Angeklagten, die es unerlässlich macht gegen ihn in jedem Einzelfall eine Freiheitsstrafe zu verhängen. Dabei hat das Gericht die oben genannten zugunsten des Angeklagten sprechenden Umstände, insbesondere sein Geständnis und seine schwierige wirtschaftliche Situation, nicht außer Acht gelassen. Doch reichen diese Umstände angesichts des dargestellten erhöhten Unrechtsgehalts nach Überzeugung des Gerichts in keinem Fall aus, die Verhängung einer Geldstrafe noch zu rechtfertigen.[602] Das Gericht erachtete daher in jedem Einzelfall die Verhängung einer Freiheitsstrafe für unerlässlich. Jede andere Reaktion auf das vom Angeklagten begangene Unrecht, auch die Verhängung einer deutlich erhöhten Geldstrafe, würde die erforderliche Spezialprävention nicht gewährleisten.

---

598 Vgl. *Fischer* § 47 Rn. 5 ff.
599 BGHR StGB § 47 Beschwer 1.
600 Vgl. *Fischer* § 47 Rn. 11.
601 Vgl. *Fischer* § 47 Rn. 10 a.
602 Vgl. BGHSt 24, 40 (42 f.).

V. Gesamtstrafenbildung

1. Allgemeines

373 Hat der Angeklagte zwei oder mehr Straftaten begangen, die zueinander im Verhältnis der Tatmehrheit stehen, so ist gemäß §§ 53, 54 StGB eine Gesamtstrafe zu bilden. Unter den Voraussetzungen des § 55 StGB kann auch eine nachträgliche Gesamtstrafenbildung erforderlich sein. Die Bildung der Gesamtstrafe ist ein gesonderter Strafzumessungsvorgang, der eine zusammenfassende Würdigung der Person des Täters und der einzelnen Straftaten erfordert.[603] Insoweit genügt es aber, wenn auf die bereits bei der Strafrahmenwahl und der Bemessung der Einzelstrafen umfassend dargestellten für und gegen den Angeklagten sprechenden Gesichtspunkte **Bezug genommen** wird.[604] Die Gesamtstrafe wird gemäß § 54 I 2, II 1 StGB – außer im Falle einer lebenslangen Freiheitsstrafe – durch Erhöhung der höchsten Einzelstrafe, der sogenannten Einsatzstrafe, gebildet, wobei die Summe der Einzelstrafen nicht erreicht werden darf. Dabei beträgt gemäß § 54 II 2 StGB die höchstmögliche zeitige Gesamtfreiheitsstrafe 15 Jahre, die höchstmögliche Gesamtgeldstrafe 720 Tagessätze.

374 Die Bildung der Gesamtstrafe darf keinesfalls schematisch – etwa anhand einer »Rechenformel« – vorgenommen werden.[605] An die Begründung der Gesamtstrafe sind umso höhere Anforderungen zu stellen, je mehr sich die Strafe der unteren oder oberen Grenze des Zulässigen nähert[606] oder je stärker die Einsatzstrafe erhöht wird.[607] Eine formelhafte **Begründung der Gesamtstrafe** genügt keinesfalls. Daher ist es grundsätzlich **nicht** ausreichend, wenn ausgeführt wird: »Unter erneuter Abwägung sämtlicher Strafzumessungsgründe hat die Kammer unter Erhöhung der Einsatzstrafe von fünf Jahren Freiheitsstrafe gemäß §§ 53, 54 StGB auf eine Gesamtfreiheitsstrafe von acht Jahren erkannt, die in dieser Höhe angemessen ist und allen Strafzwecken Rechnung trägt.«[608]

375 Bei der Bemessung der Gesamtstrafe ist vielmehr eine **Gesamtschau aller Taten** erforderlich. Dabei ist das Verhältnis der einzelnen Straftaten zueinander, insbesondere ihr Zusammenhang, ihre größere oder geringere Selbständigkeit, ferner die Häufigkeit der Begehung, die Gleichheit oder Verschiedenheit der verletzten Rechtsgüter und der Begehungsweisen sowie das Gesamtgewicht des abzuurteilenden Sachverhalts zu berücksichtigen.[609] Ferner ist die **Person des Täters zusammenfassend** zu würdigen. Dies beinhaltet neben seiner Strafempfänglichkeit vor allem seine größere oder geringere Schuld im Hinblick auf das Gesamtgeschehen sowie die Frage, ob die mehrfachen Straftaten einem kriminellen Hang – bei Fahrlässigkeitstaten einer allgemeinen gleichgültigen Einstellung – entspringen oder ob es sich um Gelegenheitsdelikte ohne innere Verbindung handelt.[610] Eine bloße Zusammenzählung der verwirkten Einzelstrafen wird der Beurteilung des Gesamtsachverhalts nicht gerecht, sondern ist eher geeignet, den Blick für die gesetzmäßige Strafe zu verstellen.[611]

376 Die Erhöhung der Einsatzstrafe muss in der Regel niedriger ausfallen, wenn zwischen den einzelnen Taten ein enger zeitlicher, sachlicher und situativer – oder auch motivatorischer – Zusammenhang besteht.[612] Dies gilt insbesondere auch, wenn die Taten sich kriminologisch und aus Sicht des Täters als einheitliches Geschehen darstellen;[613] ebenso bei **wiederholter Verwirklichung** gleichartiger Taten, falls diese mit einer ständigen Verminderung der Hemmschwelle einhergeht und nicht Ausdruck einer sich steigernden rechtsfeindlichen Einstellung

---

[603] BGHR StGB § 46 I Beurteilungsrahmen 1; BGH NStZ-RR 2009, 336: gilt auch bei Serienstraftaten, vgl. *Fischer* § 54 Rn. 11.
[604] BGH NStZ 2009, 565; im Examen sollte aber immer eine nochmalige Wiederholung der stärksten strafmildernden und straferhöhenden Umstände erfolgen.
[605] BGH StV 2001, 346.
[606] BGHR StGB § 54 Serienstraftaten 1; BGH NStZ-RR 2007, 300; NJW 2010, 3176; vgl. *Fischer* § 54 Rn. 11.
[607] BGH NJW 2010, 3176; NStZ-RR 2009, 336.
[608] BGHR StGB § 46 II Tatumstände 14.
[609] BGHSt 24, 268 (269 f.); BGHR StGB § 54 Serienstraftaten 1; vgl. *Fischer* § 54 Rn. 6.
[610] BGHSt 24, 268 (269 f.); BGHR StGB § 54 Serienstraftaten 1.
[611] BGHR StGB § 54 Serienstraftaten 1; vgl. *Fischer* § 54 Rn. 7.
[612] BGH NStZ 1986, 158; NStZ-RR 2010, 238; BGHR StGB § 54 Bemessung 1; vgl. *Fischer* § 54 Rn. 7.
[613] BGH NStZ-RR 2007, 300.

des Angeklagten ist.⁶¹⁴ Bei gleichgelagerten Serienstraftaten sollte der Wegfall der Rechtsfigur der fortgesetzten Handlung nicht zu einer Erhöhung der Gesamtstrafe führen.⁶¹⁵

5. Aus den verhängten Einzelstrafen war unter Erhöhung der Einsatzstrafe von 1 Jahr 9 Monaten gemäß §§ 53 I, 54 StGB eine Gesamtstrafe zu bilden, die die Summe der Einzelstrafen von 4 Jahren 3 Monaten⁶¹⁶ nicht erreichen durfte. Dabei waren alle für und gegen den Angeklagten sprechenden Umstände – maßgeblich die oben bei der Bemessung der Einzelstrafen angeführten – nochmals gegeneinander abzuwägen. Insbesondere war dabei das umfassende Geständnis des Angeklagten strafmildernd und die genannten Vorverurteilungen straferschwerend zu berücksichtigen. Ferner konnte zugunsten des Angeklagten berücksichtigt werden, dass die Taten in engem zeitlichen, örtlichen und situativen Zusammenhang stehen und nur wenig Selbständigkeit aufweisen. Im Ergebnis erschien dem Gericht eine Gesamtfreiheitsstrafe von 2 Jahren 6 Monaten tat und schuldangemessen.

377

2. Absehen von der Gesamtstrafenbildung

Auch beim Zusammentreffen von Freiheitsstrafe und Geldstrafe ist gemäß § 53 II 1 StGB grundsätzlich eine Gesamtstrafe durch Erhöhung der Freiheitsstrafe als der ihrer Art nach schwersten Strafe zu bilden. **Ausnahmsweise** kann das Gericht aber gemäß § 53 II 2 StGB hiervon absehen und Geldstrafe neben einer Freiheitsstrafe verhängen;⁶¹⁷ bei mehreren Geldstrafen wäre eine Gesamtgeldstrafe zu bilden, die neben der Freiheitsstrafe steht.

378

5. Von der möglichen Bildung einer Gesamtstrafe wurde gemäß § 53 II 2 StGB abgesehen. Die Taten die den beiden verhängten Einzelstrafen zu Grunde liegen stehen in keinem Zusammenhang und betreffen völlig unterschiedliche Deliktsbereiche. Zudem erschien die bei einer Gesamtstrafenbildung zwangsläufige Erhöhung der verhängten Freiheitsstrafe von 1 Jahr als schwereres Strafübel, weil dann eine Strafaussetzung zur Bewährung mangels besonderer Umstände iSd § 56 II StGB nicht mehr hätte erfolgen können.

379

3. Nachträgliche Gesamtstrafenbildung, § 55 StGB

a) Voraussetzungen

Nachträglich ist eine Gesamtstrafe unter den Voraussetzungen des § 55 I 1 StGB zu bilden.⁶¹⁸ Das ist immer dann der Fall, wenn eine Vorverurteilung⁶¹⁹ des Angeklagten besteht und der **damalige Tatrichter** eine Gesamtstrafe mit der jetzt zur Aburteilung stehenden Tat hätte bilden müssen, wenn sie Gegenstand seines Verfahrens gewesen wäre. Für den Zeitpunkt der Vorverurteilung kommt es gemäß § 55 I 2 StGB auf das letzte tatrichterliche Urteil an, in dem die tatsächlichen Feststellungen noch geprüft werden konnten;⁶²⁰ dies ist auch ein Berufungsurteil, in dem eine Sachentscheidung getroffen wurde.⁶²¹ Voraussetzung der nachträglichen Gesamtstrafenbildung ist aber, dass die frühere Strafe noch nicht vollständig vollstreckt, verjährt oder erlassen ist.⁶²² Ist die frühere Strafe eine Gesamtstrafe, muss diese aufgelöst und mit den (unabänderbaren) Einzelstrafen eine nachträgliche Gesamtstrafe unter Einschluss der im neuen Verfahren verhängten Strafe(n) gebildet werden. Können nicht alle Einzelstrafen in eine neue Gesamtstrafe einbezogen werden, sind verschiedene Gesamtstrafengruppen zu bilden oder es bleibt eine Einzelstrafe bestehen.⁶²³ Sind mehrer Gesamtstrafen zu bilden, muss ein sich daraus ergebender Nachteil für den Angeklagten infolge eines zu hohen Gesamtstrafenübels ausgeglichen werden. Die Urteilsgründe müssen erkennen lssen, dass sich das

380

---

614 Vgl. BGH NStZ 2010, 40 f.
615 BGHSt 40, 138 (162); BGHR StGB § 54 Serienstraftaten 1; BGH StV 1999, 599; vgl. *Fischer* § 54 Rn. 9.
616 Es ist nicht notwendig und in der Praxis auch nicht üblich die Summe der Einzelstrafen anzugeben.
617 Vgl. *Fischer* § 53 Rn. 6.
618 Zur Darstellung der Gründe des einbezogenen Urteils vgl. → Rn 143.
619 Strafbefehl steht dieser gleich, jedoch nicht ein Gesamtstrafenbeschluss gemäß § 460 StPO, vgl. *Fischer* § 55 Rn. 3.
620 BGH NStZ-RR 2010, 41.
621 *Fischer* § 55 Rn. 7.
622 Vgl. dazu *Fischer* § 55 Rn. 6.
623 BGH NStZ-RR 2010, 9.

Gericht dieser Sachlage bewusst war und das Gesamtmaß der Strafe für angemessen erachtet.[624]

380a Mit einer **ausländischen Vorverurteilung** kann weder eine nachträgliche Gesamtstrafe gebildet werden noch ein Härteausgleichs im engeren Sinne[625] stattfinden; jedoch ist eine nach innerstaatlichen Maßstäben gesamtstrafenfähige ausländische Verurteilung im Rahmen der allgemeinen Strafzumessung mit Blick auf das Gesamtstrafübel zu berücksichtigen.[626]

Beispiel 1:
381
- Vorverurteilung vom 12. 12. 2006 wegen einer Tat vom 10. 9. 2006
- Abzuurteilende Tat vom 20. 12. 2006
- Ergebnis: Keine nachträgliche Gesamtstrafenbildung möglich

Beispiel 2:
382
- Vorverurteilung vom 12. 12. 2006 wegen einer Tat vom 10. 9. 2006
- Abzuurteilende Tat vom 10. 12. 2006
- Ergebnis: Nachträgliche Gesamtstrafenbildung erforderlich

383 Hat der Angeklagte mehrere zur Aburteilung anstehende Taten teils vor, teils nach der Vorverurteilung begangen, treten **§ 53 StGB und § 55 StGB in Konkurrenz**. Dabei setzt sich § 55 StGB durch. Es ist eine nachträgliche Gesamtstrafe mit der Strafe aus der Vorverurteilung und eine weitere Strafe – gegebenenfalls Gesamtstrafe – zu bilden. Denn dadurch wird der Angeklagte so gestellt, wie er gestanden hätte, wenn dem damaligen Tatrichter alle bis dahin begangenen Taten bekannt gewesen wären. Die frühere Verurteilung bildet also eine Zäsur, der eine Einbeziehung der danach begangenen Taten entgegensteht.[627]

Beispiel 3:
384
- Vorverurteilung vom 12. 12. 2006 wegen einer Tat vom 10. 9. 2006
- Abzuurteilende Taten vom 10. 12. 2006 und vom 20. 12. 2006
- Ergebnis: Nachträgliche Gesamtstrafenbildung nur mit Tat vom 10. 12. 2006 möglich und auch erforderlich; wegen der weiteren Straftat ist eine Einzelstrafe zu verhängen; läge noch eine weitere Tat nach dem 12. 12. 2006 vor, wäre eine weitere (nicht nachträgliche) Gesamtstrafe mit dieser zu bilden.[628]

385 Besteht eine weitere Vorverurteilung, ist eine mögliche **Zäsurwirkung** der früheren Verurteilung zu beachten, die dann eintritt, wenn die nun abzuurteilende Tat zwischen den beiden Vorverurteilungen begangen wurde und aus den beiden Vorstrafen eine Gesamtstrafe gebildet wurde oder zu bilden gewesen wäre und dies auch jetzt noch möglich ist.[629] Bei mehreren Taten, die zwischen mehreren Vorverurteilungen liegen, müssen Gesamtstrafengruppen gebildet werden. Dabei bildet jede Vorverurteilung eine Zäsur, die eine Gesamtstrafenbildung nur mit den jeweils zuvor begangenen Taten zulässt. Die Zäsurwirkung einer früheren Verurteilung entfällt nicht, wenn der damalige Tatrichter gemäß § 53 II 2 StGB von der Einbeziehung abgesehen hat oder der neue Tatrichter dies beabsichtigt.[630]

Beispiel 4:
386
- 1. Vorverurteilung vom 12. 12. 2006 wegen einer Tat vom 10. 9. 2006
- 2. Vorverurteilung vom 20. 3. 2007 wegen einer Tat vom 4. 10. 2006
- Abzuurteilende Tat vom 7. 2. 2007

---

624 BGH NStZ-RR 2008, 234.
625 Vgl. → Rn. 391.
626 BGH NJW 2010, 2677.
627 BGHSt 9, 370 (383); 32, 190 (193); *Fischer* § 55 Rn. 9.
628 Auch wenn die Summe der Gesamtfreiheitsstrafen 4 Jahre übersteigt, bleibt die Strafgewalt des Amtsgerichts bestehen, vgl. BGHSt 34, 159; *Meyer-Goßner* GVG § 24 Rn. 9. Im Beispielsfall könnte das Schöffengericht daher insgesamt 8 Jahre Freiheitsstrafe verhängen. Es muss bereits im Tenor deutlich gemacht werden, welche Gesamtstrafe für welche Taten verhängt wurde.
629 BGHSt 32, 190 (193); BayObLG NStZ 1983, 411; *Fischer* § 55 Rn. 12.
630 BGHSt 32, 190 (194); 44, 179 (184); NStZ-RR 2007, 369; *Fischer* § 55 Rn. 9 a.

- Ergebnis: Keine nachträgliche Gesamtstrafenbildung möglich; diese wäre zwar isoliert betrachtet mit der 2. Vorverurteilung möglich, doch würde dies dazu führen, dass die erforderliche und noch mögliche Gesamtstrafenbildung[631] der 1. mit der 2. Vorverurteilung dann nicht mehr erfolgen könnte; eine Gesamtstrafenbildung aller Taten ist nicht möglich, da die Tat vom 7. 2. 2007 nach der 1. Vorverurteilung liegt. Zum gleichen Ergebnis käme man, wenn zwischen den beiden Vorverurteilungen bereits eine Gesamtstrafe gebildet worden wäre; diese dürfte nicht mehr aufgelöst werden.

Der BGH[632] hat zu dieser Fallkonstellation ausgeführt: »Hätte der Richter, der früher entschieden hat, eine Strafe, die in einer noch früheren Verurteilung ausgesprochen worden ist, in eine Gesamtstrafenbildung einbeziehen können, geht von der ersten der Vorverurteilungen eine Zäsurwirkung aus: Die Strafe aus der späteren Vorverurteilung und die Strafe, die im anhängigen Verfahren für eine Tat ausgesprochen wird, die zwischen den Vorverurteilungen begangen worden ist, können nicht Gegenstand einer Gesamtstrafenbildung sein. Die Zäsurwirkung entfällt nur dann, wenn die in der früheren Vorverurteilung verhängte Strafe bereits im Sinne von § 55 Abs. 1 Satz 1 StGB erledigt ist.«[633]   387

Beispiel 5:
- 1 Vorverurteilung vom 12. 12. 2006 wegen einer Tat vom 10. 9. 2006
- 2. Vorverurteilung vom 20. 3. 2007 wegen einer Tat vom 4. 10. 2006
- Abzuurteilende Taten vom 20. 5. 2006 und vom 7. 2. 2007
- Ergebnis: Es ist nachträglich eine Gesamtstrafe mit der Tat vom 20. 5. 2006 und den Strafen aus den beiden Vorverurteilungen zu bilden.[634] Für die Tat vom 7. 2. 2007 ist eine gesonderte Strafe festzusetzen.[635]

387a

5. Aus den verhängten Einzelstrafen war unter Erhöhung der Einsatzstrafe von 1 Jahr 9 Monaten gemäß §§ 53 I, 54 StGB eine Gesamtstrafe zu bilden, in die gemäß § 55 I StGB nachträglich auch die mit Urteil des Amtsgerichts Regensburg vom 12. 12. 2006 verhängte Freiheitsstrafe von 6 Monaten einzubeziehen war. Dabei waren alle für und gegen den Angeklagten sprechenden Umstände nochmals gegeneinander abzuwägen, vor allem die oben bei der Bemessung der Einzelstrafen angeführten und hinsichtlich der mit Urteil des Amtsgerichts Regensburg vom 12. 12. 2006 verhängten Strafe, dass der Angeklagte dem Geschädigten erhebliche Verletzungen zufügte, andererseits aber auch zuvor provoziert worden war. Insbesondere war bei allen Taten das umfassende Geständnis des Angeklagten strafmildernd und seine Vorverurteilungen straferschwerend zu berücksichtigen. Ferner konnte zugunsten des Angeklagten berücksichtigt werden, dass die verfahrensgegenständlichen Taten in engem zeitlichen, örtlichen und situativen Zusammenhang stehen und nur wenig Selbständigkeit aufweisen. Dagegen betrifft die mit Urteil des Amtsgerichts Regensburg vom 12. 12. 2006 abgeurteilte Tat einen völlig anderen Deliktsbereich und ereignete sich mehrere Monate vor den anderen Taten. Dies musste sich straferhöhend bei der Bemessung der Gesamtstrafe auswirken. Im Ergebnis erschien dem Gericht eine Gesamtfreiheitstrafe von 2 Jahren 10 Monaten tat- und schuldangemessen.   388

Auch von der nachträglichen Gesamtstrafenbildung kann gemäß §§ 55 I, 53 II 2 StGB bei Aufeinandertreffen von Geld- und Freiheitsstrafe und Vorliegen der entsprechenden Voraussetzungen abgesehen werden.[636]   389

b) Aufrechterhaltung von Nebenstrafen, Nebenfolgen und Maßnahmen

Wird eine nachträgliche Gesamtstrafe gebildet, so sind die in der Vorverurteilung verhängten Nebenstrafen, Nebenfolgen und Maßnahmen gemäß § 55 II StGB aufrechtzuerhalten, soweit   390

---
631 Mittels Gesamtstrafenbeschluss gemäß § 460 StPO.
632 BGHSt 32, 190 (193 f.), vgl. auch BGH NJW 1982, 2080.
633 Dann müsste allerdings ein Härteausgleich erfolgen, vgl. → Rn. 391.
634 Vgl. BGH NStZ 1996, 329: Gesamtstrafenbildung auch wenn dies bei den Vorverurteilungen bisher unterblieben ist; vgl. auch → Rn. 385.
635 Vgl. → Rn. 386 f.
636 → Rn. 378 f.

sie nicht erledigt sind oder durch die neue Entscheidung gegenstandslos werden.[637] **Erledigt** ist beispielsweise ein verbüßtes Fahrverbot, eine vollzogene Einziehung, eine vollständig vollstreckte Verfallsanordnung, eine abgelaufene Sperrfrist gemäß § 69a StGB, aber auch die Entziehung der Fahrerlaubnis gemäß § 69 StGB mit Rechtskraft des Urteils.[638] Gegenstandslos werden Rechtsfolgen nur, wenn eine andere nunmehr verhängte Rechtsfolge diese überflüssig macht.[639] Im Übrigen sind insbesondere die Anordnung der Unterbringung gemäß § 63 StGB oder § 64 StGB sowie die Anordnung der Sicherungsverwahrung gemäß § 66 StGB aufrechtzuerhalten, falls sie nicht durch Vollstreckung erledigt sind. Läuft zum Zeitpunkt der neuen Verurteilung eine Sperrfrist gemäß § 69a StGB noch, ist auch diese unter Angabe des Beginns der Sperrfrist im Urteilstenor aufrechtzuerhalten.[640] Ist eine Sperrfrist auch wegen der neuen Straftat auszusprechen, wird eine einheitliche Sperrfrist festgesetzt, die mit der Rechtskraft des früheren Urteils beginnt.[641]

c) Härteausgleich

391 Ist die Strafe bereits vollstreckt, verjährt oder erlassen und kann nur deswegen – bei Vorliegen aller sonstigen Voraussetzungen des § 55 I StGB – keine Gesamtstrafe gebildet werden, muss ein **Härteausgleich** erfolgen.[642] Dies kann entweder durch Bildung einer **fiktiven Gesamtstrafe** geschehen, von der dann die bereits vollstreckte Strafe in Abzug gebracht wird, oder durch **unmittelbare Berücksichtigung des Nachteils** bei der Festsetzung der neuen Strafe, wobei dies in den Urteilsgründen deutlich zu machen ist.[643] Zu tenorieren ist der Härteausgleich nicht. Der Härteausgleich kann auch dazu führen, dass die Mindeststrafe nach § 54 I 2 StGB unterschritten werden muss, wenn nur auf diese Weise ein angemessener Härteausgleich erreicht werden kann.[644] Bei zeitigen Freiheitsstrafen ist die Höchstgrenze des § 54 II 2 StGB zu beachten, weshalb bei einer auszugleichenden (weil schon vollstreckten) Freiheitsstrafe von 2 Jahren nur auf eine Freiheitsstrafe von höchstens 13 Jahren für die jetzt abzuurteilende Tat erkannt werden darf.[645] Bei Verhängung lebenslanger Feiheitsstrafe ist ein Härteausgleich für erledigte, an sich gesamtstrafenfähige Vorstrafen im Wege der Vollstreckungslösung durch Anrechnung auf die Mindestverbüßungsdauer des § 57a I Nr. 1 StGB zu gewähren, was im Tenor auszusprechen ist.[646] Ein besonderer Härteausgleich kann auch erforderlich sein, wenn eine (nachteilige) nachträgliche Gesamtstrafenbildung nur deshalb vorzunehmen war, weil die Zäsurwirkung einer Vorverurteilung wegen deren Vollstreckung entfallen ist.[647]

VI. Entscheidung über die Strafaussetzung zur Bewährung

392 Ob die Vollstreckung einer Freiheitsstrafe oder einer Gesamtfreiheitsstrafe,[648] die 2 Jahre nicht überschreitet, zur Bewährung ausgesetzt werden kann, bestimmt sich nach **§ 56 StGB**, der je nach Höhe der Strafe unterschiedliche Anforderungen aufstellt. Demnach genügt für die Aussetzung einer Freiheitsstrafe, die 1 Jahr nicht übersteigt, eine günstige Sozialprognose (§ 56 I StGB), während bei einer höheren Strafe zusätzlich besondere Umstände vorliegen müssen (§ 56 II StGB). In beiden Fällen ist ferner § 56 III StGB zu beachten, wenn mindestens 6 Monate Freiheitsstrafe verhängt wurden.

393 Die Entscheidung über die Strafaussetzung ist stets sorgfältig zu begründen. Zwar ist dies nach dem Wortlaut des § 267 IV 4 StPO nicht vorgeschrieben, wenn die Aussetzung abge-

---

637 *Fischer* § 55 Rn. 30; vgl. zum Tenor → Rn. 74.
638 BGH NStZ-RR 2010, 58.
639 *Fischer* § 55 Rn. 30.
640 *Fischer* § 55 Rn. 33; die Sperrfrist beginnt gemäß § 69a V 1 StGB mit der Rechtskraft des früheren Urteils.
641 BGH NStZ 2001, 245; *Fischer* § 55 StGB Rn. 32.
642 Vgl. *Fischer* § 55 Rn. 21.
643 BGHSt 31, 102; 33, 131 (132); BGHR StGB § 46 I Schuldausgleich 14; *Fischer* § 55 Rn. 22 f.
644 BGHSt 31, 102 (33) = NStZ 1983, 260; vgl. *Fischer* § 55 Rn. 23.
645 BGHSt 33, 131 (132 f.) = NJW 1985, 1231.
646 BGHSt 54, 259 (262) = NJW 2010, 1470.
647 BGH NStZ 2010, 387.
648 Ist eine Gesamtfreiheitsstrafe zu bilden, wird die Frage der Strafaussetzung nur für diese und nicht für jede Einzelstrafe erörtert.

lehnt und kein dahingehender Antrag gestellt wurde,⁶⁴⁹ doch ist auch in diesen Fällen dringend anzuraten die tragenden Gründe hierfür mitzuteilen. Bloß formelhafte Wendungen genügen nicht, insbesondere wenn sie lediglich den Gesetzeswortlaut wiederholen. Auch darf die Frage der Sozialprognose bei einer Freiheitsstrafe von über 1 Jahr nicht im Hinblick darauf dahingestellt bleiben, dass zumindest keine besonderen Umstände im Sinne des § 56 II StGB vorliegen.⁶⁵⁰

Bei Freiheitsstrafen von über 2 Jahren gehen Erörterungen zur Strafaussetzung fehl. Jedoch ist bei Verhängung einer **Freiheitsstrafe knapp über 2 Jahren** eingehend zu begründen, weshalb das Gericht im Bewusstsein dieser Konsequenz eine Strafe in noch aussetzungsfähiger Höhe nicht für ausreichend erachtet hat.⁶⁵¹ 394

1. Günstige Sozialprognose, § 56 I StGB

Die in **§ 56 I StGB** formulierte **Erwartung künftigen straffreien Lebens** des Angeklagten allein aufgrund der Verurteilung und ohne Vollzug der verhängten Freiheitsstrafe wird gemeinhin als günstige (positive) Sozialprognose bezeichnet. Sie ist gemäß § 56 I 2 StGB aufgrund einer Gesamtwürdigung aller wesentlichen Umstände zu treffen. Dabei genügt es, dass die Begehung künftiger Straftaten nicht wahrscheinlich ist, weil die Resozialisierung des Angeklagten auch ohne Vollstreckung der Freiheitsstrafe aussichtsreich ist.⁶⁵² Mit anderen Worten: Die Wahrscheinlichkeit künftigen straffreien Lebens muss höher sein als die Wahrscheinlichkeit neuer Straffälligkeit.⁶⁵³ Von dieser Wahrscheinlichkeit muss das Gericht überzeugt sein. Sie muss sich auf bestimmte Tatsachen gründen.⁶⁵⁴ Die bloße Hoffnung, der Angeklagte werde künftig straffrei leben, genügt nicht. Auch kann die Vollstreckung der Strafe nicht bereits deshalb ausgesetzt werden, weil nicht verneint werden kann, dass der Angeklagte in Zukunft keine Straftaten mehr begehen wird. Zweifel gehen insoweit zu Lasten des Angeklagten; der »in dubio pro reo« gilt hier nicht.⁶⁵⁵ Dies bezieht sich allerdings nicht auf die Tatsachen, die das Gericht seiner Prognose zugrunde legt. Diese müssen – wie alle den Angeklagten belastenden Umstände – eindeutig festgestellt werden.⁶⁵⁶ 395

> 6. Die Vollstreckung der Gesamtfreiheitsstrafe von 9 Monaten konnte zur Bewährung ausgesetzt werden, da das Gericht die begründete Erwartung hat, dass der Angeklagte künftig auch ohne die Einwirkung des Strafvollzugs keine Straftaten mehr begehen wird, § 56 I StGB. Der Angeklagte ist zwar einschlägig vorbestraft, doch liegt die Verurteilung bereits über 3 Jahre zurück; die zu Grunde liegende Tat fast 4 Jahre. Damals wurde gegen den Angeklagten nur eine Geldstrafe verhängt. Somit wird der Angeklagte nunmehr erstmals zu einer Freiheitsstrafe verurteilt. Da er auch geständig und schuldeinsichtig ist, geht das Gericht davon aus, dass er bereits durch die Verhängung der Strafe nachhaltig beeindruckt ist. Die Lebensverhältnisse des Angeklagten haben sich stabilisiert. Seit etwa 2 Monaten lebt er in einer festen Beziehung; seine Lebensgefährtin ist berufstätig. Zwar ist der Angeklagte nach wie vor arbeitslos, doch hat er vor etwa einer Woche mit dem Besuch eines dreimonatigen Computerkurses begonnen, um sich weiterzubilden. Mag dies auch unter dem Druck dieses Strafverfahrens erfolgt sein, so zeigt es doch, dass der Angeklagte gewillt ist, sein Leben in geordnete Bahnen zu lenken. 396

Hat der Angeklagte die Tat in laufender Bewährung hinsichtlich einer einschlägigen Verurteilung begangen, ist eine **erneute Strafaussetzung** zur Bewährung nur ganz ausnahmsweise denkbar. In aller Regel wird sie zu versagen sein.⁶⁵⁷ 397

---

649 Vgl. hierzu BGHR StGB § 56 I Sozialprognose 1.
650 BGHR StGB § 56 Begründung 1; vgl. *Fischer* § 56 Rn. 3, 19.
651 *Schäfer* Rn. 475; vgl. auch BGH StV 1993, 639; 1992, 462 (463); 2001, 346; BGH Urt. v. 5. 12. 2000 – 1 StR 533/00; Urt. v. 19. 11. 2002 – 1 StR 374/02.
652 BGH NStZ 1986, 27; BGHR StGB § 56 I Sozialprognose 7.
653 *Fischer* § 56 Rn. 4 a.
654 *Fischer* § 56 Rn. 4 mwN.
655 BGHR StGB § 56 I Sozialprognose 13; *Fischer* § 56 Rn. 4 a.
656 BGHR StGB § 56 I Sozialprognose 24; *Fischer* § 56 Rn. 4 a.
657 Vgl. *Fischer* § 56 Rn. 6 f.

398 6. Die Vollstreckung der Freiheitsstrafe konnte nicht mehr zur Bewährung ausgesetzt werden, weil dem Angeklagten keine günstige Sozialprognose gestellt werden kann und daher die Voraussetzungen des § 56 I StGB nicht erfüllt sind. Denn gegen den Angeklagten musste wegen einer Tat aus demselben Deliktsbereich bereits eine Freiheitsstrafe verhängt werden, deren Vollstreckung zur Bewährung ausgesetzt wurde. Noch in laufender Bewährungszeit kam es zur verfahrensgegenständlichen Tat, worin sich zeigt, dass der Angeklagte durch die bloße Verhängung einer Freiheitsstrafe nicht ausreichend zu beeindrucken ist, sondern hierzu deren Vollzug unerlässlich ist. Auch die persönlichen Lebensumstände des Angeklagten sind nicht geeignet gleichwohl eine positive Sozialprognose zu begründen. Der Angeklagte verbringt seine Freizeit ganz überwiegend in Gaststätten und Spielhallen. Er hat erhebliche Schulden, die er nicht bedient. Um drohenden Lohnpfändungen zuvor zu kommen, wechselt er häufig die Arbeitsstelle. Dieses unstete Leben des Angeklagten gibt keinen Anlass sein Bewährungsversagen in günstigerem Licht erscheinen zu lassen. Da der Angeklagte demnach keine hinreichende Gewähr dafür bietet, künftig straffrei zu leben, war eine Strafaussetzung zu versagen.

399 Betrifft die Vorverurteilung keine einschlägige Straftat und wurde die Tat während des Laufs der bewilligten Bewährungszeit begangen, ist zu beachten, dass eine erneute Strafaussetzung zwar nicht die Regel, aber auch nicht ausgeschlossen ist. Es kommt vielmehr auf eine **prognostische Gesamtwürdigung** der früheren und der neuen Tat sowie der persönlichen Umstände des Angeklagten an.[658]

400 6. Die Vollstreckung der Freiheitsstrafe konnte nicht mehr zur Bewährung ausgesetzt werden, weil dem Angeklagten keine günstige Sozialprognose gestellt werden kann und daher die Voraussetzungen des § 56 I StGB nicht erfüllt sind. Denn der Angeklagte hat die Tat in laufender Bewährungszeit begangen. Zwar handelte es sich bei der Vorverurteilung um keine einschlägige Straftat, doch hat der Angeklagte auch damals vorsätzlich gehandelt. Die Vorverurteilung liegt erst etwa 1 Jahr zurück. Dies zeigt, dass der Angeklagte seine kriminelle Lebensweise nicht geändert hat und durch die bloße Verhängung einer Freiheitsstrafe nicht ausreichend zu beeindrucken ist. Vielmehr ist der Vollzug der verhängten Freiheitsstrafe nunmehr unerlässlich. Dabei hat das Gericht nicht verkannt, dass der Angeklagte einer geregelten Arbeit nachgeht und in einer festen Beziehung lebt. Doch lagen diese positiven Umstände auch schon bei Begehung der Tat vor und haben den Angeklagten nicht von dieser abzuhalten vermocht. Sie sind daher nicht geeignet, eine in der Gesamtschau positive Sozialprognose zu begründen.

401 Oder:

6. Die Vollstreckung der Freiheitsstrafe konnte zur Bewährung ausgesetzt werden, da das Gericht die begründete Erwartung hat, dass der Angeklagte künftig auch ohne die Einwirkung des Strafvollzugs keine Straftaten mehr begehen werde, § 56 I StGB. Zwar hat der Angeklagte die Tat im Laufe einer Bewährungszeit begangen, doch liegt die diesbezügliche Verurteilung nunmehr fast 3 Jahre zurück und betraf keine einschlägige Straftat. Der Angeklagte hat seither ernsthaft versucht sein Leben in geordnete Bahnen zu lenken. Dies ist ihm größtenteils auch gelungen. So hat er eine Arbeitsstelle gefunden, lebt ausweislich der im Rahmen der Bewährungsüberwachung durchgeführten Kontrolluntersuchungen drogenfrei und in einer festen Beziehung. Vor diesem Hintergrund teilt das Gericht die Einschätzung des Bewährungshelfers Freundlich, dass sich die neue Straftat als einmaliger Rückfall in kriminelle Verhaltensweisen darstellt, der nicht Ausdruck einer zum Schlechten hin veränderten Lebenseinstellung ist. Diese Beurteilung wird auch maßgeblich durch das Geständnis des Angeklagten getragen, mit dem er Reue und Schuldeinsicht gezeigt hat. Demnach sind neue Straftaten des Angeklagten nicht wahrscheinlich.

402 Handelt es sich bei dem Angeklagten um einen **geständigen Ersttäter**, liegt eine Strafaussetzung zur Bewährung – zumal bei einer Freiheitsstrafe nicht über 1 Jahr – besonders nahe, weshalb eingehend zu begründen ist, wenn diese versagt wird.[659]

---

658 Vgl. auch *Fischer* § 56 Rn. 6.
659 BGHR StGB § 56 I Sozialprognose 17.

»Durchgestandene« Bewährungszeiten können eine positive Sozialprognose begründen, 403
müssen dies aber nicht.[660]

Bei einem Täter, der aufgrund seiner **politischen Überzeugung** strafbar wurde, sind die 404
Voraussetzungen für die Annahme einer günstigen Sozialprognose besonders hoch, wenn er
an dieser Überzeugung festhält.[661] Das bloß pauschale »Bekenntnis zur Rechtstreue« genügt
hierfür nicht. Vielmehr müssen gewichtige Tatsachen dafür sprechen, dass sich die unveränderte politische Gesinnung des Angeklagten künftig – auch ohne die Einwirkung des Strafvollzugs – nicht mehr in strafbaren Handlungen äußert.[662]

Bei Straftaten aufgrund von **Drogenabhängigkeit** ist gesondert zu prüfen, ob bei vorhande- 405
ner Therapiebereitschaft eine Bewährung unter entsprechender Therapieweisung gemäß § 56 c
III Nr. 1 StGB bewilligt werden kann.[663]

2. Sondervorschrift des § 183 III, IV StGB

Eine Sondervorschrift der Strafaussetzung zur Bewährung enthält § 183 III, IV StGB. Sie lässt 406
bei **exhibitionistischen Straftaten** eine Aussetzung der Vollstreckung im Zusammenhang mit
einer Therapieweisung im Bewährungsbeschluss gemäß § 56 c III Nr. 1 StGB[664] zu, wenn
zwar zum gegenwärtigen Zeitpunkt keine günstige Prognose besteht, eine solche aber nach
längerer Heilbehandlung erwartet werden kann.[665] In jedem Fall ist bei einem entsprechenden
Delikt im Falle der Verhängung einer Freiheitsstrafe die Vorschrift des § 183 III, IV StGB zu
erörtern.[666]

3. Besondere Umstände, § 56 II StGB

Bei Freiheitsstrafen von über einem Jahr genügt eine günstige Sozialprognose allein nicht, um 407
die Vollstreckung der Strafe zur Bewährung aussetzen zu können. Hinzutreten müssen gemäß
§ 56 II StGB vielmehr **besondere Umstände in Tat und Täterpersönlichkeit**, die dies angezeigt erscheinen lassen. Diese sind im Rahmen einer Gesamtwürdigung darzulegen und zu
erörtern. Dabei muss sich ergeben, dass eine Strafaussetzung trotz des erheblichen Unrechts-
und Schuldgehalts der Tat, der sich in der Strafhöhe widerspiegelt, nicht als unangebracht
erscheint und den allgemeinen vom Strafrecht geschützten Interessen nicht zuwiderläuft.[667]
Die mildernden Umstände müssen daher von besonderem Gewicht sein. Anderseits dürfen
die Anforderungen nicht überspannt werden, weshalb nicht erforderlich ist, dass die Umstände der Tat Ausnahmecharakter verleihen.[668] Umstände, die bei einer Einzelbewertung nur
durchschnittliche oder einfache Milderungsgründe darstellen, können durch ihr **Zusammentreffen das Gewicht besonderer Umstände** erlangen.[669] Nicht erforderlich ist, dass jeweils in
der Tat sowie – getrennt davon – in der Persönlichkeit des Täters besondere Umstände
vorliegen,[670] zumal eine scharfe Trennung zwischen den beiden Bereichen regelmäßig nicht
möglich ist.[671]

Es sind alle für die Festsetzung der Strafe bereits maßgeblichen Umstände **erneut** mit zu 408
berücksichtigen; ein Verbrauch oder eine Abschwächung der die Strafhöhe bestimmenden

---

660 BGHR StGB § 56 I Sozialprognose 22: Der entschiedene Fall macht deutlich, dass die tatrichterliche
Entscheidung in Grenzfällen durchaus unterschiedlich beurteilt werden kann: Während der Generalbundesanwalt die Versagung der Strafaussetzung als fehlerhaft begründet ansah, verwarf der BGH die Revision
des Angeklagten.
661 Vgl. *Fischer* § 56 Rn. 8 a.
662 BGHR StGB § 56 I Sozialprognose 28.
663 Vgl. BGHR StGB § 56 I Sozialprognose 19, 20, 21.
664 Der das Einverständnis des Angeklagten voraussetzt.
665 *Fischer* § 183 StGB Rn. 12.
666 BGHR StGB § 56 I Sozialprognose 16.
667 BGHSt 29, 370 (371); BGHR StGB § 56 II Aussetzung, fehlerhafte 1; vgl. *Fischer* § 56 Rn. 20.
668 BGHSt 29, 370 (371); BGHR StGB § 56 II Umstände, besondere 1.
669 BGH NStZ 1983, 118 (119); 1984, 360; BGHR StGB § 56 II Begründungserfordernis 2, 3; vgl. *Fischer* § 56
Rn. 22.
670 BGHR StGB § 56 II Gesamtwürdigung 2.
671 BGHSt 29, 370 (380); BGHR StGB § 56 II Gesamtwürdigung 3.

Umstände tritt gerade nicht ein.⁶⁷² Eine Vermischung von Strafzumessungserwägungen und Gründen für die Entscheidung über die Strafaussetzung darf aber nicht erfolgen.⁶⁷³ Die **besonderen Umstände müssen umso gewichtiger** sein, je näher die Strafe an die Höchstgrenze von 2 Jahren heranreicht, bis zu welcher Strafaussetzung gewährt werden kann.⁶⁷⁴ Eine Bejahung besonderer Umstände liegt näher, wenn die der Gesamtstrafe zugrunde liegenden Einzelstrafen eher niedrig waren und für sich genommen gemäß § 56 I StGB hätten zur Bewährung ausgesetzt werden können.⁶⁷⁵ Schweigt der Angeklagte oder bestreitet er die Tat, darf dies ebenso wenig wie bei der Strafzumessung zu seinen Lasten gewertet werden. Das Gericht muss bei diesem Verteidigungsverhalten versuchen, die inneren Beweggründe des Angeklagten aus der Erscheinungsform der Tat zu erschließen.⁶⁷⁶

409 Es versteht sich von selbst, dass **Leerformeln**, die den Gesetzeswortlaut wiederholen – auch wenn eine Kurzbegründung nachgereicht wird – den Erfordernissen einer umfassenden Gesamtwürdigung nicht entsprechen und weder die Bewilligung noch die Versagung einer Strafaussetzung rechtsfehlerfrei begründen können. So hat der BGH Urteile aufgehoben, die die Voraussetzungen des § 56 II StGB mit folgenden Worten abgehandelt haben: »Diese Strafe konnte nicht zur Bewährung ausgesetzt werden, weil weder besondere Umstände in der Person noch in der Tat zu erkennen sind (§ 56 II StGB). Der Angeklagte hat bei keiner Tat in einer Ausnahmesituation gestanden.«⁶⁷⁷ Und: »Die besonderen Umstände in der Person des Angeklagten geben Anlass zu der Annahme, dass allein die Tatsache der Verurteilung des Angeklagten, der bereits zwei Bewährungszeiten erfolgreich durchgestanden hat, ihn von weiteren Straftaten abhalten wird.«⁶⁷⁸

410 Die Frage einer günstigen Sozialprognose kann auch für die Beurteilung bedeutsam sein, ob besondere Umstände im Sinne des § 56 II StGB vorliegen.⁶⁷⁹

411 6. a) (Begründung der positiven Sozialprognose gemäß § 56 I StGB)
b) Auch liegen besondere Umstände im Sinne des § 56 II StGB vor, die eine Strafaussetzung der verhängten Gesamtfreiheitsstrafe von 1 Jahr 9 Monaten angezeigt erscheinen lassen. Der Angeklagte ist zwar vorbestraft, doch liegt die Verurteilung und die dieser zu Grunde liegende Straftat bereits längere Zeit zurück. Auch handelte es sich nicht um ein einschlägiges Delikt. Demgegenüber hat der Angeklagte die verfahrensgegenständliche Tat in vollem Umfang eingeräumt und dabei Schuldeinsicht und Reue zeigt. Sie stellt sich als Gelegenheitstat dar, die vor dem Hintergrund der damaligen instabilen Lebensverhältnisse des Angeklagten und seiner schlechten wirtschaftlichen Situation zu sehen ist. Mittlerweile lebt der Angeklagte in geordneten Verhältnissen. Er geht einer geregelten Arbeit nach und ist in der Lage seine Verbindlichkeiten stetig abzutragen. Die seit etwa 1 Jahr bestehende Beziehung zu seiner Lebensgefährtin Barbara Schön gibt ihm zusätzlichen Halt. Das Zusammentreffen all dieser positiven Umstände lässt ihnen insgesamt besonderes Gewicht im Sinne des § 56 II StGB zukommen.

412 Oder:

6. a) (Begründung der positiven Sozialprognose gemäß § 56 I StGB)
b) Zwar besteht für den Angeklagten wie dargestellt eine günstige Sozialprognose, doch liegen besondere Umstände im Sinne des § 56 II StGB, die eine Strafaussetzung erlauben würden, nicht vor. Der Angeklagte hat in besonders brutaler Weise auf die Geschädigte eingeschlagen, die dadurch einen Dauerschaden an der Halswirbelsäule davontrug, der mit fortwährenden Schmerzen verbunden ist. Zwar war der Angeklagte alkoholisiert und deswegen in seiner Steuerungsfähigkeit erheblich vermindert, doch konnte dies nicht zu seinen Gunsten berücksichtigt werden, da er hätte wissen müssen, dass er unter Alkoholeinfluss zu körperlicher Aggressivität neigt.

---

672 BGHR StGB § 56 II Gesamtwürdigung, unzureichende 3.
673 BGHSt 319, 321; BGHR StGB § 46 I Begründung 19; *Fischer* § 56 Rn. 23 a.
674 BGH wistra 1985, 147 (148); NStZ 1981, 21; *Fischer* § 56 Rn. 24.
675 BGHSt 29, 370 (380); BGHR StGB § 56 II Gesamtwürdigung 7.
676 BGHR StGB § 56 II Sozialprognose 1.
677 BGHSt 29, 370 (371).
678 BGHR StGB § 56 II Aussetzung, fehlerhafte 1.
679 BGHR StGB § 56 II Sozialprognose 4.

4. Verteidigung der Rechtsordnung, § 56 III StGB

Trotz günstiger Sozialprognose gemäß § 56 I StGB und besonderer Umstände im Sinne des § 56 II StGB kann die Aussetzung einer mindestens sechsmonatigen Freiheitsstrafe ausnahmsweise an § 56 III StGB scheitern, wenn die Verteidigung der Rechtsordnung deren Vollstreckung gebietet. Der Begriff der **Verteidigung der Rechtsordnung** wird oftmals fehlerhaft ausgelegt. Nach der Grundsatzentscheidung des BGH vom 8. 12. 1970[680] ist eine umfassende Abwägung aller Strafzwecke ausgeschlossen. So dürfen der Gesichtspunkt der Sühne und das persönliche Genugtuungsinteresse der Verletzten nicht, und die Schwere der Schuld nur mittelbar berücksichtigt werden. Maßgeblich ist vielmehr, ob die Vollstreckung der Strafe zur Erhaltung der **Rechtstreue der Bevölkerung** und zur **Abwehr ihrer ernstlichen Beeinträchtigung** notwendig ist. Dieses generalpräventive Erfordernis muss aber aufgrund einer umfassenden Gesamtwürdigung aller Tat und Täter kennzeichnenden Umstände beurteilt werden. »Eine Vollstreckung der Freiheitsstrafe ist daher nur geboten, wenn andernfalls eine ernstliche Gefährdung der rechtlichen Gesinnung der Bevölkerung als Folge schwindenden Vertrauens in die Funktion der Rechtspflege zu besorgen wäre. Eine solche Gefährdung ist gegeben, wenn der bloße Strafausspruch ohne Vollstreckung von der Bevölkerung[681] angesichts der außergewöhnlichen konkreten Fallgestaltung als ungerechtfertigte Nachgiebigkeit und unsicheres Zurückweichen vor dem Verbrechen verstanden werden könnte.«[682] Demnach bedarf es besonderer Umstände im Einzelfall, um ausnahmsweise die Vollstreckung der Freiheitsstrafe – trotz günstiger Sozialprognose und gegebenenfalls besonderer Umstände im Sinne des § 56 II StGB[683] – zu rechtfertigen. Solche sind insbesondere »die besonderen Tatfolgen, eine sich aus der Art der Tatausführung ergebende erhebliche verbrecherische Intensität, ein hartnäckiges rechtsmissachtendes Verhalten, die Verletzung von Rechtsgütern mit ungewöhnlicher Gleichgültigkeit oder auch dreistes Spekulieren auf eine Strafaussetzung bereits bei Tatbegehung«; ferner aber auch »besonders herausfordernde Missachtung entsprechender Normen, rasche Wiederholungstaten, Rückfall in der Bewährungszeit, möglicherweise auch einschlägige Vorstrafen«.[684] Auch kann eine Versagung der Strafaussetzung aus generalpräventiven Überlegungen bei hohem Schaden[685] oder bei Missbrauch der besonderen beruflichen Stellung unter grober Vertrauensverletzung[686] eher nahe liegen. **413**

Ein genereller Ausschluss bestimmter Tatbestände oder Tatbestandsgruppen – etwa der Sittlichkeitsdelikte oder der Trunkenheitsfahrten mit Todesfolge – von der Strafaussetzung ist unzulässig, da es nicht auf die Schwere der Tat, sondern auf die **Besonderheiten des Einzelfalls** ankommt.[687] Doch kann die Art der Tat im Rahmen der Gesamtabwägung Bedeutung erlangen. So ist der BGH zwar der Auffassung entgegengetreten, dass bei Verurteilung wegen einer Trunkenheitsfahrt mit schweren Unfallfolgen die Aussetzung der Freiheitsstrafe »in aller Regel« ausgeschlossen sei, doch hat er zugleich betont, dass die Verteidigung der Rechtsordnung bei gehäuft auftretenden Straftaten mit nicht wiedergutzumachenden Schäden, wie Trunkenheitsfahrten mit schweren Unfallfolgen, näher liege als bei sonstigen Rechtsverletzungen.[688] Auch Straftaten gegen den öffentlichen Frieden – wie insbesondere die Volksverhetzung – sind ihrer Art nach eher geeignet die Rechtsordnung in besonderer Weise zu gefährden, so dass eine sorgfältige Prüfung erforderlich ist, ob eine Strafaussetzung nicht dem Gebot der Verteidigung der Rechtsordnung zuwiderläuft. **414**

Wird die Strafaussetzung aufgrund der Notwendigkeit der Verteidigung der Rechtsordnung abgelehnt, muss dies wegen des Ausnahmecharakters des § 56 III StGB stets ausführlich erörtert werden. Andernfalls ist dies zwar nur erforderlich, wenn Umstände vorliegen, welche **415**

---

680 BGHSt 24, 40 (44 f.).
681 Vorausgesetzt diese wäre vom Sachverhalt voll und zutreffend unterrichtet, vgl. BGHSt 24, 64 (69).
682 BGHSt 24, 40 (45 f.); vgl. auch *Fischer* § 56 Rn. 14.
683 In den meisten Fällen wird es daran bereits scheitern.
684 BGHSt 24, 40 (47); vgl. *Fischer* § 56 Rn. 15 f.
685 BGHR StGB § 56 III Verteidigung 6.
686 BGHR StGB § 56 III Verteidigung 6; 17.
687 BGHSt 24, 40 (46).
688 BGHSt 24, 64.

die Anwendung der Vorschrift nahe legen,⁶⁸⁹ doch sollte stets durch eine kurze Begründung aufgezeigt werden, dass sich das Gericht der Voraussetzungen der Vorschrift bewusst war.

416 6. b) Trotz der günstigen Sozialprognose konnte die Strafe nicht mehr zur Bewährung ausgesetzt werden, weil die Verteidigung der Rechtsordnung ihre Vollstreckung gebietet, § 56 III StGB. Der Angeklagte hat als Berufskraftfahrer während der Arbeitszeit erhebliche Mengen Alkohol zu sich genommen, obwohl er noch Fahrbereitschaft hatte und dadurch seine Teilnahme am Straßenverkehr im Zustand alkoholbedingter Fahruntüchtigkeit bewusst fahrlässig herbeigeführt. Dieses Verhalten zeigt ein hohes Maß an Verantwortungslosigkeit. Denn der Angeklagte hat dadurch unabsehbare, nicht beherrschbare Gefahren für Leib und Leben und damit für die höchsten Rechtsgüter anderer Verkehrsteilnehmer heraufbeschworen. Tatsächlich ist mit dem Tod des Karl Meier die denkbar schwerste nicht wieder gutzumachende Tatfolge eingetreten. Hinzukommt, dass sich die Schuld des Angeklagten noch dadurch erhöht, dass er einen schweren Lastkraftwagen zu fahren hatte, der eine besonders große Gefahrenquelle darstellte. Angesichts der nach wie vor gewichtigen Rolle die Trunkenheitsfahrten in der Statistik der Straßenverkehrsunfälle spielen, ergibt eine Gesamtwürdigung aller vorgenannter Umstände nach Überzeugung des Gerichts, dass die Aussetzung der Freiheitsstrafe hier derart auf das Unverständnis der von dem Sachverhalt voll und zutreffend unterrichteten Bevölkerung stoßen würde, dass deren Rechtsgefühl und Rechtstreue ernstlich beeinträchtigt werden könnten. Auch unter Berücksichtigung des bisherigen straffreien Lebens des Angeklagten, seinem von Reue getragenen Geständnis und der negativen Folgen der Tat für seine berufliche Zukunft, kann die Vollstreckung der Strafe daher nicht mehr zur Bewährung ausgesetzt werden.⁶⁹⁰

417 Oder:

6. b) § 56 III StGB steht einer Strafaussetzung nicht entgegen, weil die Verteidigung der Rechtsordnung die Vollstreckung der Freiheitsstrafe nicht gebietet. Bei der vorzunehmenden Gesamtwürdigung von Tat und Täterpersönlichkeit spricht zugunsten des Angeklagten, dass er nicht vorbestraft ist, im Tatzeitpunkt gerade erst das 21. Lebensjahr vollendet hatte, sich noch nicht im Bereich der absoluten Fahruntüchtigkeit befand, den Fahrer des parkenden Lastkraftwagens ein Mitverschulden an dem Unfall trifft, das Tatopfer die Alkoholisierung des Angeklagten erkannt und dennoch bei ihm mitgefahren ist und der Angeklagte neben nachteiligen beruflichen Folgen auch schwere Verletzungen erlitten hat und ihn der Tod seines Freundes und seine Verantwortung hierfür seelisch belastet. Das Gericht ist angesichts dieser Besonderheiten des Falles davon überzeugt, dass die von dem Sachverhalt voll und zutreffend unterrichtete Bevölkerung die Aussetzung der Freiheitsstrafe verstehen und billigen würde, ohne in ihrem Rechtsgefühl verletzt und in ihrer Rechtstreue beeinträchtigt zu werden, auch wenn es sich um eine Trunkenheitsfahrt mit der denkbar schwersten und nicht wieder gutzumachenden Folge handelt.⁶⁹¹

VI. Anhang: Kompensation für überlange Verfahrensdauer

417a Eine von den Justizbehörden verursachte erhebliche Verzögerung des Strafverfahrens verletzt den Beschuldigten in seinem Recht auf zügige Durchführung des Verfahrens aus Art. 6 I 1 MRK und Art. 20 III GG, beim Vollzug von Untersuchungshaft auch in seinem Freiheitsgrundrecht aus Art. 2 II GG.⁶⁹² Zur Kompensation einer solchen **konventions- und verfassungswidrigen Verfahrensverzögerung** ist in der Urteilsformel auszusprechen, dass zur Entschädigung für die überlange Verfahrensdauer ein bezifferter Teil der verhängten Strafe als vollstreckt gilt.⁶⁹³ Diese »**Vollstreckungslösung**« hat der Große Strafsenat des BGH mit seiner Entscheidung vom 17. 1. 2008⁶⁹⁴ begründet und damit die bis dahin geltende »Strafabschlagslösung« aufgegeben. Dadurch wird der Vorgang der Strafzumessung von der Frage der Entschädigung für eine konventions- und verfassungswidrige Verfahrensverzögerung

---

689 BGHR StGB § 56 III Verteidigung 9.
690 Vgl. BGHSt 24, 64.
691 Vgl. BGHR StGB § 56 III Verteidigung 5.
692 Vgl. Rechtsprechungsübersicht *Maier/Persic* NStZ-RR 2009, 297; *Cierniak* NStZ 2011, 265 (268 ff.).
693 → Rn. 72 a.
694 BGHSt 52, 126 = NJW 2008, 860.

abgekoppelt. Denn das Gewicht der Tat und das Maß der Schuld sind als solche nach den Maßstäben der MRK weder für die Frage relevant, ob das Verfahren rechtsstaatswidrig verzögert worden ist, noch spielen diese Umstände für Art und Umfang der zu gewährenden Kompensation eine Rolle. Diese ist vielmehr allein an der Intensität der Beeinträchtigung des subjektiven Rechts des Betroffenen aus Art. 6 I 1 MRK auszurichten. Durch die Kompensation wird danach eine Art Staatshaftungsanspruch erfüllt, der dem von einem überlangen Strafverfahren betroffenen Angeklagten in gleicher Weise erwachsen kann wie der Partei eines vom Gericht schleppend geführten Zivilprozesses oder einem Bürger, der an einem verzögerten Verwaltungsrechtsstreit beteiligt ist. Dieser Anspruch entsteht auch dann, wenn der Angeklagte freigesprochen wird. Ein unmittelbarer Bezug zu dem vom Angeklagten schuldhaft verwirklichten Unrecht oder sonstigen Strafzumessungskriterien besteht daher nicht.[695]

Dadurch wird der überlangen Verfahrensdauer aber »nicht ihre **Bedeutung als Strafzumessungsgrund** genommen. Sie bleibt als solcher zunächst bedeutsam deswegen, weil allein schon durch einen besonders langen Zeitraum, der zwischen der Tat und dem Urteil liegt, das Strafbedürfnis allgemein abnimmt. Sie behält ... ihre Relevanz aber gerade auch wegen der konkreten Belastungen, die für den Angeklagten mit dem gegen ihn geführten Verfahren verbunden sind und die sich generell um so stärker mildernd auswirken, je mehr Zeit zwischen dem Zeitpunkt, in dem er von den gegen ihn laufenden Ermittlungen erfährt, und dem Verfahrensabschluss verstreicht; diese sind bei der Straffindung unabhängig davon zu berücksichtigen, ob die Verfahrensdauer durch eine rechtsstaatswidrige Verzögerung mitbedingt ist.[696] Lediglich der hiermit zwar faktisch eng verschränkte, rechtlich jedoch gesondert zu bewertende und zu entschädigende Gesichtspunkt, dass eine überlange Verfahrensdauer (teilweise) auf einem konventions- und rechtsstaatswidrigen Verhalten der Strafverfolgungsbehörden beruht, wird aus dem Vorgang der Strafzumessung, dem er wesensfremd ist, herausgelöst und durch die bezifferte Anrechnung auf die im Sinne des § 46 StGB angemessene Strafe gesondert ausgeglichen.«[697] **417b**

Nach der Rechtsprechung des Großen Senats für Strafsachen des BGH ist im Falle einer rechtsstaatswidrigen Verfahrensverzögerung wie folgt vorzugehen:[698] **Zunächst** sind »Art und Ausmaß der Verzögerung sowie ihre Ursachen zu ermitteln[699] und im Urteil konkret festzustellen.[700] Diese Feststellung dient zunächst als Grundlage für die Strafzumessung. Der Tatrichter hat insofern in wertender Betrachtung zu entscheiden, ob und in welchem Umfang der zeitliche Abstand zwischen Tat und Urteil sowie die besonderen Belastungen, denen der Angeklagte wegen der überlangen Verfahrensdauer ausgesetzt war, bei der Straffestsetzung in den Grenzen des gesetzlich eröffneten Strafrahmens mildernd zu berücksichtigen sind. Die entsprechenden Erörterungen sind als bestimmende Zumessungsfaktoren in den Urteilsgründen kenntlich zu machen; einer Bezifferung des Maßes der Strafmilderung bedarf es nicht. **Anschließend** ist zu prüfen, ob vor diesem Hintergrund zur Kompensation die ausdrückliche Feststellung der rechtsstaatswidrigen Verfahrensverzögerung genügt;[701] ist dies der Fall, so muss diese Feststellung in den Urteilsgründen klar hervortreten. Reicht sie dagegen als Entschädigung nicht aus, so hat das Gericht festzulegen, welcher bezifferte Teil der Strafe zur Kompensation der Verzögerung als vollstreckt gilt. Allgemeine Kriterien für diese Festlegung lassen sich nicht aufstellen; entscheidend sind stets die Umstände des Einzelfalls, wie der Umfang der staatlich zu verantwortenden Verzögerung, das Maß des Fehlverhaltens der Strafverfolgungsorgane sowie die Auswirkungen all dessen auf den Angeklagten.[702] Jedoch muss es stets im Auge behalten werden, wenn die Verfahrensdauer als solche sowie die hiermit ver- **417c**

---

695 BGHSt 52, 126 (137 f.) Rn. 35 = NJW 2008, 860 (863 f.) Rn. 35.
696 BGHSt 52, 126 (142) Rn. 45 = NJW 2008, 860 (865) Rn. 45; vgl. auch BGH NJW 1999, 1198; NStZ 1988, 552; 1992, 229, 230; NStZ-RR 1998, 108; 2011, 171.
697 BGHSt 52, 126 (142) Rn. 45 = NJW 2008, 860 (865) Rn. 45.
698 Siehe auch *Fischer* § 46 Rn. 132 ff.
699 Die Ermittlungen können im Freibeweis erfolgen, soweit ihr Ergebnis nur für die Entscheidung über die Kompensation und nicht auch für die Strafzumessung herangezogen wird.
700 → Rn. 157.
701 Dies kommt insbesondere in Betracht, wenn der Angeklagte keine Untersuchungshaft verbüßt hat.
702 Vgl. Rechtsprechungsübersicht *Maier/Persic* NStZ-RR 2009, 329.

bundenen Belastungen des Angeklagten bereits mildernd in die Strafbemessung eingeflossen sind und es daher in diesem Punkt der Rechtsfolgenbestimmung nur noch um einen Ausgleich für die rechtsstaatswidrige Verursachung dieser Umstände geht.[703] Dies schließt es aus, etwa den Anrechnungsmaßstab des § 51 I 1 StGB heranzuziehen und das Maß der Anrechnung mit dem Umfang der Verzögerung gleichzusetzen; vielmehr wird sich die Anrechnung häufig auf einen eher geringen Bruchteil der Strafe zu beschränken haben. In die Urteilsformel ist die nach den Kriterien des § 46 StGB zugemessene Strafe aufzunehmen; gleichzeitig ist dort auszusprechen, welcher bezifferte Teil dieser Strafe als Entschädigung für die überlange Verfahrensdauer als vollstreckt gilt.«[704]

417d Sind **mehrere Taten** abzuurteilen, sind die Feststellungen zur rechtssstaatswidrigen Verfahrensverzögerung differenziert für jedes Delikt zu treffen. Die Bezifferung des als vollstreckt geltenden Teils der Strafe muss sich aber immer nur auf die Gesamtstrafe beziehen, da sie allein Grundlage der Vollstreckung ist.[705] Sind in der Gesamtstrafe auch Einzelstrafen für Taten enthalten, für die keine Kompensation in Betracht kommt, muss dies entsprechend berücksichtigt werden. Ähnliche Grundsätze gelten im Falle einer nachträglichen Gesamtstrafenbildung.[706]

12. Kapitel. Nebenstrafen und Nebenfolgen

A. Fahrverbot, § 44 StGB

I. Inhalt und Zweck

418 Das Strafgesetzbuch sieht in § 44 StGB als Nebenstrafe das **Fahrverbot** vor. Es beinhaltet das Verbot, Kraftfahrzeuge jeder oder einer bestimmten Art für die Dauer von 1 bis 3 Monaten im Straßenverkehr zu führen. Im Gegensatz zur Entziehung der Fahrerlaubnis gemäß § 69 StGB betrifft das Fahrverbot – falls keine Einschränkung erfolgt – **alle Kraftfahrzeuge** einschließlich der fahrerlaubnisfreien, wie Mofa oder Fahrrad mit Hilfsmotor. Es berührt die erteilte Fahrerlaubnis aber nicht, so dass der Angeklagte nach Ablauf der Frist[707] wieder ein Kraftfahrzeug führen darf. Dem Fahrverbot kommt eine »Denkzettelfunktion« zu:[708] der motorisierte Angeklagte wird für einen vergleichsweise kurzen Zeitraum empfindlich in seiner Lebensführung beeinträchtigt, seine grundsätzliche Eignung zum Führen von Kraftfahrzeugen bleibt jedoch unberührt.

II. Voraussetzungen

419 Die Verhängung eines Fahrverbots setzt gemäß § 44 I 1 StGB voraus, dass der Angeklagte eine Straftat bei oder im Zusammenhang mit dem Führen eines Kraftfahrzeugs oder unter Verletzung der Pflichten eines Kraftfahrzeugführers begangen hat. Dies sind dieselben Voraussetzungen wie für den Fahrerlaubnisentzug gemäß § 69 StGB,[709] nur dass für diesen weitaus stärkeren Eingriff in Rechtspositionen zusätzlich eine charakterliche Ungeeignetheit vorliegen muss. Daher ist **zunächst zu prüfen**, ob dem Angeklagten die Fahrerlaubnis gemäß § 69 StGB entzogen werden muss.[710] Ist dies der Fall, kommt die zusätzliche Verhängung eines Fahrverbots nur ausnahmsweise dann in Betracht, wenn dem Angeklagten auch das Führen fahrerlaubnisfreier Kraftfahrzeuge untersagt sein soll[711] oder von der Sperre bestimmte Fahrzeuge ausgenommen wurden, gleichwohl aber ein Fahrverbot für eine beschränkte Zeit

---

703 BGH NStZ-RR 2011, 239.
704 BGHSt 52, 126 (146 f.) Rn. 55 ff. = NJW 2008, 860 (866) Rn. 55 ff.
705 BGHSt 52, 126 (147) Rn. 58 = NJW 2008, 860 (866) Rn. 58.
706 Vgl. im Einzelnen BGHSt 52, 126 (147 f.) Rn. 59 = NJW 2008, 860 (867) Rn. 59.
707 Zur Fristberechnung vgl. § 44 III StGB.
708 Vgl. *Fischer* § 44 Rn. 2: Warnungs- und Besinnungsfunktion für nachlässige oder leichtsinnige Fahrer.
709 Dazu → Rn. 469 ff.
710 Vgl. *Fischer* § 44 Rn. 3.
711 OLG Düsseldorf VM 1970, 68; *Fischer* § 44 Rn. 3.

gelten soll.⁷¹² Umgekehrt ist gemäß § 44 I 2 StGB ein Fahrverbot in der Regel anzuordnen, wenn eine Verurteilung wegen einer Alkohol- oder Drogenfahrt nach § 316 StGB oder § 315 c I Nr. 1, III StGB erfolgt, aber – warum auch immer – ein Fahrerlaubnisentzug unterblieben ist. In den übrigen Fällen des § 69 II StGB ist die Verhängung eines Fahrverbots zwar – wie ein Vergleich mit § 44 I 2 StGB zeigt – gerade nicht regelmäßig erforderlich, doch besteht erhöhter Anlass, dies in Betracht zu ziehen.

VI. 420
... (Ablehnung der Fahrerlaubnisentziehung gemäß § 69 StGB bei Verurteilung wegen unerlaubten Entfernens vom Unfallort gemäß § 142 I StGB wegen nur geringen Schadens)
VII.
Gegen den Angeklagten war jedoch gemäß § 44 I 1 StGB ein Fahrverbot für die Dauer von 2 Monaten zu verhängen. Zwar liegt kein Regelfall nach § 44 I 2 StGB vor, doch hat der Angeklagte sich einer Straftat des unerlaubten Entfernens vom Unfallort gemäß § 142 I StGB strafbar gemacht und dabei sowohl beim Führen eines Kraftfahrzeugs als auch unter Verletzung der Pflichten eines Kraftfahrzeugführers gehandelt. Um ihm sein Fehlverhalten deutlich vor Augen zu führen und ihn künftig von ähnlichen Taten abzuhalten, war es notwendig gegen den Angeklagten neben der Geldstrafe auch ein Fahrverbot zu verhängen. Unter Berücksichtigung der Höhe der Geldstrafe und des entstandenen Schadens erschien dem Gericht eine Dauer von 2 Monaten notwendig aber auch ausreichend.

VI. 421
... (Ablehnung der Fahrerlaubnisentziehung gemäß § 69 StGB bei Verurteilung wegen fahrlässiger Tötung)
VII.
Dem Gericht erschien es auch nicht veranlasst gegen die Angeklagte gemäß § 44 I 1 StGB ein Fahrverbot zu verhängen. Ein Regelfall nach § 44 I 2 StGB liegt nicht vor. Zwar hat die Angeklagte sich einer fahrlässigen Tötung gemäß § 222 StGB strafbar gemacht und dabei sowohl beim Führen eines Kraftfahrzeugs als auch unter Verletzung der Pflichten eines Kraftfahrzeugführers gehandelt. Doch wiegt das Verschulden der Angeklagten nur gering. Zudem ist sie weder vorbestraft noch mit einer Verkehrsordnungswidrigkeit vorbelastet. Die Angeklagte erwies sich nicht nur als schuldeinsichtig, sondern hat glaubhaft gemacht, dass es sie auch 4 Monate nach dem Unfall noch erheblich belastet, für den Tod eines Menschen verantwortlich zu sein. In den ersten Wochen nach dem Unfall sei sie überhaupt nicht mehr in der Lage gewesen Auto zu fahren. Auch heute müsse sie noch bei jeder Fahrt an den Unfall denken. Unter Berücksichtigung all dieser Umstände erschien es dem Gericht daher nicht erforderlich neben der Geldstrafe auch noch ein Fahrverbot als »Denkzettel« gegen die Angeklagte zu verhängen.

B. Aberkennung des aktiven und passiven Wahlrechts und der Amtsfähigkeit, § 45 II, V StGB

Als Nebenfolge einer Verurteilung wegen eines Verbrechens zu mindestens 1 Jahr Freiheitsstrafe tritt der Verlust des passiven Wahlrechts und der Amtsfähigkeit gemäß § 45 I, III, IV StGB automatisch ein. Daneben kann das Gericht nach pflichtgemäßem Ermessen die Aberkennung des aktiven und passiven Wahlrechts sowie der Amtsfähigkeit als Nebenstrafe aussprechen, soweit das Gesetz dies vorsieht, wie etwa in den §§ 101, 264 V, 358 StGB. 422

C. Verfall, §§ 73 ff. StGB

Der Verfall ist keine Nebenstrafe, sondern eine **Maßnahme eigener Art**.⁷¹³ Er hat zum Ziel dem – nicht notwendig schuldhaft handelnden – Täter die durch die rechtswidrige Tat erlangten illegalen Vermögensvorteile wieder zu entziehen und der Staatskasse zuzuführen: 423

---
712 OLG Düsseldorf VM 1972, 23; *Fischer* § 44 Rn. 3.
713 *Fischer* § 73 Rn. 2.

Kriminelle Handlungen sollen sich nicht lohnen. Hierfür sieht das Gesetz drei Arten des Verfalls vor:

- unmittelbarer Verfall des Erlangten einschließlich der Nutzungen und Surrogate, § 73 I, II StGB
- Verfall eines Geldbetrages in Höhe des Wertersatzes für den nicht mehr möglichen unmittelbaren Verfall, § 73 a StGB
- erweiterter Verfall auch derjenigen Vermögensvorteile, die aus Straftaten erlangt sind, aber keiner bestimmten Tat mehr zugeordnet werden können, § 73 d I, II StGB (jedoch nur soweit das Strafgesetz auf diese Vorschrift verweist)

424 Verfall, Wertersatzverfall und erweiterter Verfall unterliegen gemäß § 73 I 2 StGB aber einer praktisch sehr **bedeutsamen Einschränkung**: Eine Anordnung kann nicht ergehen, soweit dem Verletzten aus der Tat ein Anspruch erwachsen ist, dessen Erfüllung dem Täter oder Teilnehmer den Wert des aus der Tat Erlangten entziehen würde. Dabei kommt es grundsätzlich nicht darauf an, ob der Verletzte bekannt ist, er den Täter oder Teilnehmer tatsächlich in Anspruch nimmt oder hiermit zumindest noch zu rechnen ist.[714] Etwas anderes gilt nur, wenn der Verletzte ausdrücklich auf seine Ersatzforderung verzichtet und in Übereinstimmung mit dieser Erklärung keine Ansprüche gegen den Angeklagten geltend gemacht hat und geltend macht; denn in diesem Fall kann davon ausgegangen werden, dass weder dem Verletzten durch die Anordnung des Verfalls eine Ersatzmöglichkeit entzogen wird noch umgekehrt dem Angeklagten eine doppelte Inanspruchnahme droht.[715] Ob und gegebenenfalls unter welchen Umständen auch ein konkludenter Forderungsverzicht genügt, ist noch nicht geklärt. Jedenfalls reicht hierfür nicht, dass der Verletzte über einen längeren Zeitraum keine Anstalten trifft, seine Ansprüche gegen den Täter geltend zu machen.[716] Das bedeutet, dass in der Regel die Anordnung des Verfalls der Diebesbeute ebenso wenig in Betracht kommt wie der durch Betrug oder Untreue zulasten einer bestimmten natürlichen oder juristischen Person erlangte Vermögensvorteil. Damit wird der Anwendungsbereich des Verfalls und seiner Erweiterungen praktisch auf solche Delikte beschränkt, bei denen die Allgemeinheit geschädigt ist oder der Leistende sich ebenfalls strafbar gemacht hat, so dass eine Rückforderung an § 817 S. 2 BGB scheitert.

425 Der Verfall und damit auch der Wertersatzverfall sowie der erweiterte Verfall umfassen alles aus der Tat Erlangte. Durch die am 7. 3. 1992 in Kraft getretene Neufassung des § 73 I 1 StGB wurden die Wörter »einen Vermögensvorteil erlangt« durch »etwas erlangt« ersetzt und damit das sogenannte **Bruttoprinzip** eingeführt.[717] Das bedeutet, dass Unkosten und Gegenleistungen des Angeklagten nicht mehr in Abzug gebracht werden dürfen. Erfasst werden soll nicht nur der kaufmännische Gewinn des Angeklagten, sondern die Gesamtheit der erlangten Vermögensgegenstände. Lediglich erzielbare Erlöse unterliegen aber nicht dem Verfall, da sie gerade noch nicht erlangt sind.[718]

426 Auf die **Eigentums- und Besitzverhältnisse** zwischen den Tatbeteiligten[719] kommt es nicht an, weil der Angeklagte schon dann »etwas« erlangt hat, wenn er in irgendeiner Phase des Tatablaufs die tatsächliche Verfügungsmöglichkeit über Bargeld oder sonstige Vermögensgegenstände innehatte.[720] Ist der Gegenstand nicht mehr vorhanden, wird der Verfall des Wertersatzes gemäß § 73 a I 1 StGB angeordnet; eine fehlende Bereicherung kann lediglich im Rahmen der Härteregelung gemäß § 73 c I 2 1. Alt. StGB berücksichtigt werden. Bei einem polizeilich überwachten Scheinkauf von Betäubungsmitteln erlangt der Verkäufer zumindest dann keine Sachherrschaft an dem als Kaufpreis übergebenen Bargeld, wenn dieses unmittelbar nach der Tat sichergestellt werden konnte.[721] Eigentum an dem übergebenen »Drogen-

---

714 BGH Urt. v. 11. 5. 2006 – 3 StR 41/06; BGHR StGB § 73 Anspruch 2; Tatbeute 1; *Fischer* § 73 Rn. 18 ff.
715 BGH NStZ-RR 2004, 54 (55); OLG München NStZ 2004, 443 (444).
716 BGH Urt. v. 11. 5. 2006 – 3 StR 41/06, gegen OLG München NStZ 2004, 443 (444).
717 Vgl. *Fischer* § 73 Rn. 7.
718 BGH NStZ 2010, 85.
719 Diese Einschränkung ist wichtig, da andernfalls § 73 I 2 StGB zu beachten wäre.
720 BGH Urt. v. 12. 8. 2003 – 1 StR 127/03; vgl. auch *Fischer* § 73 Rn. 13.
721 So ist wohl BGHSt 31, 145 (147) (noch zur aF des § 73 StGB) im Lichte der Entscheidung des BGH Urt. v. 12. 8. 2003 – 1 StR 127/03, zu lesen.

geld« kann der Rauschgifthändler sowieso niemals erlangen, da gemäß § 134 BGB i. V. m. § 29 I Nr. 1 BtMG auch das Erfüllungsgeschäft nichtig ist.[722] Doch unterliegt das eingesetzte Kaufgeld dann dem Wertersatzverfall, wenn es nicht sichergestellt werden konnte.[723]

Da der Verfall nicht im Ermessen des Gerichts steht, sondern – von der Möglichkeit des § 73 c StGB abgesehen – bei Vorliegen der Voraussetzungen zwingend – notfalls unter Heranziehung einer **Schätzung** des Erlangten gemäß § 73 b StGB – angeordnet werden muss, bedarf es keiner Begründung weshalb seine Anordnung neben der Strafe erforderlich ist. Grundsätzlich muss die Verfallsanordnung bei der Strafzumessung auch nicht mildernd berücksichtigt werden. Das Gericht kann aber mit Zustimmung der Staatsanwaltschaft von der Anordnung des Verfalls gemäß §§ 430 I, 442 I StPO absehen, wenn er angesichts der übrigen Rechtsfolgen nicht beträchtlich ins Gewicht fallen würde oder seine Anordnung einen unangemessenen Aufwand erfordern würde.[724] 427

> Der Verfall des beim Angeklagten am Tag seiner Festnahme aufgefundenen Bargeldes in Höhe von 3.500 EUR war gemäß § 73 I 1 StGB anzuordnen. Denn nach der glaubhaften eigenen Einlassung des Angeklagten handelt es sich dabei um den aus dem verfahrensgegenständlichen Rauschgiftgeschäft vereinnahmten Verkaufserlös. Nach dem geltenden Bruttoprinzip kommt ein Abzug des vom Angeklagten entrichteten Einkaufspreises nicht in Betracht. Umstände, die es nahe legen könnten gemäß § 73 c StGB von der Verfallsanordnung ganz oder teilweise abzusehen, sind nicht ersichtlich, zumal der Angeklagte sich noch im Besitz der 3.500 EUR befand.

Im Wege des Wertersatzverfalls gemäß **§ 73 a StGB** wird ein Geldbetrag in Höhe des Erlangten für verfallen erklärt, wenn die unmittelbare Anordnung des Verfalls des erlangten Vermögensgegenstandes oder eines Surrogats gemäß § 73 StGB mangels Konkretisierbarkeit nicht mehr möglich ist.[725] Im Übrigen gelten dieselben Voraussetzungen wie für den Verfall gemäß § 73 StGB. 429

> Gegen den Angeklagten war gemäß §§ 73 I 1, 73 a I 1 StGB der Verfall eines Geldbetrages in Höhe von 7.500 EUR als Wertersatz anzuordnen. Der Angeklagte hat durch die festgestellten Rauschgiftverkäufe Bargeld in dieser Höhe vereinnahmt. Da dieses Geld aufgrund der zwischenzeitlich stattgefundenen Vermengung gemäß § 948 BGB nicht mehr individualisierbar ist, war die Anordnung des Verfalls eines bestimmten Gegenstandes gemäß § 73 I 1 StGB nicht mehr möglich, so dass der Verfall des Wertersatzes gemäß § 73 a 1 StGB in entsprechender Höhe auszusprechen war. Zwar betrug der Gewinn des Angeklagten nach Abzug des von ihm bezahlten Einkaufspreises lediglich 2.500 EUR, doch muss dies nach dem Bruttoprinzip, das den Vorschriften über den Verfall zu Grunde liegt, unberücksichtigt bleiben.
> Es sind auch keine Umstände ersichtlich, die es nahe legen gemäß § 73 c StGB ganz oder teilweise von der Anordnung des Wertersatzverfalls abzusehen. Insbesondere stellt die Anwendung des Bruttoprinzips grundsätzlich keine unbillige Härte im Sinne des § 73 c I 1 StGB dar.[726] Im Übrigen ist der Angeklagte nicht völlig mittellos und seine wirtschaftliche Existenz wird durch den angeordneten Wertersatzverfall nicht bedroht, so dass auch kein Anlass bestand von der Ermessensvorschrift des § 73 c I 2 1. Alt. StGB Gebrauch zu machen. 430

D. Einziehung, §§ 74 ff. StGB

Die Einziehung ist **Nebenstrafe** soweit sie sich gegen den schuldfähigen Täter oder Teilnehmer richtet, ansonsten eine **Sicherungsmaßnahme**.[727] Grundlegende Vorschrift für die Einziehung ist § 74 I StGB. Demnach richtet sich die Einziehung gegen Tatmittel (instrumenta sceleris), insbesondere also Tatwaffen, und gegen Tatprodukte (producta sceleris), wie etwa 431

---

722 BGHSt 31, 145 (147); vgl. *Fischer* § 73 Rn. 9.
723 BGH NJW 2009, 2073.
724 Die Regelung ist den §§ 154, 154 a StPO nachempfunden.
725 Vgl. BGH NStZ 2010, 85.
726 BGH Urt. v. 3. 7. 2003 – 1 StR 453/02; *Fischer* § 73 c Rn. 3.
727 *Fischer* § 74 Rn. 2.

gefälschte Urkunden. Die Einziehung sogenannter **Beziehungsgegenstände**, die weder Mittel noch Produkt der Tat sind, lässt § 74 I StGB nicht zu. Hierfür gibt es eine Reihe von Sondervorschriften, wie beispielsweise § 33 II BtMG für Betäubungsmittel, § 21 III StVG für Kraftfahrzeuge[728] oder § 375 II Nr. 1 AO für »geschmuggelte« Zigaretten.

432 Ob die Einziehung zulässig ist, bestimmt sich maßgeblich nach den **Eigentumsverhältnissen am Einziehungsobjekt**. Unproblematisch ist es, wenn die Gegenstände dem Angeklagten oder einem tatbeteiligten Dritten gehören, § 74 II Nr. 1 StGB. Ist dies nicht der Fall, setzt die Einziehung gemäß § 74 II Nr. 2 StGB voraus, dass die Gegenstände generell oder individuell gefährlich sind. Schließlich lässt § 74 a StGB als Blankettvorschrift die Einziehung von Gegenständen zu, die im Eigentum nicht schützenswerter Dritter stehen, falls hierauf in einer anderen gesetzlichen Vorschrift verwiesen wird. Dies ist beispielsweise in § 264 VI 2 StGB der Fall; praktisch bedeutsam sind auch die Verweisungen in § 33 I BtMG und § 110 UrhG.

433 Die Anordnung der Einziehung steht im **pflichtgemäßen Ermessen** des Gerichts, was in den Urteilsgründen zum Ausdruck kommen muss.[729] Daher bedarf sie stets – neben der Erörterung ihrer Voraussetzungen – einer gesonderten Begründung. Soweit sie sich gemäß § 74 I, II Nr. 1 StGB gegen den schuldfähigen Angeklagten richtet, ist sie Nebenstrafe und daher **Teil der Strafzumessung**.[730] Es ist daher eine Gesamtschau mit der Hauptstrafe notwendig,[731] bei der insbesondere erörtert werden muss, weshalb die Einziehung zusätzlich zur Hauptstrafe erforderlich ist und inwieweit dies bei deren Bemessung berücksichtigt wurde.[732] Entsprechend ist auch bei der Strafzumessung der Hauptstrafe regelmäßig zugunsten des Angeklagten zu berücksichtigen, wenn er einen ihm gehörenden Gegenstand infolge der Einziehung verliert. Dabei spielt der Wert des Einziehungsgegenstandes eine wesentliche Rolle, weshalb auch dieser erörtert werden muss. Nur wenn es sich um einen offenkundig geringwertigen Gegenstand handelt, dessen Einziehung sich aufdrängt, genügt es auszuführen:

434 | Das Gericht hat es nach pflichtgemäßem Ermessen für erforderlich gehalten, die Einziehung des vom Angeklagten bei dem Autoaufbruch verwendeten Schraubenziehers anzuordnen. Die Einziehung beruht auf § 74 I, II Nr. 1 StGB, da der Angeklagte Eigentümer des Schraubenziehers ist.

13. Kapitel. Maßregeln der Besserung und Sicherung

435 Die Maßregeln der Besserung und Sicherung sind in den §§ 61 ff. StGB geregelt.

A. Unterbringung in einem psychiatrischen Krankenhaus und in einer Entziehungsanstalt, §§ 63, 64 StGB

I. Unterbringung in einem psychiatrischen Krankenhaus, § 63 StGB

436 Gemäß § 63 StGB ist die Unterbringung des Angeklagten in einem psychiatrischen Krankenhaus neben einer Strafe – bei Schuldunfähigkeit des Angeklagten bzw. Beschuldigten[733] auch selbständig – anzuordnen, wenn deren Voraussetzungen vorliegen.[734]

1. Rechtswidrige Tat

437 Der Angeklagte muss eine rechtswidrige Tat begangen haben, was bereits den Feststellungen und der rechtlichen Würdigung entnommen werden kann. Ein schuldhaftes Verhalten ist nicht erforderlich; § 63 StGB will ja gerade auch die Fälle erfassen, bei denen der Täter **krankheitsbedingt ohne Schuld** gehandelt hat. Eine rechtswidrige Tat im Sinne des § 63 StGB liegt auch

---

728 *Fischer* § 74 Rn. 10
729 BGHSt 19, 245 (256); BGHR StGB § 74 I Ermessensentscheidung 1.
730 BGH StV 1993, 71 (95); 1994, 76.
731 BGH StV 1995, 301.
732 BGH NJW 1983, 2710; StV 1986, 58; 1987, 345; BGHR StGB § 46 I Schuldausgleich Nr. 6; 12; 16.
733 Diese Bezeichnung ist im Sicherungsverfahren gemäß §§ 413 ff. StPO zu wählen.
734 Zur Darlegung im Urteil lehrreich: BGH NStZ-RR 2007, 74.

vor, wenn ein Schuldunfähiger, der etwa einen anderen körperlich verletzt, die tatsächlichen Voraussetzungen der Notwehr auf Grund eines Irrtums als gegeben ansieht,[735] der auf derselben geistigen Erkrankung beruht wie seine Schuldunfähigkeit.[736] Andernfalls wäre eine Unterbringung gerade gefährlicher Täter, die etwa an Verfolgungswahn leiden, nicht möglich.[737]

2. Zustand der Schuldunfähigkeit oder der erheblich verminderten Schuldfähigkeit

Der Angeklagte muss die Tat im Zustand der Schuldunfähigkeit gemäß § 20 StGB oder der verminderten Schuldfähigkeit gemäß § 21 StGB begangen haben. Dies muss **sicher feststehen**.[738] Für die Anwendung des Zweifelsgrundsatzes ist – anders als bei der Strafzumessung – kein Raum, da die Unterbringung eine den Angeklagten beschwerende Maßnahme ist. Das Gericht darf in seiner Begründung nicht offen lassen, ob die Schuldunfähigkeit die Einsichts- oder die Steuerungsfähigkeit des Angeklagten betrifft.[739] Der Zustand muss auch noch zum Zeitpunkt der Aburteilung bestehen.[740] 438

Welche Zustände den Ausschluss der Schuldfähigkeit begründen ist abschließend in § 20 StGB geregelt; iVm § 21 StGB gilt dies entsprechend für die erheblich verminderte Schuldfähigkeit. Demnach unterscheidet man **vier Kategorien**: 439

- krankhafte seelische Störungen[741] (insbesondere exogene und endogene Psychosen einschließlich der alkohol- oder drogenbedingten Intoxikationspsychosen,[742] aber auch Störungen infolge starker Entzugserscheinungen)[743] tiefgreifende Bewusstseinsstörungen[744] (insbesondere aufgrund hochgradiger Affektzustände)
- Schwachsinn[745]
- schwere andere seelische Abartigkeiten[746] (insbesondere Persönlichkeitsstörungen, Triebstörungen).

Die **medizinische Diagnose**, die mit anderen Begriffen arbeitet, muss vom sachverständig beratenen Gericht[747] in eine dieser vier juristischen Kategorien eingeordnet werden.[748] Handelt es sich um keine krankhafte seelische Störung, weil ihre Ursache nicht pathologisch ist, kann die Annahme einer schweren anderen seelischen Abartigkeit in Betracht kommen. Solche Störungen können Anlass für die Unterbringung aber nur dann sein, wenn sie in ihrem Gewicht den krankhaften seelischen Störungen – bei Ausschluss der weniger gewichtigen[749] – entsprechen und als länger dauernde Umstände den Zustand des Täters widerspiegeln und seine Gefährlichkeit für die Zukunft begründen.[750] 440

Hinsichtlich der praktisch bedeutsamen **Pädophilie** hat der BGH[751] ausgeführt: »Eine Devianz im Sexualverhalten in Form einer Pädophilie kann nicht ohne weiteres mit einer schweren 441

---

735 Somit eigentlich ein Fall der Putativnotwehr.
736 BGHSt 10, 355; vgl. *Fischer* § 63 Rn. 3.
737 BGHSt 10, 355 (357 f.).
738 *Fischer* § 63 Rn. 11.
739 BGHR StGB § 63 Schuldunfähigkeit 1; *Fischer* § 63 Rn. 12.
740 *Fischer* § 63 Rn. 15.
741 Vgl. *Fischer* § 20 Rn. 8 ff.
742 Insoweit kommt wegen des vorübergehenden Zustands aber keine Maßregel nach § 63 StGB, sondern nach § 64 StGB in Betracht.
743 Vgl. BGHR StGB § 21 BtM-Auswirkungen 8; 11; 12; BGH Urt. v. 10. 9. 2003 – 1 StR 147/03; vgl. *Fischer* § 21 Rn. 13.
744 Vgl. *Fischer* § 20 Rn. 27 ff.
745 Vgl. *Fischer* § 20 Rn. 35.
746 Vgl. *Fischer* § 20 Rn. 36 ff.
747 Zu den Mindestanforderungen an ein Schuldfähigkeitsgutachten vgl. *Boetticher/Nedopil/Bosinski/Saß* NStZ 2005, 57.
748 Dabei handelt es sich um eine Rechtsfrage, die das Gericht und nicht der Sachverständige zu entscheiden hat.
749 BGH NStZ 1983, 429; vgl. *Fischer* § 20 Rn. 37.
750 BGHSt 34, 22 (28); BGH NJW 1983, 350.
751 BGHR StGB § 21 Seelische Abartigkeit 33; vgl. auch 16, 26; vgl. auch *Fischer* § 20 Rn. 41 am Ende.

seelischen Abartigkeit im Sinne der §§ 20, 21 StGB gleichgesetzt werden. Vielmehr kommt es – wie bei anderen Triebstörungen auch – darauf an, ob die von der Norm abweichende sexuelle Präferenz den Täter in seiner Persönlichkeit so nachhaltig verändert hat, dass sein Hemmungsvermögen in Bezug auf strafrechtlich relevantes Sexualverhalten erheblich herabgesetzt ist.[752] Dabei ist unerheblich, ob die Persönlichkeitsveränderung ›Krankheitswert‹ erreicht; das Merkmal der schweren anderen seelischen Abartigkeit erfasst gerade solche Veränderungen in der Persönlichkeit, die nicht pathologisch bedingt sind, also keine krankhaften seelischen Störungen darstellen.[753] Ob eine Persönlichkeitsstörung im sexuellen Bereich das Wesen des Täters in der oben beschriebenen Weise nachhaltig geprägt hat, kann nur im Wege einer Gesamtbetrachtung der Persönlichkeit des Täters unter Einbeziehung seiner Entwicklung, seines Charakterbildes sowie der ihm zur Last gelegten Tat einschließlich der ihr zugrunde liegenden Motive festgestellt werden.«

3. Symptomatischer Zusammenhang und Gefährlichkeitsprognose

442 Vom Angeklagten müssen infolge seines Zustands erhebliche rechtswidrige Taten zu erwarten sein. Zwischen dem seelischen Zustand des Angeklagten und dessen Gefährlichkeit muss in dem Sinne ein **symptomatischer Zusammenhang** bestehen, dass sowohl die verfahrensgegenständliche Tat als auch die für die Zukunft zu befürchtenden rechtswidrigen Straftaten Folgen der zur Schuldunfähigkeit oder doch zu ihrer erheblichen Verminderung führenden seelischen Verfassung sind.[754] Es muss eine **bestimmte oder doch gewisse**, über die bloße Möglichkeit hinausgehende **Wahrscheinlichkeit** für die Begehung weiterer erheblicher rechtswidriger Taten bestehen.[755] Gelegenheits- oder Konflikttaten scheiden daher eher aus.[756] Andererseits muss es sich nicht um Taten handeln, die mit der Anlasstat vergleichbar sind; entscheidend ist vielmehr, dass sie auf dieselbe psychische Störung zurückzuführen sind, die auch die Gefahr weiterer Taten begründet.[757] Im Gegensatz zu § 66 StGB genügt es für die Annahme der Erheblichkeit der zu erwartenden Straftaten, dass diese der mittleren Kriminalität zuzuordnen sind. Lediglich die Fälle der Kleinkriminalität, die eher als bloße Belästigungen einzustufen sind, scheiden aus dem Anwendungsbereich des § 63 StGB aus.[758]

4. Allgemeingefährlichkeit

443 Eine Gesamtwürdigung des Angeklagten und seiner Tat muss ergeben, dass er für die Allgemeinheit gefährlich ist. Dies ist immer dann der Fall, wenn von ihm erhebliche rechtswidrige Taten gegenüber einem unbestimmten Personenkreis zu erwarten sind. Aber auch, wenn sich die Taten nur gegen eine bestimmte Person richten, ist eine Allgemeingefährlichkeit gegeben, wenn dadurch der Bestand der Rechtsordnung und damit die öffentliche Sicherheit gefährdet werden.[759]

5. Textbeispiel

444 Die Unterbringung des Angeklagten in einem psychiatrischen Krankenhaus war gemäß § 63 StGB anzuordnen, weil die Voraussetzungen hierfür vorliegen. Der Angeklagte hat eine rechtswidrige Tat, nämlich eine vorsätzliche Körperverletzung, begangen. Zum Zeitpunkt der Tatbegehung fehlte ihm aufgrund einer akuten schizophrenen Psychose mit Sicherheit die Einsicht Unrecht zu tun. Infolge dieser krankhaften seelischen Störung im Sinne des § 20 StGB besteht die hinreichende Wahrscheinlichkeit, dass der Angeklagte erneut ähnliche Straftaten begehen würde, wenn nicht seine Unterbringung angeordnet wird. Bereits vor 2 Jahren hat der Angeklagte ohne nachvollziehbaren Anlass eine gefährliche Körperverletzung begangen, die auf seine psychische Erkran-

---

752 BGHR StGB § 21 – Seelische Abartigkeit 10, 12, 22, 26.
753 BGHSt 34, 22 (24).
754 BGHSt 34, 22 (27); 27, 246 (249); BGH NStZ 1985, 309 (310); BGHR StGB § 63 Gefährlichkeit 15; *Fischer* § 63 Rn. 14.
755 BGHR StGB § 63 Gefährlichkeit 15; *Fischer* § 63 Rn. 15.
756 BGHR StGB § 63 Gefährlichkeit 15.
757 BGHR StGB § 63 Gefährlichkeit 23.
758 BGHSt 22, 246 (248); *Fischer* § 63 Rn. 16 ff.
759 *Fischer* § 63 Rn. 19.

kung zurückzuführen ist. Nach einer Phase der Stabilisierung aufgrund nervenärztlicher Behandlung setzte der Angeklagte im Dezember 2005 die ihm verordneten Medikamente eigenmächtig ab, so dass erneut akute Krankheitssymptome auftraten, die letztlich in der verfahrensgegenständlichen Tat gipfelten. Der Angeklagte ist auch für die Allgemeinheit gefährlich.

II. Unterbringung in einer Entziehungsanstalt, § 64 StGB

Unter den Voraussetzungen des § 64 StGB ist die Unterbringung des Angeklagten in einer Entziehungsanstalt anzuordnen. 445

1. Rechtswidrige Tat

a) Es muss sich um eine rechtswidrige Tat handeln, die der Angeklagte begangen hat. Unerheblich ist, ob er schuldhaft gehandelt hat, weshalb die Unterbringung auch bei einem Freispruch wegen erwiesener oder nicht ausschließbarer Schuldunfähigkeit des Angeklagten in Betracht kommt. 446

2. Hang zu übermäßigem Alkohol- oder Drogenkonsum

Der Angeklagte muss den Hang haben, alkoholische Getränke oder andere berauschende Mittel im Übermaß zu sich zu nehmen. **Hang im Sinne von § 64 StGB** ist nicht nur eine chronische, auf körperlicher Sucht beruhende Abhängigkeit, sondern es genügt eine eingewurzelte, aufgrund psychischer Disposition bestehende oder durch Übung erworbene intensive Neigung, immer wieder Rauschmittel im Übermaß zu sich zu nehmen.[760] Diese Neigung muss noch nicht den Grad körperlicher, wohl aber psychischer Abhängigkeit erreicht haben. Daher genügt gelegentliches oder öfteres »Sich-Betrinken« in Verbindung mit im Rausch begangener Straftaten noch nicht für die Annahme eines Hanges. Nur der Alkoholmissbrauch, der bereits den Grad der psychischen Abhängigkeit erreicht hat, kann Grundlage einer Unterbringung sein.[761] 447

3. Symptomatischer Zusammenhang

Der Angeklagte muss die Tat entweder im Rausch begangen haben oder sie muss auf seinen Hang zurückgehen. Dabei ist die erste Alternative nur ein Unterfall der zweiten. Für beide Alternativen ist erforderlich, dass zwischen dem Hang zum Suchtmittelmissbrauch und der Tat ein **ursächlicher, symptomatischer Zusammenhang** besteht.[762] Dies ist dann der Fall, wenn die Tat in dem Hang ihre Wurzel findet. Die konkrete Tat muss also Ausdruck der hangbedingten Gefährlichkeit des Angeklagten sein.[763] Im Rausch kann eine Tat auch dann begangen sein, wenn die Voraussetzungen des § 21 StGB nicht gegeben sind.[764] Das Vorliegen eines Rausches muss aber gesichert sein. 448

4. Gefährlichkeitsprognose

Es muss die Gefahr bestehen, dass der Angeklagte infolge seines Hanges erhebliche rechtswidrige Taten begehen wird. Die Gefährlichkeitsprognose setzt die **begründete Wahrscheinlichkeit** voraus, dass der Angeklagte infolge seines Hanges rückfällig werden wird.[765] Die bloße Wiederholungsmöglichkeit genügt nicht.[766] Durch das Erfordernis der Erheblichkeit der zu erwartenden Taten sollen lediglich die der Kleinkriminalität zuzuordnenden Straftaten ausgeschieden werden. Ebenso wie bei der Unterbringung nach § 63 StGB genügen solche mittlerer Kriminalität.[767] 449

---

[760] BGHR StGB § 64 I Hang 4; vgl. *Fischer* § 64 Rn. 7.
[761] BGHR StGB § 64 I Hang 6; vgl. *Fischer* § 64 Rn. 9.
[762] BGHR StGB § 64 I Hang 2; vgl. *Fischer* § 64 Rn. 13.
[763] BGHR StGB § 64 I Hang 2.
[764] BGHR StGB § 64 I Rausch 1; vgl. *Fischer* § 64 Rn. 14.
[765] Vgl. *Fischer* § 64 Rn. 12.
[766] BGHR StGB § 64 I Gefährlichkeit 5.
[767] *Fischer* § 64 Rn. 15, der im Hinblick auf den Resozialisierungszweck des § 64 StGB die Erheblichkeitsschwelle geringer als bei § 63 StGB ansetzen will.

5. Hinreichend konkrete Aussicht auf Behandlungserfolg

450 Gemäß **§ 64 S. 2 StGB** muss für die Behandlung in der Entziehungsanstalt eine hinreichend konkrete Erfolgsaussicht bestehen.[768] Daran kann es insbesondere fehlen, wenn der Angeklagte in der Vergangenheit bereits mehrfach Therapien abgebrochen hat oder nicht therapiemotiviert ist.[769]

6. Textbeispiel

451 Die Unterbringung des Angeklagten in einer Entziehungsanstalt war gemäß § 64 StGB anzuordnen, weil die Voraussetzungen hierfür vorliegen. Beim Angeklagten besteht sowohl eine körperliche als auch eine psychische Abhängigkeit von Heroin. Zuletzt hat er täglich 1 Gramm Heroin intravenös konsumiert. Demnach liegt ein Hang zu übermäßigem Betäubungsmittelkonsum vor. Den Raubüberfall hat der Angeklagte begangen, um Barmittel zur Beschaffung von Heroin zu erhalten. Zwar war er bei der Begehung der Tat nicht in einem berauschten Zustand, doch litt er an Entzugserscheinungen, weil er kein Heroin mehr zur Verfügung hatte. Dies war der bestimmende Auslöser der Tat. Sie ist daher Ausdruck seines Hanges Heroin im Übermaß zu konsumieren. Zugleich zeigt sich darin die Gefährlichkeit des Angeklagten, der aller Voraussicht nach aufgrund seiner Abhängigkeit auch künftig vergleichbare Taten begehen würde, um sich Heroin beschaffen zu können. Dies kann nur durch die Unterbringung des Angeklagten in einer Entziehungsanstalt verhindert werden, für die auch die erforderliche konkrete Erfolgsaussicht im Sinne des § 64 S. 2 StGB besteht. Denn es ist zu erwarten, dass der therapiemotivierte Angeklagte nach Abschluss der Maßnahme zumindest eine erhebliche Zeit vor einem Rückfall in Sucht und Straffälligkeit bewahrt werden wird.

III. Anordnung des Vorwegvollzugs der Strafe, § 67 II StGB

452 Die Maßregeln nach §§ 63, 64 StGB sind gemäß **§ 67 I StGB** grundsätzlich vor der Strafe zu vollziehen. Dem liegt die gesetzgeberische Überlegung zu Grunde, dass der Angeklagte schon frühzeitig von seiner krankhaften Störung oder seinem Hang befreit werden muss, damit er in der Strafanstalt an der Verwirklichung des Vollzugsziels der Strafe arbeiten kann.[770] Von diesem Grundsatz gibt es eine wichtige Ausnahme: Gemäß **§ 67 II 2 StGB** soll bei Anordnung der Unterbringung in einer Entziehungsanstalt ein Teil der Strafe dann vorher vollzogen werden, wenn die gleichzeitig verhängte Freiheitsstrafe 3 Jahre übersteigt.[771] Ansonsten gilt: Nur wenn der Zweck der Maßregel dadurch leichter zu erreichen ist, kann ausnahmsweise nach § 67 II 1 StGB der Vorwegvollzug eines Teils der Strafe oder – falls erforderlich – der gesamten Strafe gerechtfertigt sein. Will das Gericht dagegen an der gesetzlichen Vollstreckungsreihenfolge gemäß § 67 I StGB festhalten, bedarf es keines gesonderten Ausspruchs im Tenor. In den Gründen genügt es dann regelmäßig auszuführen:

453 Die Kammer hat keinen Anlass die Reihenfolge der Vollstreckung von Strafe und Maßregel abweichend von § 67 I StGB zu regeln, zumal nicht ersichtlich ist, dass der zunächst anzustrebende Therapieerfolg durch einen vollständigen oder teilweisen Vorwegvollzug der Freiheitsstrafe leichter zu erreichen wäre und die Voraussetzungen des § 67 II 2 oder 4 StGB nicht vorliegen.

454 Die Anordnung des Vorwegvollzugs der Strafe (ganz oder teilweise) gemäß **§ 67 II 1 StGB** ist – ausgenommen in den Fällen des § 67 II 2 oder 4 StGB – nur in **eng begrenzten Ausnahmefällen** zulässig und bedarf einer auf den Einzelfall abgestellten, nachprüfbaren Begründung.[772] Die allgemeine Wendung, es sei besser, den Angeklagten unmittelbar aus dem Maßregelvoll-

---

[768] Mit der am 20. 7. 2007 in Kraft getretenen Neufassung des § 64 StGB hat der Gesetzgeber die Vorgaben des BVerfG umgesetzt, das bereits mit Urteil vom 16. 7. 1994 entschieden hat, dass entgegen der damaligen Gesetzeslage eine Unterbringung nur angeordnet werden dürfe, wenn Aussicht auf Behandlungserfolg bestehe.
[769] Vgl. *Fischer* § 64 Rn. 20.
[770] BGHSt 37, 160 (162); BGHR StGB § 67 II Vorwegvollzug 8.
[771] Diese Regelung ist seit 17. 7. 2007 in Kraft. Sie gilt gemäß § 2 VI StGB auch für Altfälle.
[772] Vgl. *Fischer* § 67 Rn. 5 ff.

zug zu entlassen, erfüllt diese Voraussetzung ebenso wenig[773] wie die Feststellung, dass gegenwärtig eine erfolgversprechende Therapie »wenig sinnvoll« sei, möglicherweise aber in einigen Jahren gewisse Erfolgsaussichten habe[774] oder Überlegungen zur Sicherheit und Praktikabilität.[775] Der BGH hat immer wieder betont, dass das Rehabilitationsinteresse des Angeklagten, also der Zweck der Maßregel, die Richtschnur für die Frage des Vorwegvollzugs ist.[776] Falls die Anordnung des Vorwegvollzugs demnach erforderlich ist, muss stets geprüft und erörtert werden, ob es nicht ausreicht, nur einen Teil der Strafe vorweg zu vollstrecken,[777] was regelmäßig der Fall sein dürfte.

Vor allem bei der Maßregel gemäß § 63 StGB kann die **Umkehrung der gesetzlichen Vollstreckungsreihenfolge** aber – zumindest in den Fällen der anderen schweren seelischen Abartigkeit – auch damit gerechtfertigt werden, dass der Entlassung in die Freiheit die Behandlung unmittelbar vorausgehen sollte, weil ein sich anschließender Strafvollzug die positiven Auswirkungen des Maßregelvollzugs wieder gefährden würde.[778] Ist der primäre Zweck der Maßregel nach § 63 StGB nicht erreichbar, weil der Angeklagte nicht therapiefähig ist, muss es dennoch bei der gesetzlichen Vollstreckungsreihenfolge verbleiben, da dann ja auch der Vorwegvollzug der Strafe daran nichts ändern würde.[779] 455

Die Kammer erachtet es für erforderlich, dass 6 Jahre der verhängten Freiheitsstrafe vor der Maßregel der Unterbringung in einem psychiatrischen Krankenhaus zu vollstrecken sind, da dadurch deren Zweck leichter erreicht wird, § 67 II 1 StGB. Dabei war sich die Kammer bewusst, dass die wenn auch nur teilweise Umkehr der gesetzlichen Vollstreckungsreihenfolge des § 67 I StGB besonderer im Einzelfall begründeter Umstände bedarf. Solche liegen hier aber vor. Bei dem Angeklagten handelt es sich um eine in zweifacher Weise abnorme Persönlichkeit: seine Sexualität ist extrem gestört und es liegt eine schwere Verwahrlosung vor. Es ist daher eine komplexe Therapie erforderlich, die zwar nicht aussichtslos ist, aber mindestens zwei Jahre in Anspruch nehmen wird. Würde im Anschluss daran der auch unter Berücksichtigung der Anrechnung gemäß § 67 IV StGB unumgängliche jahrelange Freiheitsentzug erfolgen, würde das in der Therapie mühevoll erarbeitete, erlernte und eingeübte Sozialverhalten wieder verloren gehen. Ein Therapieerfolg setzt beim Angeklagten daher voraus, dass das erlernte Sozialverhalten unmittelbar in praktische Einübung und Bewährung übergehen kann.[780] Dies ist aber nur zu erreichen, wenn ein erheblicher Teil der verhängten Strafe vor der Maßregel vollzogen wird. Die Kammer hielt einen solchen Vorwegvollzug für die Dauer von 6 Jahren für notwendig aber auch ausreichend. 456

Die **Ausnahmeanordnung gemäß § 67 II 1 StGB** kommt auch bei der Maßregel der Unterbringung in einer Entziehungsanstalt gemäß § 64 StGB in Betracht, ohne dass die Voraussetzungen des § 67 II 2 oder 4 StGB vorliegen: 457

6 Monate der verhängten Gesamtfreiheitsstrafe von 3 Jahren sind gemäß § 67 II 1 StGB vor der Unterbringung in einer Entziehungsanstalt zu vollstrecken, da dadurch deren Zweck leichter erreicht wird. Dabei war sich das Gericht bewusst, dass die wenn auch nur teilweise Umkehr der gesetzlichen Vollstreckungsreihenfolge des § 67 I StGB besonderer im Einzelfall begründeter Umstände bedarf. Solche liegen hier aber vor. Denn ohne den vorherigen teilweisen Vollzug der Freiheitsstrafe ist die Therapie ohne Aussicht auf Erfolg. Das Gericht schließt sich dem dahingehenden Gutachten des Sachverständigen aus eigener Überzeugung an. Der Angeklagte ist zwar bereit sich einer Drogentherapie zu unterziehen, doch seine Persönlichkeit ist so labil, dass es unerlässlich ist, durch den teilweisen Vorwegvollzug der Strafe bei ihm einen Motivationsdruck zu erzeugen, um seine Therapiebereitschaft zu fördern und damit das Gelingen der Entziehungskur

---

773 BGHR StGB § 67 II Vorwegvollzug, teilweiser 4.
774 BGHR StGB § 67 II Zweckerreichung, leichtere 4.
775 BGHR StGB § 67 II Vorwegvollzug 8; vgl. *Fischer* § 67 Rn. 7 mit zahlreichen Rechtsprechungsbeispielen.
776 BGHR StGB § 67 II Vorwegvollzug, teilweiser 3; 11; BGHSt 33, 285; BGH NJW 1983, 240; BGH NStZ 1986, 140; 1986, 428.
777 BGHR StGB § 67 II Vorwegvollzug 2.
778 BGHR StGB § 67 II Zweckerreichung, leichtere 9; vgl. *Fischer* § 67 Rn. 6.
779 BGHR StGB § 67 II Zweckerreichung, leichtere 9.
780 Vgl. BGHR StGB § 67 II Zweckerreichung, leichtere 9 = NJW 1990, 1124.

> sicherzustellen. Hinzu kommt, dass einer Entlassung des Angeklagten in Freiheit die Behandlung nach § 64 StGB unmittelbar vorausgehen sollte, weil ein sich anschließender Strafvollzug die positiven Auswirkungen des Maßregelvollzugs wieder gefährden würde. Denn der Angeklagte weist neben seiner Drogenabhängigkeit eine dissoziale Persönlichkeitsstruktur auf, die sich auch in seinen einschlägigen Vorstrafen widerspiegelt. Zur bestmöglichen Förderung des Therapieerfolgs erschien dem Gericht ein Vorwegvollzug von 3 Monaten der verhängten dreijährigen Freiheitsstrafe notwendig aber auch ausreichend. Bei einer voraussichtlichen Therapiedauer von 1 Jahr 3 Monaten, die auf die Strafe angerechnet wird, könnte dann im Erfolgsfalle eine Aussetzung des Restes zum Halbstrafenzeitpunkt gemäß §§ 67 II 3, V 1, 57 I 1 Nr. 1 und 2 StGB erfolgen.[781]

458 Liegen die Voraussetzungen des **§ 67 II 2 StGB** vor, genügt es dagegen regelmäßig auszuführen:

> Die Kammer hat gemäß § 67 II 2 StGB angeordnet, dass 1 Jahr 6 Monate der verhängten sechsjährigen Gesamtfreiheitsstrafe vor der Maßregel zu vollstrecken sind. Es bestand kein Anlass ausnahmsweise – entgegen § 67 II 2 StGB – auf die Anordnung des Vorwegvollzugs zu verzichten, zumal der Angeklagte nicht mehr dringend therapiebedürftig ist. Die voraussichtliche Therapiedauer von 1 Jahr 6 Monaten zu Grunde gelegt, hat die Kammer gemäß § 67 II 3, V 1 StGB den Vorwegvollzug auf 1 Jahr 6 Monate festgesetzt.[782]

459 Bei der Bestimmung der Dauer des Vorwegvollzugs ist zu beachten, dass die Dauer der **Untersuchungshaft** auf den vorweg vollzogenen Teil angerechnet wird.[783] Daher gilt: Ist nach Auffassung des Gerichts zum Zeitpunkt der Urteilsverkündung noch eine bestimmte Dauer der Vollstreckung der verhängten Strafe erforderlich, muss die zwischenzeitlich vom Angeklagten verbüßte Untersuchungshaft hinzugerechnet werden, um die gewünschte Dauer der Freiheitsentziehung in einer Justizvollzugsanstalt zu gewährleisten.

IV. Aussetzung der Vollstreckung der Maßregel zur Bewährung, § 67 b I StGB

460 Auch die Vollstreckung der Unterbringung in einem psychiatrischen Krankenhaus oder einer Entziehungsanstalt kann zur Bewährung ausgesetzt werden. Dies setzt gemäß **§ 67 b I 1 StGB** aber voraus, dass besondere Umstände vorliegen, die die Erwartung begründen, dass der Maßregelzweck auch so erreicht werden kann.

461 Eine Besonderheit besteht aber, wenn neben der Maßregel eine Freiheitsstrafe ohne Bewährung verhängt wurde: Gemäß **§ 67 b I 2 StGB** ist dann eine Aussetzung der Vollstreckung der Maßregel nicht möglich. Einer näheren Begründung bedarf es daher in diesen Fällen nicht.

> Eine Aussetzung der Vollstreckung der Unterbringung ist bereits deshalb nicht möglich, weil die verhängte Freiheitsstrafe nicht zur Bewährung ausgesetzt werden konnte, § 67 b I 2 StGB.

462 Umgekehrt ist es aber möglich, die Maßregel nicht zur Bewährung auszusetzen, obwohl eine Aussetzung der Freiheitsstrafe erfolgt ist. Die Fälle einer solch unterschiedlichen Handhabung sind in der Praxis aber eher selten. Dies mag auch daran liegen, dass die Dauer des Maßregelvollzugs grundsätzlich gemäß § 67 IV StGB auf die zugleich verhängte Strafe angerechnet wird, mit der Folge, dass nach Vollstreckung der Maßregel oftmals eine Strafrestaussetzung gemäß §§ 57 I, 67 V 1 StGB erfolgen kann.

463 Wurde die verhängte Freiheitsstrafe zur Bewährung ausgesetzt oder gar keine Freiheitsstrafe ausgesprochen, muss in den Urteilsgründen die Frage der Aussetzung der Maßregel erörtert werden. Eine solche kommt insbesondere in Betracht, wenn die Gefahr, die von dem Ange-

---

781 Die frühere Orientierung am Zwei-Drittel-Zeitpunkt ist nach dem neu eingefügten § 67 II 3 StGB nicht mehr zulässig. Gemäß § 2 VI StGB gilt dies auch für Altfälle, vgl. BGH NStZ 2008, 28 (29).
782 Auf die strikte Notwendigkeit der Ermöglichung einer Halbstrafenprüfung hat der BGH in mehreren Entscheidungen hingewiesen, vgl. NStZ 2008, 28; 212; 213; 2009, 87 (88); NStZ-RR 2008, 74; 142; 2009, 48 (49).
783 BGHR StGB § 67 II Vorwegvollzug, teilweiser 8; *Fischer* § 67 Rn. 9.

klagten ausgeht, auch anders abgewendet werden könnte. Denn bei der vorausgegangenen Anordnung der Maßregel musste diese Frage noch nicht geprüft werden.[784]

> Die Vollstreckung der Unterbringung konnte gemäß § 67 b I 1 StGB zur Bewährung ausgesetzt werden, weil der Zweck der Maßregel auch dadurch erreicht werden kann. Die Angeklagte wurde unmittelbar nach der Tat auf Veranlassung ihrer Betreuerin in das Bezirksklinikum Regensburg verbracht, wo sie sich einer stationären Therapie unterzog. Zeigte sie sich anfänglich noch krankheitsuneinsichtig, konnte schon bald eine deutliche Stabilisierung ihres psychischen Zustands erreicht werden. Am 01. 06. 2006 wurde die Angeklagte in eine betreute Wohngruppe entlassen, in der sie auch heute noch lebt. Die Angeklagte erfährt dort eine intensive und umfassende medizinische und psychologische Betreuung. Ihr Tagesablauf ist strukturiert. Die Einnahme der Medikamente wird überwacht. Es finden mindestens einmal in der Woche Gespräche mit einer Psychologin statt. Darüber hinaus besucht die Angeklagte regelmäßig den niedergelassenen Nervenarzt Dr. Freund, der sie ärztlich betreut. Unter Berücksichtigung dieser Umstände erfordert weder das Sicherheitsinteresse der Allgemeinheit noch der angestrebte Therapieerfolg den Vollzug der Maßregel. Denn die Angeklagte hat bereits eine Stabilisierung ihres gesundheitlichen Zustands erreicht, der es rechtfertigt ihre Erprobung in Freiheit zu verantworten.

464

Kann eine Aussetzung der Vollstreckung nicht erfolgen, könnte ausgeführt werden:

465

> Die Vollstreckung der Unterbringung konnte nicht gemäß § 67 b I 1 StGB zur Bewährung ausgesetzt werden, da der Zweck der Maßregel nur durch ihren Vollzug erreicht werden kann. Angesichts der Gefährlichkeit und Unberechenbarkeit des Angeklagten, die sich auch in seinen Vorverurteilungen zeigen, war es nicht mehr zu verantworten, die derzeit unerlässliche stationäre Behandlung mit milderen Mitteln sicherzustellen. Zwar wäre grundsätzlich auch eine ambulante Behandlung des Angeklagten möglich, doch bietet er hierfür nicht die erforderliche Zuverlässigkeit und Krankheitseinsicht. Dem dahingehenden Gutachten des Sachverständigen Dr. Freund schließt sich die Kammer aus eigener Überzeugung an. Besondere Umstände im Sinne des § 67 b I 1 StGB liegen daher nicht vor.

Bei einer Maßregel nach § 64 StGB ist die Aussetzung der Vollstreckung in der Praxis eher selten.

466

> Die Vollstreckung der Unterbringung konnte nicht gemäß § 67 b I 1 StGB zur Bewährung ausgesetzt werden, da der Zweck der Maßregel nur durch ihren Vollzug erreicht werden kann. Der Angeklagte ist in hohem Maße heroinabhängig. Zwar ist er willens gegen seine Abhängigkeit anzukämpfen, doch ist diese aufgrund des starken Suchtdrucks und der labilen Persönlichkeit des Angeklagten bereits so verfestigt, dass weder eine ambulante Therapie noch eine freiwillige stationäre Therapie ausreichenden Erfolg versprechen. Dem dahingehenden Gutachten des Sachverständigen Dr. Freund schließt sich die Kammer aus eigener Überzeugung an. Besondere Umstände im Sinne des § 67 b I 1 StGB liegen daher nicht vor.

B. Sicherungsverwahrung, § 66 StGB

Die Voraussetzungen der Sicherungsverwahrung sind in § 66 StGB geregelt. Die Vorschrift enthält mehrere Eingriffstatbestände mit unterschiedlichen Voraussetzungen.[785] Nur in den Fällen des § 66 I StGB ist die Anordnung zwingend, ansonsten steht sie im pflichtgemäßen Ermessen des Gerichts.

467

> Die Voraussetzungen für die Anordnung der Sicherungsverwahrung gemäß § 66 II StGB iVm § 66 I Nr. 3 StGB liegen vor. Aufgrund des nachvollziehbaren Gutachtens des Sachverständigen Dr. Weiss steht zur eigenen Überzeugung der Kammer fest, dass beim Angeklagten ein Hang zu erheblichen Straftaten im Sinne des § 66 I Nr. 3 StGB besteht. Diese Annahme des Sachverständigen ist gerade vor dem Hintergrund der verfahrensgegenständlichen Taten nachvollziehbar. Der Angeklagte hat 3 Taten begangen wegen derer gegen ihn Freiheitsstrafen von 4 Jahren,

468

---

784 *Fischer* § 67 b Rn. 2.
785 Vgl. *Fischer* § 66 Rn. 5 ff.

> 5 Jahren und 5 Jahren 6 Monate verhängt wurden. Die rasche zeitliche Abfolge der Taten, die dabei jeweils aufgewendete erhebliche kriminelle Energie und das zielgerichtete Vorgehen des Angeklagten unterstreichen die vom Sachverständigen vorgenommene Charakterisierung des Angeklagten als dissoziale Persönlichkeit. Der Angeklagte ist, wie die verfahrensgegenständlichen Taten zeigen, getrieben von dem Wunsch an Geld zu kommen und für dieses Ziel bereit, Leib und Leben anderer zu verletzen. Deshalb besteht auch die begründete Gefahr, dass der Angeklagte künftig erneut erhebliche Straftaten begehen wird, bei denen die Opfer seelisch und körperlich schwer geschädigt werden oder schwerer wirtschaftlicher Schaden angerichtet wird. Somit ist der Angeklagte für die Allgemeinheit gefährlich. Eine Gesamtwürdigung des Angeklagten und seiner Taten ergibt, dass die Voraussetzungen für die Anordnung der Sicherungsverwahrung gemäß §§ 66 I Nr. 3, II StGB vorliegen.
>
> Unter Beachtung des insoweit bestehenden Ermessens hält die Kammer es für erforderlich, gegen den Angeklagten Sicherungsverwahrung zu verhängen. Auch im Hinblick auf die Höhe der Strafe ist die Kammer von der Unerlässlichkeit der Sicherungsverwahrung überzeugt. Zwar wird der anstehende langjährige Strafvollzug den Angeklagten nicht unbeeindruckt lassen, doch besteht nach jetzigem Erkenntnisstand die Gefährlichkeit des Angeklagten auch noch nach Beendigung des Strafvollzugs und trotz des dann fortgeschrittenen Lebensalters des Angeklagten fort.[786]

C. Entziehung der Fahrerlaubnis, Sperre für die Neuerteilung und Einziehung des Führerscheins, §§ 69, 69 a StGB

I. Entziehung der Fahrerlaubnis

469 Eine praktisch sehr bedeutsame Maßregel der Besserung und Sicherung ist die Entziehung der Fahrerlaubnis gemäß **§ 69 I StGB**, die zwingend anzuordnen ist, wenn die Voraussetzungen hierfür vorliegen.

470 Der Angeklagte muss eine rechtswidrige Tat – nicht notwendig in schuldfähigem Zustand – **bei oder im Zusammenhang mit dem Führen eines Kraftfahrzeugs oder unter Verletzung der Pflichten eines Kraftfahrzeugführers** begangen haben. Dies trifft auf einen großen Kreis möglicher Delikte zu. Eine Einschränkung erfährt der Anwendungsbereich daher durch die zweite Voraussetzung:

471 Der Angeklagte muss sich durch die Tat als **ungeeignet zum Führen von Kraftfahrzeugen** erwiesen haben. Die Ungeeignetheit kann sich aus körperlichen oder geistigen Mängeln ergeben, die sich mit dem technisch sicheren Führen von Kraftfahrzeugen nicht vereinbaren lassen. Sie kann aber auch – was weitaus häufiger ist – auf einer charakterlichen Unzuverlässigkeit des Angeklagten beruhen. Dabei muss sich die mangelnde Eignung gerade aus Hergang und Unrechtsgehalt der Tat selbst ergeben.[787] Grundsätzlich ist für diese Beurteilung eine Gesamtwürdigung der Persönlichkeit des Angeklagten und aller für und gegen seine Eignung sprechenden Umstände erforderlich.

472 Etwas anderes gilt aber, wenn der Angeklagte eine der in § 69 II StGB genannten Delikte begangen hat. Dann ist der Angeklagte in aller Regel als ungeeignet zum Führen von Kraftfahrzeugen anzusehen. Eine eingehende Begründung oder Gesamtwürdigung bedarf es in diesen Fällen nicht. Es genügt vielmehr zu prüfen, ob ausnahmsweise besondere Umstände vorliegen, die der **Katalogtat** die Indizwirkung nehmen können;[788] nur beim Hinzutreten solcher Umstände bedarf die Entziehung der Fahrerlaubnis dann einer eingehenden Begründung. Einer solchen bedarf es andererseits auch, wenn der Tatrichter trotz Vorliegens eines Regelfalls gemäß § 69 II StGB von einer Fahrerlaubnisentziehung absieht.

---

786 Dem Alter des Angeklagten und den Wirkungen eines langjährigen Strafvollzugs darf allenfalls im Rahmen der Verhältnismäßigkeitsprüfung dann Bedeutung beigemessen werden, wenn schon bei Urteilsfindung mit Sicherheit feststeht, dass eine Gefährlichkeit des Täters bei Ende des Vollzugs nicht mehr bestehen wird (BGH NStZ-RR 2004, 202; 2005, 337).

787 BGHSt 7, 165 (176); *Fischer* § 69 StGB Rn. 40.

788 Vgl. *Fischer* § 69 StGB Rn. 22.

Dem Angeklagten war gemäß § 69 I, II StGB die Fahrerlaubnis zu entziehen, da er sich durch die Trunkenheitsfahrt als charakterlich unzuverlässig und damit ungeeignet zum Führen von Kraftfahrzeugen erwiesen hat. Bei der vom Angeklagten begangenen Straftat ist gemäß § 69 II Nr. 2 StGB in aller Regel von einer Ungeeignetheit auszugehen. Besondere Umstände, die ausnahmsweise eine andere Beurteilung zuließen, sind nicht ersichtlich. 473

Auch wer bei oder im Zusammenhang mit dem Führen eines Kraftfahrzeugs eine typische Verkehrsstraftat begeht, verstößt in der Regel dadurch gegen die Pflichten eines Kraftfahrers.[789] Dabei sind Verkehrsstraftaten nicht nur die in § 69 II StGB genannten Delikte, sondern beispielsweise auch das Fahren ohne Fahrerlaubnis.[790] 473a

Schwieriger ist die Beurteilung und Begründung der charakterlich bedingten Ungeeignetheit in den Fällen, in denen **keine Katalogtat gemäß § 69 II StGB** vorliegt, sondern die Tat lediglich im Zusammenhang mit dem Führen eines Kraftfahrzeugs begangen wurde, § 69 I StGB. Den Meinungsstreit zwischen den Strafsenaten des BGH über das Erfordernis eines verkehrsspezifischen Zusammenhangs[791] hat der Große Senat mit Beschluss vom 27. 4. 2005[792] beendet. Demnach setzt die Entziehung der Fahrerlaubnis wegen charakterlicher Ungeeignetheit bei Taten im Zusammenhang mit dem Führen eines Kraftfahrzeugs voraus, dass die Anlasstat den Schluss rechtfertigt, der Täter sei bereit, die **Sicherheit des Straßenverkehrs seinen kriminellen Zielen unterzuordnen**. Denn § 69 StGB dient nicht der allgemeinen Kriminalitätsbekämpfung, sondern der Sicherheit des Straßenverkehrs; die Allgemeinheit soll vor gefährlichen Verkehrsteilnehmern geschützt werden, die eine Gefahr für andere darstellen. 474

Diese Voraussetzungen können beispielsweise bei Banküberfällen erfüllt sein, wenn der Täter die Flucht mit einem tatortnah abgestellten Kraftfahrzeug ersichtlich geplant hat und deshalb eine verkehrsgefährdende Flucht oder Verfolgung zu befürchten war.[793] Dagegen rechtfertigt es den Entzug der Fahrerlaubnis grundsätzlich nicht, wenn mit dem Kraftfahrzeug lediglich Tatobjekte oder Tatopfer ausspioniert werden. Auch der Transport von Rauschgift, Schmuggelware oder Diebesgut lässt nicht ohne weiteres den Schluss zu, der Täter stelle eine Gefahr für die Verkehrssicherheit dar. Denn einen allgemeinen Erfahrungssatz, dass etwa Rauschgifttransporteure im Fall von Verkehrskontrollen zu besonders riskanter Fahrweise neigen, gibt es nicht. Dies gilt jedenfalls dann, wenn besondere Vorkehrungen gegen die Entdeckung des Rauschgifts oder der Beute getroffen wurden.[794] 475

Maßgeblicher **Zeitpunkt für die Beurteilung der Eignungsfrage** ist der Urteilszeitpunkt. Es können daher auch Umstände berücksichtigt werden, die zwischen Tat und Hauptverhandlung hervorgetreten sind.[795] 476

Die Feststellung, dass sich der Angeklagte durch die Tat als ungeeignet zum Führen von Kraftfahrzeugen erwiesen hat, enthält zugleich die weitere Feststellung, dass die Belassung der Fahrerlaubnis die **Allgemeinheit künftig gefährden** würde und dass die Entziehung der Fahrerlaubnis erforderlich ist, um die Allgemeinheit hiervor zu schützen. Einer gesonderten Prüfung und Darlegung dieser für eine Maßregel der Besserung und Sicherung charakteristischen Prognose bedarf es daher nicht.[796] Denn andererseits fehlt es an der Ungeeignetheit und damit der Gefährlichkeit des Angeklagten, wenn ihm nur ein einmaliges, nicht allzu schweres Versagen im Verkehr zur Last liegt.[797] 477

---

789 BGHSt 50, 93; 97, 103.
790 BGH NStZ-RR 2007, 40.
791 Vgl. 1. Strafsenat NStZ 2003, 658; anders 4. Strafsenat NStZ 2004, 86 und 2. Strafsenat NStZ 2004, 144, Blutalkohol 2004, 255; differenzierend 5. Strafsenat NStZ 2004, 148, Blutalkohol 2004, 260; siehe auch Zusammenstellung unter Rn. 463 ff. der Erstauflage.
792 NStZ 2005, 503.
793 BGH NStZ 2005, 503
794 BGH NStZ 2005, 503; NStZ 2003, 311.
795 BGHSt 7, 165 (175); *Fischer* § 69 Rn. 46.
796 BGHSt 7, 165 (172 f.).
797 BGHSt 7, 165 (176).

478 Dem Angeklagten war die Fahrerlaubnis nicht gemäß § 69 I StGB zu entziehen, da die Voraussetzungen hierfür fehlen. Bei der vom Angeklagten begangenen fahrlässigen Tötung handelt es sich um keine Katalogtat des § 69 II StGB, bei der regelmäßig von einer Ungeeignetheit auszugehen ist. Eine Gesamtwürdigung des Tathergangs und der Persönlichkeit des Angeklagten lässt einen Schluss auf eine hier einzig in Betracht kommende charakterliche Unzuverlässigkeit nicht zu. Zwar hat der Angeklagte die Tat beim Führen eines Kraftfahrzeugs und unter Verletzung der genannten Verkehrsvorschriften begangen. Auch hat er die schwerste aller denkbaren Unfallfolgen verursacht, die nicht wiedergutzumachen ist. Doch andererseits handelt es sich bei der unfallursächlichen Missachtung der Vorfahrt des Gerhard Leid um ein Augenblicksversagen des Angeklagten, das nicht auf einer besonderen Leichtfertigkeit beruht. Der Angeklagte hat den vorfahrtsberechtigten Motorradfahrer schlicht übersehen, obwohl er an der Einmündung zuvor angehalten hatte, um den Querverkehr passieren zu lassen. Das Maß seiner Pflichtwidrigkeit ist daher nicht erhöht. Eine Vorfahrtsverletzung wie die vorliegende, wenn auch nicht mit so tragischem Ausgang, ereignet sich täglich mehrmals im Straßenverkehr. Auch dadurch wird deutlich, dass die Tat nicht auf besonderem Leichtsinn oder Rücksichtslosigkeit des Angeklagten beruht. Auch die Persönlichkeit des Angeklagten und sein Verhalten vor und nach der Tat lassen einen Schluss auf eine grundsätzliche charakterliche Ungeeignetheit zum Führen von Kraftfahrzeugen nicht zu. Insbesondere ist der Angeklagte weder vorbestraft noch durch Verkehrsordnungswidrigkeiten vorbelastet. Die Tat hat er grundsätzlich eingeräumt und auch glaubhaft sein Bedauern über den Tod des Gerhard Leid zum Ausdruck gebracht. Dass er sich anfänglich damit zu verteidigen suchte, dass der Motorradfahrer zu schnell gefahren sei, vermag die Einschätzung der Persönlichkeit des Angeklagten nicht zu seinem Nachteil zu beeinflussen. Denn insoweit handelt es sich um ein zulässiges Verteidigungsverhalten, zumal dieser Einwand auch nicht lebensfremd war und erst durch das unfallanalytische Sachverständigengutachten widerlegt werden konnte.

479 Für **ausländische Fahrerlaubnisse** gelten hinsichtlich der Voraussetzungen und der Tenorierung des Fahrerlaubnisentzugs keine Besonderheiten.[798] Lediglich die Wirkung einer solchen Anordnung ist eine andere, wie sich aus § 69 b StGB ergibt.

II. Sperre für die (Neu-) Erteilung einer Fahrerlaubnis, § 69 a StGB

480 Immer, wenn das Gericht die Entziehung der Fahrerlaubnis anordnet, muss es auch eine **Zeitdauer** bestimmen, während derer dem Angeklagten durch die Verwaltungsbehörden keine neue Fahrerlaubnis erteilt werden darf, § 69 a I 1 StGB.

481 Nach Ablauf dieser Sperrfrist ist die Verwaltungsbehörde durch die Entscheidung der Strafjustiz nicht mehr gebunden. Das bedeutet aber nicht, dass sie sofort eine neue Fahrerlaubnis erteilen muss oder gar die alte Fahrerlaubnis wieder wirksam wird. Vielmehr prüft die **Führerscheinstelle** nach Fristablauf auf Antrag des Betroffenen anhand §§ 20, 11 FeV, ob und unter welchen Voraussetzungen sie ihm aus verwaltungsrechtlicher Sicht eine neue Fahrerlaubnis erteilen kann oder versagen muss.[799] Beispielsweise wird bei erstmaligem Fahrerlaubnisentzug aufgrund folgenloser Trunkenheitsfahrt üblicherweise bis zu einer BAK von 1,59 Promille ohne besondere Prüfung ein neuer Führerschein erteilt, während das ab einer BAK von 1,60 Promille oder bei Zweittätern regelmäßig von dem Ergebnis einer medizinisch-psychologischen Prüfung (MPU)[800] abhängig gemacht wird.

482 Hat der Angeklagte keine Fahrerlaubnis, ist gemäß **§ 69 a I 3 StGB** eine sogenannte »isolierte« Sperre anzuordnen, wenn die Voraussetzungen des § 69 I StGB vorliegen, was anders als im Falle des § 69 a I 1 StGB erst noch geprüft werden muss.

483 Die **Dauer der Sperre** bemisst sich nach der Dauer der voraussichtlichen Ungeeignetheit des Angeklagten und nicht nach der Schwere der Tatschuld. Diese ist nur von Bedeutung, soweit sie Hinweise auf die charakterliche Unzuverlässigkeit des Angeklagten geben

---

798 Vgl. → Rn. 89.
799 Vgl. *Fischer* § 69 a Rn. 47.
800 Im Volksmund unberechtigterweise »Idiotentest« genannt.

kann.⁸⁰¹ Es versteht sich von selbst, dass die Begründung der Sperrfrist umso sorgfältiger erfolgen muss, je länger ihre Dauer ist. Wird eine Sperre für immer angeordnet, muss gemäß § 69 a I 2 StGB dargelegt werden, warum eine zeitlich begrenzte Sperre bis zu fünf Jahren nicht ausgereicht hätte, um die vom Täter drohende Gefahr abzuwenden.⁸⁰² Aber auch eine besonders kurze Sperrfrist bedarf der eingehenden Begründung.

Das **Mindestmaß der Sperrfrist** beträgt 6 Monate, im Falle des § 69 a III StGB 1 Jahr. Jedoch kann die Sperrfrist gemäß § 69 a IV StGB bis auf 3 Monate verkürzt werden, wenn die Fahrerlaubnis gemäß § 111 a StPO bereits 3 Monate oder länger vorläufig entzogen war. Ganz absehen kann der Tatrichter von der Festsetzung einer Sperre – auch bei langdauernder vorläufiger Entziehung – nicht, es sei denn er hält die Ungeeignetheit gemäß § 69 I StGB nicht mehr für gegeben und sieht deshalb von der Fahrerlaubnisentziehung selbst ab. In den Regelfällen des § 69 II StGB ist der bloße Zeitablauf hierfür aber kein ausreichender Grund.⁸⁰³ **484**

> Gemäß § 69 a I 1 StGB war eine Sperre für die Neuerteilung der Fahrerlaubnis auszusprechen. Die Dauer der Sperrfrist war nach der Dauer der voraussichtlichen charakterlichen Unzuverlässigkeit des Angeklagten zu bemessen. Dabei sprach zu seinen Gunsten, dass er nur fahrlässig handelte, nicht vorbestraft ist, die Tat folgenlos blieb und der Führerschein seit nunmehr 3 Monaten 2 Wochen sichergestellt ist. Zulasten des Angeklagten musste sich aber der mit 1,95 Promille sehr hohe BAK-Wert auswirken sowie der Umstand, dass er in der Gaststätte Alkohol zu sich nahm, obwohl er vorhatte, mit seinem Auto wieder nach Hause zu fahren. Unter Abwägung aller Umstände erschien dem Gericht daher eine Sperrfrist von (noch) 9 Monaten⁸⁰⁴ notwendig aber auch ausreichend, um die erforderliche charakterliche Nachreifung beim Angeklagten zu bewirken. **485**

Gemäß **§ 69 a II StGB** können bestimmte Arten von Fahrzeugen von der Sperre (nicht vom Fahrerlaubnisentzug!) **ausgenommen** werden: Die Fahrzeugarten müssen aber hinreichend bestimmbar sein. So können alle oder einige Fahrzeuge einer bestimmten Fahrerlaubnisklasse von der Sperre ausgenommen werden. Dasselbe gilt für die Fahrzeugarten, auf die gemäß § 6 I 2 FeV die Fahrerlaubnis beschränkt werden kann oder die einem bestimmten objektiv-konstruktiven Verwendungszweck dienen.⁸⁰⁵ Von der Möglichkeit des § 69 a II StGB darf aber nur ausnahmsweise Gebrauch gemacht werden, wenn besondere objektive und subjektive Umstände dies rechtfertigen und der Zweck der Maßregel dadurch nicht gefährdet wird.⁸⁰⁶ Denn grundsätzlich ist die charakterliche Ungeeignetheit unteilbar. **486**

III. Einziehung des Führerscheins, § 69 III 2 StGB

§ 69 III 2 StGB bestimmt, dass ein **deutscher Führerschein** im Urteil eingezogen wird. Insoweit handelt es sich um eine Nebenfolge. **487**

> Der Führerschein des Angeklagten war gemäß § 69 III 2 StGB einzuziehen. **488**

Die Einziehung eines **ausländischen Führerscheins** darf nur im Falle des § 69 b II StGB angeordnet werden; im Übrigen kommt ein solcher Eingriff in Hoheitsrechte eines ausländischen Staates nicht in Betracht. **489**

D. Berufsverbot, § 70 StGB

Voraussetzungen und Folgen des Berufsverbots regelt § 70 StGB. Im Gegensatz zu den meisten anderen Maßregeln steht die Anordnung des Berufsverbots im **pflichtgemäßen Ermessen des Gerichts** und bedarf auch im Hinblick auf **Art. 12 I GG** eingehender Begrün-

---
801   BGHR StGB § 69 a I Dauer 1, 2, 3, 4; *Fischer* § 69 a Rn. 15, 17.
802   BGHR StGB § 69 a I Dauer 3; *Fischer* § 69 a Rn. 22.
803   *Fischer* § 69 a Rn. 9.
804   Die Sperrfrist beginnt mit der Rechtskraft des Urteils, § 69 a V 1 StGB. Zur Fristberechnung siehe § 69 a V 2, VI StGB.
805   *Fischer* § 69 a Rn. 29 ff. mit zahlreichen Beispielen aus der Rechtsprechung.
806   *Fischer* § 69 a Rn. 32 f.

dung. Um dem Gebot des geringstmöglichen Eingriffs gerecht zu werden,[807] müssen Umfang und Dauer der Untersagung stets auf das erforderliche Maß beschränkt werden. Wesentliche Voraussetzung der Anordnung des Berufsverbots ist die sogenannte **Gefährlichkeitsprognose**, also die Wahrscheinlichkeit, dass der Angeklagte ohne das Berufsverbot erneut erhebliche rechtswidrige Taten unter Missbrauch seines Berufs oder unter grober Verletzung der mit diesem verbundenen Pflichten begehen würde.

491 Dem Angeklagten war gemäß § 70 I StGB für die Dauer von 3 Jahren zu verbieten, männliche Kinder und Jugendliche zu erziehen, zu betreuen und zu pflegen. Der Angeklagte hat die geschilderten Taten unter grober Verletzung der mit der Berufsausübung eines Internatsleiters und Erziehers verbundenen Pflichten begangen. Aufgrund seiner Persönlichkeitsstruktur ist zu erwarten, dass der Angeklagte ohne die Verhängung des Berufverbots erneut vergleichbare erhebliche rechtswidrige Taten unter grober Verletzung dieser Pflichten begehen würde.
Angesichts der Schwere und der Anzahl der Taten erschien der Kammer auch unter Beachtung des durch § 70 I StGB eingeräumten Ermessens die Verhängung eines Berufsverbots gegen den Angeklagten unerlässlich und eine Dauer von 3 Jahren notwendig aber auch ausreichend. Da der Angeklagte homosexuell veranlagt ist und sich ausschließlich an Kindern und Jugendlichen männlichen Geschlechts vergangen hat, war das Berufsverbot entsprechend zu beschränken.[808]

14. Kapitel. Adhäsionsverfahren

491a Der Verletzte kann seine **vermögensrechtlichen Ansprüche** gegen den Angeklagten gemäß §§ 403 ff. StPO auch im Strafverfahren geltend machen. Dazu braucht er nicht nebenklageberechtigt zu sein. Dieses sog. Adhäsionsverfahren folgt weitgehend **zivilrechtlichen Grundsätzen**. Der Verletzte kann so insbesondere einer erneuten Beweisaufnahme im Zivilverfahren entgehen, die mangels Bindung an das Strafurteil bei einem die Tat bestreitenden Täter andernfalls notwendig wäre; vor allem bei Opfern von Gewalt- und Sexualstraftaten ein erheblicher Vorteil.

491b Das Strafgericht kann allerdings von einer Entscheidung im Adhäsionsverfahren – soweit es keinen Schmerzensgeldanspruch betrifft[809] – gemäß § 406 I 4 ZPO absehen, wenn der Antrag zur **Erledigung im Strafverfahren nicht geeignet** erscheint, insbesondere weil es zu einer erheblichen Verfahrensverzögerung käme. Die Feststellung der materiellen Schadenersatzpflicht dem Grunde nach wird aber zumeist ohne Verzögerung möglich sein. Denn die Haftung des Angeklagten dem Grunde nach ergibt sich bereits aus den Feststellungen zur Tat und ein Mitverschulden ist regelmäßig die Ausnahme. Das Gericht kann auch auf einen Leistungsantrag hin ein Grundurteil fällen.[810] Dem Verletzten ist mit dem Erlass eines Grundurteils auch weitgehend gedient, denn ein Zivilverfahren nur über die Höhe des Schadens belastet ihn deutlich weniger. Im Übrigen enthalten die strafrechtlichen Urteilsgründe mit ihren Feststellungen zu den persönlichen Verhältnissen und zur Strafzumessung bereits nahezu alle Umstände, die für die Bemessung des Schmerzensgeldes heranzuziehen sind; zu ergänzen sind lediglich noch die persönlichen und wirtschaftlichen Verhältnisse des Opfers.

491c Die **Adhäsionsentscheidung** muss zwar nicht in **Form und Inhalt** den Anforderungen eines Zivilurteils gemäß § 313 ZPO entsprechen, doch sollte es sich ruhig daran orientieren.[811]

---

807 Vgl. § 62 StGB.
808 Vgl. BGHR StGB § 70 I Umfang, zulässiger 2; BGH Urt. v. 8. 5. 2008 – 3 StR 122/08.
809 Für diesen gilt § 406 I 6 StPO.
810 Vgl. § 406 I 5 2. Hs. StPO; BGH NJW 1984, 2295 (2296); 1995, 188.
811 Zum Tenor vgl. → Rn. 96 a.

VI.

1. Tatbestand

Die Nebenklägerin begehrt im Adhäsionsverfahren wegen der abgeurteilten Taten vom Angeklagten Schmerzensgeld, vorgerichtliche Anwaltskosten und die Feststellung der materiellen und immateriellen Schadenersatzpflicht. Hinsichtlich der Einzelheiten ihres Vorbringens wird auf die Schriftsätze vom 24. 3. 2011 und vom 11. 4. 2011 verwiesen.

Die Nebenklägerin beantragt zuletzt:

1. Der Angeklagte wird verurteilt, an die Nebenklägerin ein angemessenes Schmerzensgeld, mindestens jedoch 10.000 EUR, nebst 5 % Zinsen p. a. über dem Basiszinssatz hieraus seit 8. 4. 2011, zu bezahlen.
2. Der Angeklagte wird verurteilt, an die Nebenklägerin 771,45 EUR, nebst 5 % Zinsen p. a. über dem Basiszinssatz hieraus seit 08. 4. 2011, zu bezahlen.
3. Es wird festgestellt, dass die Schmerzensgeldforderung auf einer vorsätzlich begangenen unerlaubten Handlung beruht.[812]
4. Es wird festgestellt, dass der Angeklagte verpflichtet ist, der Nebenklägerin sämtliche weiteren immateriellen Schäden, die nach Urteilserlass entstehen, und sämtliche weiteren materiellen Schäden zu erstatten, die durch die abgeurteilten Taten verursacht wurden, soweit die Ansprüche nicht auf Sozialversicherungsträger oder andere Dritte übergegangen sind oder übergehen.

Der Angeklagte beantragt, die Anträge abzuweisen.

Der Angeklagte bestreitet, Straftaten oder unerlaubte Handlungen zum Nachteil der Nebenklägerin begangen zu haben. Hinsichtlich des weiteren Vorbringens des Angeklagten wird auf die Schriftsätze vom 31. 3. 2011 und vom 17. 4. 2011 verwiesen.

2. Entscheidungsgründe

Die Adhäsionsanträge der Nebenklägerin sind gemäß §§ 403, 404 I StPO zulässig und in dem aus dem Tenor ersichtlichen Umfang auch begründet. Soweit die Nebenklägerin vorgerichtliche Anwaltskosten verlangt, hat die Kammer gemäß § 406 I 4 StPO von einer Entscheidung abgesehen.

a) Die Nebenklägerin kann gemäß §§ 823 I, II, 825, 253 II BGB, §§ 177 I, II Nr. 1, 53 StGB 10.000 EUR Schmerzensgeld vom Angeklagten verlangen, weil er die festgestellten Straftaten der Vergewaltigung in vier Fällen und der sexuellen Nötigungen in zwei Fällen begangen und die Nebenklägerin dadurch in ihrem allgemeinen Persönlichkeitsrecht und in ihrem Recht auf sexuelle Selbstbestimmung verletzt hat. Auf die Feststellungen zu den persönlichen Verhältnissen des Angeklagten und der Nebenklägerin, den Taten, der rechtlichen Würdigung und der Strafzumessung wird Bezug genommen.

Bei der Bemessung der Höhe des Schmerzensgeldes hat die Kammer sowohl die Ausgleichs- als auch die Genugtuungsfunktion berücksichtigt. Dabei wog zulasten des Angeklagten besonders schwer, dass er insgesamt sechs vorsätzliche erhebliche Straftaten, nämlich Verbrechen, zum Nachteil der Nebenklägerin begangen hat. Die Nebenklägerin trifft an den Taten keinerlei Mitverschulden. Sie wurde durch die Taten nicht nur in ihrem allgemeinen Persönlichkeitsrecht und in ihrem Recht auf sexuelle Selbstbestimmung verletzt, sondern erlitt darüber hinaus auch eine seelische Beeinträchtigung. Diese Umstände wurden bei der Strafzumessung nur deshalb nicht berücksichtigt, weil sie das Maß nicht übersteigen, das zum gewöhnlichen Erscheinungsbild einer Vergewaltigung oder sexuellen Nötigung gehört.

Unter Berücksichtigung aller Umstände erschien der Kammer ein Schmerzensgeld in Höhe von 10.000 EUR angemessen.

---

812 Im Hinblick auf § 850 f. II ZPO.

b) Der Feststellungsantrag zu Ziffer 3 ist zulässig, weil die Nebenklägerin im Hinblick auf die erweiterte Pfändbarkeit gemäß § 850 f II ZPO ein Feststellungsinteresse hat. Der Antrag ist auch begründet, vgl. oben a).

c) Der Feststellungsantrag zu Ziffer 4 ist ebenfalls zulässig, insbesondere hat die Nebenklägerin ein Feststellungsinteresse. Denn es ist offensichtlich, dass Straftaten, wie sie der Angeklagte verübt hat, jetzt noch nicht erkennbare Folgen ausgelöst haben können, die weitere materielle und immaterielle Schadenersatzansprüche nach sich ziehen und weitere materielle Schadenersatzansprüche bereits entstanden sind, deren Bezifferung noch nicht möglich ist. Der Antrag ist auch begründet, vgl. oben a).

d) Soweit die Nebenklägerin die Zahlung von 771,45 EUR vorgerichtlicher Anwaltskosten verlangt, hat die Kammer gemäß § 406 I 4 StPO von einer Entscheidung abgesehen. Der Antrag eignet sich auch unter Berücksichtigung der berechtigten Belange der Nebenklägerin nicht zur Erledigung im Strafverfahren. Denn eine Entscheidung über den Antrag hätte eine weitere Prüfung seiner Begründetheit erfordert, die eine Unterbrechung der Hauptverhandlung nötig gemacht hätte, wodurch eine nicht unerhebliche Verzögerung eingetreten wäre. Die Kammer konnte stattdessen aber auch insoweit die Schadenersatzpflicht des Angeklagten feststellen.

e) Prozesszinsen kann die Nebenklägerin wie beantragt gemäß §§ 291, 288 I 2 BGB, § 404 I, II StPO verlangen, da der Schmerzensgeldantrag in der Hauptverhandlung am 08. 4. 2011 gestellt wurde.

f) Die Entscheidung zur vorläufigen Vollstreckbarkeit folgt aus § 709 S. 1, 2 ZPO iVm § 406 III 2 StPO.

VII.

Die Kostenentscheidung beruht auf §§ 465 I, 472 I StPO. Die Kostenentscheidung im Adhäsionsverfahren folgt aus § 472 a I, II StPO. Soweit von einer Entscheidung über die beantragten vorgerichtlichen Rechtsanwaltskosten abgesehen wurde, hielt es die Kammer für angemessen, den Angeklagten auch insoweit mit den Kosten des Adhäsionsverfahrens und den dabei entstandenen besonderen notwendigen Auslagen der Nebenklägerin zu belasten, da es sich im Verhältnis um ein nur geringfügiges Unterliegen handelt.

15. Kapitel. Kosten und notwendige Auslagen

492 Gemäß § 464 I StPO muss das Urteil immer eine Kostenentscheidung enthalten. Unter **Kosten** versteht man gemäß § 464 a I StPO aber nur die bei Gericht entstandenen Kosten, nicht die **notwendigen Auslagen** des Angeklagten. Über diese ist gemäß § 464 II StPO zwar auch im Urteil zu befinden, aber nur, wenn sie – etwa im Falle eines Freispruchs[813] – der Staatskasse auferlegt werden sollen.[814] Die Kostenentscheidung muss regelmäßig nicht begründet werden, vielmehr genügt es die einschlägigen Paragrafen zu zitieren.[815] Daher ist auszuführen:

493 Bei vollumfänglicher Verurteilung:

Die Kostenentscheidung beruht auf §§ 464 I, 465 I StPO.

494 Bei vollumfänglicher Verurteilung mit zugelassener Nebenklage:

Die Kostenentscheidung folgt aus §§ 464 I, 465 I, 472 I StPO.

495 Bei Teilfreispruch oder Teileinstellung:

Die Kostenentscheidung beruht auf §§ 464 I, II, 465 I, 467 I StPO.

---

813 Gemäß § 467 I StPO.
814 Vgl. → Rn. 94; BGHSt 36, 27 (28 f.); *Meyer-Goßner* § 464 Rn. 10.
815 *Meyer-Goßner/Appl* Rn. 607.

Bei Freispruch oder Einstellung: 496

Die Kostenentscheidung folgt aus §§ 464 I, II, 467 I StPO.

Bei vollumfänglicher Verurteilung mehrerer: 497

Die Kostenentscheidung beruht auf §§ 464 I, 465 I, 466 StPO.

Bei unterschiedlichem Verfahrensausgang hinsichtlich zweier Angeklagter: 498

Die Kostenentscheidung folgt hinsichtlich des Angeklagten Meier aus §§ 464 I, 465 I, 466 StPO, hinsichtlich des Angeklagten Huber aus §§ 464 I, II, 465 I, 466, 467 I StPO.

Umfassender müssen die Ausführungen sein, wenn das Gericht von einer Kostenvorschrift 499 Gebrauch macht, deren Anwendung im **pflichtgemäßen Ermessen** steht oder die einer näheren sachlichen Begründung bedarf, insbesondere bei §§ 465 II, 467 II, III, 472 I 2, 472 a StPO:

Die Kostenentscheidung beruht auf §§ 464 I, II, 465 I, 467 I, III 2 Nr. 2 StPO. Dem Angeklagten waren die Kosten auch insoweit aufzuerlegen als das Verfahren gegen ihn eingestellt wurde. Denn es konnte erst durch die Beweisaufnahme in der Hauptverhandlung geklärt werden, dass die Tat bereits am 4. 6. 2002 beendet worden war und somit verjährt ist. Es erscheint daher unbillig die Staatskasse mit den notwendigen Auslagen des Angeklagten zu belasten.[816]

16. Kapitel. Entschädigung für Strafverfolgungsmaßnahmen

Soweit im Urteil gemäß § 8 I StrEG auf der Grundlage der §§ 1, 2, 4 StrEG eine Ent- 500 scheidung über die Entschädigung für Strafverfolgungsmaßnahmen getroffen wurde – wozu auch deren Ablehnung gemäß §§ 5, 6 StrEG gehört – ist diese zu begründen.

Die Entschädigung des Angeklagten für die vorläufige Festnahme und die Dauer der Unter- 501 suchungshaft war gemäß § 2 I, II Nr. 2 StrEG auszusprechen, da er freigesprochen wurde und weder Ausschluss- noch Versagungsgründe gemäß §§ 5, 6 StrEG vorliegen.

Umfassender ist der **Ausschluss der Entschädigung gemäß § 6** StrEG zu begründen, da es 502 sich dabei um eine Ermessensentscheidung handelt. Aber auch die Gründe der **Versagung gemäß § 5** StrEG – insbesondere im Falle des § 5 II StrEG – sind im gebotenen Umfang darzulegen.

Dem Angeklagten Hans Müller war gemäß § 5 II StrEG eine Entschädigung für die vorläufige 503 Festnahme am 6. 3. 2004 bis zu seiner Freilassung am 7. 3. 2004 zu versagen. Zwar wurde der Angeklagte freigesprochen, so dass eine Entschädigung gemäß § 2 II Nr. 2 StrEG dem Grunde nach in Betracht kam, doch hat er seine vorläufige Festnahme zumindest grob fahrlässig verursacht, da er wusste, dass die Angeklagten Huber und Meier eine Tankstelle überfallen wollten und der vom Angeklagten Huber gesteuerte PKW als Fluchtfahrzeug dienen sollte. Dennoch verblieb er im Fahrzeug als die beiden Mitangeklagten ausstiegen und den Überfall verübten. Dadurch nahm er in Kauf, dass er sich ebenfalls mit im Fahrzeug befand als beide anschließend unter Mitnahme der Beute die Flucht antraten. Der Angeklagte hat durch dieses Verhalten in erheblicher Weise schuldhaft dazu beigetragen, dass er der Beteiligung an dem Überfall als dringend verdächtig angesehen, zusammen mit den beiden anderen Angeklagten vorläufig festgenommen und bis zur Vorführung vor den Ermittlungsrichter arrestiert worden war. Ein verständiger Mensch[817] hätte spätestens zum Zeitpunkt als die Angeklagten Meier und Huber ausstiegen um den Überfall zu verüben, das Fahrzeug verlassen und wäre so der Strafverfolgungsmaßnahme entgangen.

---
816 Vgl. BGH NJW 1995, 1297 (1301); *Meyer-Goßner* § 467 Rn. 18.
817 Vgl. *Meyer-Goßner* StrEG § 5 Rn. 9.

504 Mit der Höhe der Entschädigung braucht und darf sich das Gericht nicht auseinandersetzen; dies ist vielmehr gemäß §§ 10 ff. StrEG dem Betragsverfahren vorbehalten. Daher muss eine Entschädigung dem Grunde nach auch zugesprochen werden, wenn offensichtlich gar kein Schaden entstanden ist.[818]

17. Kapitel. Unterschriften

505 Das vollständige schriftliche Urteil muss gemäß § 275 II 1 StPO **von allen mitwirkenden Berufsrichtern** unterschrieben werden. Dagegen bedarf es gemäß § 275 II 3 StPO der Unterschrift der Schöffen nicht. Ist ein Richter an der **Unterschriftsleistung verhindert**, etwa wegen Urlaubs oder Krankheit, ist dies von dem Vorsitzenden, bei dessen Verhinderung von dem ältesten Beisitzer zu vermerken. Dieser unterschreibt also nicht für den verhinderten Kollegen, sondern den Verhinderungsvermerk. Daneben muss er selbstverständlich noch seine eigene Unterschrift leisten; eine einzige Unterschrift für beide Vorgänge genügt nicht.[819] Es können auch zwei Richter verhindert sein, dann unterschreibt der verbleibende Richter das Urteil allein sowie einen Verhinderungsvermerk hinsichtlich seiner beiden Kollegen.[820] Das Fehlen einer Unterschrift oder des Verhinderungsvermerks des Richters eines Kollegialgerichts muss mit der Verfahrensrüge beanstandet werden.[821] Fehlen alle Unterschriften oder die des alleinig erkennenden Berufsrichters, steht dies dem völligen Fehlen der Urteilsgründe gleich, was einen – bereits auf die allgemeine Sachrüge hin zu beachtenden – absoluten Revisionsgrund gemäß § 338 Nr. 7 StPO darstellt.[822]

506

Schneider
Richter am Landgericht

Müller
Richter am Landgericht

Vorsitzende Richterin am Landgericht Huber ist wegen Urlaubs an der Unterzeichnung gehindert.

Schneider
Richter am Landgericht

---

818 Vgl. *Meyer-Goßner* StrEG § 8 Rn. 1.
819 BGH NStZ 1990, 229.
820 *Meyer-Goßner* § 275 Rn. 20.
821 BGH NJW 2001, 838.
822 OLG Frankfurt NStZ-RR 2010, 250.

3. Teil. Besondere Urteilsformen

18. Kapitel. Urteile nach Jugendstrafrecht

Strafurteile gegen Jugendliche sowie gegen Heranwachsende, auf die gemäß § 105 I JGG Jugendstrafrecht angewandt wurde, unterscheiden sich nicht grundsätzlich von den Strafurteilen gegen Erwachsene.[1] Vielmehr gelten sowohl in materieller als auch prozessualer Hinsicht gemäß § 2 JGG die allgemeinen Vorschriften, soweit im Jugendgerichtsgesetz nichts anderes bestimmt ist. So ist gemäß § 48 I JGG die Hauptverhandlung gegen Jugendliche einschließlich der Urteilsverkündung abweichend von §§ 169, 173 GVG immer **nichtöffentlich**; etwas anderes gilt gemäß § 48 III JGG nur, falls zugleich auch gegen Heranwachsende oder Erwachsene verhandelt wird. Bei der Abfassung der schriftlichen Urteilsgründe sind bei den genannten Urteilsteilen folgende Besonderheiten zu beachten: 507

A. Rubrum

Zusätzlich zu den stets notwendigen Personalien[2] sind beim Jugendlichen auch die Namen und Adressen der **gesetzlichen Vertreter** anzuführen. Etwas anderes gilt nur, wenn der angeklagte Jugendliche zum Urteilszeitpunkt bereits volljährig war. 508

B. Urteilsformel

Während sich beim Schuldspruch keine Besonderheiten ergeben, muss beim Rechtsfolgenausspruch entsprechend der gewählten Sanktion formuliert werden. Dabei soll nach verbreiteter Ansicht das Wort »verurteilt« vermieden werden, um den Jugendlichen oder Heranwachsenden möglichst weitgehend zu schonen.[3] 509

> 1. Der Angeklagte ist schuldig der schweren räuberischen Erpressung.
> 2. Gegen ihn wird deshalb eine Jugendstrafe von 2 Jahren 6 Monaten verhängt.[4]

510

Ebenso wird beim Jugendarrest,[5] der – wie alle anderen in § 13 II JGG aufgezählten Zuchtmittel – keine Strafe im Rechtssinne darstellt (§ 13 III JGG), der Ausdruck »verhängt« verwendet. 511

> 1. Der Angeklagte ist schuldig des Diebstahls in Tateinheit mit Hausfriedensbruch.
> 2. Gegen ihn werden deshalb 2 Freizeiten Jugendarrest verhängt.

512

Bei dem Zuchtmittel der Verwarnung gemäß § 14 JGG heißt es schlicht: 513

> 2. Er wird deshalb verwarnt.

Die übrigen Zuchtmittel gemäß § 15 JGG werden **auferlegt**. Demgegenüber wird der Angeklagte zu Erziehungsmaßregeln – die ebenfalls keine Strafe im Rechtssinne sind – gemäß § 10 JGG **angewiesen** und die Hilfe zur Erziehung gemäß § 12 JGG angeordnet. Insbesondere bei der Anordnung von Arbeitsleistungen ist die Wortwahl genau zu beachten, da nur so erkennbar ist, ob sie als Erziehungsmaßregel der Weisung gemäß § 10 I Nr. 4 JGG oder als Zuchtmittel der Auflage gemäß § 15 I Nr. 3 JGG ausgesprochen wurde. 514

---

1 Vgl. aber die gegenüber § 267 III 1 StPO erweiterte Begründungspflicht gemäß § 54 I JGG.
2 Vgl. → Rn. 32, 35.
3 *Eisenberg* § 54 Rn. 12; *Meyer-Goßner/Appl* Rn. 723, 730; dies erscheint bei Jugendstrafe nicht zwingend, zumal schwer einzusehen ist, dass der Jugendliche durch die bloße Wortwahl belastet wird.
4 Vgl. Wortlaut des § 17 II JGG.
5 Vgl. § 16 JGG.

515
1. Der Angeklagte ist schuldig des Diebstahls und der vorsätzlichen Körperverletzung.
2. Er wird deswegen angewiesen,
   a) 50 Stunden gemeinnützige Arbeit im Pflegeheim St. Anna in 93047 Regensburg, Albrechtsgasse 5,[6] zu erbringen,
   b) sich um eine Ausbildungs- oder Arbeitsstelle zu bemühen und diese im Erfolgsfall anzutreten, wobei er die Bemühungen dem Gericht spätestens zum Ende eines jeden Monats nachzuweisen hat und
   c) an einem sozialen Trainingskurs des Jugendwerk Regensburg e. V. teilzunehmen.
3. Ihm wird deshalb auferlegt, einen Geldbetrag in Höhe von 200 EUR an das Bayerische Rote Kreuz[7] in Regensburg zu bezahlen.

516 Wird gemäß § 31 II JGG ein früheres Urteil einbezogen,[8] ist zu tenorieren:

1. Der Angeklagte ist schuldig des Diebstahls.
2. Gegen ihn wird deswegen unter Einbeziehung des Urteils des Amtsgerichts Regensburg vom 12. 8. 2003 (Az. 12 Ls 45 Js 6783/03 jug) eine Jugendstrafe von 1 Jahr 3 Monaten verhängt.

C. Persönliche Verhältnisse

517 Die Darstellung der persönlichen Verhältnisse unterscheidet sich grundsätzlich nicht von der bei einem erwachsenen Angeklagten. Doch sollte sie immer – auch in einfach gelagerten Fällen – die familiäre, schulische und berufliche Entwicklung des Jugendlichen oder Heranwachsenden enthalten, um eine ausreichende Beurteilungsgrundlage für die gewählten Rechtsfolgen zu schaffen, die maßgeblich an der erzieherischen Notwendigkeit auszurichten sind.[9] In der Regel bietet der zu erholende **Bericht der Jugendgerichtshilfe** einen guten Einblick in die Entwicklung und Lebenssituation des Angeklagten und kann den persönlichen Verhältnissen zu Grunde gelegt werden. Eine teilweise wörtliche Übernahme des Berichts ist oftmals möglich und nicht unzulässig, falls klargestellt wird, dass es sich dabei um die Feststellungen des Gerichts handelt.

518 Bei den Vorstrafen müssen nicht nur die Feststellungen zur Tat, sondern auch die Erwägungen der Strafzumessung mitgeteilt werden, falls die Urteile gemäß **§ 31 II JGG** einbezogen wurden.[10]

D. Sachverhaltsschilderung

519 Grundsätzlich bestehen keine Besonderheiten bei der Sachverhaltsschilderung. Beim Jugendlichen – nicht beim Heranwachsenden – ist jedoch immer dessen strafrechtliche **Verantwortlichkeit gemäß § 3 JGG** festzustellen, ohne die kein Schuldspruch ergehen kann.

520 Der Angeklagte besaß zu den Tatzeitpunkten hinsichtlich aller Delikte die altersgemäße Reife einzusehen, dass er Unrecht tat und wäre aufgrund dessen fähig gewesen sich normgerecht zu verhalten.[11]

---

6 Das Urteil ist unvollständig, wenn es keine Bestimmung darüber trifft, wo der Jugendliche die Arbeitsstunden abzuleisten hat. Die genaue Bezeichnung der Arbeitsstelle bereits zum Zeitpunkt der Verkündung des Urteils stößt aber in der Praxis oft auf Schwierigkeiten. Es ist daher üblich dies dem zuständigen Jugendamt zu überlassen: »Er wird deshalb angewiesen, 50 Stunden gemeinnützige Arbeit nach näherer Weisung des Stadtjugendamts Regensburg zu erbringen.« Auch wenn diese Tenorierung im Hinblick auf die dadurch notwendige Ausfüllung des Urteils durch Dritte nicht ganz unproblematisch ist, gilt die notwendige Bestimmtheit noch als gewahrt, vgl. *Eisenberg* § 10 Rn. 21 und BVerfGE 74, 102 ff.

7 Die Geldauflage muss einer gemeinnützigen Einrichtung zu Gute kommen. Eine Auflage zugunsten der Staatskasse ist unzulässig.

8 Dazu → Rn. 526.

9 Vgl. auch § 54 I JGG.

10 Vgl. → Rn. 526.

11 Dies schließt nicht aus, dass die Unrechts- oder Steuerungsfähigkeit des Angeklagten im Sinne des § 21 StGB erheblich vermindert war, vgl. BGHSt 5, 366 (367).

E. Rechtliche Würdigung

Auch hier gibt es keine Besonderheiten bis auf den Umstand, dass beim Jugendlichen – nicht beim Heranwachsenden – dessen **strafrechtliche Verantwortlichkeit gemäß § 3 JGG** zu erörtern ist. 521

> Der Angeklagte war zu den Tatzeitpunkten 17 Jahre alt und damit Jugendlicher im Sinne des § 1 II JGG. Seine strafrechtliche Verantwortlichkeit im Sinne des § 3 Satz 1 JGG ist gegeben, weil er zu den Tatzeitpunkten hinsichtlich aller Delikte die altersgemäße Reife besaß einzusehen, dass er Unrecht tat und aufgrund dessen fähig gewesen wäre sich normgerecht zu verhalten. 522

F. Strafzumessung

Die Strafzumessung ist der Teil der schriftlichen Urteilsgründe, der die meisten Besonderheiten im Vergleich zu den Urteilen gegen Erwachsene aufweist. Bereits der Ausdruck »Strafzumessung« ist nicht ganz unproblematisch, da es sich – wie § 13 III JGG zeigt – nur bei der Jugendstrafe um eine Strafe im Rechtssinne handelt. Hinzu kommt, dass bei allen **Sanktionsmöglichkeiten**, die das Jugendstrafrecht bietet, nicht das Schuldprinzip im Vordergrund steht, sondern der Erziehungsgedanke, vgl. § 18 II JGG. Es ist diejenige Sanktion auszusprechen, die am besten geeignet ist auf den Jugendlichen oder Heranwachsenden (auf den Jugendstrafrecht angewendet wird) erzieherisch positiv Einfluss zu nehmen. Das Verbot der Doppelverwertung gemäß § 46 III StGB gilt im Jugendstrafrecht nicht.[12] 523

Die Strafrahmen der allgemeinen Vorschriften gelten – auch bei der Jugendstrafe – nicht, § 18 I 3 JGG. Die **Jugendstrafe** beträgt bei einem Jugendlichen gemäß § 18 I 1, 2 JGG mindestens 6 Monate und höchstens 5 bzw. 10 Jahre; bei einem Heranwachsenden gemäß § 105 III JGG – was gerne übersehen wird – immer 10 Jahre. Die Jugendstrafe kann selbstverständlich unter den Voraussetzungen des § 21 JGG auch zur Bewährung ausgesetzt werden. Darüber hinaus gibt es gemäß § 27 JGG die Möglichkeit bereits die Verhängung der Jugendstrafe zur Bewährung auszusetzen. 524

Eine wesentliche Besonderheit gegenüber dem Erwachsenenstrafrecht besteht in dem Grundsatz der **einheitlichen Rechtsfolgenbestimmung**. Gemäß **§ 31 I JGG** sind die Rechtsfolgen einheitlich festzusetzen, was bedeutet, dass es für mehrere in Tatmehrheit gemäß § 53 StGB begangene Taten nur **eine** einheitliche Sanktion gibt. Das berührt jedoch nicht die Möglichkeit gemäß § 8 I JGG mehrere Erziehungsmaßregeln und mehrere Zuchtmittel nebeneinander anzuordnen. Denn auch dabei wird einheitlich auf alle begangenen Straftaten reagiert, ohne dass einer Straftat eine bestimmte Rechtsfolge zugeordnet würde. Neben Jugendstrafe ist gemäß § 8 II JGG aber kein Arrest möglich. Eine Gesamtjugendstrafe gibt es nicht, stattdessen wird oft der Begriff »Einheitsjugendstrafe« verwendet, was jedoch mangels entsprechender Formulierung im Gesetz nicht im Tenor erfolgen sollte. 525

Das Prinzip der einheitlichen Sanktion gilt jedoch nicht nur innerhalb eines Verfahrens. Vielmehr bestimmt § 31 II JGG, dass unter **Einbeziehung bereits rechtskräftiger Urteile**,[13] sofern deren Rechtsfolgen noch nicht vollständig ausgeführt, verbüßt oder erledigt sind, auf eine neue einheitliche Sanktion zu erkennen ist. Mit der Einbeziehung eines Urteils entfallen alle mit dieser Entscheidung verhängten Rechtsfolgen. Über sie ist neu und unter Berücksichtigung des verfahrensgegenständlichen Sachverhalts zu befinden. Daraus folgt zwangsläufig, dass nicht nur der Sachverhalt, sondern auch die Strafzumessungsgründe aus den 526

---

12 BGH Urt. v. 24. 4. 2007 – 1 StR 147/07; BGH Urt. v. 16. 4. 2007 – 5 StR 335/06; BGH NStZ-RR 1997, 21 (22).
13 Einzubeziehen ist das gesamte Urteil, nicht nur – wie bei der nachträglichen Gesamtstrafenbildung gemäß § 55 StGB – die Strafe aus dem Urteil. Dies ist auch bei der Formulierung des Tenors zu beachten, vgl. → Rn. 516.

einbezogenen Urteilen in den Gründen mitgeteilt werden müssen.[14] Liegen die Voraussetzungen der Einbeziehung gemäß § 31 II JGG vor, kann hiervon ausnahmsweise gemäß § 31 III JGG abgesehen werden.

I. Verhängung von Jugendstrafe

527 Die Verhängung von Jugendstrafe kommt gemäß § 17 II JGG nur in Betracht, wenn beim Angeklagten **schädliche Neigungen** vorliegen oder die Schwere der Schuld dies erfordert. Schädliche Neigungen sind solche Mängel, die ohne längere Gesamterziehung die Gefahr weiterer Straftaten bergen und die in der Regel schon vor der Tat – wenn auch verborgen – angelegt waren.[15] Die schädlichen Neigungen müssen auch noch zum Urteilszeitpunkt bestehen.[16] Dies erfordert eine umfassende Erörterung der Tat und der Persönlichkeit des Angeklagten, insbesondere auch seiner Entwicklung einschließlich seines strafrechtlichen Vorlebens. Dabei müssen auch gegenläufige Umstände, die Zweifel an der Fortdauer der schädlichen Neigungen begründen könnten, erörtert werden.[17] Daher sind bereits bei der Entscheidung über die Verhängung von Jugendstrafe alle für und gegen den Angeklagten sprechenden Umstände heranzuziehen. Die Verhängung von Jugendstrafe wegen der **Schwere der Schuld** spielt in der Praxis dagegen keine so große Rolle. Denn als alleiniger Grund für die Verhängung von Jugendstrafe kommt sie allenfalls bei schweren Verbrechen in Betracht.[18] Doch müssen selbst dann – zumindest bei der Höhe der Strafe – die erzieherische Notwendigkeit und die erzieherische Auswirkung auf den Angeklagten bedacht und erörtert werden.[19] Denn auch bei der Beurteilung der Schwere der Schuld kommt dem äußeren Unrechtsgehalt keine selbständige Bedeutung zu. Entscheidend ist vielmehr die innere Tatseite, d. h. inwieweit sich die charakterliche Haltung und die Persönlichkeit sowie die Tatmotivation des Angeklagten in vorwerfbarer Schuld niedergeschlagen haben. Der äußere Unrechtsgehalt der Tat ist aber insofern von Belang, als aus ihm Schlüsse auf die Persönlichkeit des Täters und die Höhe der Schuld gezogen werden können.[20] Denn die Schwere der Schuld ist nicht abstrakt zu erfassen, sondern jeweils nur in Beziehung zu einer bestimmten Tat.[21] Zumeist stehen aber ohnehin der Erziehungsgedanke und der Schuldausgleich miteinander in Einklang, namentlich wenn die charakterliche Haltung und das Persönlichkeitsbild, wie sie in der Tat zum Ausdruck gekommen sind, nicht nur für das Erziehungsbedürfnis, sondern auch für die Bewertung der Schuld von Bedeutung sind.[22]

528 1. Zur Einwirkung auf den Angeklagten kam nur noch die Verhängung von Jugendstrafe in Betracht. Denn beim Angeklagten lagen zu den Tatzeitpunkten schädliche Neigungen im Sinne des § 17 II JGG vor, die immer noch vorhanden sind.[23] Die letzten beiden Vorverurteilungen betrafen jeweils einschlägige Straftaten, die der Angeklagte am 12. 12. 2004 und am 6. 1. 2006 begangen hat. Die deswegen verhängten Rechtsfolgen – Arbeitsauflage und Freizeitarrest – haben den Angeklagten nicht davon abgehalten erneut eine vorsätzliche Körperverletzung zu begehen. Die hohe Rückfallgeschwindigkeit geht einher mit einer Intensivierung der Rechtsgutsverletzung. Aus diesen Umständen folgert das Gericht die Neigung des Angeklagten die körperliche Integrität anderer gering zu achten und Gewalt ohne große Bedenken zur Verwirklichung eigener Vorstellungen einzusetzen. Diese charakterlichen Mängel begründen die Gefahr der Begehung weiterer Straftaten aus demselben Deliktsbereich, der nur durch eine längere Gesamterziehung begegnet werden kann. Hierzu ist die Verhängung einer Jugendstrafe unerlässlich; mildere Maßnahmen sind zur erzieherischen Einwirkung auf den Angeklagten nicht mehr ausreichend.

2. Die Jugendstrafe ist einheitlich gemäß § 31 I JGG für alle unter II. festgestellten Taten und gemäß § 31 II JGG für die den einbezogenen Urteilen zu Grunde liegenden Taten festzusetzen, da

---

14 → Rn. 518.
15 BGH NStZ-RR 2010, 387; NStZ 2010, 280 (281); 281.
16 BGH NStZ-RR 2010, 387; NStZ 2010, 280 (281); 281.
17 BGH NStZ-RR 2010, 387.
18 Vgl. dazu *Eisenberg* § 17 Rn. 34; OLG Hamm NStZ 2005, 645.
19 BGH NStZ-RR 2008, 258; 2011, 305.
20 BGH NStZ 2010, 281.
21 BGH NStZ 2009, 450.
22 BGH NStZ-RR 2010, 290.
23 Vgl. *Eisenberg* § 17 Rn. 23.

die dort verhängten Rechtsfolgen noch nicht erledigt sind und kein Anlass besteht von der Einbeziehung gemäß § 31 III JGG abzusehen.

Bei der Bemessung der Höhe der Einheitsjugendstrafe war der Strafrahmen des § 18 I 1 JGG zugrunde zu legen, der von 6 Monaten bis zu 5 Jahren reicht. Straferhöhend wirkte sich aus, dass der Angeklagte mehrere Straftaten aus verschiedenen Deliktsbereichen begangen hat.

Hinsichtlich der Tat vom 3. 7. 2006[24] war zulasten des Angeklagten insbesondere zu berücksichtigen, dass er zweimal einschlägig vorbestraft ist und die Verletzungen des Anton Meier erheblich waren. Die vom Angeklagten ausgeteilten Schläge an den Kopf seines Opfers bargen darüber hinaus die abstrakte Gefahr noch erheblich schwerwiegenderer Verletzungen. Zugunsten des Angeklagten wirkte sich hingegen insbesondere sein umfassendes von Reue und Schuldeinsicht getragenes Geständnis aus. Auch konnte strafmildernd berücksichtigt werden, dass er sich wegen dieser Tat seit etwa 4 Monaten in Untersuchungshaft befindet und ihn der Freiheitsentzug nachhaltig beeindruckt hat.

Bei der Tat vom 6. 1. 2006[25] fiel zulasten des Angeklagten seine einschlägige Vorstrafe ins Gewicht. Zugunsten des Angeklagten sprach aber wiederum, dass er vollumfänglich geständig war.

Hinsichtlich der Tat vom 12. 12. 2004[26] waren die erheblichen Verletzungsfolgen strafschärfend zu berücksichtigen, strafmildernd konnte das Geständnis des Angeklagten herangezogen werden. Unter Abwägung aller für und gegen den Angeklagten sprechenden Umstände erschien dem Gericht daher eine Jugendstrafe von 1 Jahr 6 Monaten notwendig aber auch ausreichend, um auf ihn erzieherisch einzuwirken.

3. Die Vollstreckung der Jugendstrafe konnte nicht gemäß § 21 I, II JGG zur Bewährung ausgesetzt werden. Denn es ist nicht zu erwarten, dass sich der Angeklagte allein die Verurteilung zur Warnung dienen lassen und auch ohne den Vollzug der Jugendstrafe künftig ein straffreies Leben führen wird. Die Sozialprognose für den Angeklagten ist ungünstig. Er ist ohne Ausbildung und Arbeit. Tragfähige soziale Bindungen besitzt er nicht mehr: Den Kontakt zu den Eltern hat er abgebrochen; seine langjährige Freundin hat sich im März 2006 von ihm getrennt. Seine Freizeit verbringt der Angeklagte in Diskotheken und Gaststätten, wo er vermehrt dem Alkohol zuspricht; im Übrigen schaut er Fernsehen oder vertreibt sich die Zeit mit Computerspielen. Eine Arbeitsstelle hat er nicht in Aussicht. Ernsthafte Bemühungen eine Arbeits- oder Ausbildungsstelle zu bekommen hat der Angeklagte nicht unternommen.

Nach Überzeugung des Gerichts ist für die Entwicklung des Angeklagten die Vollstreckung der Jugendstrafe auch geboten, § 21 II JGG. Nur durch den äußeren Druck des Freiheitsentzugs in einer Jugendstrafanstalt, der den Angeklagten zu einem regelmäßigen Tagesablauf und einem sozialverträglichen Verhalten zwingt, kann zusammen mit begleitenden sozialpädagogischen Maßnahmen langfristig eine Änderung der Lebensgewohnheiten des Angeklagten und eine charakterliche Nachreifung seiner Persönlichkeit bewirkt werden.

1. Zur Einwirkung auf den Angeklagten kam nur noch die Verhängung von Jugendstrafe in Betracht. Zwar lagen beim Angeklagten weder zum Tatzeitpunkt schädliche Neigungen vor noch konnten sie zum Zeitpunkt der Hauptverhandlung festgestellt werden. Denn der Angeklagte ist weder vorbestraft noch kann aufgrund seiner bisherigen Entwicklung und seines Lebenslaufs mit der erforderlichen Sicherheit davon ausgegangen werden, dass er neue Straftaten begehen wird. Doch erfordert die Schwere der Schuld gemäß § 17 II JGG die Verhängung einer Jugendstrafe.

528a

Der Angeklagte hat eine schwere Straftat begangen, durch die ein Mensch ums Leben gekommen ist.[27] Damit hat er die schwerste aller denkbaren Tatfolgen durch ein ihm vorwerfbares schuldhaftes Verhalten herbeigeführt. Der Angeklagte handelte dabei zwar nicht mit Tötungs-, doch mit direktem Körperverletzungsvorsatz. Er hat mit einer Zaunlatte gezielt so heftig gegen den Kopf des Markus Haller geschlagen, dass dieser eine Platzwunde über seinem linken Ohr mit Einblutung erlitt, kurzzeitig bewusstlos wurde und ungebremst auf die Bordsteinkante stürzte, wodurch er sich die tödliche Herzquetschung zuzog. Damit hat der Angeklagte nicht nur eine

---

24 Das ist die hier verfahrensgegenständliche.
25 Aus dem einbezogenen Urteil.
26 Aus dem weiteren einbezogenen Urteil.
27 Das Verbot der Doppelverwertung gilt im Jugendstrafrecht nicht, BGH NStZ-RR 1997, 21 (22).

vorsätzliche Körperverletzung begangen, sondern zwei Tatvarianten der gefährlichen Körperverletzung erfüllt, da er mit einem gefährlichen Werkzeug eine das Leben gefährdende Handlung beging. Diese Tatumstände erhöhen die persönliche Schuld des Angeklagten erheblich und begründen im Wesentlichen deren Schwere im Sinn des § 17 II JGG.

Die Verhängung einer Jugendstrafe war auch erzieherisch geboten. Denn trotz der gegenwärtigen geistigen und sittlichen Reife des Angeklagten und der seit der Tat vergangenen Zeit erachtet es die Kammer als erzieherisch notwendig, dass der Angeklagte in Anbetracht seines schweren Versagens eine weitere Nachreifung erfährt, die es ihm künftig ermöglicht, auch in konfliktgeladenen Situationen besonnen zu reagieren und sich normgemäß zu verhalten.

II. Verhängung von Zuchtmitteln

529 Bei der Verhängung von **Zuchtmitteln gemäß § 13 JGG** muss in den Urteilsgründen dargetan werden, weshalb Erziehungsmaßregeln nicht mehr ausreichend sind.[28] Ebenso muss ggf. begründet werden, weshalb kein milderes Zuchtmittel als der Jugendarrest in Betracht kam.

530 Die Verhängung von Jugendstrafe war nicht erforderlich. Zwar hat sich der Angeklagte einer erheblichen Körperverletzung schuldig gemacht, doch konnte das Gericht bei ihm noch keine schädlichen Neigungen gemäß § 17 II JGG feststellen. Denn der Angeklagte ist erstmals strafrechtlich in Erscheinung getreten und betreibt seine Ausbildung zum Maschinenschlosser zielstrebig und beanstandungsfrei. Auch eine »Schwere der Schuld« im Sinne des § 17 II JGG liegt nicht vor, weil die Tat noch nicht im oberen Bereich der Gewaltdelikte anzusiedeln ist und aus ihr auch nicht auf eine besondere charakterliche Verwerflichkeit des Angeklagten geschlossen werden kann.

Erzieherisch ausreichend, aber auch notwendig erschien dem Gericht die Verhängung zweier Freizeitarreste. Demgegenüber waren mildere Zuchtmittel oder Erziehungsmaßregeln nicht mehr geeignet auf den Angeklagten im gebotenen Umfang erzieherisch einzuwirken. Denn die Verletzungen, die der Angeklagte dem Geschädigten Meier zufügte, waren erheblich. Der Verlust eines Schneidezahns, der durch ein Implantat ersetzt werden musste, ist nicht mehr rückgängig zu machen. Dabei fiel auch zulasten des Angeklagten ins Gewicht, dass er dem Geschädigten mehrere Faustschläge an den Kopf versetzt hatte. Zugunsten des Angeklagten hat das Gericht berücksichtigt, dass er nicht vorbestraft ist, kurz vor der Tat selbst nicht ganz unerheblich verletzt wurde und dem Geschädigten bereits 900 EUR Schmerzensgeld bezahlt hat.

III. Anwendung von Jugendstrafrecht auf Heranwachsende

531 Bei einem **heranwachsenden Angeklagten** ist zu Beginn der Strafzumessung abzuhandeln, ob Jugendstrafrecht Anwendung findet. Dies ist anhand von **§ 105 I JGG** zu prüfen. Demnach findet Jugendstrafrecht Anwendung, wenn der Heranwachsende einem Jugendlichen zur Tatzeit noch gleichstand oder es sich um eine jugendtümliche Tat handelte. Für die Gleichstellung eines Heranwachsenden mit einem Jugendlichen ist maßgebend, ob in dem Angeklagten noch in größerem Umfang Entwicklungskräfte wirksam sind.[29]

1. Beispiel für Anwendung von Jugendstrafrecht

532 1. Der Angeklagte war zum Tatzeitpunkt 19 Jahre alt und somit Heranwachsender gemäß § 1 II JGG. Nach Überzeugung des Gerichts war auf ihn gemäß § 105 I Nr. 1 JGG Jugendstrafrecht anzuwenden, da die Gesamtwürdigung seiner Person ergab, dass er einem Jugendlichen noch gleichsteht. Aufgrund des persönlichen Eindrucks, den das Gericht in der Hauptverhandlung von dem Angeklagten gewonnen hat, und dem Bericht der Jugendgerichtshilfe lässt seine bisherige Entwicklung auf Reifeverzögerung schließen, die jedoch behebbar sind.[30] Das Heranwachsen des Angeklagten verlief nicht ohne Schwierigkeiten und Brüche. Seine Eltern trennten sich als der Angeklagte 7 Jahre alt war. Später wohnte er zunächst bei der Mutter, mit der er zweimal umzog, was jedes Mal mit einem Schulwechsel verbunden war. Mit 15 Jahren wurde er für die Dauer von

---

28 Vgl. § 5 II JGG; *Eisenberg* § 13 Rn. 11.
29 BGH NStZ 2011, 218.
30 Vgl. BGHSt 22, 41; *Eisenberg* § 105 Rn. 27 a.

8 Monaten in einem Heim untergebracht. Der Angeklagte hat zwei Ausbildungen abgebrochen und arbeitet derzeit als ungelernte Kraft in einer Gärtnerei.

2. Beispiel für die Anwendung von allgemeinem Strafrecht

1. Der Angeklagte war zum Tatzeitpunkt 20 Jahre alt und somit Heranwachsender gemäß § 1 II JGG. Nach Überzeugung des Gerichts war jedoch Jugendstrafrecht nicht anzuwenden. Denn die Gesamtwürdigung der Persönlichkeit des Angeklagten ergibt nicht, dass er zu den Tatzeitpunkten noch einem Jugendlichen gleichstand, § 105 1 Nr. 1 JGG. Nach dem persönlichen Eindruck des Gerichts sowie nach dem nachvollziehbaren Bericht der Jugendgerichtshilfe liegen beim Angeklagten keine Reifeverzögerungen vor. Allein die Tatsache, dass er noch zu Hause bei seinen Eltern wohnt, kann nicht zur Annahme von Reifeverzögerungen führen, weil dies für junge unverheiratete Männer in diesem Alter nicht ungewöhnlich ist. Auch dass er einen Teil seines Einkommens seinen Eltern überlässt, ist kein Ausdruck einer Reifeverzögerung, sondern als Beitrag zur gemeinsamen Haushaltsführung durchaus üblich. Gegen die Annahme, dass der Angeklagte noch einem Jugendlichen gleichsteht, spricht auch, dass er zum Zeitpunkt der Tat bereits 20 Jahre 8 Monate alt war und somit kurz vor dem Eintritt ins Erwachsenenalter stand.

Die Tat erscheint nach Art, Umständen und Beweggründen auch nicht als jugendtypische Verfehlung, § 105 1 Nr. 2 JGG. Vielmehr handelt es sich bei dem Diebstahl von Kreditkarten um eine kriminelle Verhaltensweise, die in allen Altersschichten anzutreffen ist.

533

G. Kosten und notwendige Auslagen

§ 74 JGG, der über § 109 II 1 JGG auch für Heranwachsende gilt, ermöglicht es dem Gericht nach pflichtgemäßem Ermessen davon abzusehen, dem verurteilten Angeklagten Kosten und Auslagen aufzuerlegen. Mit »Auslagen« sind aber nicht die dem Angeklagten entstandenen notwendigen Auslagen gemeint,[31] sondern die Auslagen der Staatskasse, die gemäß § 464 a I 1 StPO zusammen mit den Gebühren die Kosten des Verfahrens bilden.

534

Die Kostenentscheidung beruht auf § 74 JGG. Es erschien erzieherisch sinnvoll den Angeklagten von Gerichtskosten freizustellen, da er kein Einkommen erzielt und eine zusätzliche finanzielle Belastung seine erfolgreiche Resozialisierung erschweren könnte.

535

Die Kostenentscheidung beruht auf §§ 464 I, 465 I StPO. Von der Möglichkeit des § 74 JGG hat das Gericht aus erzieherischen Gründen keinen Gebrauch gemacht, zumal der Angeklagte über ein regelmäßiges Einkommen verfügt.

536

19. Kapitel. Urteile im Strafbefehlsverfahren

Nach **form- und fristgerechtem Einspruch** gegen einen Strafbefehl wird das Verfahren ohne Bindung an die im Strafbefehl festgesetzten Rechtsfolgen durchgeführt, insbesondere gilt das Verbot der Schlechterstellung nicht; lediglich § 407 II StPO ist zu beachten. Auch gibt es gemäß §§ 411 II 2, 420 StPO gewisse Verfahrensvereinfachungen. Für das Strafurteil ergeben sich aber grundsätzlich keine Besonderheiten; Tenor und Urteilsgründe sind genauso abzufassen wie wenn dem Verfahren eine Anklageschrift zu Grunde läge. Davon gibt es nur folgende Ausnahmen:

537

A. Urteil gegen den ausgebliebenen Angeklagten

Ist nach zulässigem Einspruch weder der Angeklagte noch ein Verteidiger erschienen, kann das Gericht den **Einspruch gemäß §§ 412, 329 I StPO verwerfen**. Die schriftlichen Urteilsgründe müssen sich dann nur mit den Voraussetzungen dieser Vorschriften befassen. Eine

538

---

31 BGHSt 36, 27 = NStZ 1989, 239; BGH NStZ-RR 2006, 224; streitig, zum Meinungsstand vgl. *Eisenberg* § 74 Rn. 15.

Kostenentscheidung ist nicht veranlasst.[32] Wird das Urteil einschließlich Gründen in das Sitzungsprotokoll aufgenommen und von allen notwendigen Personen unterzeichnet, bedarf es keiner eigenen Urteilsurkunde mehr.

539

Im Namen des Volkes

Urteil

Der Einspruch des Angeklagten vom 3. 4. 2006 gegen den Strafbefehl des Amtsgerichts Landshut vom 27. 3. 2006 wird verworfen.

Gründe:

Der Angeklagte hat gegen den im Tenor genannten Strafbefehl form- und fristgerecht Einspruch eingelegt. Die Ladung zur heutigen Hauptverhandlung, die eine Belehrung über die Folgen eines nicht entschuldigten Ausbleibens enthielt, wurde dem Angeklagten ausweislich der verlesenen Postzustellungsurkunde am 2. 5. 2006 durch Einlegen in den Briefkasten[33] ordnungsgemäß zugestellt. Der Angeklagte ist ohne Entschuldigung ausgeblieben und auch nicht durch einen Verteidiger vertreten worden. Der Einspruch war demnach gemäß §§ 412, 329 I StPO zu verwerfen.

B. Urteil nach Teilrechtskraft

540 Hat der Angeklagte seinen Einspruch beschränkt, erwächst der Strafbefehl teilweise in Rechtskraft. Dem ist sowohl bei der **Tenorierung** als auch bei der Abfassung der schriftlichen Urteilsgründe Rechnung zu tragen. Am häufigsten ist die Beschränkung des Einspruchs auf den Rechtsfolgenausspruch:

541
1. Der Angeklagte wird wegen der im Strafbefehl des Amtsgerichts Regensburg vom 23. 5. 2006 bezeichneten fahrlässigen Trunkenheit im Verkehr zu einer Geldstrafe von 45 Tagessätzen zu je 30 EUR verurteilt.
2. Dem Angeklagten wird die Fahrerlaubnis entzogen. Sein Führerschein wird eingezogen. Vor Ablauf von 8 Monaten darf ihm die Verwaltungsbehörde keine neue Fahrerlaubnis erteilen.
3. Der Angeklagte trägt die Kosten des Verfahrens.

Gründe:

I.

Der Angeklagte wurde mit Strafbefehl des Amtsgerichts Regensburg vom 23. 5. 2006 der fahrlässigen Trunkenheit im Verkehr gemäß § 316 I, II StGB schuldig gesprochen. Gegen diesen Strafbefehl hat er form- und fristgerecht Einspruch eingelegt und diesen im Hauptverhandlungstermin wirksam auf den Rechtsfolgenausspruch beschränkt.[34] Infolgedessen ist der Schuldspruch in Rechtskraft erwachsen. Diesem lag folgender Sachverhalt zu Grunde:[35]

»Nachdem Sie am Abend des 2. 4. 2006 bis etwa 00.30 des 3. 4. 2006 in der Gaststätte »Zum goldenen Ochsen« in 93047 Regensburg, Rosenstraße 45, so viel Alkohol zu sich genommen hatten, dass Sie nicht mehr in der Lage waren sicher Auto zu fahren, machten Sie sich – wie Sie

---

32 *Meyer-Goßner* § 412 Rn. 8.
33 Gemäß § 37 I 1 StPO iVm § 180 ZPO.
34 Gemäß § 410 II StPO; zur Wirksamkeit der Beschränkung vgl. die umfassende Kommentierung zur Berufungsbeschränkung bei *Meyer-Goßner* § 318 Rn. 5 ff. Die Beschränkung auf den Rechtsfolgenausspruch ist grundsätzlich unproblematisch. Dies setzt jedoch voraus, dass die Sachverhaltsfeststellungen ausreichend sind, um Art und Umfang der Schuld in dem zur Überprüfung des Strafausspruchs notwendigem Maße zu bestimmen (BGH NStZ 1994, 130). Daran fehlt es nach der nicht unbestrittenen Rechtssprechung des BayObLG, wenn bei einer Trunkenheitsfahrt keine ausreichenden Feststellungen zu den Umständen der Alkoholaufnahme und den Gegebenheiten der Fahrt getroffen sind (NStZ 1997, 359; NZV 1999, 482; aA *Meyer-Goßner* § 318 Rn. 16). Der hier gewählte Mustertext dürfte diesen Anforderungen – im Gegensatz zu den in der Praxis üblichen Formulierungen – gerade noch entsprechen.
35 Stattdessen wäre auch eine Bezugnahme – wie im Berufungsurteil – zulässig: »Hinsichtlich der diesem zu Grunde liegenden Sachverhaltsfeststellungen wird auf den angefochtenen Strafbefehl des Amtsgerichts Regensburg vom 23. 5. 2006 Bezug genommen.«

von Anfang an vorhatten – mit Ihrem PKW, Marke VW Golf IV, amtliches Kennzeichen R-XY 4711, wieder auf den etwa 4 Kilometer langen Heimweg. Bei gehöriger Selbstprüfung hätten Sie Ihre Fahruntüchtigkeit erkennen können und von der Fahrt Abstand nehmen müssen. Nach einer Strecke von etwa 2 Kilometern wurde Ihre Weiterfahrt durch eine Polizeistreife auf der Maximilianstraße in Regensburg unterbunden.

Eine Ihnen am 3. 4. 2006 gegen 1.50 Uhr entnommene Blutprobe ergab eine Blutalkoholkonzentration von 1,42 Promille im Mittelwert.

Durch Ihr Verhalten haben Sie sich als ungeeignet zum Führen von Kraftfahrzeugen erwiesen.«

II.

Der 42-jährige Angeklagte erzielt als Lagerarbeiter der Fa. Warengroß GmbH in Regensburg ein monatliches Nettoeinkommen von 1.600 EUR. Er ist seiner nicht berufstätigen Ehefrau und den beiden gemeinsamen Kindern im Alter von 8 und 11 Jahren unterhaltspflichtig. Vermögen hat er keines. Derzeit bedient er einen Bankkredit von 5.500 EUR mit monatlichen Zahlungen von 100 EUR.

Der Angeklagte ist nicht vorbestraft. Das Verkehrzentralregister enthält für ihn keinen Eintrag.

Der Führerschein des Angeklagten ist seit 3. 4. 2006 sichergestellt.

III.

Zur Tat hat das Gericht ergänzend festgestellt: Der Angeklagte nahm den Alkohol am Tattag seit etwa 20.00 Uhr in der Gaststätte »Weißer Hirsch« in der Sonnenstraße 20 in 93047 Regensburg in Form von Bier und Schnaps zu sich. Zur Gaststätte ist er mit seinem vorgenannten PKW gefahren. Die Tat ereignete sich auf dem Heimweg, den der Angeklagte, wie von vornherein beabsichtigt, mit seinem PKW antrat.

IV.

Der unter II. und III. geschilderte Sachverhalt steht fest aufgrund der glaubhaften eigenen Einlassung des Angeklagten sowie den Auskünften aus dem Bundeszentralregister und dem Verkehrzentralregister.

V.

Bei der Strafzumessung war vom Strafrahmen des § 316 StGB auszugehen, der von 1 Monat bis zu 1 Jahr Freiheitsstrafe reicht oder Geldstrafe von 5 bis 360 Tagessätzen[36] vorsieht. Zugunsten des Angeklagten war insbesondere sein Geständnis sowie sein straffreies Vorleben zu berücksichtigen; auch ist er nicht mit Verkehrsordnungswidrigkeiten vorbelastet und hat lediglich fahrlässig gehandelt. Zulasten des Angeklagten musste sich jedoch auswirken, dass er in der Gaststätte Alkohol zu sich nahm, obwohl er vorhatte, mit seinem Auto wieder nach Hause zu fahren. Das Gericht erachtete daher eine Geldstrafe von 45 Tagessätzen als tat- und schuldangemessen. Die Tagessatzhöhe war entsprechend den Einkommensverhältnissen des Angeklagten auf 30 EUR festzusetzen.

VI.

Dem Angeklagten war gemäß § 69 I, II StGB die Fahrerlaubnis zu entziehen, da er sich durch die Trunkenheitsfahrt als charakterlich unzuverlässig und damit ungeeignet zum Führen von Kraftfahrzeugen erwiesen hat. Bei der vom Angeklagten begangenen Straftat ist gemäß § 69 II Nr. 2 StGB in aller Regel von einer Ungeeignetheit auszugehen. Besondere Umstände, die ausnahmsweise eine andere Beurteilung zuließen, sind nicht ersichtlich.

Gemäß § 69 a I 1 StGB war eine Sperre für die Neuerteilung der Fahrerlaubnis auszusprechen. Die Dauer der Sperrfrist ist nach der Dauer der voraussichtlichen charakterlichen Unzuverlässigkeit des Angeklagten zu bemessen. Dabei spricht zu seinen Gunsten, dass er nur fahrlässig handelte, nicht vorbestraft ist, die Tat folgenlos blieb und der Führerschein seit nunmehr 2 Monaten sichergestellt ist. Zu Lasten des Angeklagten musste sich auswirken, dass er in der

---

36 Vgl. § 40 I 2 StGB.

Gaststätte Alkohol zu sich nahm, obwohl er vorhatte, mit seinem Auto wieder nach Hause zu fahren. Unter Abwägung aller Umstände erschien dem Gericht daher eine Sperrfrist von 8 Monaten notwendig aber auch ausreichend, um die erforderliche charakterliche Nachreifung beim Angeklagten zu bewirken.

Schließlich war der Führerschein des Angeklagten gemäß § 69 III 2 StGB einzuziehen.

VII.

Die Kostenentscheidung folgt aus §§ 464 I, 465 I StPO.

542 Möglich ist auch eine Beschränkung des Einspruchs auf die Höhe des einzelnen Tagessatzes.[37] Dann kann tenoriert werden:

1. Hinsichtlich des im Übrigen rechtskräftigen Strafbefehls des Amtsgerichts Regensburg vom 4. 5. 2006 wird die Höhe des einzelnen Tagessatzes auf 30 EUR festgesetzt.
2. Der Angeklagte trägt die Kosten des Verfahrens.

20. Kapitel. Urteile im Berufungsverfahren

A. Urteilsformel

543 Der Tenor des Berufungsurteils ist je nach Ausgang des Verfahrens unter Berücksichtigung der Abweichung vom Ersturteil zu fassen:

I. Erfolglose Berufung des Angeklagten

544
1. Die Berufung des Angeklagten gegen das Urteil des Amtsgerichts Regensburg vom 6. 3. 2006 wird als unbegründet verworfen.
2. Der Angeklagte trägt die Kosten des Berufungsverfahrens.[38]

II. Erfolglose Berufungen des Angeklagten und der Staatsanwaltschaft

545
1. Die Berufungen des Angeklagten und der Staatsanwaltschaft gegen das Urteil des Amtsgerichts Regensburg vom 6. 3. 2006 werden jeweils als unbegründet verworfen.
2. Der Angeklagte trägt die Kosten seiner Berufung. Die Staatskasse trägt die Kosten der Berufung der Staatsanwaltschaft und die dem Angeklagten dadurch entstandenen notwendigen Auslagen.[39]

III. Erfolgreiche vollumfängliche Berufung des Angeklagten

546
1. Auf die Berufung des Angeklagten wird das Urteil des Amtsgerichts Regensburg vom 2. 5. 2006 aufgehoben.
2. Der Angeklagte wird freigesprochen.
3. Die Staatskasse trägt die Kosten des Verfahrens in beiden Rechtszügen und die dem Angeklagten dabei entstandenen notwendigen Auslagen.[40]

---

37 In solch einem Fall ist unter den Voraussetzungen des § 411 I 2 StPO auch eine Entscheidung im schriftlichen Verfahren durch Beschluss möglich.
38 Gemäß § 473 I StPO.
39 Die beiden Rechtsmittel sind kostenrechtlich getrennt zu behandeln (vgl. BGHSt 19, 226; *Meyer-Goßner* § 473 Rn. 18 mwN).
40 Gemäß § 467 I StPO analog.

IV. Erfolgreiche beschränkte Berufung des Angeklagten

1. Auf die Berufung des Angeklagten wird das Urteil des Amtsgerichts Regensburg vom 13. 4. 2006 in Ziffer 2 dahingehend abgeändert, dass die Vollstreckung der verhängten Freiheitsstrafe zur Bewährung ausgesetzt wird.
2. Die Staatskasse trägt die Kosten des Berufungsverfahrens und die dem Angeklagten dadurch entstandenen notwendigen Auslagen.[41]

547

Gegebenenfalls muss die Kostenentscheidung lauten:

2. Die Staatskasse trägt die Kosten des Berufungsverfahrens und die dem Angeklagten dadurch entstandenen notwendigen Auslagen mit Ausnahme derjenigen Kosten und notwendigen Auslagen, die vermieden worden wären, wenn der Angeklagte seine Berufung alsbald nach Urteilszustellung beschränkt hätte.[42]

V. Erfolglose vollumfängliche Berufung des Angeklagten und teilweise erfolgreiche Strafmaßberufung der Staatsanwaltschaft

1. Die Berufung des Angeklagten gegen das Urteil des Amtsgerichts Regensburg vom 4. 5. 2006 wird als unbegründet verworfen.
2. Auf die Berufung der Staatsanwaltschaft wird das Urteil des Amtsgerichts Regensburg vom 4. 5. 2006 in Ziffer 2 dahingehend abgeändert, dass der Angeklagte zu einer Gesamtfreiheitsstrafe von 1 Jahr 6 Monaten verurteilt wird, deren Vollstreckung zur Bewährung ausgesetzt wird.
3. Der Angeklagte trägt die Kosten seiner Berufung. Von den Kosten der Berufung der Staatsanwaltschaft trägt der Angeklagte ein Viertel. Die Staatskasse trägt drei Viertel der durch die Berufung der Staatsanwaltschaft dem Angeklagten entstandenen notwendigen Auslagen.[43]

548

VI. In geringem Umfang erfolgreiche Berufung des Angeklagten

1. Die Berufung des Angeklagten gegen das Urteil des Amtsgerichts Regensburg vom 4. 5. 2006 wird mit der Maßgabe als unbegründet verworfen, dass die Dauer der Führerscheinsperre 6 Monate beträgt.
2. Der Angeklagte trägt die Kosten des Berufungsverfahrens.[44]

549

VII. Unentschuldigtes Ausbleiben des berufungsführenden Angeklagten

1. Die Berufung des Angeklagten gegen das Urteil des Amtsgerichts Regensburg vom 4. 5. 2006 wird ohne Verhandlung zur Sache verworfen.[45]
2. Der Angeklagte trägt die Kosten des Berufungsverfahrens.

550

B. Urteilsgründe

Zunächst ist über den Ausgang des erstinstanzlichen Verfahrens zu berichten. Im Übrigen unterscheiden sich die schriftlichen Urteilsgründe bei einer uneingeschränkten Berufung – mit Ausnahme der Kostenentscheidung, die auf § 473 StPO beruht – in keiner Weise von denjenigen erstinstanzlicher Urteile. Liegt eine beschränkte Berufung vor, muss dem aber Rechnung

551

---

41 Gemäß § 473 III StPO.
42 Gemäß § 473 III StPO sowie hM, vgl. *Meyer-Goßner* § 473 Rn. 20 mwN.
43 Gemäß §§ 465 I, 473 I 1, II StPO; möglich wäre auch gewesen, den Angeklagten mit den ganzen Kosten zu belasten, doch erschien dies im Hinblick darauf unbillig, dass die Staatsanwaltschaft mit ihrem Primärziel, eine unbedingte Freiheitsstrafe zu erreichen, ebenfalls unterlegen ist.
44 Gemäß § 473 I 1 StPO; von der Möglichkeit des § 473 IV StPO wurde kein Gebrauch gemacht, weil der Erfolg des Angeklagten nur sehr gering war und es daher nicht unbillig erschien, ihn mit den ganzen Kosten zu belasten.
45 Vgl. § 329 I 1 StPO.

getragen werden. Die Berufung kann gemäß § 318 S. 1 StPO auf bestimmte Beschwerdepunkte beschränkt werden, wenn sie nach dem inneren Zusammenhang des Urteils losgelöst von den nicht angegriffenen Teilen selbständig beurteilt werden können.[46] Die **Beschränkung der Berufung auf den Rechtsfolgenausspruch** ist grundsätzlich unproblematisch. Sie ist aber nur wirksam, wenn die Sachverhaltsfeststellungen im amtsgerichtlichen Urteil ausreichend sind, um Art und Umfang der Schuld in dem zur Überprüfung des Strafausspruchs notwendigem Maße zu bestimmen.[47] Bei sogenannten doppelrelevanten Tatsachen, die sowohl für die Schuld- als auch für die Straffrage von Bedeutung sind,[48] führt eine Beschränkung auf den Strafausspruch in der Regel zur Bindung des Berufungsgerichts auch an diese Tatsachen, wenn sich der Berufungsführer nach dem erkennbaren Sinn seiner Erklärung nicht gerade oder auch gegen diese Feststellungen wendet.[49]

552

I.

Der Angeklagte wurde mit Urteil des Amtsgerichts Regensburg vom 10. 8. 2006 des Diebstahls in drei Fällen und des Betrugs in Tateinheit mit Urkundenfälschung in zwei Fällen gemäß §§ 242 I, 263 I, 25 II, 52, 53 StGB schuldig gesprochen. Gegen ihn wurde deswegen eine Gesamtfreiheitsstrafe von 2 Jahren 3 Monaten verhängt.

Gegen dieses Urteil hat der Angeklagte form- und fristgerecht Berufung eingelegt und diese wirksam auf den Rechtsfolgenausspruch beschränkt. Infolgedessen ist der Schuldspruch in Rechtskraft erwachsen. Hinsichtlich des diesem zu Grunde liegenden Sachverhalts, der für die Berufungskammer bindend ist, wird auf die Feststellungen unter Ziffer II des angefochtenen Urteils Bezug genommen.[50]

Die zulässige Strafmaßberufung des Angeklagten hatte in der Sache keinen Erfolg.

II.

Hinsichtlich der Entwicklung des Angeklagten, seinen persönlichen Verhältnissen, seinem Vorleben, insbesondere seinen Vorahndungen und Vorstrafen einschließlich der den letzten beiden Vorverurteilungen zu Grunde liegenden Sachverhalten und Strafzumessungserwägungen wird auf die Feststellungen unter Ziffer I des angefochtenen Urteils verwiesen.[51]

Darüber hinaus hat die Kammer folgende Feststellungen getroffen:

III.

Die Feststellungen unter II. beruhen auf den eigenen glaubhaften Angaben des Angeklagten sowie der Auskunft aus dem Bundeszentralregister und den rechtskräftigen Urteilen des Amtsgerichts Kelheim vom 2. 9. 2004 (Az.: 3 Ds 22 Js 14578/05) und des Amtsgerichts Landshut vom 30. 8. 2005 (Az.: Ds 134 Js 9364/05).

IV.

(Strafzumessung)

V.

Die Kostenentscheidung beruht auf § 473 I 1 StPO.

21. Kapitel. Abgekürzte Urteile

553 Nach **§ 267 IV, V StPO** besteht die Möglichkeit die schriftlichen Urteilsgründe abzukürzen, wenn alle Beteiligten auf Rechtsmittel verzichten oder innerhalb der Wochenfrist der §§ 314 I, 341 I StPO kein Rechtsmittel eingelegt wird.

---

46 *Meyer-Goßner* § 318 Rn. 6 mwN.
47 BGH NStZ 1994, 130; *Meyer-Goßner* § 318 Rn. 16; vgl. auch BayObLG NStZ 1997, 359.
48 Etwa die Voraussetzungen für das Vorliegen eines Regelbeispielfalls.
49 BGH NJW 1981, 589 (590 f.).
50 Eine solche Bezugnahme ist ausnahmsweise zulässig, vgl. BGHSt 33, 59 (60); *Meyer-Goßner* § 267 Rn. 2 a.
51 Eine solche Bezugnahme ist ausnahmsweise zulässig, vgl. BGHSt 33, 59 (60); *Meyer-Goßner* § 267 Rn. 2 a.

Bei der Verurteilung sind gemäß § 267 IV 1 1. Hs. StPO lediglich die Feststellungen zur Tat 554
und die angewendeten Strafvorschriften anzuführen. Der Darlegung der persönlichen Verhältnisse und insbesondere der Beweiswürdigung bedarf es nicht. Darüber hinaus müssen die Rechtsfolgen und die sie tragenden Strafvorschriften angegeben werden.[52] Wird nur eine Geldstrafe verhängt und außer einem Fahrverbot oder einer Fahrerlaubnisentziehung mit Führerscheineinziehung keine weitere Rechtsfolge ausgesprochen, müssen auch die Feststellungen zur Tat nicht in die Urteilsgründe aufgenommen werden; vielmehr genügt es gemäß § 267 IV 1 2. Hs. StPO, wenn auf den zugelassenen Anklagesatz oder den Strafbefehl verwiesen wird.

Beim Freispruch reicht es gemäß § 267 V 2 StPO aus anzugeben, ob die dem Angeklagten 555
zur Last gelegte Straftat aus tatsächlichen oder rechtlichen Gründen nicht festgestellt worden ist. Üblicherweise wird auch hier hinsichtlich des Tatvorwurfs auf den Anklagesatz oder den Strafbefehl verwiesen.

Für die Einstellung ist die Möglichkeit der Abkürzung der Urteilsgründe nicht geregelt. Es ist 556
aber anerkannt, dass lediglich die tragenden tatsächlichen und rechtlichen Gründe für das Vorliegen eines Verfahrenshindernisses anzugeben sind.[53]

In welchem Umfang von den weitgehenden Abkürzungsmöglichkeiten des § 267 IV, V 2 557
StPO tatsächlich auch Gebrauch gemacht wird, entscheidet das Gericht nach **freiem Ermessen**. Insbesondere bei der Verurteilung sollten die Möglichkeiten nicht ausgeschöpft werden. So erscheint es sinnvoll zumindest die tragenden Gründe für die Bemessung der Strafe und die sonstigen Rechtsfolgen anzugeben. Denn es kann nicht ausgeschlossen werden, dass eine nachträgliche Gesamtstrafenbildung notwendig wird, bei der alle für und gegen den Angeklagten sprechenden Umstände nochmals abgewogen werden müssen. Auch die Verweisung auf Anklage oder Strafbefehl sollte vermieden werden, weil das die mögliche Heranziehung des Urteils in künftigen Strafverfahren oder bei sonstigen rechtserheblichen Vorgängen unnötig erschwert. Der vom Gesetzgeber mit der Verweisungsmöglichkeit verfolgte Zweck der Entlastung der Justiz kann auch weitgehend dadurch erreicht werden, dass der Anklagesatz in das abgekürzte Urteil als Kopie eingefügt wird.

> **Merke:** Für das **Examen** gilt, dass von der Möglichkeit eines abgekürzten Urteils nur Gebrauch 558
> gemacht werden sollte, wenn sich dies nach der Klausurangabe und dem Bearbeitervermerk
> aufdrängt. Dies dürfte aber nur ganz ausnahmsweise der Fall sein, zumal es regelmäßig an der
> Voraussetzung eines zum Zeitpunkt der Abfassung bereits rechtskräftigen Urteils fehlen wird.

---

52 *Meyer-Goßner* § 267 Rn. 25.
53 *Meyer-Goßner* § 267 Rn. 29; *Huber* Rn. 281.

Sachverzeichnis

Die angegebenen Fundstellen beziehen sich auf die Randnummern

Aberkennung der Amtsfähigkeit 422
Aberkennung des aktiven und passiven Wahlrechts 422
Abgekürzte Urteile 533 ff.
Ablehnung von Hilfsbeweisanträgen 219 ff.
Alkohol
– Alkoholberechnung 208
– Strafrahmenverschiebung 304 ff.
Aufbau
– Feststellungen 161 f.
– Persönliche Verhältnisse 122
– Urteil 19 ff.
– Strafzumessung 266
Aufbauschema 26 ff.
Ausnahmestrafrahmen 279 ff.
– nach § 49 StGB 293 ff.

Berufsverbot 490 f.,
– Urteilsformel 91
Berufungsverfahren siehe Urteile im Berufungsverfahren
Besondere Umstände im Sinne des § 56 II StGB 407 ff.
Besonders schwerer Fall 288 ff.
Bestimmung der Strafart 369 ff.
Bestimmung des gesetzlichen Strafrahmens 275 ff.
Bewährung 392 ff.
Beweiswürdigung 190 ff.
– Ablehnung von Hilfsbeweisanträgen 219 ff.
– Bei Einstellung 217 f.
– Bei Freispruch 215 ff.
– Bei Verurteilung 193 ff.,
    – zu den persönlichen Verhältnissen 194 f.,
    – zum Tatgeschehen 196 ff.,
    – zu sonstigen Umständen 208 ff.
Bezeichnung der Straftat – Urteilsformel 41 ff.

Doppelverwertungsverbot 346 ff.

Einleitung 1 ff.
Einordnung der Tat in den Strafrahmen 324 ff.
Einziehung 431 ff., – Urteilsformel 80 f.
Einziehung des Führerscheins 487 ff.,
– Urteilsformel 87 ff.
Entschädigung für Strafverfolgungsmaßnahmen 500 ff.
Entziehung der Fahrerlaubnis 469 ff.,
– Urteilsformel 87 ff.
Erfolgsunrecht 335
Erheblich verminderte Schuldfähigkeit
– Beweiswürdigung 208 ff.
– Feststellungen 174, 176
– Strafzumessung 303 ff.
Examen, Bedeutung für
– Abgekürzte Urteile 558
– Arbeitsweise 5
– Persönliche Verhältnisse 120
– Rechtliche Würdigung 245
– Strafzumessung 259

Fahrverbot 418 ff.,
– Urteilsformel 76
Fehlerquellen bei der Strafzumessung 346 ff.
Feststellungen siehe Sachverhaltsschilderung
Findung der schuldangemessenen Strafe 324 ff.
Folgen der Tat für den Angeklagten 340 ff.
Freiheitsstrafe 265

Gegenstand der Urteilsfindung 6 ff.
– Fallbeispiel 12
– Nachtragsanklage 6, 11
– Umgestaltung der Strafklage 6, 10
– Verurteilung
    – Freispruch
    – Einstellung
    – gemischte Entscheidungen
Geldstrafe 266 ff.
Generalprävention 366 f.
Gerechter Schuldausgleich 340 ff.
Gesamtstrafenbildung 373 ff.
– Absehen von 378 f.,
– nachträgliche 380 ff.

Handlungsunrecht 336
Härteausgleich 391

Jugendstrafrecht siehe Urteile nach Jugendstrafrecht

Konkurrenzverhältnis, Ausdruck in der Urteilsformel 57 ff.
Kosten und notwendige Auslagen 492 ff.

Liste der angewendeten Vorschriften 111 ff.

Maßregeln der Besserung und Sicherung
– Aussetzung der Vollstreckung 460 ff.,
    – Urteilsformel 83
– Berufsverbot 490 f.,
    – Urteilsformel 91
– Einziehung des Führerscheins 487 ff.,
    – Urteilsformel 87 ff.
– Entziehung der Fahrerlaubnis 469 ff.,
    – Urteilsformel 87 ff.
– Sicherungsverwahrung 467 f.,
    – Urteilsformel 85
– Sperre für die Erteilung der Fahrerlaubnis 480 ff.,
    – Urteilsformel 87 ff.
– Unterbringung in einem psychiatrischen Krankenhaus 436 ff.,
    – Urteilsformel 83
– Unterbringung in einer Entziehungsanstalt 445 ff.,
    – Urteilformel 83
– Urteilsformel 83 ff.,
    – Ablehnung 92
– Vorwegvollzug 452 ff.,
    – Urteilsformel 84
Mehrere Angeklagte
– Urteilsaufbau 30
– Urteilsformel
    – bei Schuldspruch 62 ff.,

Sachverzeichnis

– bei Strafausspruch 73
Milderungsgründe
– allgemeine 335 ff.
– vertypte 294 ff.,
Minder schwerer Fall 280 ff.
Mittäter 31; 65; 73; 175; 176;

Nachträgliche Gesamtstrafenbildung 380 ff.
– Aufrechterhalten von Nebenstrafen, Nebenfolgen und Maßnahmen 390
– Härteausgleich 391
– Umfang der Darstellung von Vorstrafen 143
– Urteilsformel 74
– Voraussetzungen 380 ff.
Nachtragsanklage 6, 11
Nebenfolgen 418 ff.
Nebenstrafen und Nebenfolgen 418 ff.
Normalstrafrahmen 276
Notwendige Auslagen 492 ff.

Persönliche Verhältnisse 118 ff.
– Bedeutung und Umfang 118 ff.
– Aufbau und Inhalt 121 ff.
– Grunddaten und Familienverhältnisse 123 ff.
– Schulische/Berufliche Entwicklung und wirtschaftliche Verhältnisse 126 ff.
– Sonstige besondere Umstände 129 f.
– Vorstrafen und Vorahndungen 131 ff.
– Vorgänge im Ermittlungsverfahren 148 ff.
Präventive Überlegungen 365 ff.
Prozessualer Tatbegriff 6

Rechtliche Würdigung
– Allgemeines 242 ff.
– Textbeispiele 247 ff.
  – zur Verurteilung 247 ff.,
  – zum Freispruch 253 ff.,
  – zur Einstellung 256 f.
Rechtsfolgenausspruch, Urteilsformel 66 ff.
Regelbeispiel 249 f.; 279 ff.
Rubrum 32 ff.

Sachverhalt siehe Sachverhaltsschilderung
Sachverhaltsschilderung 159 ff.
– Bedeutung, Inhalt und Aufbau 159 ff.
– Freispruch 183 ff.
– Stil und Darstellungsweise 163 ff.
– Textbeispiele 169 ff.
  – zur Verurteilung 169 ff.,
  – zum Freispruch 183 ff.,
  – zur Einstellung 189
Schuldfähigkeit 173; 174; 176; 208 ff.; 303 ff.
Schuldspruch,
– Urteilsformel 41 ff.
Sicherungsverwahrung 467 f.,
– Urteilsformel 85
Sozialprognose, günstige 395
Sperre für die Erteilung der Fahrerlaubnis 480 ff.,
– Urteilsformel 87 f.
Spezialprävention 368
Spielraumtheorie 325
Strafaussetzung zur Bewährung 392 ff.
Strafbefehlsverfahren siehe Urteile im Strafbefehlsverfahren
Strafklageverbrauch 7
Strafzumessung 258 ff.
– Alkohol 304 ff.
– Aufbau 266

– Ausnahmestrafrahmen 279 ff.
  – nach § 49 StGB 293 ff.
– Bedeutung 258 f.
– Besondere Umstände im Sinne des § 56 II StGB 407 ff.
– Besonders schwerer Fall 288 ff.
– Bestimmung der Strafart 369 ff.
– Bestimmung des gesetzlichen Strafrahmens 275 ff.
– Doppelverwertungsverbot 346 ff.
– Einordnung der Tat in den Strafrahmen 324 ff.
– Erfolgsunrecht 335
– Fehlerquellen 346 ff.
– Findung der schuldangemessenen Strafe 324 ff.
– Folgen der Tat für den Angeklagten 340 ff.
– Generalprävention 366 f.
– Gerechter Schuldausgleich 340 ff.
– Gesamtstrafenbildung 373 ff.
  – Absehen von 378 f.,
  – nachträgliche 380 ff.
– Handlungsunrecht 336
– Inhalt 261 ff.
– Lebensführungsschuld 362
– Milderungsgründe
  allgemeine 335 ff.
  – vertypte 294 ff.,
– Minder schwerer Fall 280 ff.
– Normalstrafrahmen 276
– Präventive Überlegungen 365 ff.
– Revisibilität 260
– Sozialprognose, günstige 395
– Spezialprävention 368
– Spielraumtheorie 325
– Strafaussetzung zur Bewährung 392 ff.
– Strafrahmenverschiebung 279 ff.
– Strafzumessungsschuld 333 ff.
– Textbeispiel 363 f.
– Übersichten
  – Strafrahmenverschiebung 293,
  – Vorgang der Strafzumessung 273,
  – Umwandlung in Geldstrafe 369
– Verbot der Berücksichtigung fehlender Umstände 352 ff.
– Verteidigung der Rechtsordnung 413 ff.
– Verteidigungsverhalten 357 ff.
– Vorgang der Strafzumessung 273 ff.
Strafzumessungsschuld 333 ff.

Tatschilderung siehe Feststellungen

Umgestaltung der Strafklage 6, 10
Unterbringung in einem psychiatrischen Krankenhaus 436 ff.,
– Urteilsformel 83
Unterbringung in einer Entziehungsanstalt 445 ff.,
– Urteilsformel 83
Unterschriften 505 f.
Urteile im Berufungsverfahren 543 ff.
– Urteilsformel 543 ff.
– Urteilsgründe 551
Urteile im Strafbefehlsverfahren 537 ff.
– Urteil gegen den ausgebliebenen Angeklagten 538 f.
– Urteil nach Teilrechtskraft 540 ff.
Urteile nach Jugendstrafrecht 507 ff.
– Kosten und notwendige Auslagen 534 ff.
– Persönliche Verhältnisse 517 ff.
– Rechtliche Würdigung 521 f.
– Rubrum 508
– Sachverhaltsschilderung 519 f.

Sachverzeichnis

– Strafzumessung 523 ff.
– Urteilsformel 509 ff.
Urteilsaufbau 19 ff.
– Aufbauschema 26 ff.
– Freispruch/Einstellung 28
– Mehrere Taten/mehrere Angeklagte 30 f.
– Teilfreispruch/Teileinstellung 29
– Übersicht 22
– Vollumfängliche Verurteilung 27
Urteilsformel 36 ff.
– Bedeutung 36
– Berufsverbot 91
– Einstellung 101 ff.
– Einziehung 80 f.
– Entschädigungsentscheidung
  – bei Freispruch 100,
  – bei Einstellung 104,
  – bei gemischten Entscheidungen 110
– Entziehung der Fahrerlaubnis 87 ff.
– Fahrverbot 76
– Freiheitsstrafe 70
– Freispruch 97 ff.
– Führungsaufsicht 86
– Geldstrafe 66
– Gemischte Entscheidungen 105 f.
– Inhalt 37 f.
– Kosten bei Verurteilung 93 ff., bei Freispruch 98 f., bei Einstellung 102 f., bei gemischten Entscheidungen 107 ff.
– Maßregeln der Besserung und Sicherung 83 ff.
– Nachträgliche Gesamtstrafenbildung 74
– Rechtsfolgenausspruch 66 ff.
– Sperrfrist 87 ff.
– Unterbringung 83 f.
– Verfall 77 ff.
– Verurteilung 39 ff.

Verfall 423 ff.,
– Urteilsformel 77 ff.
Verkündung des Urteils 1
Verteidigung der Rechtsordnung 413 ff.
Vollstreckungslösung 338
Vorgang der Strafzumessung 273 ff.
Vorwegvollzug 452 ff.,
– Urteilsformel 84